25º Ano de Edição

O LIVRO DA
LUA
2024

Descubra a influência do astro no seu dia a dia
e a previsão anual para seu Signo

Marcia Mattos

astral
cultural

CB000950

Aos colaboradores que contribuem anualmente com conhecimento, entusiasmo e profunda lealdade ao projeto. Devo a eles a inigualável alegria das parcerias:

Carla Renner Carla.renner@gmail.com
Celina Castelo Branco celinacbranco@gmail.com
Fátima Carneiro Bastos fatbastos@gmail.com
Luciana Magalhães lucianna.m@globo.com
Maria Luísa de Oliveira Proença marialuisa.astroaura@gmail.com
Moraima Rangel Moraima1968@gmail.com
Wilza Rosário rosariowilza68@gmail.com

Editora Natália Ortega
Editora de arte Tâmizi Ribeiro
Produção editorial Ana Laura Padovan, Andressa Ciniciato e Brendha Rodrigues
Preparação de texto João Rodrigues **Revisão de texto** Carlos César da Silva
Capa Agência MOV **Ilustrações** Shutterstock Images
Foto da autora Arquivo pessoal

Dados Internacionais de Catalogação na Publicação (CIP)
Angélica Ilacqua CRB-8/7057

M392L
    Mattos, Márcia
      O livro da lua 2024 / Márcia Mattos. — Bauru, SP : Astral Cultural, 2023.
      384 p.

    ISBN 978-65-5566-410-2

    1. Astrologia 2. Lua – Influência sobre o homem 3. Lua - Fases I. Título

22-4914   CDD 133.5

Índice para catálogo sistemático:
1. Astrologia

BAURU
Avenida Duque de Caxias, 11-70
8º andar
Vila Altinópolis
CEP 17012-151
Telefone: (14) 3879-3877

SÃO PAULO
Rua Major Quedinho, 111
Cj. 1910, 19º andar
Centro Histórico
CEP 01050-904
Telefone: (11) 3048-2900

E-mail: contato@astralcultural.com.br

SUMÁRIO

Para quem

O *Livro da Lua 2024* é um livro de Astrologia a respeito do mais popular dos corpos celestes: a Lua. Além disso, é um material de consulta para leigos.

Qualquer um que tenha curiosidade de saber como está o dia — segundo as indicações do Céu — e queira orientar suas decisões a partir dessas informações pode ser um usuário deste livro.

Os estudiosos, profissionais ou amantes de Astrologia encontrarão alguns dados técnicos e algumas interpretações muito úteis para seus estudos e aplicações durante as consultas.

Ao contrário dos livros de Astrologia, que geralmente se baseiam nos Signos (solar, lunar, ascendente etc.) e têm um uso individual, O *Livro da Lua 2024* bem poderia chamar-se O *Céu é para todos*.

Nesta edição, empenhamo-nos em destacar os efeitos das atividades planetárias responsáveis por um astral que afeta a todos, de modo coletivo.

Para quê

O *Livro da Lua 2024* possui informações para serem usadas como um calendário-agenda.

A esfera de domínio da Lua se estende por várias áreas das atividades e do comportamento humano. E este livro deve ser usado como meio de consulta e orientação a respeito dos inúmeros assuntos que tal esfera regula, tais como: fertilidade; partos; nutrição; dietas; estética; saúde; cirurgia; sono; cultivo; humores; emoções; vida sentimental; negócios; vida profissional; público.

Sendo assim, que melhor maneira de planejar nossa vida senão de acordo com os ritmos e ciclos espontâneos da natureza?

Como usar

O *Livro da Lua 2024* é um livro de consulta frequente e diária.

Na primeira parte do livro, encontram-se:
- Calendário do ano;
- Previsões coletivas;

- O Céu em 2024 — O que nos aguarda para este ano;
- O Céu do Brasil em 2024 — Previsão astrológica para o país;
- Previsão para os Signos em 2024;
- Fases da Lua (tabela e texto de interpretação);
- Lua e cirurgia (indicações para procedimentos cirúrgicos);
- Lua fora de curso (tabela e texto de interpretação);
- Eclipses (datas e interpretação);
- Movimento retrógrado dos planetas (tabela e texto de interpretação)

A segunda parte do livro trata das **Posições Diárias da Lua** em cada mês, informações móveis que variam dia a dia:
- Fase em que a Lua se encontra;
- Signo em que a Lua se encontra (com interpretação sucinta);
- Indicação do período em que a Lua fica fora de curso — hora do início e do término;

Aspectos diários da Lua com outros planetas (com indicação da hora de entrada e de saída e do momento em que se forma o aspecto exato) e interpretação completa de cada um deles.

Na entrada de cada mês, encontra-se ainda o **Calendário Lunar Mensal**, que oferece uma visualização completa do respectivo período.

Um ótimo 2024!

CALENDÁRIOS PARA 2024

Janeiro

Seg	Ter	Qua	Qui	Sex	Sab	Dom
1	2	3	4	5	6	7
8	9	10	11	12	13	14
15	16	17	18	19	20	21
22	23	24	25	26	27	28
29	30	31				

Fevereiro

Seg	Ter	Qua	Qui	Sex	Sab	Dom
			1	2	3	4
5	6	7	8	9	10	11
12	13	14	15	16	17	18
19	20	21	22	23	24	25
26	27	28	29			

Março

Seg	Ter	Qua	Qui	Sex	Sab	Dom
				1	2	3
4	5	6	7	8	9	10
11	12	13	14	15	16	17
18	19	20	21	22	23	24
25	26	27	28	29	30	31

Abril

Seg	Ter	Qua	Qui	Sex	Sab	Dom
1	2	3	4	5	6	7
8	9	10	11	12	13	14
15	16	17	18	19	20	21
22	23	24	25	26	27	28
29	30					

Maio

Seg	Ter	Qua	Qui	Sex	Sab	Dom
		1	2	3	4	5
6	7	8	9	10	11	12
13	14	15	16	17	18	19
20	21	22	23	24	25	26
27	28	29	30	31		

Junho

Seg	Ter	Qua	Qui	Sex	Sab	Dom
					1	2
3	4	5	6	7	8	9
10	11	12	13	14	15	16
17	18	19	20	21	22	23
24	25	26	27	28	29	30

Julho

Seg	Ter	Qua	Qui	Sex	Sab	Dom
1	2	3	4	5	6	7
8	9	10	11	12	13	14
15	16	17	18	19	20	21
22	23	24	25	26	27	28
29	30	31				

Agosto

Seg	Ter	Qua	Qui	Sex	Sab	Dom
			1	2	3	4
5	6	7	8	9	10	11
12	13	14	15	16	17	18
19	20	21	22	23	24	25
26	27	28	29	30	31	

Setembro

Seg	Ter	Qua	Qui	Sex	Sab	Dom
						1
2	3	4	5	6	7	8
9	10	11	12	13	14	15
16	17	18	19	20	21	22
23	24	25	26	27	28	29
30						

Outubro

Seg	Ter	Qua	Qui	Sex	Sab	Dom
	1	2	3	4	5	6
7	8	9	10	11	12	13
14	15	16	17	18	19	20
21	22	23	24	25	26	27
28	29	30	31			

Novembro

Seg	Ter	Qua	Qui	Sex	Sab	Dom
				1	2	3
4	5	6	7	8	9	10
11	12	13	14	15	16	17
18	19	20	21	22	23	24
25	26	27	28	29	30	

Dezembro

Seg	Ter	Qua	Qui	Sex	Sab	Dom
						1
2	3	4	5	6	7	8
9	10	11	12	13	14	15
16	17	18	19	20	21	22
23	24	25	26	27	28	29
30	31					

SOBRE OS HORÁRIOS DOS CALENDÁRIOS

O Livro da Lua e o fuso horário
O Livro da Lua 2024 foi calculado levando em consideração o fuso horário de Brasília. Os territórios brasileiros localizados em fusos horários diferentes devem ajustar as tabelas do livro conforme o fuso horário local.

Acerto de horários para Portugal
Durante o horário de verão em Portugal, acrescentar quatro horas.

Acerto de horários para Uruguai e Argentina
O horário oficial no Brasil é o mesmo do Uruguai e da Argentina. Na Argentina, não existe horário de verão, ou seja, o horário permanece o mesmo durante todo o ano.

Acerto de horários para México
Durante o horário de verão do México, subtrair duas horas.

ENTRADA DO SOL NOS SIGNOS 2024

Sol em Aquário	20 janeiro 2024	11h07min19seg
Sol em Peixes	19 fevereiro 2024	01h13min08seg
Sol em Áries	20 março 2024	00h06min22seg * Equinócio da Primavera H. Norte – Equinócio de Outono H. Sul
Sol em Touro	19 abril 2024	10h59min44seg
Sol em Gêmeos	20 maio 2024	09h59min28seg
Sol em Câncer	20 junho 2024	17h50min58seg * Solstício de Verão H. Norte – Solstício de Inverno H. Sul
Sol em Leão	22 julho 2024	04h44min24seg
Sol em Virgem	22 agosto 2024	11h55min01seg
Sol em Libra	22 setembro 2024	09h43min37seg * Equinócio de Outono H. Norte – Equinócio de Primavera H. Sul
Sol em Escorpião	22 outubro 2024	19h14min42seg
Sol em Sagitário	21 novembro 2024	16h56min27seg
Sol em Capricórnio	21 dezembro 2024	06h20min32seg *Solstício de Inverno H. Norte – Solstício de Verão H. Sul

Equinócio

Quando o Sol entrar no grau zero do Signo de Áries, no dia 20 de março às 00h06min22seg, se iniciará a primavera no Hemisfério Norte e o outono no Hemisfério Sul.

Quando o Sol entrar no grau zero do Signo de Libra, no dia 22 de setembro às 09h43min37seg, marcará a entrada do outono no Hemisfério Norte e da primavera no Hemisfério Sul.

Essas duas estações são contempladas com temperaturas mais amenas e menores rigores da natureza.

A palavra "equinócio" quer dizer noites iguais e distribui a mesma duração de horas entre noite e dia. Isso sugere uma volta de equilíbrio entre claro e escuro, sem predominância de nenhuma das partes do ciclo da luz.

A chegada dessas estações, tradicionalmente, sempre foi celebrada com inúmeros rituais que homenageavam e agradeciam o reequilíbrio das forças do dia e da noite.

Solstício

O início do verão será marcado pela entrada do Sol a zero grau do Signo de Câncer, em 20 de junho às 17h50min58seg, para o Hemisfério Norte.

Essa mesma posição solar corresponderá, no Hemisfério Sul, à chegada do inverno.

O Sol quando passar pelo zero grau do Signo de Capricórnio em 21 de dezembro, às 06h20min32seg, marcará a estação do inverno no Hemisfério Norte e a do verão do Hemisfério Sul. Solstício é o nome que se dá à entrada dessas duas estações.

Durante o solstício de verão, os dias são mais longos do que as noites e há uma predominância de luz na alternância claro-escuro dos ciclos da natureza.

A chegada do solstício de verão era comemorada com muita alegria e renovação de vida. Muitos festivais e rituais foram criados para celebrar o retorno da luz.

Já o solstício do inverno corresponde a dias mais curtos e noites mais longas, com visível predomínio do escuro na alternância claro-escuro dos ciclos da natureza.

Em lugares onde o inverno é rigoroso e em épocas nas quais se contava apenas com a luz do Sol, pode-se imaginar o impacto da chegada do solstício. Levando e trazendo a luz.

ECLIPSES PARA 2024

NATUREZA DO ECLIPSE	DATA	HORA	GRAU E SIGNO
Eclipse Lunar Penumbral	25/03/2024	04:00	05°07' de Libra
Eclipse Solar Total	08/04/2024	15:20	19°24' de Áries
Eclipse Lunar Parcial	17/09/2024	23:34	25°40' de Peixe
Eclipse Anular Solar	02/10/2024	15:49	10°03' de Libra

Eclipses

Nunca devemos "estar por um fio", assoberbados ou sem espaço de manobra nos períodos de proximidade de um eclipse. O que estiver sob muita pressão vai transbordar ou se romper. Todo eclipse *decide* algo. O melhor modo de se preparar para esse fenômeno é eliminar aquilo que não queremos que se mantenha, criando espaço para acontecimentos surpreendentes em todos os setores de nossa vida.

Eclipse Lunar

Ocorre na **Lua Cheia**, quando o **Sol**, a **Lua** e a **Terra** estão alinhados entre si com exatidão. O Eclipse Lunar provoca um confronto entre passado e futuro, mas, nesse contexto, é o futuro que deve vencer. Nesse caso, serão sacrificadas pessoas, circunstâncias, ideias e experiências que tenham fortes alianças com o passado. O que não parecia possível se revela com uma força surpreendente. A sensação de "puxada de tapete" também é comum.

Eclipse Solar

Ocorre na **Lua Nova**, quando a **Lua** cobre o **Sol**, enquanto o **Sol**, a **Lua** e a **Terra** estão alinhados. O Eclipse Solar provoca um confronto entre passado, presente e futuro, mas é o passado que deve vencer. É uma época de **revival**. É comum ressurgirem antigos relacionamentos, emoções e ideias. Devemos tomar cuidado para não recair em comportamentos, vícios e sentimentos que custamos a abandonar.

MOVIMENTO RETRÓGRADO DOS PLANETAS EM 2024

	Início	Término
Mercúrio	13 de dezembro de 2023 01 de abril de 2024 05 de agosto de 2024 25 de novembro de 2024	02 de janeiro de 2024 25 de abril de 2024 28 de agosto de 2024 15 de dezembro de 2024
Marte	06 de dezembro de 2024	23 de fevereiro de 2025
Júpiter	09 de outubro de 2024	04 de fevereiro de 2025
Saturno	29 de junho de 2024	15 de novembro de 2025
Urano	28 de agosto de 2023 01 de setembro de 2024	27 de janeiro de 2024 30 de janeiro 2025
Netuno	02 de julho de 2024	07 de dezembro de 2024
Plutão	02 de maio de 2024	11 de outubro de 2024

O que significa Mercúrio Retrógrado

A cada três meses, **Mercúrio** entra em movimento **retrógrado**, permanecendo assim por três semanas. Quando **Mercúrio** está em movimento **retrógrado**, há uma interferência no funcionamento das áreas de comunicação, telefonia, componentes eletrônicos, serviços de entrega, serviços de informação, correios, transportes, veículos, fretes, estradas e acessos. Por isso, durante esses períodos é indispensável ser mais rigoroso no uso ou na prestação de serviços que envolvam as seguintes coisas:

• Faxes, telefones, veículos, equipamentos, máquinas e computadores, pois é comum que apresentem mais defeitos;

• Veículos e máquinas comprados, pois podem apresentar defeitos crônicos ou dificuldade de entrega;

• Fios, ligações, tubos e conexões, pois é possível que falhem ou apresentem problemas de fabricação;

• Trânsito, acessos e redes, pois estes podem estar prejudicados;

• Papéis, documentos, contratos e assinaturas, pois apresentam problemas e devem ser copiados e revisados;

• Cláusulas de contratos e prazos estabelecidos, pois, geralmente, sofrem alterações e renegociações;

• Tarefas comuns, pois podem apresentar mais falhas e, assim, precisarem ser refeitas;

• Cirurgias, pois estas devem ser evitadas, já que a perícia está menos acentuada e erros podem ocorrer;

• Exames e diagnósticos, pois nesses períodos eles devem ser reavaliados;

• Mudanças de ideia, pois é possível que ocorram para favorecer ou desfavorecer uma situação;

• Comunicação pessoal, pois pode ser que acabe gerando mal-entendidos;

• Informações, pois estas devem ser checadas, afinal os dados podem estar alterados, errados ou incompletos;

• Obras em estradas, rodovias e viadutos, pois pode ser que apresentem atrasos.

Caso seja extremamente necessário lidar com alguma situação relacionada a um desses tópicos, evite o período em que **Mercúrio** estiver **retrógrado**.

Os demais planetas retrógrados

Quando Vênus estiver retrógrado, evite:
• Transações financeiras de vulto, negociar salários e preços ou abrir negócio;
• Definir assuntos amorosos, casamento e noivado.

Quando Marte estiver retrógrado, evite:
• Cirurgias eletivas, não emergenciais.

Quando Júpiter estiver retrógrado, evite:
• Eventos de grande porte, principalmente os esportivos e culturais;
• Encaminhar processos na justiça, esperar progresso e crescimento de negócio e projetos.

Quando Saturno estiver retrógrado, evite:
• Mudanças no emprego, pois o mercado de trabalho e de produção estará mais recessivo.

Quando Urano estiver retrógrado, evite:
• Pensar que algo interrompido não vai retornar e que algo iniciado não sofrerá várias alterações.

Quando Netuno estiver retrógrado, evite:
• Abandonar um assunto já encaminhado, achando que está bem entregue.

Quando Plutão estiver retrógrado, evite:
• Considerar algo como encerrado de modo definitivo.

O CÉU EM 2024

A dança dos signos

Movimento dos planetas lentos e nodos por meio dos graus dos signos em 2024.

Júpiter em Touro	De 16/05/2023 a 25/05/2024	21° Gêmeos Outubro → 13° Gêmeos Setembro
Júpiter em Gêmeos	De 24/05/2024 a 09/06/2025	29° Touro Maio → 0° Gêmeos Maio; 5° Touro Janeiro
Saturno em Peixes	De 07/03/2023 a 25/05/2025 De 01/09/2025 a 14/02/2026	19° Peixes Julho; 3° Peixes Janeiro; 12° Peixes Setembro; 14° Peixes Dezembro
Urano em Touro	De 15/05/2018 até 25/04/2026	27° Touro Setembro; 19° Touro Janeiro; 23° Touro Dezembro
Netuno em Peixes	De 05/04/2011 a 25/01/2026	29° Peixes Setembro; 25° Peixes Janeiro; 27° Peixes Dezembro
Plutão em Capricórnio	De 27/11/2008 a 23/03/2023 De 12/06/2023 a 20/01/2024 De 01/09/2024 a 18/11/2024	2° Aquário Maio; 1° Aquário Dezembro; 29° Capricórnio Janeiro → 0° Aquário Janeiro; 29° Capricórnio Setembro
Plutão em Aquário	De 18/11/2024 a 19/01/2044 De 23/03/2023 a 11/06/2023 De 21/01/2024 a 01/09/2024	
Nodo Norte em Áries	De 18/07/2023 a 12/01/2025	21° Áries Janeiro; 1° Áries Dezembro

— JÚPITER EM TOURO —

Já sabemos que, quando Júpiter atravessa um Signo, derrama sobre as pessoas suas bênçãos, qualidades, comportamentos, atividades e práticas associadas a este signo.

Touro é um signo do elemento Terra e do Ritmo Fixo. E, portanto, está envolvido em tudo que promova estabilidade, continuidade, sustentação, segurança, permanência, e que atenda às necessidades práticas, concretas e palpáveis.

Expansão, benefícios, crescimento e saltos virão para aqueles que perseveraram, mantiveram seus negócios, atividades, empresas, relacionamentos, laços de família — vínculos em geral — e patrimônios, e não se desviaram por caminhos incertos, aventureiros ou passageiros.

Os frutos virão de todas as coisas que acumularmos empenho, esforço e dedicação constante, focada e permanente.

Esse ciclo beneficia mais quem se mantém leal a um propósito ou objetivo e atua de maneira a acumular resultados, e não a diversificar iniciativas e direções; e beneficia muito menos ainda quem atua na linha ganhou-gastou.

Esse acontecimento pode significar aumento de concentração de renda, pois esse ciclo funciona sob a lei do acúmulo, ou seja, acrescentando/somando ao que já se tem. Acredito, no entanto, que Júpiter em Touro traz a marca de geração de riqueza e, portanto, de renda. É bastante favorável para poupar e guardar dinheiro ou para fazer aquisições com o mínimo de endividamento. A economia produtiva volta a crescer e a sustentabilidade regerá os negócios.

O consumo de supérfluos tende a cair em relação à aquisição de bens duráveis cujo valor tende a se manter e não sofrer uma importante depreciação ao longo do tempo. Podemos até mesmo assistir a uma valorização de bens de segunda mão, desde que bem conservados.

O momento é de fixar, firmar e consolidar para que os resultados cresçam e os benefícios cheguem. A dica é continuar insistindo naquilo que está ganhando, em vez de abrir novas frentes.

— JÚPITER EM GÊMEOS —

Quando Júpiter atravessa um signo, ele expande e traz uma cadeia de benefícios incomparável para as atividades, traços, condutas associadas a ele e, especialmente, para as pessoas nascidas sob esse signo.

Com a assinatura de Júpiter em Gêmeos, a tendência marcante será a de diversificar para gerar crescimento; ou seja, a de se abrir um leque variado de serviços, produtos, negócios, qualificação, formação para se alcançar níveis de prosperidade maiores.

Pessoas com habilidades e competências múltiplas, as quais possam atuar simultaneamente em várias frentes, serão bastante valorizadas.

Aprender novas habilidades, sobre novos campos de atividade e estar bem informado serão as grandes tendências do ano.

Os mais variados tipos de curso sobre as mais diversas práticas e temas, para todo o tipo de interesse, se multiplicarão e encontrarão adeptos.

Grupos de estudos, *workshops*, clubes de leitura e reuniões que mesclam encontros sociais e estudos se disseminarão durante essa passagem. Há um anseio de aprender e maior curiosidade sobre temas diversos sob Júpiter em Gêmeos.

O protagonismo desse ciclo, no entanto, será ocupado pelas áreas de comunicação, mídias, marketing e informação.

Há ainda bastante espaço para crescimento das mídias sociais e dos canais de comunicação, com demanda aquecida, inclusive, por produção de conteúdo para alimentar tal demanda. Os profissionais de comunicação e marketing estarão com suas atividades em expansão.

A agenda cultural deverá ser movimentadíssima, oferecendo programação extensa e variada para todos os tipos de público e de gosto.

Um outro ponto de destaque será a disseminação da divulgação científica ou de conhecimentos especializados em linguagem acessível a leigos.

Haverá maior circulação de pessoas e uma busca crescente por socialização, de modo que eventos, atividades profissionais, cursos e reuniões presenciais devem aumentar. Os lugares com vocação natural para socialização, como bares e restaurantes, terão clientela frequente e ampliada. Gente vai querer encontrar gente.

Veremos também um aquecimento ainda maior do setor de frete, que já vem tendo uma fase de crescimento expressivo.

— SATURNO EM PEIXES —

De 7 de março de 2023 a 25 de maio de 2025
De 1 de setembro de 2025 a 14 de fevereiro de 2026

A passagem de Saturno por Aquário teve como principal efeito uma "quase imposição" para que a sociedade desse um lugar em sua estrutura para o conceito de inclusão das diferenças etárias, de gênero, de raça e, portanto, admitisse a pluralidade, a heterogeneidade em que as diferenças fossem reconhecidas e representadas. Temos agora, com o ciclo de Saturno em Peixes, uma tarefa ainda mais desafiadora: fazer com que essas diferenças não fiquem estagnadas, entrincheiradas em suas tribos marcando e acentuando diferenças, mas que, pelo contrário, promovam uma permeabilidade entre elas. A cultura de Saturno em Peixes é para promover uma estrutura social de "miscigenação", de mistura. Esse é um passo além.

É possível que também viveremos um modelo híbrido de trabalhos e serviços; tarefas desempenhadas em parte digitalmente e em parte por pessoas. Uma mistura das duas coisas, uma síntese de dois mundos. Também nessa mesma linha, teremos formatos híbridos de atuação em que público e privado participam, ou até uma fronteira menos rígida entre empregador e empregado, tanto nas atribuições, responsabilidades, como na geração e participação de benefícios.

Os formatos de trabalho ou de contrato de trabalho também devem ganhar linhas mais flexíveis, permitindo que o profissional transite por um número de horas, renda e dedicação a depender da flutuação da demanda, do faturamento — sem a exigência de dedicação exclusiva quando assim não for necessário.

Essa pode ser uma inovação, outra vez um modelo híbrido de trabalho misturando as condições de autônomo, empregado e prestador de serviço. Esse formato também poderá ser adotado na gestão pública com uma atuação em conjunto, uma fusão entre agentes públicos e representantes da sociedade, principalmente quando se tratar de temas que afetam a todos e permeiam a sociedade como um todo. Muitas barreiras estão para ser diluídas. Enfim, o que se pretende é uma estrutura capaz de absorver e se estender a muitos. Essa é a árdua tarefa que temos pela frente com Saturno em Peixes.

Uma outra manifestação provável deste ciclo será a construção ou adequação de edifícios com finalidades múltiplas, em que algumas unidades podem servir como moradia e outras, como aluguel de temporada, abrigando, assim, quartos de hotel ou ainda consultórios e espaços de trabalho. Com a substituição do trabalho presencial pelo remoto em algumas atividades profissionais, os escritórios que ficaram ociosos serão readequados e darão lugar a uma diversidade de outros usos. Vem muita coisa diferente por aí.

— URANO EM TOURO —

De 15 de maio de 2018 a 25 de abril de 2026

Estaremos interessados nas mudanças com efeitos mais duradouros que atuem no lado prático da vida. As alterações mais importantes e criativas devem acontecer no campo da produção e no uso da terra em relação ao cultivo, à colheita, ao armazenamento, aproveitamento e à durabilidade do que foi cultivado. Portanto, por se tratar de um Signo de Terra e fixo, é muito afeito aos movimentos de manutenção e conservação, e não a perdas e deteriorações.

Outro foco importante das práticas revolucionárias de Urano será em relação às formas de pagamento ou ao uso do dinheiro. Afinal, trata-se de um Signo que fala de matéria. Pode-se pensar em aceleração de novos sistemas de cobrança e de pagamento, como as moedas virtuais, *bitcoins*, as várias formas de permuta de serviços e mercadorias sem uso de dinheiro nas transações, ou até as situações em que o cliente sugere o valor da mercadoria.

Muita coisa nova vem por aí nessa área: a economia ainda vai nos surpreender e nos mostrar como é possível reinventar suas práticas. Na linha da inversão típica de Urano passando pelo Signo de Touro — afeito às posses, ao senso de propriedade —, poderemos ver a economia se beneficiar de modelos de negócios de uso temporário, nos quais se estabelece pagamento pelo uso, e não pela propriedade. É o caso das bicicletas de uso coletivo e, já em algumas capitais, o uso comum do automóvel por um determinado período.

Esse formato de "posse provisória" pode se estender a outros artigos, evitando a predisposição ao acúmulo de peças, bens e objetos que não estejam sendo usados pelo proprietário, o que faz com que surja a possibilidade para que outros usufruam de tal coisa mediante um valor previamente definido. Até a opção pela casa própria pode ser revista pelas gerações mais jovens, pois esse ciclo tende a privilegiar liquidez em vez de imobilização do capital.

Temos outros exemplos bem-sucedidos desse conceito de "despossuir", como o aluguel de malas, Airbnb, troca de casa e o expressivo crescimento do mercado de segunda mão no negócio da moda e objetos.

— NETUNO EM PEIXES —

De 05 de abril de 2011 a 25 de janeiro de 2026

A consciência de que estamos todos imersos no mesmo oceano e de que tudo afeta a todos cada vez mais, desde o início da era globalizante, fica ainda mais expressiva com Netuno, o planeta da dissolução de fronteiras, em seu próprio

Signo. Sendo assim, é o ambiente ideal para desmanchar uma determinada ordem e reagrupá-la em uma nova síntese, incluindo elementos que estavam de fora. Tudo remixado e miscigenado, agregando em uma mistura, antes improvável, de raças, culturas, classes, idades e gêneros. Essa é a ideia de "fusion", que a gastronomia adotou tão bem quanto a música. Se nosso paladar e nossos ouvidos recebem tão bem esse conceito, por que não todo o resto? Marcar diferenças, separar, exilar, estabelecer limites muito bem delineados será quase impossível sob esta combinação abrangente. Inclusão é a palavra de ordem. A atitude mais recomendada e contemporânea será flexibilizar.

Tempos difíceis para rígidos e intolerantes. Fenômenos e comportamentos de massa estarão ainda mais presentes com ideias, modismos e expressões se espalhando mundo afora em prazos muito curtos. As últimas barreiras de resistências regionais, ou de grupos e culturas que pretendem se manter isolados, serão paulatinamente enfraquecidas.

A tendência é que sejam absorvidos, assim como o movimento da água que a passagem de Netuno em Peixes, tão plasticamente, reproduz. A música e as artes visuais, principalmente o cinema — um mundo cada vez mais visual e sonoro —, viverão momentos de grande expressão. A água, como já se tem anunciado por toda esta década, torna-se cada vez mais um bem precioso. E as regiões que possuem reservas hídricas serão muito valorizadas. Por outro lado, o planeta que rege os mares, os quais não apreciam limites e bordas, ao transitar um Signo de Água pode produzir efeitos indesejáveis, como enchentes, alagamentos e chuvas prolongadas. Quem mora nas proximidades de grandes concentrações de água pode sofrer os efeitos mais nocivos dessa passagem.

Este planeta também está associado à química, à indústria farmacêutica e ao acesso a medicamentos em escalas cada vez maiores. Quebra de patentes ou um crescimento acentuado dos genéricos são boas possibilidades. Além disso, esse astro expande todo o arsenal de substâncias químicas que imitam, por algum tempo, a sensação de bem-estar ou que nos fazem esquecer a falta dele, como um bom e eficiente anestésico.

Também é atribuída a Netuno a regência sobre o petróleo e o gás. As reservas de óleo devem ficar progressivamente menos hegemônicas ou menos restritas a algumas áreas. Descobertas de novas reservas em outros países, que passam a ser também produtores de petróleo, mudam um pouco a moeda de poder associada a esse valioso produto. Por sinal, Netuno em Peixes não é amigo de hegemonia nem de restrição.

Netuno é o responsável pela nossa capacidade de encantamento. É ele que nos lembra, ao nos trazer uma tristeza na alma, de que viver não é só uma equação material ou corporal, mesmo que tal equação esteja muito bem solucionada. Isso não garante uma alma plena ou alegre. A falta de encantamento nos torna vazios, robotizados, automáticos. Em Peixes, essa capacidade e necessidade se tornam ainda mais acentuadas. Surgem daí algumas alternativas: o romantismo no amor, a espiritualidade que dá sentido à existência, a arte, o contato com a natureza; elemento este que, por sinal, nos lembra de que tudo é tão perfeito.

A busca de estados mais contemplativos, para repousar e equilibrar nosso vício pelo ritmo frenético, será mais frequente. E, com a queda das utopias, iremos precisar mais de sonhos e refúgios paradisíacos — agora mais do que nunca. Lugares que, de algum modo, sugerem a ideia de paraíso serão avidamente buscados. Floresce muito mais difundida, quase corriqueira, a percepção de que tudo está conectado como um grande organismo, que só pulsa se todos os elementos pulsarem juntos, ou de um sistema que só funciona se suas partes interligadas funcionarem. Soluções isoladas já não resolvem questões tão complexas. Um só gesto afeta outras coisas, situações de uma natureza atraem ao mesmo tempo outras semelhantes e, ainda, o homem carrega si partículas do universo.

Esses são os efeitos prováveis dessa passagem, que destaca ainda um pensar sistêmico e um ser humano mais sensível. Estudos interdisciplinares vão crescer cada vez mais, como se um conhecimento fosse complementar a outro.

— PLUTÃO EM CAPRICÓRNIO —

De 27 de novembro de 2008 a 23 de março de 2023
De 12 de junho de 2023 a 20 de janeiro de 2024
De 01 de setembro de 2024 a 18 de novembro de 2024

Um dos principais e mais visíveis efeitos dessa passagem é a crise financeira e a consequente recessão econômica em que estamos envolvidos desde a entrada de Plutão em Capricórnio, em novembro de 2008. Quebra-quebra de empresas e bancos, aumento do índice de desemprego, enxugamentos e gestão mais apertada das empresas são reflexos dessa passagem.

Consumo consciente e toda uma reeducação econômica estão em vigor.

Viver com menos e gastar com prudência, administrando melhor os próprios recursos, são as ordens do dia. Os quinze anos em que Plutão permanece em Capricórnio alertam para os graves efeitos que o ataque ao meio ambiente vem causando.

A exacerbação desses efeitos será visível, e eles poderão ser totalmente irreversíveis, caso as medidas preventivas e reparadoras não sejam tão radicais e tão urgentes quanto a proporção dos danos causados.

Cura ou destruição da Terra são as duas únicas opções. Esse trabalho imenso de recuperação, por sua vez, gerará novos empregos, novas indústrias e até novas profissões, aquecendo todos os setores da economia ligados a esse processo.

Na verdade, toda uma nova economia será gerada no rastro dessa tendência. Alguns exemplos: atividades de reciclagem, beneficiamento de lixo, reutilização de descartáveis, despoluição, reaproveitamento de fontes naturais etc. Aliás, já está em estudo o processo de reversão do lixo, em que este faz seu caminho de volta até retornar à produção.

Esse é um dos sentidos mais profundos da economia de recursos, quando quase nada é jogado fora. Até porque, já há claros sinais de escassez de recursos e da iminente falta de alguns deles.

Uma das áreas críticas, que já começa a se evidenciar, é a produção de alimentos.

Como alimentaremos toda a população mundial sem um controle radical da manutenção e qualidade das terras cultivadas? O que fazer diante do cenário que sinaliza algumas delas se tornando áreas de produção de insumo para combustível?

Também sobressaem da passagem de Plutão pelo Signo de Capricórnio profundos reajustes da Terra, este planeta vivo que de tempos em tempos sofre todos os tipos de abalo causados pelas forças da natureza, tais como terremotos, inundações, vendavais etc.

O formato de trabalho que se conhece hoje será revogado, inclusive com um forte decréscimo do assistencialismo. Cada vez mais, a ideia de um governo "mãe", ou seja, protetor, que "cuida" de seus cidadãos, ficará distante.

A crise na previdência social já ocorre em muitos países, causada pelo desequilíbrio entre o que o governo precisa desembolsar para assistir os cidadãos e a contribuição feita pelos indivíduos produtivos.

Essa crise deve se agravar agora, justamente pelo fato de Plutão se encontrar em Capricórnio, que é o Signo oposto a Câncer, no qual se encontrava entre 1914 e 1939, período em que tal modelo foi criado.

Trata-se, na realidade, de uma mudança radical de formato de trabalho, na qual o indivíduo vai encontrando outros meios mais garantidos e autossuficientes de se assegurar fora dos braços do Estado ou do empregador.

O prolongamento da vida e o consequente envelhecimento da população agravam ainda mais essa questão. O fato de as pessoas ganharem mais anos de vida faz com que se vejam obrigadas a permanecer mais tempo produzindo para que esse tempo excedente seja devidamente financiado. O conceito de aposentadoria precisa ser completamente repensado e alterado nessas condições.

A outra grande revolução se dará no campo político. Há uma forte tendência de predominância do Estado laico, superando a dos últimos anos (durante a passagem de Plutão em Sagitário), quando houve muitos casos de convergência entre Estado e religião, sendo esta, inclusive, usada como apelo político e força de sustentação de poder. Essa era chegou ao fim. Até porque os desafios que encontraremos serão de natureza tão objetiva — como a sobrevivência do próprio planeta — que exigirão soluções e competências pragmáticas. Talvez, por isso, o braço da religião neste momento não seja um apoio tão tentador.

O cenário político sofrerá, ainda, outra importante transformação, na qual o poder será deslocado da esfera do simples usufruto de autoridade, do mando e do *status* para a esfera da competência, da realização e do trabalho. É como se ocorresse uma "profissionalização" do poder.

A política volta a ter sua função reguladora, administradora e gerenciadora, diante da gravidade dos problemas enfrentados, deixando de ser apenas um gerador de privilégios, divorciado dos problemas estruturais da sociedade. Ou seja, um lugar de responsabilidades e soluções, não de discursos. Isso muda completamente a face dos dirigentes.

A autoridade estará diretamente ligada à competência. Assim, o Estado terá que se assemelhar mais a uma grande empresa ou a um grande gestor. O poder pertencerá a quem faz e sabe fazer. Pode-se observar também o aumento do controle ou do poder do Estado em relação à economia e ao funcionamento da sociedade em geral.

Já vimos isso acontecer em 2009 nos EUA, cuja economia era a mais liberal.

— PLUTÃO EM AQUÁRIO —

De 18 de novembro de 2024 a 19 de janeiro de 2044
De 23 de março 2023 a 11 de junho de 2023
De 21 de janeiro de 2024 a 01 de setembro de 2024

A entrada de Plutão no Signo de Aquário está sendo intensamente propagada no meio astrológico, pois representa uma transformação profunda da ordem social em direção à radicalização da tecnologia e do mundo digital.

A seguir reproduzimos o texto, referente a este ciclo, publicado em *O Livro da Lua 2023*:

Esse é o ciclo mais importante dos próximos anos. Plutão fez uma breve entrada no Signo de Aquário em 2023, por apenas três meses, e logo reingressou ao Signo de Capricórnio. É em 2024 que ele faz sua entrada definitiva no signo do Aguadeiro.

Vamos oferecer aqui algumas hipóteses prováveis como possíveis desdobramentos dessa longa jornada. A passagem de Plutão por Capricórnio acabou ressuscitando forças conservadoras e lhes dando bastante voz, assim como também ressuscitou uma onda de concentração de Poder e de governos autoritários.

Isso de um lado, pois de outro desconstruiu, soterrou, uma forma tradicional de se pensar e fazer economia, gerar empregos etc. devido ao crescente uso da tecnologia que derreteu a oferta de trabalho em alguns segmentos. E não foi só nesse âmbito. Houve um desmonte de alguns pilares, valores, conceitos que constituíam e formavam a argamassa da estrutura sobre a qual a sociedade se erguia.

Sobrou pouco das referências, princípios que usávamos para guiar nossas crenças e condutas. De certa maneira, o mundo como conhecíamos ruiu.

A chegada de Plutão em Aquário tende a radicalizar, a aprofundar a distância entre o velho e o novo mundo. Não estamos só em um mundo em transformação, mas em transmutação.

Completaremos a migração para o universo digital e não sobrará quase nada do "mundo real".

O poder já é e será cada vez mais tecnológico de quem cria, vende e possui ferramentas tecnológicas. Esse universo não para de tomar novos territórios e ganhar novas manifestações e usos.

O metaverso é apenas uma das manifestações, assim como a simulação de um mundo real cada vez menos real, mundo esse do qual estamos nos despedindo e mergulhando de cabeça, fascinados pelo universo digital.

A distância entre a Terra e o Espaço diminuirá cada vez mais, e conquistas, viagens e a colonização do Espaço não parece mais ser ficção científica.

Finalmente, imagino que a radicalização e o aprofundamento das pautas de inclusão, absorvendo as diferenças etárias, de raça, gênero, etnias etc. fortalecidas desde o início do ciclo Júpiter Saturno em Aquário, se darão de forma inevitável.

Há uma tendência para a desconstrução da ideia de hegemonia, supremacia de raça, gênero, idade etc.

Haverá também uma intensificação de movimentos em direção à descentralização, à horizontalização sobre a verticalização, a centralização e privilégios de poucos para que possa caber a diversidade.

Um outro mundo nos aguarda. Um mundo para muitos.

— NODO NORTE EM ÁRIES —

De 18 de julho de 2023 a 12 de janeiro de 2025

Em meados de 2023, a grande antena que aponta a direção da estrada ingressou no Signo de Áries e permanecerá por um ano e meio.

A travessia do Nodo Norte em um signo sinaliza um movimento de subida, uma maré alta, uma abertura e, ainda, uma bússola, um ponto de orientação para tudo que esteja sintonizado com as qualidades desse signo: traços, condutas, pessoas, atividades, negócios.

Em Áries, a seta aponta na direção da autonomia, da individualidade, do espírito pioneiro, desbravador. Abre caminho para quem tiver coragem, capacidade de quebrar a inércia, partir do zero e inaugurar.

Também traz uma maré alta para quem marca a própria individualidade, empreende, conquista seu território próprio, à sua própria custa, sem esperar que entidades façam pela gente o que nós mesmos podemos fazer; nem destino, nem circunstâncias, nem governantes: "eu caçador de mim".

Há de qualquer maneira um frescor, uma força, um impulso, um ponto de partida, um ciclo novo que se inicia, com essa posição do Nodo Norte em Áries.

Nós estaremos menos cansados, menos propensos a desistir, menos inertes e menos "viciados" no mesmo. Voltamos à luta.

CALENDÁRIO DOS CICLOS PLANETÁRIOS

Eventos geocósmicos de destaque em 2024

Janeiro de 2024	Júpiter sextil Saturno
Fevereiro de 2024	Júpiter sextil Saturno
Março de 2024	Júpiter sextil Saturno Júpiter conjunção Urano
Abril de 2024	Júpiter sextil Saturno Júpiter conjunção Urano
Maio de 2024	Júpiter conjunção Urano Júpiter sextil Netuno Júpiter sextil Plutão
Junho de 2024	Júpiter sextil Plutão Júpiter sextil Nodos Urano sextil Netuno
Julho de 2024	Júpiter sextil Nodos Urano sextil Netuno
Agosto de 2024	Júpiter quadrado Saturno Urano sextil Netuno Urano trígono Plutão
Setembro de 2024	Urano sextil Netuno Urano trígono Plutão Netuno sextil Plutão
Outubro de 2024	Urano sextil Netuno Urano trígono Plutão Netuno sextil Plutão
Novembro de 2024	Urano sextil Netuno Netuno sextil Plutão
Dezembro de 2024	Urano sextil Netuno Júpiter quadrado Saturno Plutão sextil Nodos

— O CICLO JÚPITER SATURNO (SEXTIL) —

Maio a julho de 2023

Dezembro de 2023 a abril de 2024

Esse ciclo auspicioso já deixou sua marca em 2023 e foi responsável por alguma sustentação e índices positivos para a economia.

Os indicadores de crescimento acabaram sendo superiores às projeções pessimistas dos analistas especializados para 2023/2024.

Esse não é um ciclo recessivo. É um sinalizador de crescimento sustentável, estrutural, de base, de modo que seus efeitos podem ser prolongados e até mesmo duradouros.

Apesar dos desafios, há uma percepção positiva, um aumento da sensação de segurança para que se invista em crescimento.

Investimento em infraestrutura e no setor produtivo têm grande êxito.

O movimento em torno da inclusão que foi fortemente introduzido na conjunção Júpiter/Saturno em 2021, no Signo de Aquário, ganha uma confirmação de que algumas conquistas nessa área já estão consolidadas.

— O CICLO JÚPITER URANO (CONJUNÇÃO) —

Março a maio de 2024

O ciclo Júpiter/Urano no Signo de Touro marca um ponto a mais na lista dos desenhos planetários auspiciosos para 2024.

Como toda conjunção, trata-se do início de um ciclo, um ponto de partida que nesse caso representará um salto expressivo para as práticas e tecnologias inovadoras… Energia limpa, carro elétrico, economia circular (com reaproveitamento de tudo que é produzido), inventividade nos modos de produção… agora em modo acelerado.

O crescimento estará diretamente associado às inovações tecnológicas aplicadas à produção, ao ganho produtivo gerado por inovações. O uso de inteligência artificial nesse primeiro momento será direcionado para a economia, ganhando-se rentabilidade e eficiência, redução de desperdício, aceleração das etapas da cadeia produtiva etc.

Start-ups devem dar sinais de rentabilidade. Algumas vão disparar…

Negócios novos, com formatos novos e com retorno em curto prazo devem pipocar.

O setor de inovação nas ferramentas e nos meios de pagamentos, na linha dos bancos virtuais, ainda vai surpreender em sua margem de crescimento.

Essa é uma dupla que favorece o mercado financeiro e que pode dar saltos em rentabilidade.

— O CICLO JÚPITER NETUNO (SEXTIL) —

Maio de 2024

Esse é mais um desenho planetário entre os muitos produzidos pelo contato de Júpiter com vários planetas. Preste atenção na concentração dessas posições ocorrendo em maio deste ano.

O encontro entre Júpiter/Netuno é considerado gerador de graças, bênçãos e milagres.

É uma aliança planetária que favorece acordos, adesão e união em benefício do bem comum, em vez de privilegiar o bem para poucos.

Quem sabe esse ciclo tenha força suficiente para abrandar os conflitos atuais e seja capaz de inspirar um clima mais humanizado, mais elevado para inspirar negociações, diálogos em tom diplomático e com objetivo de paz.

É muito mais fácil sensibilizar as pessoas para o que as une e as solidariza do que para o que as separa.

O setor de óleo e gás, assim como o da área farmacêutica, é beneficiado por esse ciclo. O mercado financeiro também sempre se favorece sob essa dupla, inclusive com a adesão de um número maior de investidores.

— O CICLO JÚPITER PLUTÃO (SEXTIL) —

Maio e junho de 2024

Mais uma vez Júpiter opera, por meio de alianças auspiciosas, desta vez com Plutão.

Sob essa dupla é mais fácil atrair investimentos e investidores.

O dinheiro está circulando em busca de bons negócios, e ambos costumam pressagiar que o cenário está fértil para bons empreendimentos.

Há uma maior disponibilidade de capital.

É uma sinalização de boa arrecadação e de confirmação de resultados positivos da reforma fiscal de 2023.

É um ciclo extremamente favorável para o setor de energia, inclusive para a valorização de petróleo.

O mercado financeiro é outro segmento beneficiado por esse desenho planetário e promete bom retorno para os investidores.

— O CICLO JÚPITER NODOS (SEXTIL) —

Junho a agosto de 2024

Na sequência, temos Júpiter impulsionando os Nodos.

A antena do Nodo Norte aponta para caminhos de crescimento, expansão e prosperidade, anunciando que tem espaço de sobra para isso.

Não estamos só em uma fase de recuperação e reconstrução, ou de estabilidade; estamos além disso. Já estamos na fase de respirar um pouco os ares da abundância.

Alguns impasses que limitavam o crescimento devem ter sido resolvidos ou devem estar em vias de serem, para justificar estradas abertas e rotas de prosperidade.

Esse ciclo sinaliza caminhos em direção a alargamento de horizontes e perspectivas bem positivas.

Há um sentimento geral de mais confiança e otimismo diante das perspectivas que se apresentam.

— O CICLO URANO/NETUNO/PLUTÃO —

(Urano Trígono a Plutão Netuno Sextil a ambos)

Julho a novembro de 2024

Temos, no segundo semestre de 2024, uma joia no céu representada pelo pequeno triângulo formado pelos três planetas lentos. Urano, Netuno e Plutão fecham entre si um desenho harmônico, o que não é pouca coisa.

Urano no Signo de Touro e Plutão em Capricórnio fazendo um trígono, e ambos recebendo um aspecto de sextil de Netuno em Peixes.

É um fenômeno a ser celebrado o fato de três grandes planetas que percorrem ciclos longos se agruparem em um formato tão auspicioso, em graus próximos no mesmo período.

Podemos esperar tempos melhores, sim!

Coletivamente, aponta para um cenário de mais harmonia, distensão de conflitos, soluções, medidas que contemplem temas globais e que busquem beneficiar a todos.

Há disposição para que prevaleçam valores, ou discussão de questões humanitárias, supranacionais sobre visões regionalistas, partidárias e nacionalistas.

Avanços científicos ocorrem em saltos sob ciclos dessa natureza.

Seria um excelente momento para pensar no uso da inteligência artificial dentro de critérios que realmente beneficiem a coletividade. As palavras "humano", "humanizado", "humanidade" voltam a circular e impregnar nossos ouvidos, mentes e corações.

Definitivamente entraremos no modo recuperação, superação e reconstrução após a fase traumática da desconstrução vivida desde 2020, com o encontro tensíssimo formado por ciclos desafiadores entre os planetas lentos.

— O CICLO JÚPITER SATURNO (QUADRATURA) —

Agosto de 2024 a dezembro de 2024
Janeiro de 2025 a maio de 2025

Júpiter e Saturno são inimigos míticos. Na mitologia grega, Júpiter (filho) destrona Saturno (o pai) e inaugura uma nova dinastia.

O encontro desarmônico entre eles, como é o caso do ciclo de que estamos tratando, revela um conflito entre forças novas, emergentes, e forças conservadoras, que possivelmente serão derrotadas.

Onde houver um processo sucessório ou eleitoral, a tendência é a de destronamento, ou seja, de substituição dos nomes, e não de permanência dos mesmos.

Dentro dessa mesma lógica, as gerações mais novas conquistam espaço a galope, substituindo os mais velhos. Tem um forte etarismo rolando por aí. Não se trata apenas de avançar no mercado de trabalho, mas de vencer e derrubar valores e conceitos caros às gerações anteriores. De qualquer maneira é um ciclo de desestabilização, inclusive para a economia: é mais arriscado investir.

Esse ciclo também aponta para o aumento de custos de estrutura, de produção e do próprio custo de vida. Sendo assim, ficará mais caro manter a estrutura em que definimos viver e mais caro produzir. O crescimento, com isso, pode ficar comprometido.

Há receio de investir em expansão e não ter o retorno que compense.

Parte dos ganhos são consumidos com a manutenção da estrutura e com o básico... torna-se difícil poupar.

Com funcionários reduzidos para não onerar a folha de pagamento, os negócios trabalharão no limite, afetando a qualidade de serviços, atendimento e prazo.

As pessoas assumirão uma carga de trabalho extra para arcarem com seus custos fixos altos...

– O CICLO PLUTÃO NODO (SEXTIL) –

Dezembro de 2024 a janeiro de 2025

Plutão, já reingresso no Signo de Aquário, em uma ultra bem-vinda reconciliação com os Nodos, depois de terem estado em pé de guerra por todo o ano de 2023, prenuncia que entramos, desta vez sem retrocesso, na fase de recuperação.

Há caminho, fluxo, meios para reconstrução, recuperação de danos e retomada do que ficou parado ou prejudicado pelas turbulências do ano anterior.

É um ciclo que também aponta para uma moderação dos extremismos, das radicalizações e do exercício do Poder; agora, mais na linha do *soft power*.

Líderes, governantes e dirigentes estarão com potência, condições, capacidade e propriedade para conduzir os impasses e direcioná-los para um bom caminho.

Parece que estamos de volta aos trilhos… ou à trilha.

O CÉU DO BRASIL

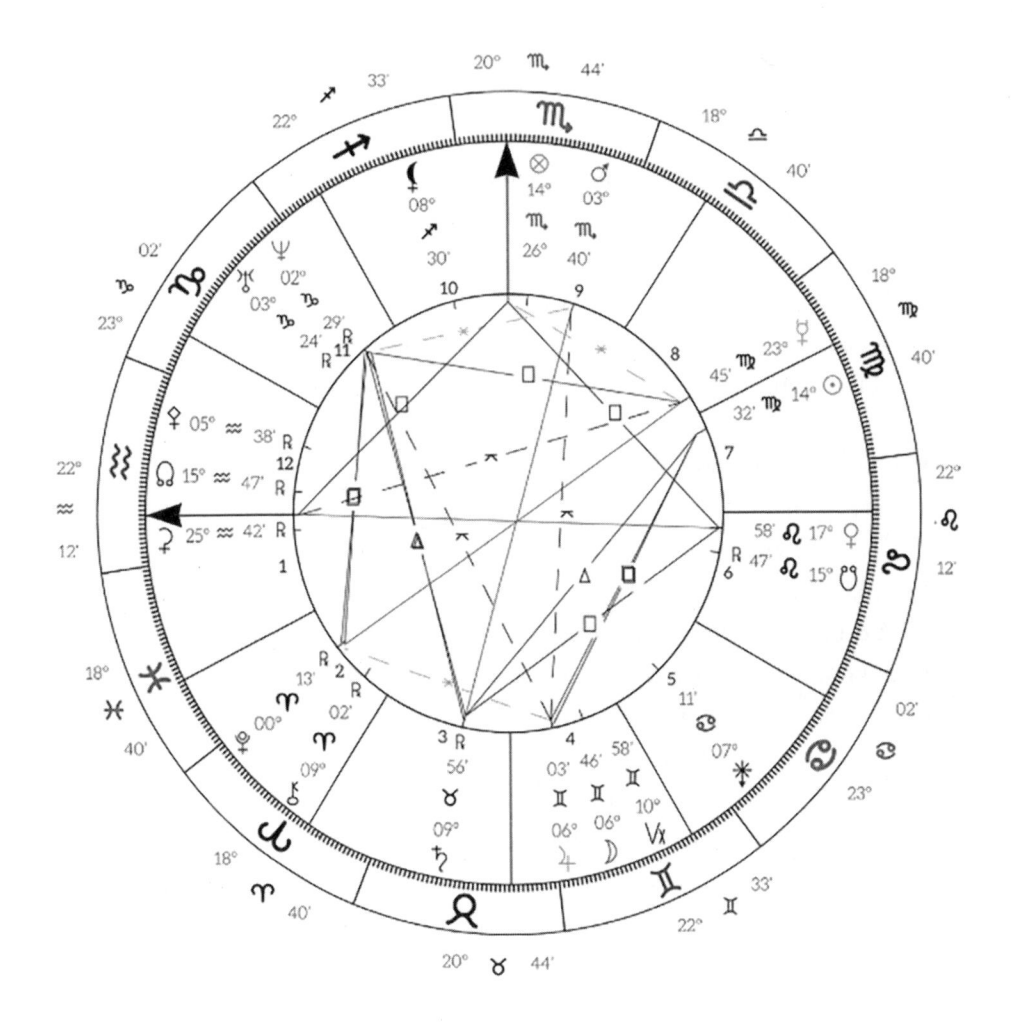

— URANO QUADRADO VÊNUS —

Junho a dezembro de 2022
Abril a maio de 2023
Janeiro a fevereiro de 2024

O ano de 2024 abre com o final da passagem de Urano sobre o Vênus Natal do Brasil.

Ainda estamos sob um clima de instabilidade na economia, volatilidade de preços, e improvisos tanto por parte do governo quanto das empresas e das pessoas comuns, quanto para atender ou manobrar as turbulências que afetam a economia. Esse ciclo, no entanto, está no fim. Porém, está ativo desde o segundo semestre de 2022, tendo sido um dos responsáveis pelo clima de tensão e imprevisibilidade das eleições de 2022 e pelas várias atuações do atual Governo para acalmar e aliviar os riscos para a economia no primeiro semestre de 2023.

Veja o que escrevemos sobre esse ciclo em *O Livro da Lua 2023*:

Esse ciclo já está ativo no mapa do Brasil desde o segundo semestre de 2022.

Vênus é posicionada na casa 7 do mapa do Brasil, setor que rege as alianças e os acordos. Não é sem justificativa astrológica a dificuldade que foi encontrar consenso em torno de um nome que representasse a terceira via. Mesmo partidos com fortes candidatos à presidência podem ter encontrado consenso no apoio a candidatos para governadores, para a bancada no Congresso etc. Esse ciclo tende mais à desunião, à fragmentação, do que à convergência.

A economia ainda sofre obstáculos e está sujeita a instabilidades. É difícil fazer previsões nessa área para o primeiro semestre do ano. Fatores com os quais não se contava podem interferir bastante no planejamento. Não é hora de se estar em investimentos de risco nem sem liquidez.

Leia abaixo o que escrevemos sobre essa passagem em *O Livro da Lua 2022*.

Todo o segundo semestre será palco da atuação dessa dupla. Não é uma passagem fácil. Seu principal efeito se manifesta na economia, com instabilidade e mudança de programas. Podemos também ser afetados pelo cenário internacional, pois Vênus rege assuntos que são ligados ao exterior.

É de conhecimento que o Brasil pode sofrer prejuízos financeiros se não adequar sua política de meio ambiente e a condução de sua política externa.

Pode haver também pressão cambial sob essa dupla planetária. O Judiciário também estará na mira desse ciclo, sendo convocado a atuar em pautas tensas e sem trégua que surgirão no segundo semestre. É liminar para cá, liminar para lá, liminar cassada e assim por diante.

— SOL E MARTE PROGREDIDOS SEXTIL JÚPITER/LUA —

Janeiro de 2023 a final de 2024

Esse é um cenário planetário extremamente positivo.

Seus efeitos estão visíveis desde o início de 2023 e permanecem por todo o ano de 2024.

É indício de forte atividade e dinamismo do setor agrário, imobiliário, de construção e também de ações relativas à demarcação de terras e proteção de territórios.

Esse ciclo também impulsiona a população que ocupa a base da pirâmide social a buscar maior autonomia por meio de empreendimentos pequenos.

Além disso, indica igualmente uma movimentação e força da oposição que não está de braços cruzados.

Leia abaixo o que publicamos sobre esse ciclo em *O Livro da Lua 2023*.

Essa é uma prodigiosa aliança que promete gerar força, dinamismo e impulso para os setores agrícola, de construção e de saneamento básico.

O mercado imobiliário deve responder muito bem a esse ciclo e provar que está aquecido. Afinal, é um excelente momento para se lançar e acelerar programas para habitações populares. Devem ocorrer também um remanejamento da ocupação e um reaproveitamento de imóveis não residenciais que ficaram ociosos ou desocupados devido à disseminação do trabalho remoto. Outro fenômeno que pode ser estimulado por essa passagem planetária é o crescimento em direção à interiorização, em busca de melhor qualidade de vida e custos mais baixos. As pessoas migrarem mais para o interior em vez de para os grandes centros. Isso geraria um aumento da ocupação de espaços menos habitados ou explorados, inclusive com expressivo crescimento de cidades pequenas e médias.

— PLUTÃO SEXTIL PLUTÃO —

Fevereiro a agosto de 2023
Dezembro de 2023 a abril de 2024
Junho de 2024 a fevereiro de 2025

Esse é um dos melhores indicadores de reabilitação da economia e das empresas estatais.

Trata-se de uma sinalização de retomada de valor dos produtos produzidos pelo país, *commodities*, de recuperação do mercado interno, de receita. O que, por sua vez, se reflete positivamente no poder de compra.

Há também uma indicação de fortalecimento do Poder Executivo se afirmando, e não se esvaziando, diante dos demais Poderes.

Esse ciclo sugere ainda que há mais atuação e influência do Executivo sobre as empresas e órgãos públicos. O atual Presidente parece estar "zempoderado" no cargo que ocupa e não perdendo espaço nem fôlego.

A seguir reproduzimos a descrição desse ciclo publicado em *O Livro da Lua 2023*:

Esse é um ciclo muito bem-vindo logo nos primeiros meses do novo governo.

Essa passagem anuncia boas oportunidades para a recuperação da economia para quem souber aproveitá-las. Há também, nessa força de recuperação, uma sinalização de possibilidade de maior controle da inflação, pois esse ciclo pressagia uma queda menor do poder de compra e também uma desvalorização da moeda.

Há também um clima favorável à governabilidade e ao poder de execução do Presidente, o que costuma indicar boa relação com o Congresso.

— MERCÚRIO PROGREDIDO SEXTIL SATURNO —
Abril de 2023 a maio de 2024

Esse ciclo já está operando desde o ano passado. Seus efeitos são muito positivos e de ordem de organização para a educação, em especial para o ensino fundamental, os meios de transportes e a área de mídia. Também indica relações produtivas e bem sedimentadas com os países vizinhos. Uma outra possibilidade é que destaque o ótimo desempenho de alguns governadores e prefeitos, os quais ganharão credibilidade e confiança pela eficiência da gestão.

Abaixo, reproduzo um trecho de *O Livro da Lua 2023* sobre esse desenho:

Esse é um excelente ciclo para estimular a volta das crianças que evadiram das escolas, por meio de programas e acompanhamento eficientes.

É também uma indicação de que se pode estabelecer um melhor e mais vantajoso acordo com as *Big Techs*. Muitos países já estão fazendo isso.

Há um clima de menos polêmica e hostilidade por parte da mídia ou em relação à mídia. Nesse ciclo, é um pouco mais provável que se consiga filtrar ou reduzir a circulação de *fake news*.

— URANO NA CASA 4 DO BRASIL —
Maio de 2023 a dezembro de 2024

Talvez o efeito mais notável dessa passagem se reflita no impulso de mudança de moradia, região ou cidade por parte da população. Muitas pessoas se movendo e buscando lugares diferentes nos quais se instalarem. Um exemplo disso poderia ser a revitalização dos centros das grandes cidades como um possível polo residencial, já que com a pandemia muitos deles perderam grande parte de suas atividades.

Outro efeito dessa passagem seria também a mudança de conceito de moradia já presente nas novas construções… Nelas há toda uma estrutura de lazer, serviços etc. com áreas internas mais compactas e cozinhas abertas sem área de serviço, por exemplo.

A base da composição da população também vem mudando aceleradamente, como demonstra o último Censo, o qual indicou um decréscimo importante nas taxas de nascimento e um aumento de idosos devido ao ganho de longevidade.

Veja o que publicamos sobre esse ciclo em *O Livro da Lua 2023*:

A passagem de Urano pelo Fundo do Céu do Mapa do Brasil sacode literalmente as bases do país.

Se fôssemos um país sujeito a eventos como terremotos e erupções vulcânicas, esse seria o cenário, mas, como não é o nosso caso, podemos pensar em rompimentos de barragens, desmoronamentos e rupturas de estruturas que não estejam bem fundadas. Os setores de produção agrícola e de construção podem passar por momentos instáveis, mas, sem sombra de dúvida, ventos de renovação sopram nessa direção.

O mais significativo desse ciclo, no entanto, será um movimento crescente de intolerância e demanda de mudanças por parte da população, que vê suas necessidades básicas insistentemente desatendidas.

— URANO QUADRADO ASCENDENTE —

Junho a dezembro de 2023
Abril e maio de 2024

Esse ciclo já se manifestou no segundo semestre de 2023 e faz um *replay* entre abril e maio de 2024.

É sempre um sinal de alerta e de que as coisas estão fora de ordem. Trata-se de um ciclo que anuncia turbulências, fatos relevantes que alteram a normalidade, troca de ministérios, alterações bruscas e inesperadas etc.

Reproduzimos abaixo trecho de *O Livro da Lua 2023*, o qual descreve esse ciclo:

O segundo semestre do ano é marcado por turbulências. Situações inesperadas que não estavam no radar, causadas por circunstâncias externas, obrigam-

-nos a fazer malabarismos, improvisos, tirar cartas da manga, mudar o plano inicial e reescalonar as prioridades. Devemos contar com o inesperado, e não com condições de normalidade. Não é indicado, portanto, estar em situação de risco, "alavancado" e com empreendimentos nos quais apostamos todos os nossos recursos e fichas. É bom ter uma boa margem de segurança e fôlego.

— URANO TRÍGONO MERCÚRIO —

Julho a outubro de 2023
Maio e junho de 2024
Novembro de 2024 a janeiro de 2025

Esse ciclo está ativo desde o segundo semestre de 2023.

Essa é uma passagem auspiciosa e carrega fortes indícios de alívio para as contas públicas. Para isso, podem ter sido canceladas ou renegociadas algumas despesas que estrangulavam o orçamento, como também entrada de dinheiro novo, acrescentado às fontes de receita habituais. Trata-se de uma sinalização de que a reforma fiscal já deve ter produzido resultados positivos. Além disso, algumas mudanças ou atualizações na política econômica também devem estar contribuindo para a melhoria do caixa.

— NODO NORTE NA CASA 2 —

Janeiro de 2024 a outubro de 2025

A passagem do Nodo Norte sobre a Casa 2 do mapa do Brasil é uma forte indicação de que a economia entrou, ou está prestes a entrar, nos eixos. No mínimo, há indícios de que terá uma direção muito mais bem sinalizada. Haverá placas no caminho que apontam o percurso da economia e, assim, saberemos para onde estamos indo e que rumo está sendo tomado.

A passagem do Nodo Norte por uma casa astrológica sempre produz abertura e cria fluxo para aquela área.

Que bons ventos tragam bons frutos para quem os gera e para a nossa economia como um todo. Esse é um ciclo de excelente ritmo para a atividade produtiva.

— JÚPITER CONJUNÇÃO SATURNO/ SATURNO SEXTIL SATURNO —

Fevereiro e março de 2024

Esses seriam meses excelentes para implementar políticas e programas eficazes e bem equacionados para produzir ótimos resultados com efeitos estruturais para a Educação Fundamental. Se esse fosse realmente o objetivo do Governo Central, Estados e Municípios poderiam dar passos definitivos em relação à questão da Educação, tema esse que é tratado como algo que parece não ter solução ou real interesse por governos sucessivos.

Também é um excelente ciclo para avanços no setor de infraestrutura, e isso se aplica à conservação de estradas, à licitação de obras públicas e a melhorias para os meios de transporte.

É um ciclo que aumenta, e muito, a capacidade de realização e de viabilidade, principalmente nos setores mencionados acima.

Ainda sugere que foram dados passos firmes e estruturais em direção às relações e aos acordos com os países vizinhos. Parece que muito já avançou nessa direção e está consolidado.

Outro destaque importante dessa passagem, em ano de eleição para prefeitos, será o surgimento, nesse período, de nomes que apresentam muitas chances. Fique atento também aos governadores que se destacarem por seus feitos durante esses períodos, pois eles podem se tornar presidenciáveis.

A conjunção de Júpiter sobre Saturno do Brasil, simultaneamente ao trânsito auspicioso de Saturno sobre o Saturno natal, na casa 3, geram um incremento para a atividade de frete que já vem em alta. Criação de empresas para atender o crescimento de demanda e consolidação do patamar de desempenho das empresas que já atuam nesse segmento é uma forte tendência anunciada por esse ciclo.

— ECLIPSE LUNAR SOBRE PLUTÃO DO BRASIL —

5° de Libra

25 de março às 4h

O Eclipse Lunar de 25 de março ocorre em um grau muito próximo ao Plutão posicionado na casa 2 do mapa do Brasil. Por isso, é imprescindível que não nos encontremos em uma situação econômica crítica nem com orçamento estrangulado ou déficit crescente, pois o Eclipse tem o efeito de transbordar aquilo que já está próximo ao limite ou que já o passou.

Trata-se de uma energia de agravamento. E, portanto, é aconselhável que estejamos com as contas em dia e de preferência com alguma margem de sobra.

Isso também se passa com o Presidente, já que, no mapa do Brasil, Plutão também se refere ao Executivo. Sendo assim, desafios importantes e provas de vitalidade de poder devem acontecer para ele. Essa é uma energia de ofuscamento.

— NETUNO CONJUNÇÃO PLUTÃO —

Abril a agosto de 2024

Netuno passando sobre Plutão na casa 2 do mapa do Brasil é o ciclo vilão para nossa economia e contraria outras tendências bem auspiciosas!

Além disso, é um fator que prenuncia dinheiro mal gasto, que vai para o ralo. Desperdício de recursos públicos, má gestão e descontrole nos valores disponibilizados, falta de controle nas prestações de contas, fraude etc., tudo isso é passível daquela mágica de fazer o dinheiro literalmente sumir ou ser desviado para mãos erradas.

Pode provocar desvalorização da moeda e das *commodities* e, ainda, um mau momento para as estatais.

Esse ciclo não beneficia o presidente, que tem sua força e poder diluídos.

— SATURNO OPOSTO AO SOL —

Abril de 2024

Setembro e outubro de 2024

Dezembro a fevereiro de 2025

Esse ciclo é sempre desafiador para o presidente em exercício. Afinal, em geral representa um período de teste pesado, avaliação de performance do governante e dos resultados de sua gestão. Ele é cobrado por seus feitos e não percebido por seu carisma ou habilidades pessoais.

São tempos de avaliação realista, concreta, em cima do que foi entregue e de resultados contabilizáveis.

Em relação ao que foi apresentado e aprovado no que se refere a orçamento, arcabouço fiscal, contas públicas, reforma fiscal etc. agora será o momento de tudo isso ser verificado e passar pela checagem dos cálculos.

Deu, não deu… precisa de reajustes… quanto de reajustes… etc.

Será a hora da verdade apresentada pelos números. E os números não fazem política.

Há sinais de que talvez não haja caixa suficiente para fechar o orçamento ou os investimentos planejados. Por isso, pode-se finalmente começar a falar em corte de gastos, enxugamento da máquina pública, dinheiro mais bem gasto etc.

É um desafio para as contas públicas, para a geração de investimento em áreas que dependem do investimento público e para a popularidade do presidente e sua política econômica.

A prova dos 9 é aqui.

– JÚPITER NA CASA 4 –

Abril 2024 a maio de 2025

Esse é o ciclo campeão para o agronegócio, com promessa de supersafra e igualmente valorização de seus produtos.

O mercado imobiliário é outro beneficiado por essa passagem, e contará com fôlego para expansão e retomada dos preços. Desse modo, o investimento em imóveis parecerá um ótimo negócio sob a percepção de quem está buscando um meio de aplicar dinheiro. Além disso, é uma forte indicação de migração; pessoas se mudando para outras cidades, estados e até para outros países em busca de qualidade de vida ou de melhores oportunidades. Há uma sensação dominante de bem-estar por parte de uma boa parcela da população.

Os programas de moradia popular têm chances de serem bem-sucedidos e de atenderem a uma base mais expressiva da população. Em meio a isso, há uma tendência para movimentos em direção à interiorização, em vez da escolha por moradia nos grandes centros.

– JÚPITER SEXTIL PLUTÃO –

Maio de 2024

Esse ciclo ressalta os efeitos que mencionamos no desenho planetário anterior:
• Há uma clara confirmação de ótimos índices de arrecadação.
• A economia apresenta bons indicadores de recuperação e dá sinais muito positivos para atrair investidores.
• Muitos segmentos de negócios devem estar se saindo bem.

– SATURNO NA CASA 2 –

Maio de 2024 a abril de 2027

Esse longo e importantíssimo ciclo tem duas versões possíveis.

De um lado pode escassear recursos, reduzir fonte de receita, diminuir a circulação de dinheiro e até mesmo apontar para o rareamento de algum bem, insumo ou matéria-prima. Por outro lado, é o ciclo mais apto a produzir a melhor gestão possível de gastos públicos, de despesas das empresas, de eficiência na produção e, portanto, de aumento de produtividade e diminuição de desperdício. Pois obriga a selecionar melhor os recursos e cortar os gastos desnecessários.

É preciso um choque de ordem na economia, direcionando recursos de uma maneira mais responsável, priorizando resultados, premiando produtividade… senão vai faltar… simples assim.

– JÚPITER CONJUNÇÃO JÚPITER/LUA/ TRÍGONO AO MEIO DO CÉU –

Junho e julho de 2024

Esse é um dos ciclos mais benfeitores do ano e a grande aposta para 2024. O chamado "retorno de Júpiter", que ocorre a cada 12 anos, é uma promessa de ponto de partida para um período de crescimento. É a indicação de um desempenho supervigoroso do agronegócio e do setor imobiliário.

Nesse ciclo, há um aumento da sensação de bem-estar, como já descrevemos anteriormente, de uma parte maior da população, a qual tem suas necessidades básicas mais bem atendidas e uma participação maior no cenário de prosperidade.

– JÚPITER SEXTIL VÊNUS –

Agosto e novembro de 2024

Esse desenho planetário favorece o desenvolvimento de boas alianças, sejam elas entre parceiros comerciais, em associações entre público e privado, sejam também entre grupos políticos. Há um clima de harmonia que facilita a realização de tais alianças.

Esse ciclo também aponta para o crescimento da economia e para um ótimo cenário internacional que beneficia o país.

– LUA PROGREDIDA SOBRE URANO/NETUNO –

Agosto a novembro de 2024

O segundo semestre mostra um período de desempenho bom e ágil por parte do Congresso. Há mais coesão e fluência para se votar as pautas encaminhadas à Casa, desse modo há uma diminuição dos atritos políticos. Dá a entender que o jogo está mais arrumado. Seria o momento certo para se colocar em votação questões que são realmente relevantes para o país, e que têm impactos positivos a longo prazo, aproveitando essa boa maré, que já muda no final do ano.

Esse ciclo também sugere fluxo para a economia, que deve ter entrado nos trilhos e apresentar um cenário bem dinâmico.

– LUA PROGREDIDA CONJUNÇÃO A MARTE DO BRASIL –

Setembro a novembro de 2024

O encontro da Lua progredido sobre Marte do Brasil, posicionado na Casa 9, aponta para uma atuação de aumento de liderança do país no cenário internacional. Votos, decisões, posicionamentos do Brasil contam no que se refere a questões globais.

Por outro lado, pode gerar alguma reação de hostilidade devido a posicionamentos que contrariam o consenso da comunidade internacional, deixando o país isolado em alguma questão sensível.

Também indica um período bem competitivo para as exportações brasileiras, quando nossos produtos enfrentam fortes disputas comerciais.

O Judiciário deve estar julgando pautas polêmicas que demonstram a força de seu poder, como sempre acontece quando Marte do mapa do Brasil é provocado por alguma passagem planetária.

– ECLIPSE LUNAR SOBRE MERCÚRIO DO BRASIL –

25°41 de Peixes
17 de setembro de 2024

Esse Eclipse cai no grau quase exato do Mercúrio do Brasil, posicionado na casa 8. O impacto aqui será sobre a arrecadação, a política fiscal e um teste importante quanto à verificação do funcionamento e aos resultados das reformas realizadas nessa área.

Alguns incentivos ou subsídios devem sair prejudicados.

Para quem tem ou pretende ter dinheiro aplicado, devem ser adotadas cautelas maiores nos investimentos.

– NODO QUADRADO URANO/NETUNO/ CONJUNÇÃO A PLUTÃO –

Dezembro de 2024 a janeiro de 2025

O ano de 2024 fecha, e o de 2025 abre sob tensão.

O Congresso estará bem pressionado, talvez por conta de pautas emergenciais, inesperadas e fora da programação. Sem muito tempo para análise e estudos, essas questões podem ser votadas sem a maturação necessária.

De qualquer maneira, a Casa Legislativa se encontrará sem força, devido à falta de convergência, de consenso, e devido às divisões internas... como se estivesse fatiada. Nesse ciclo prevalece a divergência, as diferenças sobre a união.

Simultaneamente, temos o encontro do Nodo Norte sobre Plutão, posicionado na casa 2 do Brasil. Sendo assim, dezembro de 2024, janeiro e fevereiro de 2025 são decisivos para a condução da economia.

Os Nodos sempre indicam a direção, as orientações que devem ser seguidas. Aqui podemos ter a necessidade de rever rotas e medidas para fortalecer a economia, mas também, quando se trata de Plutão, essa passagem planetária pode muito bem ser uma indicação de recuperação dessa área. Independentemente do que for, atravessaremos um marco no que se refere a índices econômicos

Por fim, esse ciclo também afeta o Poder Executivo e seu representante... É possível que venhamos a presenciar uma reavaliação de rota e posições políticas adotadas pelo presidente. Esse ciclo sempre denuncia que um caminho se esgotou e que é necessário abrir um novo.

SEU SIGNO EM 2024

As previsões apresentadas a seguir são baseadas, principalmente, nos trânsitos de Júpiter, Saturno, Urano, Netuno e Plutão. Para analisar as influências voltadas ao ano de 2024, foi necessário olhar a relação de cada planeta citado acima com os doze signos do zodíaco. É por meio dessas análises que o leitor pode consultar o que o ano reserva para seu Signo Solar ou até seu ascendente.

Vale lembrar que essas previsões não substituem uma análise astrológica individual. O comentário tecido a seguir levou em conta somente em que signo o Sol estava no momento de seu nascimento, o que pode ser comparado a 5% de toda a informação que você teria em uma consulta individual. Uma análise completa das previsões do Mapa Natal não só falará de seu Signo Solar, como também da posição desse planeta na sua vida, além de analisar signos, posições e aspectos de todos os planetas natais. A análise do Mapa Natal é única, pois, além de falar da sua vida e de como você lida com as potencialidades e obstáculos, ela poderá orientar suas ações de acordo com o momento que está vivendo.

Em todo o caso, você verá que as previsões a seguir são uma ferramenta de fácil consulta e podem lhe dar uma boa orientação quanto a questões relacionadas a carreira, finanças, relacionamentos, saúde e influências gerais relacionadas a seu signo.

Enquanto estiver lendo, você verá que algumas datas de nascimento serão mencionadas ou destacadas no texto, de acordo com os decanatos. Por isso, pessoas nascidas em tais decanatos estarão vivendo um momento especialmente significativo no presente ano. Essas datas são resultado da entrada ou início de algum trânsito ou aspecto dos planetas citados no início deste texto.

Contudo, nem todas as datas terão relação exata com algum trânsito importante. Por isso, não fique chateado se não encontrar o período do seu aniversário destacado no texto. Se o seu grande dia não estiver lá, isso só significa que você viverá este trânsito em um outro momento, talvez no próximo ano.

OBS.: as datas mencionadas nos textos podem ter uma variação de um ou dois dias de diferença. Isso vai depender sempre da hora e do ano de nascimento de uma pessoa.

ÁRIES (21/03 A 20/04) — REGENTE MARTE

Primeiro decanato: 21/03 a 30/03
Segundo decanato: 31/03 a 09/04
Terceiro decanato: 10/04 a 20/04

Panorama geral:

Em 2024, o céu continua sorrindo para os arianos, principalmente para os nascidos no primeiro decanato dos dias 21/03 a 23/03, para os quais Plutão traz a energia do renascer. Nada poderá ser impossível de alcançar e recuperar com essa força poderosa ao seu lado. É um ano de plenos poderes, renovação e cura. Acredite em seus potenciais! Lute pelos seus desejos!

Aquilo que você achava que estava perdendo ou até mesmo que já tinha perdido, as chances de resgatar são grandes, e isso tem a ver com trabalho, projetos e pessoas, assim como também é o momento de maior força interior para deixar no passado o que não deve seguir em frente consigo. Não olhe para trás, apenas para a frente.

Janeiro, setembro, outubro e novembro serão meses ainda desafiadores para os nascidos no terceiro decanato dos dias 19/04 e 20/04. O momento ainda exigirá muita determinação, esforço e dedicação para alcançar seus objetivos e muita valentia para se desapegar do que lhe têm lhe feito mais mal do que bem. Pense nisso! O momento é de reconstrução e transformação.

A partir de maio, *Júpiter* novamente enviará sua boa sorte a todos os arianos; desse modo, somado ao espírito corajoso, vocês encontrarão oportunidades, realização e esperança voltada a tudo o que aspirarem realizar.

O eclipse solar do dia 8 de abril, em *19°24' de Áries*, pode impactar os arianos nascidos entre 04/04 e 12/04. Questões que estão fragilizadas podem voltar a ecoar. Cuidado para não recair em velhos erros. Caso antigas feridas insistam em bater à porta, o conselho é: tente curá-las. Grandes decisões não devem ser tomadas. Evite comportamentos imprudentes.

Além disso, Mercúrio estará retrógrado em seu signo de 01/04 a 25/04, portanto as iniciativas podem ficar retraídas. Atrasos e cancelamentos podem deixar você um tanto ansioso. É preciso se certificar e confirmar tudo nesse período, pois as pessoas voltam atrás nas decisões com frequência. Desacelere e não insista em questões que sejam importantes. Siga esses dias aprimorando os acertos e corrigindo os erros.

Carreira e finanças:

Esse é um ano muito auspicioso para as finanças e a carreira, em especial aos nativos do primeiro e segundo decanato, e principalmente para os que nasceram nos primeiros dias (de 21/03 a 23/03).

Para os que estão empregados, é possível que recebam boas notícias de aumento de rendimentos. Se tiver oportunidade de mudar de emprego ou empresa, não tenha medo, as mudanças serão favoráveis e podem render bons frutos.

Se você é um empreendedor ou quer começar a trabalhar por conta própria, muitas oportunidades estarão ao seu alcance. Bom ano para selar boas parcerias e alçar voos mais altos. Direcione seus esforços em prol do que deseja. Conte com pessoas influentes e invista em divulgação.

Para os que estiverem à procura de emprego, há um grande potencial no mercado. Atualize seu currículo, seu perfil no LinkedIn, procure pessoas que possam ajudá-lo e prepare-se para as entrevistas que possam surgir.

Os meses de janeiro, abril, julho e outubro serão períodos de maior envolvimento e facilidades para as questões financeiras. É um ótimo período para concluir bons negócios, fazer boas compras e vendas, e realizar grandes investimentos.

Para os nascidos nos dois últimos dias do terceiro decanato (19 e 20 de abril), é preciso ter atenção. É um ano ainda de pressão e instabilidade. O conselho é não se arriscar nem trocar o certo pelo duvidoso; e, se estiver sem alguma ocupação, aceite as oportunidades, mesmo que no momento não seja o cargo ou salário desejado.

No geral, é um ano que promete boa colheita, sucesso, melhoria de imagem e reconhecimento. Para os que ainda estavam esperando uma chance para semear, é um bom ano para os começos.

Em geral, os melhores períodos para trabalho, dinheiro, negócios e aquisições são: 01/01 até 23/01, 17/02 até 11/02, 06/03 até 29/04, 24/05 até 17/06, 12/07 até 05/08, 18/10 até 11/11, 08/12 até 29/12.

Os menos favoráveis são: 24/01 até 16/02, 18/06 até 11/07, 30/08 até 23/09, 12/11 até 07/12.

Relacionamentos:

É um ano de muitas conquistas amorosas e maior probabilidade de antigos amores retornarem. Arianos, aproveitem o ano para resolver suas questões afetivas e desajustes da vida relacional de modo positivo.

Já quem está solteiro, os relacionamentos iniciados neste ano estarão protegidos, e só ficará sem companhia quem quiser ou optar por isso. Amplie sua conexão. Saia, divirta-se e se puder viaje bastante.

Aos comprometidos, é o momento de inserir mais prazer na vida a dois. Apimente a relação! Celebre o amor com muitas aventuras gostosas. Bom ano para planejar juntos os próximos dias, meses e anos.

Vênus, a deusa da sedução, visita o Signo de Áries (de 06/04 a 29/04), anunciando muito charme e uma dose magnética aos arianos, visto que haverá maior concordância, entendimento e gentileza entre os pares; essa pode ser uma boa época para celebrar casamentos e noivados.

Os nascidos nos dias 19 e 20 de abril ainda estão sob as influências não positivas de *Plutão*, e o momento expressa crise. Se o medo é de perda, será preciso resiliência e maturidade para lidar com emoções turbulentas e pensamentos nocivos, que muito provavelmente tumultuarão sua mente e coração. Sentimentos descontrolados devem ser controlados.

Atenção! Paixões avassaladoras e muitas vezes não correspondidas podem tirar você do prumo ou comprometer uma relação estável. Ou, ainda, é chegada a hora de uma reflexão de como você anda consigo mesmo e com o outro. O que você espera? O que você quer? As relações em si serão questionadas. São sólidas? Ainda são coerentes com aquilo que você acredita e deseja? Está funcionando? São sadias ou tóxicas? Avaliar será a questão.

Em geral, os melhores períodos para as relações, encontros amorosos e colaboração são: 01/01 até 23/01, 17/02 até 11/02, 06/03 até 29/04, 24/05 até 17/06, 12/07 até 05/08, 18/10 até 11/11, 08/12 até 29/12.

Os menos favoráveis são: 24/01 até 16/02, 18/06 até 11/07, 30/08 até 23/09, 12/11 até 07/12.

Saúde:

Vitalidade, força física para os arianos do primeiro e segundo decanato, principalmente para os nascidos nos dias 21/03 a 23/03. Um excelente ano para os que estão passando por processos de recuperação e reabilitação.

Esse será um ano superfavorável para cuidar do seu bem-estar e encarar qualquer tratamento. É a oportunidade que terá para restabelecer sua energia física, mental e emocional. Procure especialistas nas áreas que deseja melhorar sua performance, e por consequência perceberá muitas transformações em seu benefício. Crie desafios pessoais! Para os atletas, a energia é de superação e vitória.

Os nativos dos últimos dias do terceiro decanato, 19/04 e 20/04, por ainda estarem sob as influências de *Plutão*, poderão ser pressionados a tomar providências em relação à saúde. Se até agora nada deu sinal de alerta, ótimo, mas o conselho é: não deixe de fazer um *check-up*.

Ansiedade, estresse e mente acelerada? A prática de atividades físicas é muito importante para extravasar energia contida. Nesse período vale qualquer coisa que faça seu corpo suar, mas, em especial, práticas esportivas que você possa fazer sozinho, como: corrida, bicicleta, musculação, escalada, natação, entre outras, pois serão super bem-vindas. Que tal começar a ser adepto de práticas que trabalham mente, corpo e alma? Yoga, meditação.

Os períodos de maior energia, saúde, vigor e vitalidade são: 01/01 até 04/01, 14/02 até 22/03, 01/05 até 09/06, 21/07 até 04/09, 05/11 até 04/12.

Os períodos menos favoráveis para cirurgia e vitalidade são: 05/01 até 13/02, 05/09 até 04/11, 07/12 até 23/02/2025.

Os períodos menos favorecidos para tratamentos e procedimentos estéticos são: 24/01 até 16/02, 18/06 até 11/07, 30/08 até 23/09, 12/11 até 07/12.

OBS.: *para uma análise mais completa e precisa de sua previsão anual, é aconselhável procurar a orientação de um astrólogo sério e profissional.*

TOURO (21/04 A 20/05)
REGENTE VÊNUS

Primeiro decanato: 21/04 a 30/04
Segundo decanato: 01/05 a 10/05
Terceiro decanato: 11/05 a 20/05

Panorama geral:

Júpiter, o planeta aventureiro, cheio de entusiasmo e boa sorte continuará ampliando oportunidades a todos os taurinos até o mês de maio.

Aos taurinos do primeiro e segundo decanato, por todo o ano Saturno, "o senhor do tempo", propiciará iniciativas assertivas, eficientes e produtivas em suas realizações. Conecte-se com essa energia, pois ela será valiosa para a construção de seus ideais de vida. Os grandes compromissos que assumimos, os contratos que fazemos e as maiores coisas que realizamos normalmente são presididas por processos saturninos lentos, marcados por planejamento, esforço e *timing*.

Os taurinos nascidos no terceiro decanato, entre os dias 11/05 a 15/05, vocês vivenciarão um ano em que a imprevisibilidade fará parte de seu dia a dia, uma sensação temida pelos taurinos, que prezam tanto a segurança. As certezas se tornam incertezas. Urano traz reviravoltas. Espere por surpresas! Mudanças estão por vir. E, se a vida anda sem estímulos novos, o céu apontará que é hora de sair de sua zona de conforto e mudar de direção.

Você poderá estranhar a vontade que lhe acompanhará em realizar mudanças e experimentar novas possibilidades. Tome cuidado com mudanças radicais por caprichos e sensações de insatisfação momentânea. Antes de querer "chutar o balde", pense duas vezes. O sentido de mudar tem que ser sadio. É mudar para amadurecer, crescer e evoluir.

Paralelamente, Netuno e Plutão contemplam os nascidos entre os dias 15/05 e 21/05 proporcionando força e determinação. Aproveite o ano para estabelecer, restabelecer e fortalecer seus propósitos.

Mercúrio retrógrado vai causar tensão em seu signo de 14/08 a 28/08, e as iniciativas podem ficar retraídas. Atrasos e cancelamentos podem deixar você um tanto ansioso. É preciso se certificar e confirmar tudo nesse período, pois as pessoas com frequência voltam atrás nas decisões. Desacelere e não insista em questões que sejam importantes. Siga esses dias aprimorando os acertos e corrigindo os erros.

Carreira e finanças:

Aos taurinos nascidos no primeiro e segundo decanato, mais do que nunca é o momento para permanecer concentrado nos planos de carreira — e você estará com energia de sobra para se dedicar a isso.

Júpiter amplia possibilidades e a busca por oportunidades, e Saturno indica atitudes confiantes, a sustentação e a realização dos projetos nos quais trabalhou duro nos últimos anos. Assim como também é o melhor ano para colocar em prática seus melhores projetos profissionais — fazer faculdade, se especializar por meio de cursos, mestrados e pós-graduação. Promoções e o sucesso virão.

É fato que você quer ganhar mais, para gastar mais. Então pode existir a possibilidade de fazer mais gastos, mas não será preciso se preocupar tanto, basta confiar em suas habilidades e, principalmente, não deixar escapar as chances de melhorar a vida financeira que tem tudo para dar certo. Sue a camisa que a recompensa virá!

Se está trabalhando sozinho, pensando em abrir um negócio ou gerir melhor seu dinheiro, procure conselhos de especialistas para obter os melhores resultados.

Para os que estão precisando colocar o orçamento em dia, é o momento para acertar as dívidas e sair do vermelho. Aproveite para aprender e administrar melhor as finanças.

Este é um ano de realizações, ou pelo menos um ano para começar a pensar nas possibilidades e encontrar meios para a concretização de seus desejos. Como bem sabemos, um bom taurino sabe bem apreciar as coisas boas da vida.

Aos taurinos nascidos no terceiro decanato entre os dias 11/05 e 15/05, será necessária uma atenção especial para situações inesperadas que possam surgir. Pense e repense antes de tomar decisões financeiras e profissionais. Não troque o certo pelo duvidoso. Agarre o que tem em mãos, use seus talentos para garantir uma renda extra e vá se preparando profissionalmente para atitudes futuras. Aja com paciência e cautela. Será prudente economizar, e aconselho a manter uma reserva de dinheiro para os imprevistos que poderão surgir.

Em geral, os melhores períodos para trabalho, dinheiro, negócios e aquisições são: 24/01 até 16/02, 12/03 até 05/04, 30/04 até 23/05, 18/06 até 11/07, 06/08 até 29/08, 12/11 até 07/12.

Os menos favoráveis são: 17/02 até 11/03, 12/07 até 05/08, 24/09 até 17/10.

Relacionamentos:

Este é um ótimo ano para dar um próximo passo na relação e elevar seu relacionamento para um patamar de mais seriedade e estabilidade. Estão no menu: mudar de casa, casar, noivar ou mesmo ampliar a família. Aproveite melhor a companhia de seu parceiro.

Para os solteiros, rondará pela cabeça e o coração a necessidade de encontrar alguém especial. O mês de maio estará superauspicioso para encontros amorosos. Festas divertidas poderão acontecer. Se existe alguém em vista, procure ser uma pessoa presente, alguns gestos podem fazer você se aproximar de quem deseja. Isso fará a diferença!

Pode haver instabilidade e insatisfação emocional aos taurinos do terceiro decanato nascidos entre os dias 11/05 e 15/05. Aos comprometidos, se algo já caminhava ruim e capenga, não se espante com possíveis rupturas da noite para o dia. Algumas mudanças serão necessárias para manter o amor em alta, por isso avalie com cuidado sua relação e faça um esforcinho para modificar e produzir ajustes que possam ser importantes para o futuro da relação. Desista de fazer exigências e cobranças, pois nesse período não há lugar para elas; só se afaste. Invente, crie, improvise situações que tragam e devolvam alegria e frescor para a vida a dois. Loucuras inesperadas serão super bem-vindas. Agora, se a relação está fazendo mais mal do que bem, pode ser o momento de partir.

Para os solteiros, pessoas totalmente diferentes, ousadas, livres e irreverentes podem surgir, trazendo uma nova visão de vida e balançando seu coração. Vivenciar novas experiências será bem gostoso. Porém, tome cuidado, por mais empolgante que seja estar experimentando o diferente, toda a relação iniciada nessa fase não significa garantias de duração.

Em geral, os melhores períodos para as relações, encontros amorosos e colaboração são: 24/01 até 16/02, 12/03 até 05/04, 30/04 até 23/05, 18/06 até 11/07, 06/08 até 29/08, 12/11 até 07/12.

Os menos favoráveis são: 17/02 até 11/03, 12/07 até 05/08, 24/09 até 17/10.

Saúde:

De modo geral, a saúde dos nativos nascidos no primeiro e no segundo decanato e dos nascidos nos últimos dias do terceiro decanato desse signo (19/05 e 20/05) vai bem. É um ano em que vocês podem e devem se empenhar em melhorar suas condições físicas, mentais e emocionais.

Tenham em mente que tudo o que se propuserem a realizar tem chances de obter resultados superpositivos. Tratamentos que, em geral, são penosos, neste ano serão encarados com menos peso.

Quanto a procedimentos que exijam regularidade e que os resultados só virão com tempo e dedicação (como: tratamentos dentários, exercícios físicos, fisioterapia, reeducação alimentar), bem como todos que até agora você vinha empurrando com a barriga por estar sem tempo ou sem dinheiro, ponha-os na lista dos desejos a serem conquistados e executados.

Os nascidos no terceiro decanato entre os dias 11/05 e 15/05, tenham uma atenção mais carinhosa com a saúde, pois pode preveni-los de sustos. As doenças sob Urano não são lentas, são súbitas. É um ano de imprevisibilidade. Esteja em dia com a saúde e prometa a si mesmo não deixar de realizar exames de rotina. Quem já tem algum histórico de problemas cardíacos, pressão alta, cardiovasculares, insônias e instabilidade emocional pode acabar sofrendo crises. Não é uma boa época para cirurgias eletivas que não sejam de emergência.

Em momentos de tensão, não fique roendo as unhas. Relaxe! Ainda que possa parecer impossível, respire fundo e busque o equilíbrio interno. Terapias e massagens corporais ajudarão a diminuir a tensão interna. Evite a pressa!

Os períodos de maior energia, saúde, vigor e vitalidade são: 05/01 até 13/02, 23/03 até 30/04, 10/06 até 20/07, 05/09 até 04/11.

Os períodos menos favoráveis para cirurgia e vitalidade são: 14/02 até 22/03, 05/11 até 23/02/2025

Os períodos menos favorecidos para tratamentos e procedimentos estéticos são: 17/02 até 11/03, 12/07 até 05/08, 24/09 até 17/10.

OBS.: para uma análise mais completa e precisa de sua previsão anual, é aconselhável procurar a orientação de um astrólogo sério e profissional.

GÊMEOS (21/05 A 20/06)
REGENTE MERCÚRIO

Primeiro decanato: 21/05 a 30/05
Segundo decanato: 31/05 a 09/06
Terceiro decanato: 10/06 a 20/06

Panorama geral:

Geminianos do primeiro e segundo decanato estarão sob as energias positivas de *Júpiter* e das energias de cobrança de *Saturno*. Saber alinhar essas duas energias será o pulo do gato para que o ano flua bem.

Júpiter elevará sua fé e esperança. É um período em que você estará mais otimista, confiante, dando crédito para a vida e essa condição, esse estado, já é pré-requisito para que qualquer coisa dê certo. *Saturno*, por sua vez, trará desafios e obstáculos para testar sua capacidade de se manter firme e perseverar. Não é tempo de desistir, e sim de enfrentar.

Os mais sortudos serão os nascidos nos primeiros dias de Gêmeos (20/05 a 22/05), pois contarão com os superpoderes de *Plutão*. É o momento de canalizar essa potência de forma produtiva. Aproveite para impulsionar o que já está em curso, o que vem planejando nos últimos anos ou, até mesmo, para dar uma virada de chave. Se dedique com força total ao que você quer e aonde pretende chegar. Não adianta ficar no superficial. É a oportunidade de criar um futuro promissor e real.

Os geminianos do terceiro decanato, em especial os nascidos entre os dias 16/06 e 21/06, ainda sob os efeitos anestésicos de Netuno, devem se manter em estado de alerta, pois nada está totalmente definido. Esse é um momento de muita indefinição e incerteza. Muitas vezes nem saberão que caminho seguir e o que realmente desejam. Acione o modo de atenção plena e não acredite em soluções mágicas. Para não se decepcionar, não deixe sua vida nas mãos do destino.

O Mercúrio retrógrado estará em tensão com o seu signo de 05/08 a 14/08 e de 25/11 a 15/12, e, por isso, as iniciativas podem ficar retraídas. Atrasos e cancelamentos podem deixar você um tanto ansioso. É preciso se certificar e confirmar tudo nesse período, pois as pessoas com frequência voltam atrás nas decisões. Desacelere e não insista em questões que sejam importantes. Siga esses dias aprimorando os acertos e corrigindo os erros.

Carreira e finanças:

Para os geminianos nascidos entre os dias 20/05 e 22/05, Plutão e Sol trazem coragem para tomar iniciativas e garantem alto poder de decisão. Será um momento oportuno para corrigir, escrever e reescrever novos passos, estabelecer novas metas e retomadas de planos de expansão. Retome antigos contatos de trabalho. Ilumine seus caminhos estruturando e reestruturando, e conquiste seus sonhos. Sucesso pela frente! De 26/05 a 05/06 serão dias bastante auspiciosos para esses geminianos. Ligue o radar das oportunidades. Bons negócios, bons acordos e boas entrevistas de emprego. Não deixe de lado nenhuma ideia ou convite.

Aos geminianos nascidos no primeiro e segundo decanato, o trabalho, a carreira e as finanças precisam estar sintonizados com a realidade. Será preciso comprometimento e perseverança para que seus empreendimentos ganhem forma e prosperem. Caso seus projetos estejam em processo de gestação, ou caso não se sinta capaz no momento devido ao amadurecimento pelo qual ainda precisa passar, ótimo, o importante é estar se movimentando em prol dos seus desejos. Tenha em mente que algumas coisas precisam de tempo para serem geradas. É um ano em que se concentrar em aprimoramento será um excelente investimento para sua carreira.

Os dias de 24/05 a 18/06 são dias bastante produtivos e podem te levar na direção dos seus objetivos financeiros e profissionais. Assuntos relacionados a comércio, estudos, divulgações e viagens estão sendo beneficiados, ou seja, dê atenção às chances que virão ao seu encontro; entretanto, tenha cuidado com exageros e gastos excessivos — toda ação deve ser consciente.

Para os nativos do terceiro decanato, mais precisamente os nascidos entre os dias 16/06 e 21/06, é um ano ainda vacilante. Entradas e saídas de dinheiros oscilam e o orçamento mensal muitas vezes pode ficar defasado.

Faça de tudo para ter uma reserva de dinheiro, pois muitas vezes promessas não se cumprem: o que parecia sair, não sai; o que parecia estar em mãos, escapa. Do mesmo modo, fique vigilante para não cair em fraudes nem se envolver em escândalos. Tenha comprovante e provas de tudo que comprar, vender, emitir e receber.

É um ano para juntar forças e conhecimento na área que pretende conquistar e expandir.

Em geral, os melhores períodos para trabalho, dinheiro, negócios e aquisições são: 17/02 até 11/03, 06/04 até 29/04, 24/05 até 17/06, 12/07 até 05/08, 30/08 até 23/09, 08/12 até 29/12.

Os menos favoráveis são: 01/01 até 23/01, 12/03 até, 05/04, 24/09 até 17/10.

Relacionamentos:

Para os geminianos do primeiro e segundo decanato, o ano será marcante para paqueras e namoros, e terá mais leveza nos romances e encontros sociais. É um excelente ano para permitir a entrada de novas experiências em sua vida, com o objetivo de se divertir e ser feliz. Não deixe de aproveitar cada momento e oportunidade com responsabilidade e empatia.

Talvez seja o momento de oficializar e se comprometer com o futuro da relação. As relações que andam desgastadas pedem atenção e concessões de ambas as partes. Converse com seu par. Encontre meios e atividades em comum e estreite os laços.

Aos geminianos nascidos nos primeiros dias (21/05 a 22/05), Plutão promove bastante positividade para as questões amorosas. Sua libido estará a ponto de bala, despertando interesse no parceiro ou, se estiver sozinho, sentirá muita vontade de dividir momentos gostosos com alguém. Preze pela qualidade, não pela quantidade.

Antigos amores podem sair do fundo baú, amigos podem virar um grande amor; se foi ou for alguém especial, deixe acontecer. Amores que já vinham capengando encontram o fim.

De 24/05 a 16/06, comprometido ou não, são dias que você geminiano espalhará charme, chamando atenção e contará com energia para atrair pessoas que podem ser de grande importância na sua vida.

Os nascidos no terceiro decanato entre os dias 16/06 e 21/06 ainda estarão sensíveis e mais sujeitos a enganos e fantasias. Se está em um relacionamento, invista no fortalecimento e na conexão entre vocês. Preste atenção às necessidades do parceiro e expresse também suas necessidades, vontades e dúvidas. Ser claro evitará decepções. Aos solteiros será importante ter atenção para não cair em "contos da carochinha". Duvide de amores fáceis e promessas de amor.

Em geral, os melhores períodos para as relações, encontros amorosos e colaboração são: 17/02 até 11/03, 06/04 até 29/04, 24/05 até 17/06, 12/07 até 05/08, 30/08 até 23/09, 08/12 até 29/12.

Os menos favoráveis são: 01/01 até 23/01, 12/03 até, 05/04, 24/09 até 17/10.

Saúde:

Boa energia para os nascidos nos primeiros dias do Signo de Gêmeos (20/05 a 22/05). Muito bom ano para quem está se restabelecendo de alguma enfermidade ou precisa começar algum tratamento que requer força e muita determinação. Essa é uma energia de cura e transmutação.

Os geminianos nascidos no primeiro e segundo decanato que desejam iniciar tratamentos de transformação do corpo, esse é o melhor momento. Vamos treinar, vamos cuidar desse corpo. Movimente os músculos. Não é só a mente que precisa de atividade, o corpo também precisa. Saber equilibrar mente, corpo e alma é o segredo do bem-estar. Será que você consegue? Sei que sim. Talento multifuncional é o que não lhe falta. Ser multifuncional é ter uma visão holística, ou seja, ver o corpo como um todo. Coloque esse potencial em ação!

Os geminianos do terceiro decanato que nasceram entre os dias 16/06 e 21/06 estarão sob os efeitos de Netuno, necessitando de um olhar atencioso à saúde. Pode haver baixa energética e falta de ânimo. O conselho é não desanimar e procurar atividades que não exijam tanto, mas que também não deixem o corpo nem a mente inativos. O bom seria optar por atividades que treinem o físico, o mental, o emocional e o espiritual. Sua saúde dependerá da integração e do equilíbrio de todos esses aspectos.

Com Netuno, é fundamental estar com exames de rotina em dia e ficar sempre atento aos resultados inconclusivos, pois é normal haver dificuldade de diagnósticos.

No geral, siga um programa alimentar adequado e nutritivo para evitar quedas de imunidade. Integradas, a medicina tradicional e a alternativa podem ser uma boa alternativa para fornecer a você um equilíbrio salutar e uma ótima energia vital.

Os períodos de maior energia, saúde, vigor e vitalidade são: 14/02 até 22/03, 01/05 até 09/06, 21/07 até 04/09, 05/11 até 30/12.

Os períodos menos favoráveis para cirurgia e vitalidade são: 01/01 até 04/01, 23/03 até 30/04, 07/12 até 23/02/2025.

Os períodos menos favorecidos para tratamentos e procedimentos estéticos são: 01/01 até 23/01, 12/03 até 05/04, 24/09 até 17/10.

OBS.: para uma análise mais completa e precisa de sua previsão anual, é aconselhável procurar a orientação de um astrólogo sério e profissional.

CÂNCER (21/06 A 22/07)
REGENTE LUA

Primeiro decanato: 21/06 a 30/06
Segundo decanato: 01/07 a 10/07
Terceiro decanato: 11/07 a 22/07

Panorama geral:

Os filhos da Lua terão um ano com possibilidades de novas experiências e concretização de seus projetos de vida. É a grande oportunidade da construção de um novo *lifestyle* de maneira segura e consistente. Dar partida em algo novo, inaugural e que possa ser feito pela primeira vez vai aquecer e preencher o seu coração com entusiasmo.

Para os cancerianos nascidos no primeiro, segundo e terceiro decanato, a energia de estruturação (Saturno), a energia do novo (Urano) e a energia de encantamento (Netuno) trabalharão positivamente em seus caminhos. Esse será o momento oportuno e eficaz para a realização de um sonho ou desejo pré-existente. Tenha um olhar atento às suas aspirações e direcione sua energia na intenção de realizá-las.

Os cancerianos nascidos nos últimos dias do Signo de Câncer (19/07 a 22/07) ainda estarão sob a pressão de Plutão. Os meses de janeiro, setembro, outubro e novembro requerem atenção e muito cuidado. Sabendo disso, aproveite os outros meses para descomplicar e colocar a vida em ordem. Netuno colabora com boas vibrações, acolhendo e protegendo. O conselho é: não deixe nada pendente ou mal resolvido. Cultive a paz de espírito e se fortaleça emocionalmente.

O Mercúrio retrógrado causará tensão com o seu signo de 01/04 a 25/04, e, por isso, as iniciativas podem ficar retraídas. Atrasos e cancelamentos podem deixar você um tanto ansioso. É preciso se certificar e confirmar tudo nesse período, pois as pessoas com frequência voltam atrás nas decisões. Desacelere e não insista em questões que sejam importantes. Siga esses dias aprimorando os acertos e corrigindo os erros.

Carreira e finanças:

Boas estratégias e ideias brilhantes enriquecerão a atuação na carreira e nas finanças dos cancerianos do primeiro e segundo decanato, bem como dos nascidos no terceiro decanato entre os dias 12/07 e 18/07. Desenhe planos e impulsione o futuro. Expectativas poderão se cumprir e abrir novos horizontes. Explore sua vocação, invista nos estudos e firme sua posição.

Considere todas as ideias que se apresentarem, busque estar antenado às novidades e tecnologias. Aprimore seu conhecimento. Este ano você estará com uma facilidade enorme de alinhar o velho e o novo, experiência e renovação, sem que uma destrua o outro.

Todos os começos estão abençoados. Qualquer coisa que iniciar, seja um emprego, uma sociedade, um empreendimento, tudo aquilo que você inaugurou, criou e que não tenha antecedente está assegurado. Busque e conquiste o sucesso!

Para os nascidos no terceiro decanato (19/07 a 22/07), é um ano em que poderão passar por uma fase de pouco faturamento e redução nos ganhos. Cautela e disciplina serão superexigidas, principalmente nos meses de janeiro, setembro, outubro e novembro. Esses meses podem ser decisivos para sua carreira e corroborar com grandes mudanças financeiras, portanto será prudente economizar e se manter flexível diante das diversas circunstâncias que possam surgir.

Não é época de apostar em projetos ambiciosos. Não conte com a sorte, conte com si próprio. Tenha cautela com gastos e endividamentos. Reveja contas, se desfaça de excessos. Minimize os supérfluos. Conhece o ditado "melhor prevenir do que remediar"? Se tem algo que esteja prospectando, leve em consideração a eficiência, a competência e os recursos necessários.

Em geral, os melhores períodos para trabalho, dinheiro, negócios e aquisições são: 12/03 até 05/04, 30/04 até 23/05, 18/06 até 11/07, 06/08 até 29/08, 24/09 até 17/10.

Os menos favoráveis são: 24/01 até 16/02, 06/04 até 29/04, 30/08 até 23/09, 12/11 até 07/12.

Relacionamentos:

O ano de 2024 favorecerá o amor em todas as dimensões para os nativos do primeiro e segundo decanato e para os que nasceram no terceiro decanato entre os dias 12/07 e 18/07. Harmonia e prazeres intensificarão o casamento ou o namoro.

Aos comprometidos, direcionar energia para investimentos na casa e na vida familiar trará satisfação e uma sensação gostosa de bem-estar. É uma excelente fase para remodelar padrões desgastados da relação e valorizar as delícias da intimidade, fortalecer as afetividades ou até mesmo aumentar a família. O ano também será positivo para resolver velhos conflitos com belos desfechos.

Aos solteiros que estiverem em busca de um novo relacionamento, é hora de colocar a "cara" para fora de casa e se aventurar por aí, conhecer gente nova. Aliás, é possível que venha a se apaixonar por alguém totalmente diferente de você. Espere surpresas gostosas.

Àqueles que já estão entrelaçados, não há ano melhor para traçar planos futuros, pensar em casamentos e noivados ou reafirmar votos de compromisso.

Em contrapartida, podem ocorrer situações de desavenças, desencontros, desenlaces e brigas para os nascidos nos últimos dias do terceiro decanato, entre os dias 19/07 e 22/07. Se a relação estiver tensa, não coloque mais lenha na fogueira. Não é o momento certo para dar um ponto-final. Antes de decisões mais drásticas, analise as questões dos conflitos e tente encontrar meios para contornar a situação. Toda relação passa por momentos difíceis. Porém, temas/eventos que optou por não ver no passado, você precisará encarar agora. Questione-se e observe o tipo de relação que está vivenciando, e se realmente é o que quer para você.

Caso esteja sozinho, é melhor não iniciar nenhum relacionamento agora. Concentre-se nas suas necessidades pessoais. Atenção com paixões avassaladoras e não saudáveis.

Em geral, os melhores períodos para as relações, encontros amorosos e colaboração são: 12/03 até 05/04, 30/04 até 23/05, 18/06 até 11/07, 06/08 até 29/08, 24/09 até 17/10.

Os menos favoráveis são: 24/01 até 16/02, 06/04 até 29/04, 30/08 até 23/09, 12/11 até 07/12.

Saúde:

A saúde será uma área favorecida para os nativos do primeiro e segundo decanato e para os do terceiro decanato que nasceram entre os dias 12/07 e 18/07. Aproveite para dar uma atenção especial ao que não estiver funcionando bem e precisa de cuidados, pois esse é um ano em que você estará mais consciente e determinado em saná-las. As doenças serão aliviadas. Não perca essa oportunidade!

Ter uma rotina de exercícios, uma alimentação regrada, incluir atividades que elevem a alma (yoga, meditação, dança) ou frequentar um lugar que aumente a sintonia com a espiritualidade farão toda a diferença. Isso vale para todos os cancerianos. Uma qualidade de vida melhor pode promover diversos estímulos, melhorando sua performance. Todo esforço será proveitoso no agora e no futuro.

Já os nascidos no terceiro decanato entre os dias 19/07 e 22/07, cabe um olhar profissional para as questões de saúde. Momentos desafiadores podem deixar você sem estrutura física e emocional. Faça um *check-up*, esteja com todos os exames de rotina em dia. Não despreze os sinais que o corpo está lhe enviando.

Se o coração estiver apertando, se estiver sentindo sensações que não esteja conseguindo dominar ou se sentindo apreensivo, não tenha receio em procurar ajuda. Faça o teste de conversar com um terapeuta ou até mesmo um papo profundo com aquele amigo sensato, de confiança, que sabe ouvir e sempre tem bons conselhos. Isso poderá ser estratégico e fazer toda a diferença para um melhor aproveitamento da energia do seu ano.

Os períodos de maior energia, saúde, vigor e vitalidade são: 23/03 até 30/04, 10/06 até 20/07, 05/09 até 04/11.

Os períodos menos favoráveis para cirurgia e vitalidade são: 05/01 até 13/02, 01/05 até 09/06, 07/12 até 23/02/2025.

Os períodos menos favorecidos para tratamentos e procedimentos estéticos são: 24/01 até 16/02, 06/04 até 29/04, 30/08 até 23/09, 12/11 até 07/12.

OBS.: para uma análise mais completa e precisa de sua previsão anual, é aconselhável procurar a orientação de um astrólogo sério e profissional.

LEÃO (23/07 A 22/08)
REGENTE SOL

Primeiro decanato: 23/07 a 31/07
Segundo decanato: 01/08 a 11/08
Terceiro decanato: 12/08 a 22/08

Panorama geral:

Leoninos, muitas coisas começam a mudar neste ano de 2024 e nos que virão em seguida. Serão anos a serem lembrados por muitos aprendizados, e isso fará parte de todo um processo de evolução.

Plutão está em cena! Serão tempos de grandes transformações, de grandes escolhas, de grandes eliminações e de grandes redirecionamentos. Os leoninos que logo sentirão e já vem sentindo essas mudanças são os nascidos no primeiro decanato entre os dias 23/07 e 25/07. Se opor, teimar ou enfrentar pode levar qualquer iniciativa ao fracasso, sejam elas pessoais, profissionais ou afetivas. O grande segredo será não se rebelar contra o que não domina. Esteja alinhado e aberto a essas transformações, pois facilitará a direção natural das mudanças em gestação. A auto-observação constante é a chave para viver esse momento desafiador e a vida de um modo geral.

Os nascidos no final do segundo decanato e os do terceiro decanato entre os dias 11/08 e 16/08 terão que lidar com o que não estava escrito no *script*. Trata-se de Urano, o planeta que não avisa que está chegando e simplesmente chega! *É possível que aquilo que tenha planejado mude subitamente de direção*, e você se veja obrigado a mudar de rota rapidamente. Seu maior desafio será aceitar e se adequar às mudanças que chegarão de modo repentino. Concentre-se nas questões e assuntos que pode controlar, e não se preocupe com as que não estão sob seu controle. Manter uma postura flexível, ser prático e objetivo lhe ajudará a conduzir melhor essa fase. E lembre-se: muitas vezes temos que reconfigurar todo o cenário para mais tarde saborearmos as recompensas.

Por fim, a partir de maio, *Júpiter, o favorito do céu, estará enviando boas energias a todos os nativos de Leão. É proteção, otimismo e esperança!* Embarque nessa onda positiva e benevolente para atrair boas oportunidades e boas ajudas.

O Mercúrio retrógrado estará em seu signo de 14/08 a 28/08, e, por isso, as iniciativas podem ficar retraídas. Atrasos e cancelamentos podem deixar você um tanto ansioso. É preciso se certificar e confirmar tudo nesse período, pois as pessoas com frequência voltam atrás nas decisões. Desacelere e não insista em questões que sejam importantes. Siga esses dias aprimorando os acertos e corrigindo os erros.

Carreira e finanças:

O ano ainda será bastante desafiador para os nascidos no primeiro decanato entre os dias 23/07 e 25/07. Situações tensas poderão se romper. Sua resistência e sua capacidade profissional estão sendo testadas e, se não for por si mesmo, será pelos outros. Capacite suas habilidades, faça e dê o seu melhor. Aprenda a delegar e ouvir mais.

São tempos de dificuldades e lutas para manter firme seus projetos profissionais. E, atenção, espere rivalidades, contrariedades e puxadas de tapetes. O conselho é não se indispor com chefes, clientes, colegas de trabalho, parceiros nem sócios. Pessoas poderão ir contra o que você quer, deseja e o que já vinha em curso. Disputar forças e contrariar pontos de vista será temerário. A corda tenderá a roer para o seu lado. Mesmo que você tenha razão, será o outro quem sairá ganhando. É um momento para observar mais do que enfrentar.

As finanças precisam estar ajustadas e controladas. Não é época para grandes investimentos nem muito menos para fazer grandes empréstimos. Contrair dívidas só se realmente tiver uma boa reserva para sustentar os reveses que possam se apresentar no meio do caminho. Controle os gastos.

Em contrapartida, para os nascidos no primeiro decanato entre os dias 26/07 e 31/07 e todos do segundo decanato, fiquem tranquilos, pois este ano estarão livres de pressões, impedimentos e reviravoltas. Há abertura para melhorias no trabalho, ganhos financeiros e expansão de seus projetos. Um projeto que estava pausado poderá ser retomado e ganhar nova versão. São tempos de fortalecer suas bases. Você já passou por alguns bons contratempos nos últimos anos, então aproveite o momento para renegociar contratos, dívidas, prazos e inovar a atuação profissional e estar forte para os anos vindouros.

Quanto aos nascidos no final do segundo decanato e os do terceiro decanato entre os dias 11/08 e 16/08, o que vocês consideram como certo pode estar errado. Não conte com nada definitivo. Viradas podem ocorrer. Metas profissionais e planos para o futuro pedem ajustes e novos olhares. Será importante estar aberto a novos conceitos, novos métodos de trabalhos e inovações.

Com paciência, tolerância e humildade você chegará lá!

Em geral, os melhores períodos para trabalho, dinheiro, negócios e aquisições são: 01/01 até 23/01, 06/04 até 29/04, 25/05 até 17/06, 12/07 até 05/08, 30/08 até 23/09, 18/10 até 11/11.

Os menos favoráveis são: 17/02 até 11/03, 30/04 até 23/05, 24/09 até 17/10, 08/12 até 29/12.

Relacionamentos:

Os nascidos no primeiro decanato entre os dias 23/07 e 25/07 e os nascidos no final do segundo decanato e terceiro decanato entre os dias 11/08 e 16/08 podem vivenciar uma fase de oscilação dos sentimentos, um minuto você está loucamente apaixonado e no seguinte quer se ver livre, leve e solto. Atenção! O romance pode estar por um fio. Relações que não vinham bem podem romper. Saber desse movimento o prepara e traz mais compreensão para os sentimentos que possam surgir. Se seu desejo é manter o amor firme e forte, será preciso estar antenado às necessidades do outro. Generosidade, cumplicidade e responsabilidade são qualidades a serem exercitadas. **É o momento de equilibrar** a delicada dinâmica entre seus desejos e os do outro. Converse com seu par, explique suas insatisfações com sinceridade, mas dentro de um clima carinhoso e de muito cuidado, sem levar a mágoas. Atitudes pegajosas, controladoras e birras não ganham, só afastam. É um ano em que relações tóxicas vão se apresentar à flor da pele. As verdades virão à tona. O que for prejudicial, deixe ir. Lembre-se: cuidado ao iniciar um namoro!

Já para os nascidos no primeiro decanato a partir do dia 26/07 e todos do segundo decanato sentirão a vida amorosa mais feliz, mais gostosa e cheia de aventuras. Empatia e sentimentos generosos marcarão os encontros. Para os solteiros, é um bom momento para flertes e pessoas disponíveis. Aproveite cada oportunidade. Para os comprometidos, a fase é ideal para reconciliações e fortalecimento da união. Caso deseje aumentar a família, tudo tende a favorecer.

A vida social será animada e estará sob a maravilhosa energia de Vênus em seu signo (12/07 a 05/08). Momentos mais prazerosos estão prestes a acontecer. É possível que faça novos amigos e encontre pessoas interessantes que balancem seu coração. E é especialmente favorável para os comprometidos variarem a rotina da relação, saírem e descobrirem novas alternativas de lazer.

Em geral, os melhores períodos para as relações, encontros amorosos e colaboração são: 01/01 até 23/01, 06/04 até 29/04, 25/05 até 17/06, 12/07 até 05/08, 30/08 até 23/09, 18/10 até 11/11.

Os menos favoráveis são: 17/02 até 11/03, 30/04 até 23/05, 24/09 até 17/10, 08/12 até 29/12.

Saúde:

Nativos do primeiro e terceiro decanato: a saúde pede toda atenção e carinho. É um ano em que será preciso equilibrar forças, disciplinar seus hábitos e exercitar a inteligência emocional. O corpo estará mais frágil, e muito dessa fragilidade se dará por conta do dia a dia corrido, desafiador e imprevisível. Dar conta de todas as demandas será estafante e, por consequência, a aquisição de disfunções no corpo, na mente e na alma é possível. Aos que já têm predisposição a alguma doença, esse será um período em que problemas adormecidos podem entrar em ebulição.

Mantenha os exames em dia. Absolutamente nada na vida prospera sem saúde. Evite ao máximo situações de estresse, pessoas e situações energeticamente negativas. Não deu para cumprir uma tarefa, não cumpra, não desafie seu corpo. Respeite seus limites. Pense em você! Comece desde já a tomar as providências necessárias e tente desafogar a vida do frenesi diário. Organize uma agenda mais leve, compartilhe o trabalho e os problemas também. Habilite seu corpo com alimentação, hábitos saudáveis e o convívio com pessoas que lhe fazem bem. Dê uma chance de recuperar e reabastecer sua energia. E no todo, se não estiver conseguindo se cuidar sozinho ou caso esteja vivenciando situações que fujam do seu controle, não hesite em procurar ajuda de especialistas.

No geral, mas principalmente para nascidos no primeiro decanato a partir do dia 26/07 e todos do segundo decanato, as perspectivas em relação à saúde são boas. Sua energia estará alta e, por estar em um clima otimista, conseguirá resolver qualquer adversidade. Esse é um bom período para aproveitar e começar tratamentos que em outros momentos seriam chatos e pesados.

Os períodos de maior energia, saúde, vigor e vitalidade são: 01/01 até 04/01, 01/05 até 09/06, 21/07 até 04/09, 05/11 até 06/12.

Os períodos menos favoráveis para cirurgia e vitalidade são: 14/02 até 22/03, 10/06 até 20/07, 07/12 a 23/02 /2025.

Os períodos menos favorecidos para tratamentos e procedimentos estéticos são: 17/02 até 11/03, 30/04 até 23/05, 24/09 até 17/10, 08/12 até 29/12.

OBS.: para uma análise mais completa e precisa de sua previsão anual, é aconselhável procurar a orientação de um astrólogo sério e profissional.

VIRGEM (23/08 A 22/09)
REGENTE MERCÚRIO

Primeiro decanato: 23/08 a 01/09
Segundo decanato: 02/09 a 11/09
Terceiro decanato: 12/09 a 22/09

Panorama geral:

Um ano cheio de desafios virá ao encontro dos virginianos nascidos no primeiro e no segundo decanato. Exatamente por isso, estejam prontos para lidar com situações que exigirão muita sabedoria e resignação. Saturno e Júpiter farão um movimento difícil para o seu Sol.

Será necessário lidar com os limites que se apresentarão naturalmente (Saturno) e com as expectativas superestimadas (Júpiter). Busque ter consciência de cada iniciativa, da necessidade de rever e adaptar conceitos. Palavras-chave para esse ano serão: responsabilidade, disciplina, amadurecimento e estruturação. Mas você, virginiano, é uma pessoa cuidadosa, atenta e meticulosa e saberá agir com inteligência.

Aos virginianos nascidos no terceiro decanato entre os dias 16/09 e 21/09, Urano e Plutão os colocam rentes à frente com novas possibilidades e uma grande capacidade de enfrentar qualquer adversidade que, até então, não tinham coragem de encarar.

É chegada a hora de recuperar o tempo perdido, começar e recomeçar. Se você anda com vontade de mudar de rota, fique atento, pois mudanças importantes e positivas virão ao encontro de seus desejos e aspirações. Porém, é preciso estar atento para não cair em grandes roubadas. Netuno pode trair! Suas habilidades seletivas e criteriosas precisarão estar superaguçadas e talvez sejam convidadas a entrar em ação. A auto-observação é a senha para não se autoenganar.

O Mercúrio retrógrado estará em tensão com seu signo de 05/08 a 14/08 e de 25/11 a 15/12, e, por isso, as iniciativas podem ficar retraídas. Atrasos e cancelamentos podem deixar você um tanto ansioso. É preciso se certificar e confirmar tudo nesse período, pois as pessoas com frequência voltam atrás nas decisões. Desacelere e não insista em questões que sejam importantes. Siga esses dias aprimorando os acertos e corrigindo os erros.

Carreira e finanças:

O ano de 2024 será um período em que as exigências ficam mais altas, o que levará você a refletir a respeito de sua vida profissional e de possíveis renovações que precisem ser instaladas.

Não apostem alto, virginianos nascidos no primeiro e segundo decanato. Saturno lhes cobrará na construção de ideias, planos e projetos, portanto é necessário que empreguem mais esforço e dedicação. Nada será fácil!

Júpiter pedirá atenção para não perder o senso de proporção. Muito otimismo, pouca realização e algumas frustrações por não conseguir concluir de imediato seus propósitos.

Não se afobe nem tente agarrar o mundo de uma só vez. Vá cumprindo etapas e analise cada possibilidade, pois só assim terá um melhor aproveitamento das oportunidades. Concentre-se nas soluções práticas, elimine tarefas pendentes e comprometa-se com que precisa e deseja realizar. Não adianta empurrar com a barriga, se a intenção é alcançar um patamar mais alto. E tenha em mente que será fundamental e muito importante ter lucidez e clareza em seus propósitos ao lidar com os desafios profissionais. Determine suas metas profissionais e cumpra-as. Busque conhecimento, busque melhorar. Se há algo que deseja muito, profissionalize-se!

As finanças estarão apertadas. Procure evitar os excessos e os gastos supérfluos. Quando decidir comprar algo, verifique e analise as consequências de ônus × bônus. Nesse período, o ideal é manter organizado os aspectos econômicos e práticos que darão sustentação e estrutura aos seus projetos e investimentos. Não subestime as capacidades de realização.

Os nascidos no terceiro decanato entre os dias 16/09 e 21/09 terão o benefício de Urano e Plutão abrindo portas e fomentando muitas possibilidades e oportunidades. O aumento da iniciativa atrairá conquistas. Tende a ser um bom ano para os negócios, para fazer investimentos, organizar as finanças e decidir onde e como melhor gastar seu dinheiro. Propostas tentadoras e surpreendentes podem redirecionar positivamente sua vida profissional. É o momento propício para mudar e reinventar-se. Aposte em você, mas aposte com olhos bem abertos! Não se aventure em negócios desconhecidos. Fuja de ciladas. Evite criar projetos utópicos, pois os objetivos poderão ser confusos e obscuros. Muito cuidado para não ser vítima de fraudes, roubos e escândalos. Desconfie de todos e de tudo que seja fácil demais.

Em geral, os melhores períodos para trabalho, dinheiro, negócios e aquisições são: 24/01 até 16/02, 30/04 até 23/05, 18/06 até 11/07, 06/08 até 29/08, 24/09 até 17/10, 12/11 até 07/12.

Os menos favoráveis são: 01/01 até 23/01, 12/03 até 05/04, 25/05 até 17/06.

Relacionamentos:

Carências, dificuldades e insatisfações nas relações podem ser a tônica do ano para os virginianos nascidos no primeiro e segundo decanato. Não espere que a boa sorte esteja de prontidão para resolver as dificuldades que eventualmente vão surgir. Abalos serão sentidos e, por isso, lembre-se de priorizar seu romance para que a vida a dois se torne mais forte. Reflita sobre suas atitudes. Todo esforço em prol da felicidade reforçará o amor. Aposte no humor, na diplomacia e no bom diálogo para lidar com as diferenças e os conflitos.

Para os virginianos nascidos no terceiro decanato entre 16/09 e 21/09, o amor ganha força e bons frutos florescerão. Os comprometidos têm aqui um bom motivo para renovar os sentimentos e sair da velha rotina morna, monótona e pouco interessante na qual poderia estar a relação. Aproveite essa bela fase e surpreenda a pessoa amada.

No entanto, se a opção for romper com a relação já desgastada, esse ano não será tão difícil colocar um ponto-final. Compromissos amorosos que não fazem mais sentido e não alimentam sua felicidade poderão ser finalizados. Aos solteiros: gente nova chegando. Aproveitem os bons ares!

Mesmo assim, atenção redobrada aos "Don Juan" de plantão! Passe longe das pessoas sedutoras, carentes de cuidado e "coitadinhas". Isso não significa que você não possa namorar, mas cuidado ao entregar seu coração. Neste ano, o envolvimento pode trazer muitos desgastes emocionais. Ame a si mesmo em primeiro lugar.

Para os que estão comprometidos o ano pede carinho e atenção. Valorize pontos em comum em termos de valores e ideais. Reapaixone-se. Grandes viagens, ruptura da rotina e afastamento do estresse serão ótimas escolhas para levar um casal a se reconectar, reaproximar e reacender a chama da paixão.

Em geral, os melhores períodos para as relações, encontros amorosos e colaboração são: 24/01 até 16/02, 30/04 até 23/05, 18/06 até 11/07, 06/08 até 29/08, 24/09 até 17/10, 12/11 até 07/12.

Os menos favoráveis são: 01/01 até 23/01, 12/03 até 05/04, 25/05 até 17/06.

Saúde:

Muitas tensões durante todo o ano para os nascidos no primeiro e segundo decanato e para os nascidos no terceiro decanato entre os dias 12/09 e 15/09. Pensem muito bem antes de ultrapassar seus limites. Equilibrar a balança entre o dever e o prazer é a meta a ser alcançada.

Para evitar maiores problemas, em primeiro lugar, esteja com os exames de rotina em dia, ok? Em segundo lugar, saiba separar o que é problema seu e o que é do outro, carregue apenas os seus, cada um que assuma sua parcela de responsabilidade.

Os vilões do ano são: cansaço, imunidade baixa, coluna, articulações comprometidas, problemas de pele, dentes, fígado, visão, taxas de açúcar, de colesterol e outras taxas podem estar alteradas. Faça uma visita ao odontologista, oftalmologista, endocrinologista e ao especialista que porventura houver necessidade. Desde já priorize a inclusão e a escolha de hábitos mais saudáveis. Exercícios serão essenciais, mas não é para pegar pesado, e sim para pensar no bem-estar. Pondere a rotina com atividades leves, restaurativas e aconchegantes. Horas dedicadas a lazer e *hobby* serão fundamentais. Sintonia com espiritualidade, terapia e meditação será uma ótima opção para diminuir inquietudes. Concentre-se nas emoções positivas e jogue a autoestima para cima.

A turminha do terceiro decanato nascida entre os dias 16/09 e 21/09 tem o céu a seu benefício e o ano tende a ser de saúde boa e estável. Esse é um ano para romper barreiras e efetivar o que vem adiando no quesito melhorar sua saúde como todo. Força de vontade e determinação não vão faltar. Liste objetivos a serem alcançados e vá cumprindo etapa a etapa.

Doenças que pareciam sem solução ou mesmo sem um diagnóstico definido se revelam e encontram a cura.

E por fim, se houver intenção de aumentar a família, 2024 está favorecendo os nativos do segundo e terceiro decanato.

Os períodos de maior energia, saúde, vigor e vitalidade são: 05/01 até 13/02, 10/06 até 20/07, 05/09 até 04/11.

Os períodos menos favoráveis para cirurgia e vitalidade são: 01/01 até 04/01, 23/03 até 30/04, 21/07 até 04/09, 07/12 até 23/02/2025.

Os períodos menos favorecidos para tratamentos e procedimentos estéticos são: 01/01 até 23/01, 12/03 até 05/04, 25/05 até 17/06.

OBS.: para uma análise mais completa e precisa de sua previsão anual, é aconselhável procurar a orientação de um astrólogo sério e profissional.

LIBRA (23/09 A 22/10)
REGENTE VÊNUS

Primeiro decanato: 23/09 a 02/10
Segundo decanato: 03/10 a 12/10
Terceiro decanato: 13/10 a 22/10

Panorama geral:

Librianos, podem comemorar, pois o ano começa com expectativas e perspectivas positivas que há muitos anos não experimentam. Sonhem alto e determinem-se a vencer.

Como é maravilhoso ter o queridinho do céu — *Júpiter, o planeta da boa sorte* — em aspecto positivo ao seu Sol. Essa boa sorte estará à sua disposição de maio de 2024 a junho de 2025, e você será motivado a ir além dos horizontes. Será muito bom poder contar com essa energia otimista e de expansão. Mais confiante, você conseguirá realizar grandes intentos, além de romper e superar barreiras que lhe impediam de alcançar seus objetivos. O que era complicado se tornará fácil.

Os nascidos no primeiro decanato entre os dias 23/09 e 25/09 terão dupla sorte, pois, além das benesses de Júpiter, contarão com as forças reconstrutoras de Plutão, que desde já promete trazer grandes ganhos após anos de instabilidade, perdas ou, no mínimo, de muita subserviência para manter a vida em equilíbrio.

A atenção ficará somente aos nascidos nos últimos dias 21/10 a 23/10. Os meses de janeiro, setembro, outubro e novembro ainda serão desafiadores. Plutão apresentará os últimos nós em situações que deverão ser resolvidas e deixadas definitivamente para trás. Aproveitem essa força e esse poder transformador para limpar, expurgar e se dar a oportunidade de escrever uma nova história.

Dois eclipses marcam seu ano.

O eclipse Lunar no dia 24 de março, em 05 graus de Libra, influenciará os nascidos entre os dias 23/09 e 03/10, e o eclipse Solar no dia 02 de outubro, em 10 graus de Libra, influenciará os nascidos entre os dias 28/09 e 08/10. Os eclipses sempre trazem mudanças significativas. Eles nos sacodem, nos mudam e pedem que nos adaptemos às novas condições. Por isso, o conselho é não deixar nenhuma situação chegar ao limite.

O Mercúrio retrógrado criará tensão com o seu signo de 01/04 a 25/04, e, por isso, as iniciativas podem ficar retraídas. Atrasos e cancelamentos podem deixar você um tanto ansioso. É preciso se certificar e confirmar tudo nesse período, pois as pessoas com frequência voltam atrás nas decisões. Desacelere e não insista em questões que sejam importantes. Siga esses dias aprimorando os acertos e corrigindo os erros.

Carreira e finanças:

Novas oportunidades de ganhos estão bem próximas. Os nascidos no primeiro decanato entre os dias 22/09 e 25/09 estarão com a faca, o queijo e a sorte nas mãos. Aos librianos que precisam ganhar fôlego, recuperar prestígio e dinheiro, este será o ano dos grandes começos e recomeços. Atrasos e obstáculos ficaram no passado.

Se está tentando um emprego, uma promoção, uma recolocação, esse é o momento para engajar toda sua energia em prol do que deseja conquistar. É bem provável que recupere uma posição, assim como é possível que surjam propostas que tenham por objetivo uma transformação radical.

A partir de maio, Júpiter potencializa as oportunidades a todos os librianos. Será um ano em que o dinheiro chegará com mais facilidade. Invista em seus projetos, profissão e carreira. É tempo de negociações importantes relacionadas a parcerias financeiras e investimentos. É tempo de tirar o máximo de proveito tanto para impulsionar o que deseja que ganhe destaque como para se preparar para o futuro. É chegada a temporada de semeadura e colheita. Aposte suas fichas e não perca as chances que a vida lhe oferecer.

Toda a parte comercial está favorecida. Expanda seu território. Procure clientes de porte médio a grande para apresentar propostas, produtos e serviços. Treinamentos, *workshops* e tudo que privilegie a formação intelectual lhe beneficiará.

Entretanto, os nascidos no terceiro decanato entre 21/10 e 22/10 devem ter cautela quando os assuntos forem finanças e trabalho. Dificuldades ainda podem surgir, demandando atenção e cuidados extras nesses setores. As investidas profissionais devem ser mais tímidas e sem grandes arroubos. Não é um ano para novos investimentos, e sim para ter mais consciência acerca da forma como se ganha, gasta e investe, pois existe o risco de perdas e prejuízos. Preocupe-se em melhorar seus projetos, sua formação e dar continuidade ao que já está em andamento.

Em geral, os melhores períodos para trabalho, dinheiro, negócios e aquisições são: 01/01 até 23/01, 17/02 até 11/03, 24/05 até 17/06, 12/07 até 05/08, 30/08 até 23/09, 18/10 até 11/11, 08/12 até 29/12.

Os menos favoráveis são: 24/01 até 16/02, 06/04 até 29/04, 18/06 até 11/07, 12/11 até 06/12.

Relacionamentos:

Boas novas ao amor! Aos nascidos no primeiro decanato entre 22/09 e 25/09, Plutão traz de volta a paixão em sua melhor tradução e Júpiter irradia suas bênçãos. Será um ano de vida social supermovimentada e de muito prazer. Lazer, viagens e romances estarão em alta!

Se você está solteiro, acredite, é muito pouco provável que continue sozinho, a não ser que essa seja sua intenção. Por outro lado, com os caminhos abertos para o amor, a certeza de conhecer alguém que estremecerá seu coração será iminente e muito mais provável. Conhecer gente e fazer novas amizades trarão muitas oportunidades para sua vida como um todo. E, em tempo, não se espante se surgir um *flashback* com alguém do passado.

Aos comprometidos, é um período de mudanças em suas relações, incluindo uma necessidade de mais profundidade e conexão. É um momento de florescimento do amor, excelente para materializar sonhos e intenções. Passos importantes podem ser dados e terão força de realização.

Situações que não vinham bem terão espaço para serem resolvidas de maneira mais saudável. Alimente o amor! Abrace sonhos comuns!

Para os librianos nascidos no terceiro decanato entre 21/10 e 23/10, o equilíbrio, o diálogo e a serenidade serão essenciais para a manutenção de uma boa relação e superação de possíveis crises. Se o desejo é manter o bem-estar da vida a dois, evite ao máximo conflitos desnecessários e priorize a vida em harmonia, como é de sua natureza. O céu aponta para a necessidade de desconstrução de comportamentos que envenenam e destroem o amor. Esteja aberto a mudanças e disperse tudo aquilo que não acrescenta mais nem merece ser mantido. Valorize quem está ao seu lado ou solte-o e siga em frente.

Em geral, os melhores períodos para as relações, encontros amorosos e colaboração são: 01/01 até 23/01, 17/02 até 11/03, 24/05 até 17/06, 12/07 até 05/08, 30/08 até 23/09, 18/10 até 11/11, 08/12 até 29/12.

Os menos favoráveis são: 24/01 até 16/02, 06/04 até 29/04, 18/06 até 11/07, 12/11 até 06/12.

Saúde:

É um ano em que os librianos vão gozar de uma saúde equilibrada e com mais dedicação e consciência. Conte com a ampliação do nível energético, da capacidade, da disposição e da vitalidade. Aproveite essa boa fase para pôr em ação planos de uma vida mais saudável. Chega de desculpas. Insira em sua rotina horários para cuidar mais de si. Ter consciência e entender o porquê dessa mudança será fundamental para definir e traçar seus objetivos e determinar aonde você deseja chegar. Trace suas metas de forma específica e positiva.

Para aqueles que se encontravam com algum tipo de enfermidade, é um momento de maior sintonia com a cura. Não desanime se ainda houver alguma patologia que precise de um diagnóstico mais preciso/definitivo. Neste ano, as chances de serem desvendadas, erradicadas e sanadas estarão mais próximas.

Janeiro, setembro, outubro e novembro serão meses delicados e que vão requerer mais atenção para os nascidos no terceiro decanato entre 21/10 e 22/10. O acompanhamento preventivo da saúde ainda é a melhor opção. Esteja com exames de rotina atualizados e não despreze nenhum desconforto diferente que o corpo sinalizar.

Os períodos de maior energia, saúde, vigor e vitalidade são: 01/01 até 04/01, 14/02 até 22/03, 21/07 até 04/09, 05/11 até 06/12

Os períodos menos favoráveis para cirurgia e vitalidade são: 05/01 até 13/02, 01/05 até 09/06, 05/09 até 04/11, 07/12 até 23/02/2025.

Os períodos menos favorecidos para tratamentos e procedimentos estéticos são: 24/01 até 16/02, 06/04 até 29/04, 18/06 até 11/07, 12/11 até 06/12.

OBS.: para uma análise mais completa e precisa de sua previsão anual, é aconselhável procurar a orientação de um astrólogo sério e profissional.

ESCORPIÃO (23/10 A 21/11) REGENTE PLUTÃO

Primeiro decanato: 23/10 a 01/11
Segundo decanato: 02/11 a 11/11
Terceiro decanato: 12/11 a 21/11

Panorama geral:

O ano de 2024 será movido por desafios para alguns escorpianos e, para outros, por realizações. O modo como vão acolher as dificuldades e aproveitar as oportunidades é o que fará toda a diferença. Acolha a sabedoria para fazer as melhores escolhas.

Aos nascidos entre os dias 23/10 e 26/10 do primeiro decanato, vocês se defrontarão com Plutão. Perdas e danos podem ocorrer e a atenção é: vivam de olhos bem abertos e em estado de alerta. Saber onde você está, onde poderia estar e para onde quer ir pode significar um pilar de força encorajador para aplicar as transformações que estarão disponíveis na sua vida. Como bom escorpiano, você sabe que não adianta mascarar e ficar só no superficial. Vá fundo nas questões, transmute-as ou elimine-as.

Saturno protege os nascidos no primeiro e segundo decanato. É um bom ano para avaliar melhor os movimentos para os quais a vida está apontando, observar erros e acertos, superar obstáculos e construir uma base sólida interna e externa que lhes beneficiará mais tarde, dando frutos e todo o retorno justo.

Ser maduro e sagaz é o pulo do gato. Maturidade e sagacidade estarão à sua disposição. Conecte-se com essa energia.

Para os escorpianos do terceiro decanato nascidos entre os dias 12/11 e 16/11, Urano traz oscilações, intempéries, inquietudes e possíveis "abalos sísmicos". Prepare-se para lidar com situações que não estavam em seus planos. Mudanças e escolhas de última hora serão o foco do ano. O que fazer? Flexibilidade e abertura ao novo, pois teimosia e orgulho só vão atrapalhar. Não se apresse! Preocupe-se apenas com o que pode "controlar" e concentre-se em viver um dia de cada vez, sem resistência aos imprevistos e acontecimentos inesperados.

Netuno beneficia os nascidos entre os dias 17/11 e 20/11. Dê atenção ao seu mundo interno, aos sonhos e às necessidades pessoais. Uma maior conexão com o que acredita apontará para caminhos a percorrer em seguida. Aproveite o ano para se fortalecer interiormente. Visualize um novo caminho para o futuro e renove a fé.

O Mercúrio retrógrado criará tensão com o seu signo de 14/08 a 28/08, e, por isso, as iniciativas podem ficar retraídas. Atrasos e cancelamentos podem deixar você um tanto ansioso. É preciso se certificar e confirmar tudo nesse período, pois as pessoas com frequência voltam atrás nas decisões. Desacelere e não insista em questões que sejam importantes. Siga esses dias aprimorando os acertos e corrigindo os erros.

Carreira e finanças:

Quem nasceu nos primeiros dias de escorpião, entre os dias 23/10 e 26/10 do primeiro decanato, bem como quem nasceu entre os dias 11/11 e 16/11 do terceiro decanato, poderá passar por momentos bastante delicados, principalmente para aqueles que já vêm vivenciando incertezas. O que parecia sólido, talvez não seja mais. O que era fácil, não terá essa mesma facilidade. Toda a segurança em relação a suas finanças, trabalho e profissão entram no "modo risco". Não é para contar com a sorte. Nada vai cair do céu! Leve em consideração tudo o que está em jogo para a realização de suas metas: dinheiro, pessoas envolvidas e toda a logística, pois os resultados só virão mediante muito esforço e conscientização.

Se estiver envolvido com novos investimentos, não dê passos muito largos. Esse ano você estará envolvido em uma fase de mais perda do que ganho. Gasta-se mais. As entradas e ganhos provavelmente não comportarão as necessidades nem os imprevistos que surgirem. O conselho é não fazer dívidas e, se possível, criar uma reserva.

Se você é chefe ou dono da sua empresa, será necessário avaliar suas posturas, levando em consideração, inclusive, outras formas para desenvolver o seu negócio.

Se você é empregado, poderá enfrentar problemas mais sérios e difíceis no trabalho. Não se envolva em provocações. Evite brigas e discussões com colegas e superiores. Evite demissões!

Quem está à procura de uma colocação no mercado de trabalho provavelmente terá que suar muito para conseguir o emprego desejado. Não desista. Promova inovações, observe o que você precisa modificar para melhorar seu desempenho profissional e faça uma reflexão a respeito de como vem lidando com seu dinheiro. É um ano de aprender, reaprender e inovar.

A todos os escorpianos do primeiro e segundo decanato, é um ano muito importante de concretização de projetos que já vinham sendo idealizados e um ano muito oportuno para se empenhar aos que precisam ser colocados em prática. Ou seja, não percam a oportunidade de compilar esforços ao que está dando resultado e desejam conquistar, pois, dessa forma, encontrarão segurança material, profissional e financeira.

Já para os escorpianos do terceiro decanato nascidos entre os dias 17/11 e 20/11, é o momento oportuno para explorar seus talentos, criar projetos e aumentar a exposição profissional. Este é um ano favorável para conquistas na área financeira e na carreira. Sabe aquela sensação de estar no lugar certo, fazendo a coisa certa e com a pessoa certa? Aproveite ao máximo toda essa influência positiva, colaboradora, restauradora e intuitiva que ronda a seu favor.

Em geral, os melhores períodos para trabalho, dinheiro, negócios e aquisições são: 24/01 até 16/02, 12/03 até 05/04, 18/06 até 11/07, 06/08 até 29/08, 24/09 até 17/10, 12/11 até 07/12.

Os menos favoráveis são: 17/02 até 11/03, 30/04 até 23/05, 12/07 até 05/08, 08/12 até 29/12.

Relacionamentos:

O ano começa tenso para os nascidos entre os dias 23/10 e 26/10 do primeiro decanato e para os nascidos entre os dias 12/11 e 16/11 do terceiro decanato. É um ano de resignação para os comprometidos que pretendem manter a relação saudável e um ano de prováveis "paixonites" não correspondidas para os solteiros.

Se está em uma relação sólida, bacana, em que você é o único insatisfeito, ignore as falhas e coloque em mente que nada nem ninguém é perfeito. Perfeição não existe. A questão é reavivar o amor e redescobrir as chamas que estão adormecidas. Agora, se é você quem está sendo colocado em segundo plano (e bem sei o quanto detesta quando as coisas começam a fugir de seu controle), aqui vai um conselho: busque ser mais leve, controle o ciúme... Quanto mais atitudes controladoras, agressivas e obsessivas manifestar, estará mais perto de perder. Uma conversa franca pode esclarecer muitas dúvidas e suspeitas.

Aos escorpianos do primeiro e segundo decanato: amor, romances e namoros estão sendo vistos de maneira realista, sem dramas e sem máscaras. Não há ilusão. Você estará mais seletivo em suas escolhas e no que deseja para a vida a dois. Em 2024, quem chegar na sua vida provavelmente lhe dará a segurança de que tanto necessita e aprecia.

Para quem estiver comprometido, esse será um ano de escolhas maduras e definições. Romances podem e devem ser levados mais a sério. Casamentos, noivados e aumento da família entram na lista das prioridades. É um bom momento para colocar em ordem o que incomoda e fortificar o que é bom e admira.

Já para os escorpianos do terceiro decanato nascidos entre os dias 17/11 e 20/11, a dica é que aproveitem, pois o amor está no ar! É tempo de leveza, encontros e reencontros.

Em geral, os melhores períodos para trabalho, dinheiro, negócios e aquisições são: 24/01 até 16/02, 12/03 até 05/04, 18/06 até 11/07, 06/08 até 29/08, 24/09 até 17/10, 12/11 até 07/12.

Os menos favoráveis são: 17/02 até 11/03, 30/04 até 23/05, 12/07 até 05/08, 08/12 até 29/12.

Saúde:

O medo de perdas, inseguranças, impaciência e um alto nível de irritabilidade serão os maiores desencadeadores a desestabilizar totalmente a saúde e o bem-estar dos nascidos entre os dias 23/10 e 26/10 do primeiro decanato e dos nascidos entre os dias 11/11 e 16/11 do terceiro decanato.

Em primeiro lugar, tenha em mente que será preciso manter o físico forte! Não negligencie nenhuma dor nem desconforto que esteja sentindo; por isso, exames de rotina devem ser prioridade. Em segundo lugar, mas não menos importante, lembre-se de que mente e emocional sadios ajudarão a fazer escolhas melhores. Não se acanhe em demonstrar suas fraquezas, desarme-se! Procure terapias ou, se preferir, converse com alguém de sua confiança. Compartilhe suas dúvidas, tristezas e inseguranças. Expressar e externar aquilo que sente e lhe causa angústia terá poder de cura.

Limpe sua agenda para que não se sinta sobrecarregado, delegue obrigações, pratique atividades físicas para liberar energias acumuladas e, principalmente, dê atenção ao sono e aos momentos de prazer e descanso.

Para os escorpianos do primeiro e segundo decanato, bem como para os nascidos no terceiro decanato, saibam que 2024 será muito propício para priorizar metas de saúde e bem-estar, principalmente aquelas mais chatas. O que estavam postergando, não têm mais desculpas. Assumam a força interior. Tudo dependerá de vocês. Tudo o que se propuserem a realizar em prol do bem-estar terão resultados positivos. Período propício para purificar, transformar e alterar todos os processos psíquicos.

Os períodos de maior energia, saúde, vigor e vitalidade são: 05/01 até 13/02, 23/03 até 30/04, 05/09 até 04/11.

Os períodos menos favoráveis para cirurgia e vitalidade são: 14/02 até 22/03, 10/06 até 20/07, 05/11 até 23/02/2025.

Os períodos menos favorecidos para tratamentos e procedimentos estéticos são: 17/02 até 11/03, 30/04 até 23/05, 12/07 até 05/08, 08/12 até 29/12.

OBS.: para uma análise mais completa e precisa de sua previsão anual, é aconselhável procurar a orientação de um astrólogo sério e profissional.

SAGITÁRIO (22/11 A 21/12)
REGENTE JÚPITER

Primeiro decanato: 22/11 a 01/12
Segundo decanato: 02/12 a 11/12
Terceiro decanato: 12/12 a 21/12

Panorama geral:

O ano de 2024 começa felicitando os sagitarianos nascidos no primeiro decanato entre os dias 22/11 e 25/11. Plutão estando em boas vibrações com seu Sol traz de volta as oportunidades que vocês tanto esperam e muita energia para ressurgir a vida com toda sua força e plenitude. É um ano de refazimento e de se dedicar ao que, de fato, deseja realizar e recuperar. Será um bálsamo para a alma. É a superação dos infortúnios dos últimos tempos. Aproveitem ao máximo toda essa potência e não desperdicem esse tempo de boas novas.

Aos sagitarianos nascidos no primeiro e segundo decanato, Saturno sinaliza a importância do compromisso com seus ideais profissionais, consigo mesmos, com os outros e com a família. Saturno chama a responsabilidade. O que foi negligenciado será cobrado, e o que você vem lutando para dar certo precisará de um esforço a mais. Leve para si que Saturno não quer derrubar, ele só quer que você se aprimore e dê o melhor de si. Por isso, não encare as dificuldades como um impedimento, e sim como um incentivador às suas conquistas. Como um bom sagitariano, veja tudo como uma excelente oportunidade de aprimoramento. O segredo é não ter pressa, e sim dar um passo de cada vez.

Aos sagitarianos nascidos no terceiro decanato entre os dias 15/12 e 21/12, Netuno traz momentos de incerteza e insegurança, o que poderá deixá-los totalmente desestimulados a seguir seus objetivos. Não se deixem levar por essa sensação. A cada passo que você desejar dar, que seja pelo crivo da racionalidade. O uso da razão e do bom senso lhe permitirá avaliar melhor cada iniciativa.

Mas, atenção! Sagitarianos de todos os decanatos! Júpiter, a partir de maio, não fará uma boa ligação ao Sol de vocês. A tendência é cometer todo o tipo de exagero. É muita excitação, muitas expectativas e o desejo de que tudo dê certo. Isso não significa necessariamente que não vá dar certo, apenas que não será fácil nem será de mão beijada. Segure o superotimismo!

O Mercúrio retrógrado criará tensão com o seu signo de 05/08 a 14/08 e entre os dias 25/11 e 15/12, e, por isso, as iniciativas podem ficar retraídas. Atrasos e cancelamentos podem deixar você um tanto ansioso. É preciso se certificar e confirmar tudo nesse período, pois as pessoas com frequência voltam atrás nas decisões. Desacelere e não insista em questões que sejam importantes. Siga esses dias aprimorando os acertos e corrigindo os erros.

Carreira e finanças:

Trabalho é algo que não vai faltar neste ano aos sagitarianos nascidos no primeiro decanato entre os dias 22/11 e 25/11. O ano de 2024 trará conquistas na área financeira e na carreira. Você pode receber um dinheiro que não espera, encontrar uma nova fonte de renda ou até mesmo recuperar o que perdeu. Uma ótima fase para se envolver com novos investimentos, pois o dinheiro chegará com mais facilidade.

Explore seus talentos, crie projetos e aumente a exposição profissional. É um momento de reconhecimento e poder. Confie nas suas capacidades. Organize-se para não deixar oportunidades passarem e para conseguir dar conta de muitos compromissos. A época também é superoportuna para organizar as finanças, negociar dívidas e colocar a vida financeira em dia.

Quem está à procura de um trabalho, não meça esforços. Aliás, será bem mais fácil se recolocar no mercado de trabalho. Se está trabalhando, é bem provável que receba uma promoção e/ou seja chamado para um cargo de chefia.

Não hesite em iniciar algo pelo qual já vem batalhando e maturando há bastante tempo. Mudanças de empresa podem vir a acontecer e será para melhor. É hora de pensar no que quer de melhor para si.

Os sagitarianos nascidos no primeiro e segundo decanato ainda vão precisar de paciência e muito comprometimento para não perderem o que já conquistaram. Há chances de ocorrer aumento de responsabilidades e de redução de dinheiro.

Para aqueles que estão empregados, é possível que ocorram dificuldades, cobranças e discussões em relação a deveres e obrigações. Suas capacidades serão testadas e você, por conta de várias situações pessoais, provavelmente não poderá assumir e se dedicar ao trabalho como desejado.

Os que buscam uma colocação profissional precisarão estar em situação de excelente capacitação para estarem em condições de concorrência. É um ano que vale investir em cursos e treinamentos que desenvolvam suas habilidades.

Muitas oportunidades e muitos afazeres também farão parte do menu deste ano. Escolhas e renúncias podem estar em pauta para poderem conciliar o que já está em andamento com o que ainda precisa ser finalizado. Seja realista diante das possibilidades e não queira abraçar o mundo de uma vez só, pois tudo terá um peso maior, e você precisará estar bem mais atento para não vacilar. Atenção com quebra de confiança com chefes. O momento cobrará organização e soluções práticas para vencer os desafios e manter a produtividade. Os gastos devem ser controlados. Evite os desperdícios e os supérfluos.

Já para os sagitarianos nascidos no terceiro decanato entre os dias 15/12 e 21/12, a primeira coisa a ser feita é diminuir as expectativas e não levar em consideração avaliações e julgamentos que podem estar distorcidos. Neste ano, é provável que vocês não estejam enxergando as possibilidades de maneira clara e consciente. Tenham cautela. Não se arrisquem no desconhecido nem muito menos contem com o que ainda não está nas suas mãos. Promessas podem não se cumprir.

Este é um ano de gastos, o dinheiro não rende. O dinheiro entra e desaparece. Portanto, não faça dívidas, não empreste dinheiro. O excesso de confiança pode gerar prejuízos, especialmente nas finanças. Confira toda transação que for realizar. Cartões de crédito podem ser clonados e roubados.

No trabalho pessoas podem confabular e conspirar contra você. Seja o mais claro o possível, esclareça dúvidas e não faça nada por baixo dos panos. Fique atento e zele pela sua reputação!

Em geral, os melhores períodos para trabalho, dinheiro, negócios e aquisições são: 01/01 até 23/01, 17/02 até 11/03, 06/04 até 29/04, 12/07 até 05/08, 30/08 até 23/09, 18/10 até 11/11, 08/12 até 29/12.

Os menos favoráveis são: 12/03 até 05/04, 24/05 até 17/06, 06/08 até 29/08.

Relacionamentos:

O ano está recheado de boas novas no amor para os sagitarianos nascidos no primeiro decanato entre os dias 22/11 e 24/11. Esse será um tempo em que a sexualidade e o amor serão intensificados.

Se estiver só, terá a chance de conhecer alguém que mudará sua vida e, muito provável, que venha para ficar e fazer história. O ano de 2024 será de encontros profundos, intensos e transformadores. O período pode estar relacionado também com a retomada de um romance muito especial que ficou no passado e que renascerá sob outra configuração. Ou seja, esse é um bom momento para dar uma segunda chance ao que não deu certo. Perdoar, limpar as mágoas e tocar para a frente é o que se pode fazer de melhor.

Se for comprometido: o amor ganha vida, ganha erotismo. É hora de dar uma cor ao que estava estagnado e alimentar os desejos adormecidos.

Aos sagitarianos do primeiro decanato nascidos a partir do dia 25/11 e a todos do segundo decanato, o enredo será diferente. Esse será um ano em que provavelmente será necessário lidar com insatisfações e inseguranças emocionais. A carência falará mais alto! Não conte com arroubos nem aventuras românticas.

Para os solteiros, é um momento de mais solidão, menos paqueras, ou até mesmo de você preferindo estar só. Não se desespere nem se sinta excluído, concentre-se em outras coisas que lhe tragam alegria. Aproveite essa fase para se fortalecer interiormente.

Os comprometidos podem se sentir desassistidos ou cobrados. O período é de sacrifício dos prazeres que podem ser por vários motivos, como: muito trabalho, pouco dinheiro ou mesmo a vida exigindo outras prioridades. Porém, não deixe de encontrar tempo para alguma atividade em comum que enamore e alimente o romance.

Já para os sagitarianos nascidos no terceiro decanato entre os dias 15/12 e 20/12, é um momento crítico. Os comprometidos devem passar por desilusões, crises ou mesmo se deixar levar por fantasias. Será importante enfrentar as crises com uma visão bem clara. Não fuja dos problemas: receba, aceite e resolva.

Tanto aos solteiros quanto aos comprometidos: cuidado com a necessidade de maior liberdade e com o desejo por algo que no momento tende a ser inatingível. É muito fácil cair em "contos de fadas", criar romances platônicos ou se enroscar com pessoas complicadas, fragilizadas, debilitadas, fracassadas, portadoras de problemas. Olho aberto. Não queira entrar na premissa "se arrependimento matasse, já estava morto".

Em geral, os melhores períodos para as relações, encontros amorosos e colaboração são: 01/01 até 23/01, 17/02 até 11/03, 06/04 até 29/04, 12/07 até 05/08, 30/08 até 23/09, 18/10 até 11/11, 08/12 até 29/12.

Os menos favoráveis são: 12/03 até 05/04, 24/05 até 17/06, 06/08 até 29/08.

Saúde:

Aos sagitarianos nascidos no primeiro decanato entre os dias 22/11 e 24/11, a saúde passa pelo seu melhor momento. Excelente fase para colocar em prática hábitos de uma vida mais saudável. Vale a pena investir no bem-estar. Para quem esteve com algum problema ou ainda não conseguiu estabelecer um diagnóstico claro, é um ano favorável para recuperação e cura.

Para os que nasceram no primeiro decanato a partir do dia 25/11, assim como os do segundo e os do terceiro decanato entre os dias 15/12 e 20/12, o ano tende a ser de cuidados e ressalvas com o corpo e a mente. O cansaço e as cobranças do dia a dia podem trazer várias consequências. Todas as doenças com predisposição podem reaparecer.

É importante estar em dia com seus exames e/ou persistir em diagnósticos inconclusivos, até mesmo diagnósticos que parecem improváveis. Quando necessário, ouça várias opiniões (inclusive médicas) e não deixe de se cuidar por meio de uma boa alimentação, descanso, exercícios diários e momentos de lazer. Evite ao máximo os excessos.

Os períodos de maior energia, saúde, vigor e vitalidade são: 01/01 até 04/01, 14/02 até 22/03, 01/05 até 09/06, 05/11 até 06/12.

Os períodos menos favoráveis para cirurgia e vitalidade são: 23/03 até 30/04, 21/07 até 04/09, 07/12 a 23/02/2025.

Os períodos menos favorecidos para tratamentos e procedimentos estéticos são: 12/03 até 05/04, 24/05 até 17/06, 06/08 até 29/08.

OBS.: para uma análise mais completa e precisa de sua previsão anual, é aconselhável procurar a orientação de um astrólogo sério e profissional.

CAPRICÓRNIO (22/12 A 20/01)
REGENTE SATURNO

Primeiro decanato: 22/12 a 31/12
Segundo decanato: 01/01 a 10/01
Terceiro decanato: 11/01 a 20/01

Panorama geral:

Capricornianos, o céu de 2024 os convida a tecer propostas que comunguem com seus propósitos.

Saturno brinda os nascidos no primeiro e no segundo decanato com firmeza, disciplina e autodeterminação. Todo esforço, todo empenho, será recompensado. Tudo feito sob a tutela de Saturno garante bons frutos. A maior recompensa será estar em equilíbrio consigo mesmo, e isso não tem preço para quem aprecia a estabilidade. Por condecorar o mundo real, será a sua oportunidade para se empenhar no que deseja concluir, estabilizar e alcançar. Não se intimide ao desejar, pois o desejar nessa fase tem poder de realização e concretização. Coloque suas metas em curso e conte com a boa vontade do universo.

Aos capricornianos nascidos no terceiro decanato, Urano e Netuno trazem boas novas e bênçãos. Novidades à vista. Além do inesperado conspirar a favor, será um ano oportuno para tirar um partido melhor das situações. Sabe quando estamos em paz? Essa será a sensação do momento. Aproveite as oportunidades e, se estiver precisando superar dificuldades, a hora é agora.

A atenção é para os capricornianos nascidos no terceiro decanato entre os dias 18/01 e 20/01. Plutão nos meses de janeiro, setembro, outubro e novembro dará sua última passada sob o seu Sol, pedindo cautela e muita sabedoria para administrar as dificuldades, pois muita coisa poderá fugir do controle. A princípio pode indicar um retrocesso, pois nem tudo sairá da maneira planejada, mas, com o passar do tempo, você perceberá também que perdas fazem parte do ciclo da vida e que muitas vezes são necessárias para limpar, expurgar e ter a chance de ressignificar. Plutão fará e transformará o necessário. Por isso, deixe partir o que precisa morrer, só assim você poderá abrir espaço para o que precisa nascer.

O Mercúrio retrógrado causará tensão com o seu signo de 01/04 a 25/04, e, por isso, as iniciativas podem ficar retraídas. Atrasos e cancelamentos podem deixar você um tanto ansioso. É preciso se certificar e confirmar tudo nesse período, pois as pessoas com frequência voltam atrás nas decisões. Desacelere e não insista em questões que sejam importantes. Siga esses dias aprimorando os acertos e corrigindo os erros.

Carreira e finanças:

Independência e autonomia para os capricornianos nascidos no primeiro e segundo decanato. O ano de 2024 será excelente para reassumir a vida financeira. Aproveite essa energia disponível para pôr fim em dívidas e definir, concretizar e concluir negócios. Seu foco deverá estar totalmente direcionado a coisas sólidas, duráveis e definitivas.

Por estar se sentindo capacitado a assumir responsabilidades, você conseguirá dar forma aos seus projetos com facilidade, empenho e, melhor ainda, fazendo escolhas apropriadas de forma adequada, a fim de obter bons ganhos e/ou vantagens. Investimentos a longo e médio prazos devem ser pensados agora. O que gostaria de criar, desenvolver, cultivar ou realizar? Esse é o momento ideal para se comprometer com alguma meta.

Quem estiver à procura de uma colocação no mercado de trabalho, as ofertas estarão a seu alcance. Quem estiver trabalhando poderá receber um aumento ou até mesmo ser convidado a um cargo de chefia. Quanto mais investir em si, melhorar seu desempenho com cursos profissionalizantes, fazer uma faculdade, pós-graduação e o que tiver em mente, melhor será para seu progresso profissional. É hora de colocar em ação o que estava apenas no plano das ideias.

Para os capricornianos nascidos no segundo e terceiro decanato não será diferente. O ano será de oportunidades de trabalho e ganhos. Novas ideias, muita criatividade e soluções inesperadas estarão disponíveis. Inovações na carreira permitirão mais mobilidade para conquistas, bons ganhos e vantagens. O período também está relacionado a mudanças de empresa, conquistar um novo nicho de clientela ou mesmo inserir um ofício que até agora era só um *hobby* e que poderá ser mais um ganho extra. O interessante é pensar em dar um salto quântico. Todas as possibilidades devem ser levadas em consideração. Todas as mudanças que visem ao melhoramento estão valendo. Esteja aberto a aderir novas possibilidades. Confie em sua intuição e, mais ainda, confie no céu que está compartilhando boas energias.

Os capricornianos nascidos entre os dias 18/01 e 20/01 devem conter expectativas e não se jogar ao que parece ser arriscado. É um ano ainda perigoso que pode levar a perdas de posição e prejuízos financeiros. O principal é não se atrever nem fazer dívidas.

Aos que estão empregados, abusos e deslizes serão pouco tolerados. A humildade deve ser exercitada. Querer confrontar superiores será o mesmo que assinar a carta de demissão. Para os que são chefes, subordinados podem fazer de tudo para boicotar e contrariar. É um momento delicado. Decisões radicais devem ser evitadas. Pense bem antes de agir.

Em geral, os melhores períodos para trabalho, dinheiro, negócios e aquisições são: 24/01 até 16/02, 12/03 até 05/04, 30/04 até 23/07, 06/08 até 29/08, 24/09 até 17/10, 12/11 até 07/12.

Os menos favoráveis são: 06/04 até 29/04, 18/06 até 11/07, 30/08 até 23/09.

Relacionamentos:

Para os capricornianos do primeiro e segundo decanato, será um ano de experiências emocionais maduras. Haverá maior comprometimento com as relações. Nada que for efêmero o atrairá.

Os solteiros estarão à procura de alguém que traga segurança e possa compartilhar a vida de modo tranquilo e estável. Provavelmente as pessoas que entrarem na sua vida estarão dispostas a se comprometerem. Para quem está pensando em levar mais a sério o namoro, a indicação é morar junto, marcar noivado e casamento.

Os comprometidos que andam com as relações desestruturadas terão a oportunidade de estabilizar as crises, reconhecer a importância da relação e colocar em ordem o que incomoda, fortalecendo o que for bom.

Para os capricornianos nascidos no terceiro decanato entre os dias 11/01 e 17/01, aguardem surpresas excitantes! O acaso favorecerá o amor. Estão solteiros? Amores incomuns poderão surgir. É muito provável que tenham contato com pessoas de diferentes idades, interesses e níveis sociais, o que será enriquecedor. Conecte-se com as pessoas, saia mais, frequente lugares diferentes, interaja em redes sociais e abra-se a um tempo de deliciosas peripécias. Aos comprometidos será uma fase radiante e de disponibilidade para o amor. Aproveite para dar um tom refrescante e de enamoramento na relação. Programe viagens, passeios e aventuras. Comemore o amor! O que for diferente do usual será estimulante à vida sexual e amorosa do casal.

Já os capricornianos nascidos no terceiro decanato entre os dias 18/01 e 20/01, as relações possivelmente estarão ameaçadas, em especial aquelas que já estão apontando algum desinteresse e inquietação. O conselho é não se deixar levar pelo impulso. Cuidado com atitudes tanto grosseiras como as que possam provocar desconfianças. Controle o ciúme, o pensamento obcecado e destrutivo. Tudo está por um fio. Não é o melhor momento para o xeque-mate. Você pode vir a se surpreender com um "tudo bem" do parceiro e um belo arrependimento vindo da sua parte.

Para os que estão solteiros, o perigo é se envolver e atrair pessoas que podem ser uma tremenda furada, e, portanto, o fim da história não será dos melhores. Seja seletivo e criterioso. Às vezes é melhor estar sozinho do que mal acompanhado.

Em geral, os melhores períodos para as relações, encontros amorosos e colaboração são: 24/01 até 16/02, 12/03 até 05/04, 30/04 até 23/07, 06/08 até 29/08, 24/09 até 17/10, 12/11 até 07/12.

Os menos favoráveis são: 06/04 até 29/04, 18/06 até 11/07, 30/08 até 23/09.

Saúde:

O ano é estável para os capricornianos nascidos no primeiro e segundo decanato. Se pretende iniciar algum tratamento que exigirá perseverança e comprometimento, essa é a melhor época. Saturno garante determinação para cumprir todos os protocolos. Então não deixe para amanhã o que tem todo o potencial de excelentes resultados. A sensação será recompensadora.

Para os capricornianos nascidos no terceiro decanato entre os dias 11/01 e 17/01, se existe alguma indisposição ou mesmo algum diagnóstico inconclusivo, surpreendente e milagrosamente, vocês conseguirão solucionar.

Esse é um ano de boa saúde e de entrar na onda de experimentar novas alternativas que melhorem seu bem-estar. Que tal começar rompendo com hábitos nocivos que lhe impede de ter uma vida mais saudável? Comece a aderir um olhar integrado à totalidade que lhe levará à saúde perfeita e ao equilíbrio do corpo, das emoções, da mente e do espírito.

Já para os capricornianos nascidos no terceiro decanato entre os dias 18/01 e 20/01, o estresse e as pressões do dia a dia podem levá-los a uma estafa e, por consequência, podem se ver na posição de precisar fazer uma pausa, independentemente do que desejam. É um ano para não se descuidarem de nenhum desconforto ou sinal que o corpo sinalizar. Será superimportante que abram espaço na agenda para um *check-up* e é fundamental que reservem um tempo para se dedicarem a atividades que promovam bem-estar e nutram sua alma.

Os períodos de maior energia, saúde, vigor e vitalidade são: 05/01 até 13/02, 23/03 até 30/04, 10/06 até 20/07.

Os períodos menos favoráveis para cirurgia e vitalidade são: 01/05 até 09/09, 05/09 até 04/11, 07/12 até 23/02/2025.

Os períodos menos favorecidos para tratamentos e procedimentos estéticos são: 06/04 até 29/04, 18/06 até 11/07, 30/08 até 23/09.

OBS.: *para uma análise mais completa e precisa de sua previsão anual, é aconselhável procurar a orientação de um astrólogo sério e profissional.*

AQUÁRIO (21/01 A 19/02)
REGENTE URANO

Primeiro decanato: 21/01 a 30/01
Segundo decanato: 31/01 a 09/02
Terceiro decanato: 10/02 a 19/02

Panorama geral:

Aquarianos, a energia do ano de 2024 será de grandes transformações. Esperem muitas mudanças na vida, as quais, inclusive, podem já estar acontecendo. Em princípio, toda essa energia será sentida principalmente pelos nativos que nasceram no primeiro decanato entre os dias 21/01 e 23/01. Preparem-se para um novo ciclo que está prestes a iniciar, caso já não o tenha. Com Plutão sob o seu Sol, suas fraquezas e deficiências poderão estar em mais evidência, o que poderá levar você a enfrentar situações de embaraço. Sua postura ao lidar com essas questões será o grande diferencial no decorrer do ano. Primeiro, é preciso olhar para si e se conscientizar verdadeiramente quanto aos seus erros, tentar consertá-los e, se valer a pena, eliminá-los de vez. Como consequência, você pode se deparar com a necessidade de desapegar definitivamente de situações, coisas e pessoas.

Não adianta culpar o mundo, é você quem terá que mudar para se autor-renovar e buscar o que realmente é importante e faz sentido para sua vida. Uma coisa é certa, no entanto: após todo esse processo, serás um novo ser humano. Não leve como algo negativo, e sim como um grande aprendizado. O momento sugere uma transição entre uma antiga maneira de agir para uma nova forma mais consciente, mais alinhada, mais integrada e mais saudável de ver, sentir e interagir. Nada será em vão!

Aos aquarianos nascidos no terceiro decanato entre os dias 10/02 e 15/02, Urano, em atrito com o Sol, tende a gerar acontecimentos marcantes e imprevisíveis, o que vier a acontecer será sem aviso prévio. Estar conectado à energia do inesperado e aceitar que, de uma hora para outra, situações podem ruir, já é meio caminho andado. O grande pulo do gato é procurar reconhecer as próprias limitações, acolhê-las e aceitá-las.

Evite ao máximo situações de risco, atitudes de teimosia e rebeldia e, ainda assim, quando se deparar com acontecimentos que parecem inevitáveis, apenas aceite e resigne-se, pois nem tudo será possível controlar. Urano deseja que as coisas se movimentem, circulem e se renovem a cada instante. Reflita sobre isso.

Júpiter, de forma positiva, abençoa todos os aquarianos! Um sentimento de autoconfiança ajudará vocês a aproveitar as oportunidades e a lidar com os desafios de um modo melhor e com mais positividade. Cultive pensamentos elevados, emoções boas e a generosidade de espírito.

O Mercúrio retrógrado criará tensão com o seu signo de 14/08 a 28/08, e, por isso, as iniciativas podem ficar retraídas. Atrasos e cancelamentos podem deixar você um tanto ansioso. É preciso se certificar e confirmar tudo nesse período, pois as pessoas com frequência voltam atrás nas decisões. Desacelere e não insista em questões que sejam importantes. Siga esses dias aprimorando os acertos e corrigindo os erros.

Carreira e finanças:

O ano é de desafios para os aquarianos nascidos no primeiro decanato entre os dias 21/01 e 23/01 e para os nascidos no terceiro decanato entre os dias 10/02 e 15/02. Será um tempo de ressignificar questões financeiras e tomar decisões importantes para que a vida flua. Insistir em manter uma velha postura pode lhe ser prejudicial.

Aos aquarianos que estão empregados, a sensação de instabilidade, dificuldades e aborrecimentos pode acompanhá-los no dia a dia. Será preciso muito jogo de cintura para não entrar na "lista das demissões", caso sua empresa esteja passando por reformulações. Procure ser e dar o seu melhor! Evite confrontar chefes, colegas de trabalho e muito menos ficar em evidência em questões delicadas e conflituosas.

Se estiver insatisfeito com o trabalho e desejar mudanças, estas precisam ser certas, o que é pouco provável nesse momento. Trocar o certo pelo duvidoso é um pouco temerário, principalmente se não tiver uma reserva financeira com a qual se manter no tempo que for necessário até se recolocar no mercado de trabalho. Analise as diferentes opções que possam surgir, pois nessa fase o que vier a ser iniciado tende a ser instável ou, no mínimo, precisará dispender muito esforço para ganhar visibilidade.

Aos que estão à procura de colocação, será fundamental um bom currículo para vencer a concorrência. É tempo de investir em cursos de reciclagem profissional.

Os empreendedores precisam encontrar meios estáveis para possíveis instabilidades e prejuízos. Não se deixe levar pela empolgação nem faça nenhum grande investimento. Adie compras ou ações de alto custo e diminua pressões financeiras.

Esse é um período que merece todo cuidado em qualquer atuação mais ousada. Faça um esforço para escolher uma dinâmica financeira que vá ao encontro do que precisa e deseja realizar, sem perder o que já foi conquistado.

Júpiter traz boas perspectivas para todos os aquarianos que precisam encontrar a "sorte". Não se esqueçam de que a sorte é produto das boas escolhas e da maneira como aproveitamos as oportunidades. Saiba reconhecer as chances que a vida está oferecendo e use-as a seu favor. Se procura uma nova posição ou um trabalho melhor com benefícios, você será capaz de se conectar a novos empregadores. Conexões estão abertas. Se a intenção é morar fora ou investir em uma formação acadêmica, as chances são boas.

Dessa forma, aproveite esse tempo para descobrir novas motivações, aprimorar seus talentos, ampliar o alcance de seu trabalho, aumentar os rendimentos, ganhar reconhecimento e superar os obstáculos que lhe impedem de alcançar seus objetivos profissionais e financeiros.

Em geral, os melhores períodos para trabalho, dinheiro, negócios e aquisições são: 01/01 até 23/01, 17/02 até 11/03, até 06/04 até 29/04, 24/05 até 17/06, 30/08 até 23/09, 18/10 até 11/11, 08/12 até 29/12.

Os menos favoráveis são: 30/04 até 23/05, 12/07 até 05/08, 24/09 até 17/10.

Relacionamentos:

Aos aquarianos nascidos no primeiro decanato entre os dias 21/01 e 23/01 e os nascidos no terceiro decanato entre os dias 10/02 e 15/02, Plutão e Urano ensinam novas lições sobre o amor. É um ano para rever sua maneira de amar e entender suas verdadeiras necessidades emocionais. Está na hora de mudar e encontrar maneiras diferentes de expressar os sentimentos.

Aos comprometidos que estiverem mantendo um péssimo relacionamento, a melhor opção é ter calma tanto para entender seu momento em relação à pessoa amada quanto para entender o momento dessa pessoa em relação a você. Um dos lados se mostrará insatisfeito. Em tese, você poderá decidir entre se libertar de qualquer sofrimento e escolher se autovalorizar, mas lembre-se de que sempre existe a opção de escolher dar uma chance, valorar e ressignificar quem aprecia estar ao seu lado. As decisões provavelmente serão definitivas, e as mudanças serão necessárias para reerguer a relação ou deixá-la ir. Comportamentos controladores, impacientes, de incompreensão e agressivos podem levar a rompimentos.

Os solteiros podem ser acometidos por uma paixão enlouquecedora, principalmente se estiverem naqueles momentos de total carência. Cuidado com quem se envolver. Afinal de contas, pessoas do passado poderão reaparecer, mas é importante avaliar bem a situação, pois talvez não seja o momento ideal para reconciliações. Você pode, ainda, se envolver com pessoas totalmente diferentes que, em um primeiro momento, parecerão estimulantes, mas em seguida nem tanto. O ano de 2024 requer muita atenção nesse setor da vida devido à possibilidade de fragilidade emocional e julgamento. Dessa forma, a melhor postura será atentar-se a todas as relações que surgirem. Preste atenção!

A todos os aquarianos, mas em especial aos nascidos no segundo decanato, é provável que se deleitem com as boas energias de Júpiter. Aproveite esse período para fortalecer vínculos e investir um pouco mais nos relacionamentos que poderão trazer algum benefício à sua vida. A vida a dois ficará mais interessante com viagens e novas experiências. Se estiver só, terá a oportunidade de conhecer alguém.

Em geral, os melhores períodos para as relações, encontros amorosos e colaboração são: 01/01 até 23/01, 17/02 até 11/03, até 06/04 até 29/04, 24/05 até 17/06, 30/08 até 23/09, 18/10 até 11/11, 08/12 até 29/12.

Os menos favoráveis são: 30/04 até 23/05, 12/07 até 05/08, 24/09 até 17/10.

Saúde:

Aquarianos nascidos no primeiro decanato entre os dias 21/01 e 23/01 e no terceiro decanato entre os dias 10/02 e 15/02, a saúde será um tema a ser levado a sério, podendo inclusive ser um fator limitante ao seguir em frente na sua jornada. A primeira providência para não ser pego de surpresa e se antever a possíveis problemas é estar em dia com os exames de rotina. Esteja atento a tudo que possa trazer problemas futuros, principalmente se já houver alguma doença crônica preestabelecida.

Não são só dores físicas que podem abater seus dias. A saudade, as perdas e a ansiedade poderão doer mais. Atenção para não ter um pico de estresse e seu corpo pifar. É fundamental encontrar meios que desaguem as pressões, sejam eles com terapias, estar mais em contato com suas crenças pessoais e a sua fé, praticar alguma atividade física para extravasar ou mesmo estar com os amigos e perto de pessoas queridas que tragam conforto. O que faz com que se sinta bem e feliz? O ano pede que essa seja a sua prioridade. Não retroalimente o que não fizer bem ou causar infelicidade.

A todos os aquarianos, Júpiter os abençoa com vibrações de otimismo e vontade de vencer. Essa boa energia e disposição de abordar a vida de maneira positiva elevará sua saúde e sua imunidade. Aproveite para consultar especialistas, pois você encontrará mais facilmente médicos excelentes, tratamentos e remédios que ajudarão a restabelecer seu bem-estar.

Os períodos de maior energia, saúde, vigor e vitalidade são: 01/01 até 04/01, 14/02 até 22/03, 01/05 até 09/06, 21/07 até 04/09.

Os períodos menos favoráveis para cirurgia e vitalidade são: 10/06 até 20/07, 05/11 a 23/02/2025.

Os períodos menos favorecidos para tratamentos e procedimentos estéticos são: 30/04 até 23/05, 12/07 até 05/08, 24/09 até 17/10.

OBS.: para uma análise mais completa e precisa de sua previsão anual, é aconselhável procurar a orientação de um astrólogo sério e profissional.

PEIXES (20/02 A 20/03)
REGENTE NETUNO

Primeiro decanato: 20/02 a 29/02
Segundo decanato: 01/03 a 10/03
Terceiro decanato: 11/03 a 20/03

Panorama geral:

Saturno se encontra em Peixes e assim vocês, piscianos, perceberão que, em 2024, os limites ficarão mais claros. Portanto, para os que adoram andar nas nuvens, este será um ano para estar com os pés no chão. A responsabilidade vos chamará!

Aos piscianos nascidos no primeiro e segundo decanato, as dificuldades e obstáculos farão parte de seu dia a dia e terão que ser enfrentados, querendo você ou não. Não adianta fugir nem fingir que nada está acontecendo. Saturno vai sinalizar os problemas e as limitações que você precisará encarar e, ao assinalar todas as questões problemáticas, ele vai ao mesmo tempo lhe estimular a buscar a reparação. Essa é a oportunidade de encaixar as questões da vida que precisam de ordem e edificar seus sonhos por meio de dedicação diária. Existem situações que levam tempo, por isso é necessário ter essa constância e disciplina.

Aos piscianos nascidos no terceiro decanato entre os dias 19/03 e 20/03, Urano e Plutão, em boa posição com seu Sol, provocarão mudanças positivas. É um ano favorável para dar uma reviravolta ao que estava estagnado, dar fim a antigos padrões e olhar a vida através de novas perspectivas.

Netuno é o vilão dos nascidos no terceiro decanato entre os dias 14/03 e 18/03. Evite fantasiar em torno do impossível. Há uma grande tendência a não saber relativizar o que é realidade do que é ficção. Escapar da realidade não lhe ajudará a resolver nem lhe salvará dos problemas. Encarar os fatos, como são de verdade, será o melhor caminho para chegar mais perto das realizações. Se algo lhe parecer um sonho, possivelmente será! Não seja tão ingênuo!

A todos os piscianos, a atenção é não se apegar a projeções muito otimistas. Júpiter, o planeta da expansão, em tensão ao seu Sol colocará você frente a frente às tentações. O valor do bom senso e do planejamento será primordial para não perder a proporção e não se perder nos excessos. Saiba equilibrar os pratos da balança, nem mais nem menos, e seguir o caminho do meio em todas as áreas da vida.

O Mercúrio retrógrado criará tensão com o seu signo de 05/08 a 14/08 e de 25/11 a 15/12, e, por isso, as iniciativas podem ficar retraídas. Atrasos e cancelamentos podem deixar você um tanto ansioso. É preciso se certificar e confirmar tudo nesse período, pois as pessoas com frequência voltam atrás nas decisões. Desacelere e não insista em questões que sejam importantes. Siga esses dias aprimorando os acertos e corrigindo os erros.

Carreira e finanças:

Piscianos nascidos no primeiro e segundo decanato deverão colocar uma dose alta nos quesitos determinação, persistência e senso de dever para conseguirem cumprir seus objetivos profissionais e financeiros. Saturno pede prudência e planejamento. Não será um período fácil, mas também não será impossível superar as dificuldades. Pequenos passos são o que, no final, possibilitarão o sabor de vitória.

Aos que estão empregados, mantenham-se comprometidos com seus deveres e obrigações. Este provavelmente será um ano de mais trabalho, mais cobranças, menos reconhecimento e menor remuneração. O momento é de suar a camisa. Mantenham-se focados, pois o esforço do agora será determinante para o sucesso futuro. Toda dedicação empreendida hoje não será em vão. Aos piscianos que estão à procura de colocação no mercado de trabalho, não desista na primeira negativa.

Para os piscianos nascidos no terceiro decanato entre os dias 19/03 e 20/03, **é um ano muito favorável para colocar em ação todas as possibilidades que têm em mente em prol do desenvolvimento de sua carreira e** das finanças. Se puder, atualize seu conhecimento, sua mão de obra, principalmente na área em que deseja crescer ou ver sua empresa ganhar território. Estar preparado de modo adequado será a garantia de sucesso e crescimento. Se você anda insatisfeito e infeliz no trabalho, ou caso esteja passando por mudanças de vocação, será uma fase muito positiva e poderosa. O ano é oportuno para tentar novas possibilidades e fazer mudanças para melhor.

Os nascidos no terceiro decanato entre os dias 14/03 e 18/03 devem ter cuidado acerca do excesso de expectativas e ilusões criadas pela cabeça cheia de pensamentos. Não se deixe influenciar por propostas pouco claras e sem sentido. Planeje pagamentos, desfaça confusões nas contas e tenha cuidado com fraudes. O momento cobrará organização, foco e soluções práticas para vencer os desafios e manter a produtividade, bem como sua posição.

A todos os piscianos no ano de 2024, Júpiter traz muitas oportunidades, e quais são elas? Será que valerão tanto assim? Atenção! É muito provável que não esteja pronto para se apoderar dos compromissos e exigências que serão necessários, por falta de tempo, dinheiro ou experiência. Diminua as expectativas. Controle os gastos. Não arrisque seu dinheiro nem seu orçamento.

Em geral, os melhores períodos para trabalho, dinheiro, negócios e aquisições são: 24/01 até 16/02, 12/03 até 05/04, 30/04 até 23/05, até 18/06 até 11/07, 24/09 até 17/10, 12/11 até 07/12.

Os menos favoráveis são: 01/01 até 23/01, 24/05 até 17/06, 06/08 até 29/08, 18/10 até 11/11.

Relacionamentos:

Aos nascidos no primeiro e segundo decanato, as relações podem ganhar mais seriedade e estabilidade, porém é possível que passem por crises. Uma auditoria está instaurada, trazendo à tona o que a relação tem de melhor e de pior. Relações que estão bem e saudáveis ganham mais compromisso; em contrapartida, aquelas que não estão em seu melhor momento podem chegar ao fim.

Aos comprometidos, é um momento delicado com possibilidade de esfriamento e afastamento pelas obrigações da vida ou pela monotonia da relação. Carência, solidão e insatisfação podem surgir. Falhas de convívio, de vontades e desejos são apontadas. Conscientize-se acerca das suas necessidades e das necessidades do outro, faça um esforço para que não se quebre o encanto do amor. Converse com seu par e tome providências para ajustar as discordâncias e a falta de cuidado. As relações que sobreviverem sairão fortalecidas. Abra um tempo na agenda para promover momentos de alegria e prazer.

Aos solteiros pode não ser um dos melhores anos para encontros amorosos e atividades sociais. Muito do que era uma festa pode deixar de encantar. É bem provável que esteja mais seletivo e que não se envolva superficialmente. O que você quer é alguém que caminhe lado a lado. Sendo assim, aproveite esse tempo para se conhecer melhor e se fortalecer emocionalmente.

Aos piscianos nascidos no terceiro decanato entre os dias 19/03 e 20/03, o cenário é de "o amor está no ar". Aos comprometidos, é o ano de fortalecer a união e recuperar a alegria e o prazer de estar junto. Um sentimento do passado pode ser resgatado com a intenção de gerar cura para as pessoas envolvidas. Para as relações que chegaram ao limite, o momento favorece decisões que estão sendo maturadas há tempo. Reflita se vale a pena ficar com alguém só por comodismo. O ano de 2024 é um em que a escolha pela felicidade estará nas suas mãos ou com alguém que não acrescenta nada e traz mais infelicidade do que felicidade? É hora de tocar sua vida e se abrir para novas possibilidades.

Já para os piscianos nascidos no terceiro decanato entre os dias 14/03 e 18/03, será um ano de inseguranças e muito enganos. A tendência é idealizar e romantizar o amor. Poderia ser muito bom se o período não pedisse cuidados. O conselho é: olho aberto. Não entregue sua alma sonhadora a quem não conhece. Netuno cega e ilude.

Aos comprometidos, as indefinições, perdas, decepções ou mesmo traições podem ser o motivo de separações. Se anda desligado da vida a dois, pode acabar sendo surpreendido. Não fique pensando que a pessoa amada está em casa, feliz. Se não for você, é a outra parte que não está feliz. Alguém está querendo algo a mais. Coloque fermento e movimente a relação. Romantize, torne os dias mágicos, pois é de um pouco de fantasia e empatia que amor está precisando para se manter aceso.

Aos solteiros, muita atenção, pois a possibilidade de enganos é alta. Não seja refém das suas emoções. O coração deve caminhar ao lado da razão. Dedique este ano para se conectar a sentimentos e sensações mais elevados. Disponha seu amor a outras causas e pessoas que merecem seu carinho e atenção.

Em geral, os melhores períodos para as relações, encontros amorosos e colaboração são: 24/01 até 16/02, 12/03 até 05/04, 30/04 até 23/05, até 18/06 até 11/07, 24/09 até 17/10, 12/11 até 07/12.

Os menos favoráveis são: 01/01 até 23/01, 24/05 até 17/06, 06/08 até 29/08, 18/10 até 11/11.

Saúde:

A respeito dos piscianos nascidos no primeiro e segundo decanato, o cansaço acumulado dos últimos anos e o que foi negligenciado serão sentidos agora e, se não tratados, podem se tornar doenças crônicas. Não deixe de passar pelo médico e realizar exames de rotina. Pratique atividade física regularmente, alimente-se bem e, principalmente, dê atenção ao sono e aos momentos de prazer e descanso.

Já para os piscianos nascidos no terceiro decanato entre os dias 19/03 e 20/03, é um ano favorável para recuperar a energia, restabelecer ou detectar a tempo qualquer problema de saúde. Todos os processos e tratamentos que se predispuserem a realizar têm maiores chances de resultados positivos e de cura. Aproveitem essa energia para adotar um novo estilo de vida mais saudável e romper com o que é inapropriado.

Para os piscianos nascidos no terceiro decanato entre os dias 19/03 e 20/03, é um ano em que a saúde inspira cuidados! Imunidade baixa, preguiça, sonolência, indisposições, mal-estares e sensações estranhas poderão ser mais frequentes. O organismo estará mais sensível. Qualquer coisa que você comer, beber ou mesmo medicações que já são usais podem não "cair bem" e acarretar intoxicações. Portanto, exames de rotina, exercícios, alimentação reforçada, contrabalanceada e adequada devem ser suas prioridades. Ao primeiro sinal de que algo não está funcionando como deveria, procure o médico e insista nos diagnósticos, inclusive naqueles inconclusivos ou menos claros em um primeiro momento.

Uma sensação de tristeza e abandono também deve ser levada em consideração. Pode ser que exista uma dificuldade em enxergar seu próprio valor. No entanto, é importante trabalhar em sua segurança externa e interna. Preocupe-se mais consigo.

Os períodos de maior energia, saúde, vigor e vitalidade são: 05/01 até 13/02, 23/03 até 30/04, 10/06 até 20/07, 05/09 até 04/11.

Os períodos menos favoráveis para cirurgia e vitalidade são: 01/01 até 04/01, 21/07 até 04/09, 07/12 até 23/02/2025.

Os períodos menos favorecidos para tratamentos e procedimentos estéticos são: 01/01 até 23/01, 24/05 até 17/06, 06/08 até 29/08, 18/10 até 11/11.

OBS.: para uma análise mais completa e precisa de sua previsão anual, é aconselhável procurar a orientação de um astrólogo sério e profissional.

CALENDÁRIO DAS FASES DA LUA EM 2024

Janeiro

Minguante	04/01	00:29	13°14' de Libra
Nova	11/01	08:57	20°44' de Capricórnio
Crescente	18/01	00:52	27°31' de Áries
Cheia	25/01	14:54	05°14' de Leão

Fevereiro

Minguante	02/02	20:16	13°35' de Escorpião
Nova	09/02	19:59	20°40' de Aquário
Crescente	16/02	12:00	27°25' de Touro
Cheia	24/02	09:30	05°23' de Virgem

Março

Minguante	03/03	12:33	13°32' de Sagitário
Nova	10/03	06:00	20°16' de Peixes
Crescente	17/03	01:10	27°03' de Gêmeos
Cheia	25/03	04:00	05°07' de Libra

Abril

Minguante	02/04	00:14	12°52' de Capricórnio
Nova	08/04	15:20	19°24' de Áries
Crescente	15/04	16:13	26°18' de Câncer
Cheia	23/04	20:47	04°17' de Escorpião

Maio

Minguante	01/05	08:26	11°44' de Aquário
Nova	08/05	00:21	18°02' de Touro
Crescente	15/05	08:48	25°08' de Leão
Cheia	23/05	10:53	02°55' de Sagitário
Minguante	30/05	14:12	09°46' de Peixes

Junho

Nova	06/06	09:37	16°17' de Gêmeos
Crescente	14/06	02:18	23°39 de Virgem
Cheia	21/06	22:07	01°33 de Capricórnio
Minguante	28/06	18:53	07°40' de Áries

Julho

Nova	05/07	19:57	14°23' de Câncer
Crescente	13/07	19:47	22°00' de Libra
Cheia	21/07	07:17	29°08' de Capricórnio
Minguante	27/07	23:52	05°32' de Touro

Agosto

Nova	04/08	08:13	12°34' de Leão
Crescente	12/08	12:19	20°24' de Escorpião
Cheia	19/08	15:25	27°15' de Aquário
Minguante	26/08	06:26	03°38' de Gêmeos

Setembro

Nova	02/09	22:55	11°04' de Virgem
Crescente	11/09	03:05	19°00' de Sagitário
Cheia	17/09	23:34	25°40' de Peixes
Minguante	24/09	15:49	02°12' de Câncer

Outubro

Nova	02/10	15:49	10°03' de Libra
Crescente	10/10	15:54	17°57 de Capricórnio
Cheia	17/10	08:26	24°35' de Áries
Minguante	24/10	05:03	01°24' de Leão

Novembro

Nova	01/11	09:47	09°35 de Escorpião
Crescente	09/11	02:55	17°19' de Aquário
Cheia	15/11	18:28	24°00' de Touro
Minguante	22/11	22:27	01°14' de Virgem

Dezembro

Nova	01/12	03:21	09°32' de Sagitário
Crescente	08/12	12:26	17°02' de Peixes
Cheia	15/12	06:01	23°52' de Gêmeos
Minguante	22/12	19:18	01°34' de Libra
Nova	30/12	19:26	09°43' de Capricórnio

AS FASES DA LUA

LUA NOVA

Esta fase ocorre quando Sol e Lua estão em conjunção, isto é, no mesmo signo, em graus exatos ou então em graus muito próximos.

A luz refletida da Lua é menor do que em qualquer outra fase de seu ciclo.

A atração gravitacional da Lua sobre a Terra é a mais forte, e pode ser apenas comparada com a fase da Lua Cheia.

Neste momento, a Lua nasce e se põe junto com o Sol e, ofuscada pela proximidade deste, fica invisível.

Considera-se este um período de ponto de partida, já que Sol e Lua estão unidos no mesmo grau. Novos começos, projetos e ideias estão em plena germinação.

Um alívio ou liberação das pressões do mês anterior nos dá a sensação de estarmos quites com o que passou e disponíveis para começar algo novinho em folha. Não vamos trazer nada da fase anterior para este momento — o que era importante e nos envolvia perdeu a força. Estamos aliviados e descarregados. Qualquer direção pode nos atrair.

Todos os resíduos e expectativas do mês anterior já devem ter sido zerados, para que possamos... Mudar de assunto. Como se estivéssemos inaugurando uma agenda nova. É necessário que introduzamos um assunto, uma pauta, uma ideia nova em nossas vidas, e muitas coisas vão ser geradas a partir daí.

Todas as possibilidades estão presentes.

Qualquer coisa que fizermos nessa época, até mesmo uma palavra dita ou um pensamento idealizado, terá muito mais chance de se concretizar. No mínimo, uma intenção deve ser colocada.

Qualquer coisa deve ser plantada aqui: a semente de um projeto, de um romance, de uma ideia ou de uma planta. Nem tudo vai dar resultado, mas estamos plantando no período mais fértil possível.

Nunca temos como saber, de antemão, para onde novos começos vão nos levar, mas os primeiros passos devem ser dados aqui.

O instinto está muito aguçado e o estado de alerta também, funcionando como um guia. A vida está se expressando em sua forma mais básica. A consciência das coisas não está muito clara, e só o impulso nos orienta. A ação ainda é muito espontânea. Não temos nem plano, nem estratégia. Só o vigor do começo.

Haverá mais chance de lidar com qualquer coisa que diga respeito a nós mesmos e não aos outros — que dependa só da nossa própria intenção e empenho e que possamos fazer por conta própria.

Relacionamentos começados aqui podem ser estimulantes e muito espontâneos, mas não duradouros. Isso porque as relações nesse momento são baseadas nas expectativas pessoais, e não na observação de quem é o outro, ou do que a realidade pode de fato oferecer.

Ainda dentro do estilo "tudo-depende-da-motivação-pessoal", empregos, atividades e tarefas que oferecem maior autonomia, que possam ser realizados com um maior índice de liberdade, são os mais vantajosos nessa fase.

Bom para:

- Comprar casa, adquirir imóvel para investimento;
- Fertilidade em alta: concepção, fertilização, gestação;
- Comprar legumes, verduras e frutas maduros somente para consumo imediato (acelera a deterioração);
- Comprar flores desabrochadas somente para consumo imediato (diminui a durabilidade);
- Comprar legumes, verduras e frutas verdes e flores em botão (acelera amadurecimento);
- Criar;
- Relacionamentos passageiros e que servem mais para afirmação do ego;
- Ganhar peso;
- Cortar o cabelo para acelerar crescimento;
- Introduzir um elemento novo em qualquer esquema;
- Viagem de lazer;
- Fazer poupança;
- Cobrar débitos;
- Começar cursos;
- Iniciar um novo trabalho;
- Trabalhos autônomos, que dependem de iniciativa pessoal e de pouca colaboração;
- Contratar empregados que precisam ter iniciativa própria;
- Começar uma construção ou uma obra;
- Consertar carro;
- Cirurgia — cinco dias antes e cinco dias depois.

Desaconselhável:

- Cirurgia: no dia exato da lua nova;
- Exames, check-ups e diagnósticos, pois falta clareza.

LUA CRESCENTE

Esta fase ocorre quando Sol e Lua estão em signos que se encontram a 90 graus de distância entre si — uma quadratura —, o que representa desarmonia de qualidades. Nela, a luz refletida da Lua é progressivamente maior.

Agora, metade da Lua pode ser vista no céu. Ela é visível ao meio-dia e desaparece à meia-noite. Esse é um aspecto de crise e resistência. Seja lá o que estejamos pretendendo, passará por um teste e precisará ser defendido, sustentado e direcionado com firmeza. Isso significa ter opções, manter o curso das atividades e comprometer-se. Não é hora de fugir, desistir, duvidar. Temos que aumentar nossa resistência contra as oposições que encontramos no caminho. As coisas estão bem mais visíveis.

É o primeiro estágio de desenvolvimento dos nossos desejos e objetivos. Tudo está muito vulnerável, pois há uma luta entre o que era apenas um projeto e o que pode de fato tomar forma. Aqui, nem todas as promessas são cumpridas, nem todos os anseios são concretizados, assim como nem todas as sementes vingam. É um período muito movimentado no qual as coisas se aceleram, mas os resultados não estão garantidos, e sim lutando para se imporem.

Os obstáculos devem ser enfrentados e ainda há tempo para qualquer mudança necessária se o crescimento estiver impedido.

O padrão que predominar na Lua Crescente é o que vai progredir durante todo o ciclo lunar, seja o de crescimento do sucesso ou o de crescimento dos obstáculos. Por isso, é bom abandonarmos completamente os planos que não estão desabrochando e nos concentrarmos nas sementes que estão crescendo.

Tudo está mais claro, delineado e definido. Temos mais certeza do que queremos, conhecemos melhor a possibilidade de realização do que pretendemos e também os problemas e as resistências à concretização de nossos objetivos. Afinal, tanto as chances quanto os obstáculos se apresentaram.

O que ou quem quer que tenha que resistir aos nossos intentos vai aparecer e a hora é de enfrentar ou negociar. As chances estão empatadas. A natureza de todas as coisas está lutando para vencer — até as adversidades. Então, em vez de enfrentar cegamente nossos obstáculos, pois, com isso, perderemos o fôlego, devemos reconhecer os limites e usar nossos recursos e nossas competências. Aliás, essa é a natureza das quadraturas.

Não estamos mais por conta própria ou dependendo apenas de nosso empenho pessoal. Temos que trocar com os outros e com as circunstâncias externas.

É hora de concentrar e focar os esforços. Nada de atirar em todas as direções. Por exemplo: não quebrar o ritmo, não interromper uma dieta ou um programa de exercícios, não faltar a um compromisso, não se omitir ou se afastar de um relacionamento. A hora é de comparecer e marcar presença. Uma ausência pode, literalmente, nos tirar do jogo. Não ser reticente e não permitir que seja conosco é a melhor tática.

Devemos fazer uma proposta, tomar uma atitude, sustentar uma opinião ou, ainda, mudá-las se não estivermos encontrando eco. Também devemos mudar a tática de luta se sentirmos que perdemos força ou o alvo se distanciou. Esta é a fase que pede mais desinibição, encorajamento e comunicação. Sair da sombra, do silêncio e da letargia é o que vai nos fazer dar voz e formas às coisas. Nós devemos insistir no que está ganhando força e aproveitar o crescimento da onda.

Bom para:

• Cortar o cabelo para crescimento rápido — em compensação, o fio cresce mais fino;

• Cortar o cabelo para acelerar o crescimento quando se quer alterar o corte anterior, eliminar a tintura ou o permanente;

• Tratamento de beleza;

• Ganhar peso ou aumentar o peso de qualquer coisa;

• Fazer poupança e investimentos;

• Comprar imóvel para investimento;

• Cobrar débitos;

• Viagem de lazer;

• Começar cursos;

• Iniciar novos trabalhos;

• Trabalhos de venda, contratar empregados para área de vendas;

• Acordos e parcerias;

• Romances iniciados nesta fase são mais duradouros e satisfatórios;

• Atividades físicas que consomem muita energia e vigor;

- Lançamentos;
- Noites de autógrafos, exposições e vernissage;
- Favorece mais quem empresta do que quem pega emprestado;
- Presença de público;
- Assinar contratos, papéis importantes e acordos;
- Novos empreendimentos;
- Comprar legumes, verduras e frutas maduros somente para consumo imediato (acelera a deterioração);
- Comprar flores desabrochadas somente para consumo imediato (diminui a durabilidade);
- Comprar legumes, verduras e frutas verdes e flores em botão (acelera o amadurecimento);
- Plantio de cereais, frutas e flores;
- Transplantes e enxertos;
- Crescimento da parte aérea das plantas e vegetação.

Desaconselhável:

- Dietas de emagrecimento (é mais difícil perder peso);
- Estabelecer propósitos e planos com pouca praticidade ou imaturos.

LUA CHEIA

Ocorre quando Sol e Lua estão em signos opostos, ou seja, quando se encontram a 180° graus de distância, formando uma oposição.

A luz refletida da Lua atinge seu ponto máximo. Nesse ponto, o círculo lunar é inteiramente visível durante toda a noite. O Sol se põe a oeste e a Lua nasce na direção oposta no Leste. A atração gravitacional do Sol e da Lua sobre a Terra é a mais forte, equivalente apenas à da Lua Nova. Só que, aqui, essas forças operam em direções opostas sobre a Terra. Esse é um aspecto de polarização, culminância, mas também de complementaridade dos opostos. A Lua Cheia é um transbordamento.

Se os obstáculos surgidos na fase da Lua Crescente foram enfrentados e todas as etapas próprias do processo de crescimento foram cumpridas a tempo, no período anterior, então a Lua Cheia trará realização e culminância. Caso contrário, experimentaremos frustração, conflito e muita ansiedade.

A Lua Cheia revela o máximo de qualquer situação. O sucesso ou o fracasso dos nossos esforços será revelado à plena luz da Lua Cheia. Nessa fase, também o humor das pessoas está completamente alterado.

O magnetismo da Lua Cheia influencia os níveis de água em nosso corpo e em todo o planeta, elevando-os. Todos os frutos deveriam estar agora plenamente fertilizados e prontos para colheita. A luz não vai crescer para além desse ponto. Não se pode brilhar mais do que isso e nenhum projeto vai desabrochar para além desse nível.

Tudo chegou ao seu clímax e à sua energia máxima. Se não estivermos preenchidos e satisfeitos, a reação de descontentamento se intensificará. Toda iluminação que vinha crescendo e todo o campo magnético que vinha se ampliando devem ser canalizados para algo; caso contrário, a ansiedade e agitação crescerão se modo desproporcional. As sensações e as emoções estão muito aguçadas.

Pode-se esperar mudança de tempo e marés altas devido ao aumento de força gravitacional. E também um sensível aumento do número de partos. É comum ocorrer antecipação dos nascimentos devido ao aumento de volume de água no organismo. O que quer que tenha que ser atraído energicamente, o será aqui.

Ocorre um aumento de preocupação com os relacionamentos, podendo até mesmo ficar obsessivo com alguma relação em particular. Em nenhuma outra fase os relacionamentos terão igual importância. Desse modo, problemas nas relações existentes, ou mesmo a falta de um relacionamento, podem nos afetar mais do que o normal. Encontros iniciados nessa fase exigem o máximo de negociação e colaboração dos parceiros, pois é uma fase que mostra muito explicitamente as diferenças.

Viveremos nessa fase as consequências internas e externas das ações iniciadas na Lua Nova.

Se fomos bem-sucedidos nessa fase, as experiências começam a ser usadas, ampliadas, partilhadas e assimiladas. Se o que tentamos até agora não teve forças para vingar, ou se faltou empenho para lutar pelo que desejávamos, é hora de abandonar as expectativas e voltar a tentar apenas na fase da Lua Crescente do mês seguinte.

Um clima de anticlímax pode nos invadir. As reações emocionais são mais intensas do que o normal, e um sentimento de perturbação e excitação invade a alma. É muito mais difícil manter o equilíbrio.

LUA DISSEMINADORA

É assim chamada a segunda fase da Lua Cheia, que ocorre 45° após seu início (o que equivale a aproximadamente cinco dias depois da entrada da Lua Cheia) e permanece até o início da Lua Minguante.

Aqui é aconselhável espalhar, disseminar, desconcentrar. É favorável dispersar energia, porque os problemas também se dispersarão, mas ao mesmo tempo isso indica espalhar os recursos, partilhá-los, pensar nos outros, porque os retornos podem desdobrar-se e multiplicar-se.

Os relacionamentos criados nessa fase são bastante resistentes, mas atraem pessoas que gostam de impor seu ponto de vista a todo custo. Acabam gerando relações nas quais um dos parceiros termina cedendo e se submetendo à firme vontade do outro.

Bom para:

- Cortar o cabelo para crescer mais cheio e com fio mais forte (volume);
- Hidratação e nutrição da pele (os poros mais dilatados absorvem melhor os nutrientes);
- Encontros sexuais;
- Encantamento e magnetismo;
- Grande presença de público;
- Atividades de muito público realizadas em um ambiente externo;
- Aumento de frequência em bares, restaurantes, etc. (As pessoas saem mais, tudo fica cheio);
- Atividades de comércio;
- Apresentações, shows, exposições, espetáculos, lançamentos e noites de autógrafos;
- Acelerar o amadurecimento de frutas e legumes;
- Desabrochar os botões das flores;
- Colheita de plantas curativas;
- Colheita de frutos mais suculentos;
- Pesca.

Desaconselhável:

- Cirurgia (aumenta o risco de hemorragia, inflamação, edemas e hematomas);
- Dietas para emagrecimento (há maior retenção de líquido);
- Depilação e tinturas de cabelo (crescimento acelerado dos pelos);

- Capinar e aparar grama (crescimento acelerado do capim);
- Legumes e frutas já maduros (acelera a deterioração);
- Comprar flores (diminui a durabilidade);
- Sono (predisposição para alteração do sono e insônia);
- Cerimônias de casamento (excesso de vulnerabilidade, excitação e predisposição à discórdia);
- Pegar estrada (predispõe a aumento de acidentes);
- Sair de carro (caos e congestionamento no trânsito).

LUA MINGUANTE

A luz refletida da Lua começa a diminuir progressivamente. Na primeira fase da Lua Minguante, ela ainda é bastante visível, mas, aos poucos, vai extinguindo seu brilho.

É a fase de menor força de atração gravitacional da Lua sobre a Terra, e o mais baixo nível de volume de água no organismo e no planeta.

O período sugere mais recolhimento e interiorização. Devemos olhar para dentro e examinar como nos sentimos em relação às vitórias ou aos insucessos da Lua Cheia. Os resultados do ciclo inteiro devem ser revistos, avaliados e resumidos agora. Devemos nos ajustar às circunstâncias que prevaleceram. É uma energia de síntese. É tempo de conciliar as coisas e terminá-las para não começar um novo ciclo com pendências.

Não é aconselhável nenhuma resistência; muito pelo contrário, a fase é de aceitação e adaptação, como se a Lua estivesse perdendo fôlego e luz. Não devemos desgastar as situações para que elas possam ser retomadas à frente. O que não aconteceu até agora não terá mais forças para acontecer. Não temos a menor condição para uma reviravolta.

Em compensação, conflitos e crises perdem igualmente força e podem apaziguar-se e até desaparecer por completo ou perder totalmente o impacto sobre nós. Temos mais facilidade para largar as coisas, pois estamos menos afetados por elas. Afinal as possibilidades ficaram totalmente esclarecidas na Lua Cheia, agora sabemos o que fazer com elas.

A questão aqui é se estamos contentes com o resultado de nossas tentativas. Se não estivermos, temos que nos ajustar à realidade. Mudar dentro — para melhorar fora.

É comum nos sentirmos desorientados nessa fase. As pessoas que não têm o hábito da introspecção e da autoanálise podem reagir negativamente à fase e sofrer um pouco de depressão.

As tentativas feitas na vida profissional não são muito bem-sucedidas. É melhor insistir nas atividades que já estejam em curso e que se realizem em um clima de recolhimento.

Nas pessoas mais interiorizadas, só os relacionamentos mais íntimos e profundos encontram eco. Geralmente, nessa fase, formam-se relações nas quais um dos parceiros precisa da ajuda e conforto do outro.

Não é recomendável divulgação, lançamento de produtos ou promulgação de leis. Eles podem passar despercebidos.

LUA BALSÂMICA

É assim chamado o último estágio da Lua Minguante (que ocorre nos últimos quatro dias da fase). Este é um tempo de retração, restauração, cura e rejuvenescimento. O termo balsâmico quer dizer "elemento ou agente que cura, suaviza e restaura".

É hora de largar a atração magnética que a Lua exerce sobre nós e nos deixar conduzir no vazio, na sombra. Por incrível que pareça, ficar à deriva trará os melhores resultados. Também devemos procurar fazer as coisas por elas mesmas, sem nenhum outro propósito além de simplesmente fazê-las.

Uma energia sutil, mais suave, é filtrada, e a cura pode acontecer.

A energia psíquica está no máximo e é a intuição que nos guia.

Devemos aceitar as coisas com os resultados que se apresentarem. Tudo está na sua forma final e não vai passar disso. Colhemos o que semeamos.

É tempo de retroceder, levantar acampamento, limpar o terreno, descansar e principalmente armazenar forças para a próxima fase que em breve se iniciará.

Não se começa coisa alguma, ao contrário: resolvem-se todas as pendências, senão vão perdurar pelo mês seguinte. Nesses últimos quatro dias da Lua Minguante, um clima propício à reflexão nos invade com naturalidade. As pessoas estão mais maleáveis e dispostas a fazer adaptações e conciliações.

Não é um período brilhante para entrevistas de trabalho, pois falta clareza e objetividade na expressão e definição do que se pretende realizar.

Nos relacionamentos, esse é um momento de mais aceitação entre os parceiros.

Bom para:

- Dietas de emagrecimento (intensivas para perder peso rápido);
- Dietas de desintoxicação;
- Processos diuréticos e de eliminação;
- Cortar o cabelo para conservar o corte;
- Cortar o cabelo para aumentar o volume (fios mais grossos, pois o crescimento é lento);
- Tintura de cabelo;
- Depilação (retarda o crescimento dos pelos);
- Limpeza de pele;
- Tratamento para rejuvenescimento;
- Cirurgias;
- Cicatrização mais rápida;
- Tratamentos dentários;
- Cortar hábitos, vícios e condicionamentos;
- Encerrar relacionamentos;
- Dispensar serviços e funcionários;
- Arrumar a casa;
- Jogar coisas fora;
- Conserto de roupas;
- Limpeza de papéis;
- Pintar paredes e madeira (absorção e adesão da tinta são melhores);
- Dedetização;
- Combater todos os tipos de praga;
- Colher frutos (os que não forem colhidos até aqui vão encruar);
- Comprar frutas, legumes e verduras maduros (retarda a deterioração). Cuidado para não os comprar já secos;
- Comprar flores desabrochadas (retarda a deterioração). Cuidado para não as comprar já secas;
- Poda;
- Tudo que cresce debaixo da terra;
- Plantio de hortaliças;
- Corte de madeira;
- Adubagem;
- Desumidificação, secagem e desidratação;
- Capinar e aparar a grama;

- Balanço financeiro do mês;
- Corte de despesas;
- Pegar empréstimo;
- Terminar todas as pendências;
- Romances começados nessa fase transformam as pessoas envolvidas;
- Finalizar relacionamentos;
- Quitar pagamentos;
- Fazer conservas de frutas e legumes;
- Cultivo de ervas medicinais;
- Retardar o crescimento.

Desaconselhável:

- Inseminação, fertilização, concepção e gestação;
- Atividades de público (a mais baixa frequência de público);
- Divulgação;
- Poupança e investimentos;
- Abrir negócios;
- Lançamentos;
- Vernissage, noite de autógrafos, exibições, estreias, exposições, inaugurações;
- Conservação de frutas, verduras, legumes e flores;
- Comprar frutas, legumes e verduras verdes (ressecam antes de amadurecer);
- Comprar flores em broto (ressecam antes de desabrochar);
- Começar qualquer coisa (é uma energia de fim).

LUA E CIRURGIA

Lua Minguante:
Melhor fase para procedimentos cirúrgicos. A recuperação será mais rápida do que o esperado. Há uma diminuição do nível de líquidos e fluidos corporais, favorecendo sua eliminação natural e menor tendência a inchaços.

Lua Nova:
Evitar procedimentos cirúrgicos no dia exato da Lua Nova e no dia seguinte. Sempre há algum tipo de ocultação nesse período.

Lua Cheia:
Evitar recorrer a procedimentos cirúrgicos durante essa fase. Os fluidos e líquidos do corpo encontram-se em seu nível máximo, havendo assim maior tendência a inchaços, inflamações, hematomas e riscos de hemorragia. A recuperação será mais lenta do que o previsto.

Lua Fora de Curso:
Nunca operar três horas antes de seu início, durante sua ocorrência e três horas depois de seu término.

PROCEDIMENTOS CIRÚRGICOS

Signos Fixos:

Há maior estabilidade tanto durante o procedimento quanto no pós-operatório de cirurgias feitas quando a Lua se encontra em Touro, Leão, Escorpião ou Aquário, exceto quando envolvem partes do corpo regidas por esses signos.

Signos Mutáveis:

Evitar cirurgias quando a Lua encontra-se em Gêmeos, Peixes, Sagitário e Virgem. O período sugere instabilidade, reações e comportamentos irregulares durante a cirurgia e no pós-operatório.

Signos Regentes:

Nunca operar órgãos ou partes do corpo que são regidos pelo signo no qual a Lua se encontra ou pelo signo oposto a este.

SIGNOS	PARTES E ÓRGÃOS DO CORPO
Áries/Libra	Face, cérebro e região da cabeça
Libra/Áries	Rins
Touro/Escorpião	Garganta, tireoide, lábios e boca
Escorpião/Touro	Aparelhos urinários e genital, intestino grosso e reto
Gêmeos/Sagitário	Pulmões, traqueia, laringe, faringe, mãos, braços, pernas e trompas
Sagitário/Gêmeos	Bacia, coxa, fígado, quadril
Câncer/Capricórnio	Estômago, abdômen, aparelho digestivo, útero, ovários
Capricórnio/Câncer	Coluna, ossos, juntas, joelhos, pele, dentes, vista, vesícula
Leão/ Aquário	Região lombar, coração
Aquário/Leão	Calcanhar, tornozelos, veias, vasos e capilares
Virgem/Peixes	Aparelho gastrintestinal
Peixes/Virgem	Pés, sistema linfático

Mercúrio Retrógrado

Evitar procedimentos cirúrgicos e diagnósticos. Há maior imprecisão no resultado de exames e probabilidade de equívocos por parte dos médicos e assistentes. Não é incomum haver necessidade de a cirurgia ser refeita.

Marte Retrógrado

Evitar cirurgia. Tendência a maior inchaço, sangramento e inflamação.

(Ver os períodos em que esses planetas ficam retrógrados em 2024, na seção *Movimento Retrógrado dos planetas*).

CALENDÁRIO DA LUA FORA DE CURSO
2024

JANEIRO

INÍCIO	FIM
02/01 — 20:37	02/01 — 21:46
05/01 — 08:41	05/01 — 09:39
07/01 — 17:23	07/01 — 18:08
09/01 — 15:25	09/01 — 22:33
11/01 — 23:32	12/01 — 00:01
13/01 — 23:50	14/01 — 00:28
16/01 — 01:33	16/01 — 01:48
18/01 — 05:03	18/01 — 05:11
20/01 — 10:58	20/01 — 10:59
22/01 — 17:41	22/01 — 18:50
24/01 — 19:59	25/01 — 04:36
26/01 — 18:20	27/01 — 16:11
29/01 — 20:21	30/01 — 05:03

FEVEREIRO

INÍCIO	FIM
01/02 — 06:04	01/02 — 17:36
04/02 — 00:25	04/02 — 03:27
06/02 — 02:07	06/02 — 09:08
08/02 — 04:52	08/02 — 10:59
09/02 — 19:59	10/02 — 10:42
12/02 — 09:32	12/02 — 10:25
14/02 — 07:21	14/02 — 12:02
16/02 — 12:00	16/02 — 16:39
19/02 — 00:21	19/02 — 00:24
21/02 — 03:38	21/02 — 10:40
23/02 — 01:51	23/02 — 22:37
26/02 — 04:36	26/02 — 11:29
27/02 — 15:22	29/02 — 00:08

MARÇO

INÍCIO	FIM
02/03 — 04:48	02/03 — 10:55
04/03 — 12:41	04/03 — 18:14
06/03 — 16:36	06/03 — 21:38
08/03 — 15:56	08/03 — 22:03
10/03 — 16:46	10/03 — 21:19
12/03 — 08:09	12/03 — 21:28
14/03 — 19:30	15/03 — 00:15
17/03 — 01:44	17/03 — 06:40
19/03 — 15:42	19/03 — 16:32
22/03 — 03:35	22/03 — 04:41
24/03 — 12:50	24/03 — 17:37
26/03 — 20:10	27/03 — 06:02
29/03 — 12:40	29/03 — 16:51
31/03 — 21:17	

ABRIL

INÍCIO	FIM
	01/04 — 01:05
03/04 — 02:41	03/04 — 06:07
05/04 — 02:40	05/04 — 08:12
07/04 — 05:28	07/04 — 08:24
08/04 — 23:39	09/04 — 08:23
11/04 — 07:05	11/04 — 09:58
13/04 — 11:47	13/04 — 14:44
15/04 — 20:23	15/04 — 23:23
18/04 — 09:03	18/04 — 11:10
20/04 — 21:20	21/04 — 00:08
22/04 — 20:25	23/04 — 12:19
25/04 — 20:17	25/04 — 22:36
28/04 — 04:32	28/04 — 06:37
30/04 — 12:19	30/04 — 12:20

MAIO

INÍCIO	FIM
02/05 – 06:29	02/05 – 15:51
04/05 – 16:07	04/05 – 17:40
06/05 – 02:58	06/05 – 18:41
08/05 – 18:56	08/05 – 20:20
10/05 – 22:50	11/05 – 00:12
13/05 – 06:13	13/05 – 07:35
15/05 – 14:06	15/05 – 18:32
18/05 – 06:09	18/05 – 07:22
19/05 – 12:49	20/05 – 19:33
23/05 – 04:29	23/05 – 05:23
25/05 – 11:48	25/05 – 12:35
27/05 – 17:03	27/05 – 17:44
29/05 – 11:21	29/05 – 21:32
31/05 – 23:55	

JUNHO

INÍCIO	FIM
	01/06 – 00:28
02/06 – 19:03	03/06 – 02:55
05/06 – 05:10	05/06 – 05:35
07/06 – 09:16	07/06 – 09:40
09/06 – 16:06	09/06 – 16:28
11/06 – 16:17	12/06 – 02:38
14/06 – 14:54	14/06 – 15:11
17/06 – 03:04	17/06 – 03:37
19/06 – 13:18	19/06 – 13:31
21/06 – 19:59	21/06 – 20:08
24/06 – 00:06	24/06 – 00:14
25/06 – 19:30	26/06 – 03:07
28/06 – 05:45	28/06 – 05:51
30/06 – 01:56	30/06 – 09:00

JULHO

INÍCIO	FIM
02/07 – 12:42	02/07 – 12:49
04/07 – 17:45	04/07 – 17:51
07/07 – 00:47	07/07 – 00:55
09/07 – 03:04	09/07 – 10:47
11/07 – 22:56	11/07 – 23:06
13/07 – 19:47	14/07 – 11:52
16/07 – 22:11	16/07 – 22:24
19/07 – 04:59	19/07 – 05:13
21/07 – 08:27	21/07 – 08:42
23/07 – 06:59	23/07 – 10:22
25/07 – 11:32	25/07 – 11:52
26/07 – 19:15	27/07 – 14:22
29/07 – 18:00	29/07 – 18:27
31/07 – 23:47	

AGOSTO

INÍCIO	FIM
	01/08 – 00:18
03/08 – 07:32	03/08 – 00:09
05/08 – 12:17	05/08 – 18:16
08/08 – 05:41	08/08 – 06:31
09/08 – 18:45	10/08 – 19:33
13/08 – 06:02	13/08 – 07:00
15/08 – 13:56	15/08 – 14:50
17/08 – 17:44	17/08 – 18:44
19/08 – 15:25	19/08 – 19:51
21/08 – 18:55	21/08 – 20:01
23/08 – 09:45	23/08 – 21:00
25/08 – 22:41	26/08 – 00:03
28/08 – 04:14	28/08 – 05:47
30/08 – 12:25	30/08 – 14:09

SETEMBRO

INÍCIO	FIM
01/09 — 21:26	02/09 — 00:48
04/09 — 13:07	04/09 — 13:11
07/09 — 02:09	07/09 — 02:18
09/09 — 14:12	09/09 — 14:25
11/09 — 21:21	11/09 — 23:37
14/09 — 04:35	14/09 — 04:53
16/09 — 02:05	16/09 — 06:38
18/09 — 06:03	18/09 — 06:23
20/09 — 05:39	20/09 — 06:02
22/09 — 07:15	22/09 — 07:24
24/09 — 09:00	24/09 — 11:49
26/09 — 19:13	26/09 — 19:47
29/09 — 00:36	29/09 — 06:41

OUTUBRO

INÍCIO	FIM
01/10 — 18:40	01/10 — 19:19
04/10 — 07:41	04/10 — 08:22
06/10 — 19:53	06/10 — 20:33
09/10 — 02:54	09/10 — 06:38
11/10 — 12:54	11/10 — 13:30
13/10 — 16:24	13/10 — 16:54
15/10 — 17:01	15/10 — 17:33
17/10 — 16:27	17/10 — 16:59
19/10 — 16:34	19/10 — 17:06
21/10 — 18:01	21/10 — 19:49
24/10 — 01:48	24/10 — 02:23
26/10 — 05:04	26/10 — 12:47
29/10 — 00:55	29/10 — 01:29
31/10 — 13:58	31/10 — 14:29

NOVEMBRO

INÍCIO	FIM
03/11 — 01:52	03/11 — 02:19
05/11 — 07:24	05/11 — 12:17
07/11 — 19:38	07/11 — 19:57
09/11 — 21:24	10/11 — 00:59
12/11 — 03:14	12/11 — 03:25
14/11 — 03:51	14/11 — 03:58
16/11 — 04:03	16/11 — 04:08
18/11 — 01:09	18/11 — 05:49
20/11 — 08:21	20/11 — 10:50
22/11 — 10:15	22/11 — 20:00
25/11 — 02:36	25/11 — 08:19
27/11 — 06:15	27/11 — 21:20
30/11 — 03:20	30/11 — 08:52

DEZEMBRO

INÍCIO	FIM
02/12 — 12:48	02/12 — 18:08
04/12 — 20:35	05/12 — 01:20
06/12 — 21:02	07/12 — 06:48
09/12 — 05:45	09/12 — 10:37
10/12 — 19:14	11/12 — 12:54
13/12 — 09:40	13/12 — 14:21
15/12 — 11:32	15/12 — 16:21
17/12 — 15:34	17/12 — 20:38
20/12 — 02:20	20/12 — 04:36
22/12 — 10:28	22/12 — 16:07
24/12 — 07:45	25/12 — 05:06
27/12 — 11:25	27/12 — 16:46
29/12 — 20:35	30/01 — 01:37

LUA FORA DE CURSO

Tecnicamente, a Lua Fora de Curso é o intervalo que vai desde a hora em que a Lua forma seu último aspecto com um planeta, antes de deixar um signo, até o momento em que entra no signo seguinte.

Esse período ficou tradicionalmente conhecido como um período infrutífero. As atividades realizadas enquanto a Lua está Fora de Curso, geralmente, não dão resultados. Isso vem da ideia de que, depois de a Lua ter percorrido todos os aspectos dentro de um signo, ela ficaria sem rumo, "vazia", sem objetivo, e cairia em uma espécie de vácuo, um "ponto cego", até entrar no signo seguinte e começar uma nova série de aspectos com outros planetas.

Durante o período em que a Lua está Fora de Curso, é como se ela entrasse simbolicamente em repouso. Portanto, não acessamos o conhecimento instintivo que a Lua nos oferece.

As perspectivas de qualquer assunto não estão claras ou são mal avaliadas. Podemos nos sentir vagos e confusos, agindo sem objetivo ou finalidade definida, ou, ainda, estar lidando com pessoas que estejam assim. E, por isso, não acertamos o alvo.

Durante esse período, tudo está estéril, incerto e descontínuo. Nos são negados os frutos de empreendimentos que, em outros momentos, seriam promissores.

Algumas coisas que não acontecem nesse momento podem ser tentadas de novo em outra hora. Devemos usar esse período para assimilar o que ocorreu nos últimos dias, antes de iniciarmos um novo curso de ação.

Por isso:

Evite: Decisões importantes, cirurgias e atividades para as quais espera desdobramentos futuros, pois as coisas podem não sair como planejadas ou podem ser baseadas em falsos julgamentos.

Dedique-se: às atividades rotineiras; ao que já foi planejado anteriormente; aos assuntos sem maior relevância ou dos quais você não espera muito.

Nota: A Lua se move $1°$ a cada duas horas ou duas horas e meia. Sua influência exata sobre cada planeta dura apenas algumas horas, mas, na realidade, seus efeitos podem fazer-se sentir por grande parte do dia. O início do período da Lua Fora de Curso baseia-se no momento do último aspecto *exato* que ela forma com um planeta, antes de entrar em um novo signo. No entanto, ela ainda estará se afastando desse planeta por algum tempo. Por isso, esse período, em certos casos, pode coincidir com a formação de aspectos da Lua com outros planetas, o que não é tecnicamente preciso. Considere, portanto, os períodos fornecidos no *Calendário da Lua Fora de Curso*, apresentado acima, para evitar a escolha de uma data inadequada para a realização de atividades importantes.

O CÉU NOS MESES DO ANO

Janeiro 2024

Domingo	Segunda-feira	Terça-feira	Quarta-feira	Quinta-feira	Sexta-feira	Sábado
	1 Lua Cheia em Virgem; Mercúrio Retrógrado	**2** ♎ Lua Cheia em Libra às 21:46 LFC 20:37 às 21:46; Fim do Mercúrio Retrógrado	**3** Lua Cheia em Libra	**4** ☾ 13°14' ♎ Lua Minguante em Libra às 00:29	**5** Lua Minguante em Escorpião às 09:39 LFC 08:41 às 09:39	**6** ♏ Lua Minguante em Escorpião
7 ♐ Lua Minguante em Sagitário às 18:08 LFC 17:23 às 18:08	**8** Lua Minguante em Sagitário	**9** ♑ Lua Minguante em Capricórnio às 22:33 LFC 15:25 às 22:33	**10** Lua Minguante em Capricórnio	**11** Lua Nova em Capricórnio às 08:57 LFC Início às 23:32	**12** ♒ Lua Nova em Aquário às 00:01 LFC Fim às 00:01	**13** Lua Nova em Aquário LFC Início às 23:50
14 ♓ Lua Nova em Peixes às 00:28 LFC Fim às 00:28	**15** Lua Nova em Peixes	**16** ♈ Lua Nova em Áries às 01:48 LFC 01:33 às 01:48	**17** Lua Nova em Áries	**18** 27°31'A ♉ Lua Crescente em Áries às 00:52 Lua Crescente em Touro às 05:11 LFC 05:03 às 05:11	**19** Lua Crescente em Touro	**20** ♊ Lua Crescente em Gêmeos às 10:59 LFC às 10:58 Fim 10:59 Entrada do Sol no Signo de Aquário às 11h07min19seg
21 ♋ Lua Crescente em Gêmeos	**22** Lua Crescente em Câncer às 18:50 LFC 17:41 às 18:50	**23** ♋ Lua Crescente em Câncer	**24** Lua Crescente em Câncer LFC Início às 19:59	**25** ○ 05°14' ♌ Lua Cheia em Leão às 14:54 Lua Minguante às 04:36 LFC Fim 04:36	**26** Lua Cheia em Leão LFC Início às 18:20	**27** ♍ Lua Cheia em Virgem às 16:11 LFC Fim às 16:11
28 Lua Cheia em Virgem	**29** Lua Cheia em Virgem LFC Início às 20:21	**30** ♌ Lua Cheia em Libra às 05:03 LFC Fim às 05:03	**31** Lua Cheia em Libra			

Mandala Lua Nova de Janeiro

Lua Nova
Dia: 11/01
Hora: 08:57
20º44' de Capricórnio

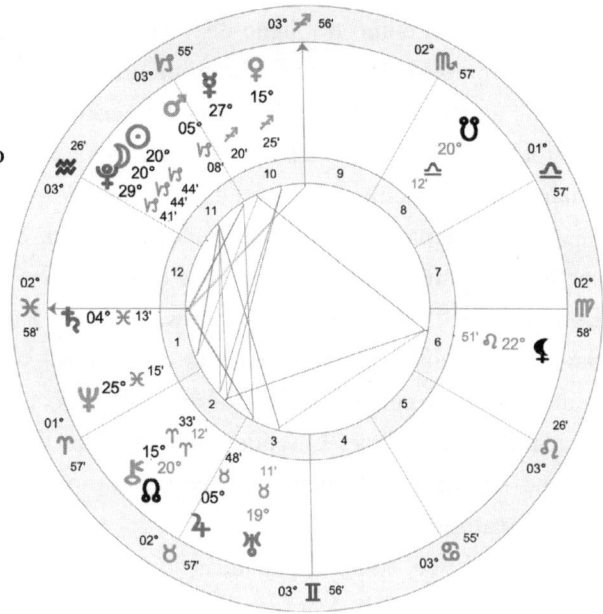

Mandala Lua Cheia de Janeiro

Lua Cheia
Dia: 25/01
Hora: 14:54
05º14' de Leão

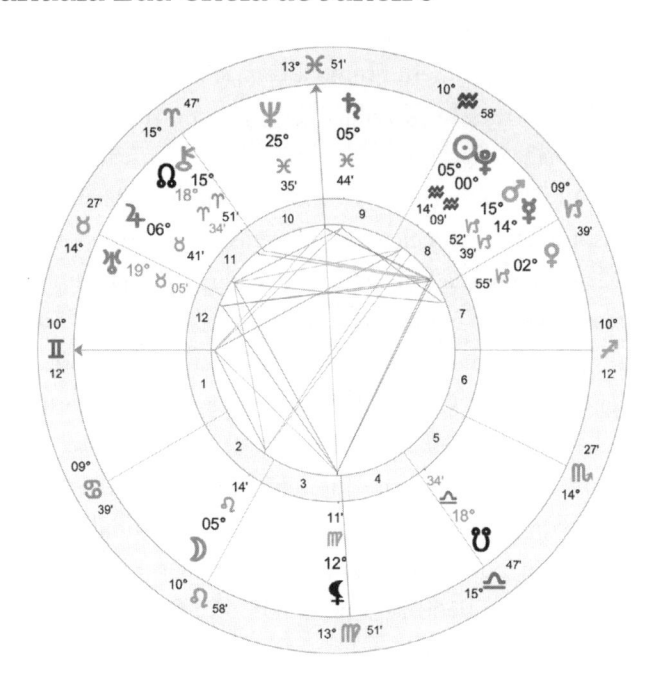

CÉU DO MÊS DE JANEIRO

A Lua inaugura o ano no Signo de Virgem, que é sensato, finalizando seus dias de luminosidade máxima. Nos primeiros dois dias do ano, a Lua dá continuidade ao trabalho de espalhar e colher, criteriosamente, os resultados do que foi plantado na última lunação. O ano de 2024 amanhece convidando-o à calma, ao recolhimento, aos cuidados com o corpo e a rotina.

Além do clima mais reservado proposto pela Lua em Virgem, Vênus sugere ser de bom tom reduzir a velocidade e o volume nos primeiros dias de 2024. Entre os dias 01 e 03 de janeiro, Vênus, ainda em Sagitário, se indispõe com Saturno em Peixes. Esse encontro desconfortável sinaliza a necessidade de realizar ajustes e concessões, permitindo que expectativas exageradas possam se adequar à realidade. Entender os limites dos sonhos e dos desejos pode mesmo ser uma tarefa pouco prazerosa, no entanto os resultados valem o esforço realizado.

Aliás, esforço, trabalho e dedicação são palavras que bem descrevem o primeiro mês de 2024. A ênfase do mês está no elemento Terra, e o ritmo da vida agora perde um pouco da urgência e do ímpeto que marcaram o final do ano. A agitação é substituída por consistência, estratégia e determinação.

Essa mudança de ritmo ganha destaque logo no dia 02. Mercúrio finaliza sua temporada retrógrada e, lentamente, se despede do Signo de Sagitário. Ao retomar o movimento rumo a Capricórnio, um Signo responsável, Mercúrio encerra a revisão dos objetivos e passa a se concentrar no que é necessário para realizá-las.

A Lua em Virgem dos primeiros dias de 2024 ajuda a discernir os caminhos mais eficazes para alcançar as metas favorecidas por Mercúrio. Ao final do dia 02, ela inicia sua fase em Libra, facilitando a percepção do que é preciso para restabelecer o equilíbrio após os excessos do final do ano.

Júpiter começa o ano estacionado em Touro, reforçando o pedido de redução da velocidade. Os benefícios e a prosperidade, normalmente relacionados a esse planeta, demandam tenacidade e persistência em 2024. A partir do dia 03 de janeiro, o gigante Júpiter, vagarosamente, retoma sua caminhada pelo Signo de Touro, no qual permanecerá até o final do ano.

Marte, por sua vez, deixa Sagitário mais cedo que Mercúrio, chegando ao Signo de Capricórnio já no dia 05. Em Capricórnio, esse planeta se exalta e a coragem marciana ganha a prudência e a concentração típicas desse signo.

A capacidade de enfrentar obstáculos e resistir às frustrações são ressaltadas e fortalecidas nesse período.

Entre os dias 08 e 11 de janeiro, um pouco antes de completar sua jornada por Sagitário, Mercúrio forma um aspecto tenso com Netuno. Durante esses dias, é recomendável ter cautela nas conversas e negociações. Meias-verdades, omissões inocentes e idealizações podem causar grandes problemas. Vale a pena se dedicar a assegurar o entendimento do que foi dito e do que foi acordado. Se possível, adie a assinatura de contratos e a conclusão de negociações para depois dessa fase, pois após o dia 11 as informações tendem a ficar mais claras.

Entre os dias 09 e 11, Marte constrói pontes com Saturno, ensinando que o caminho para sair de qualquer situação confusa é o trabalho consistente, dedicado, abnegado e estruturado. Nesses dias, os atalhos são a maneira mais segura de não se chegar a lugar nenhum.

A Lua Nova chega no dia 11 de janeiro e dá início ao período de semear os projetos e intenções que se quer ver florescer e frutificar ao longo do novo ciclo lunar. Apesar do aspecto entre Mercúrio e Netuno já estar mais enfraquecido no dia 11 de janeiro, permanece o alerta para a importância de manter os pés firmemente plantados no chão e a comunicação clara para assegurar o sucesso da colheita.

A Lua se veste das cores sóbrias e sensatas de Capricórnio na Lua Nova, reforçando a energia sensorial, objetiva e pragmática do mês. Ela se alinha ao Sol e estabelece um diálogo fértil com Urano em Touro, sinalizando o potencial para a descoberta de novas saídas para problemas, aparentemente, insolúveis. Revelações surpreendentes e viradas súbitas de cenário iluminam novos caminhos e desbloqueiam os entraves. Esse aspecto afortunado é acompanhado pelo encontro feliz entre Marte e Júpiter nos dias 11 a 13. Nesse período, a possibilidade de tirar os sonhos grandes do papel e trazê-los para o mundo real recebe um reforço considerável. Trabalhar de maneira comprometida e otimista, com ética e excelência, tende a produzir ótimos resultados nessa lunação.

A partir do dia 15, Mercúrio ingressa em Capricórnio e os processos intelectuais, assim como a comunicação, os deslocamentos e as negociações, estão voltados para converter em resultados concretos todas as ideias que foram revistas e reavaliadas durante sua temporada sagitariana. Entre os dias 15 e 17, o Sol em Capricórnio se encontra com Netuno, facilitando a percepção das energias mais sutis no ambiente, e esclarecendo o que precisa de atenção e estrutura para que, desse modo, a inspiração alimente a realidade.

Enquanto a Lua percorre seu ciclo, crescendo em luzes, entre os dias 17 e 20, Mercúrio forma um aspecto gentil com Saturno. Aqui, fica mais evidente o que precisa ser corrigido e modificado para que os projetos mais promissores possam trazer os resultados prometidos. E esses ajustes darão trabalho e, possivelmente, pedirão algum sacrifício; no entanto, a persistência tem tudo para ser recompensada. Durante esses dias, em especial entre os dias 19 e 20, é importante não permitir que a tendência ao escapismo e à idealização, sinalizada pelo desencontro entre Vênus e Netuno, desvie o foco da energia. Manter a mente conectada aos benefícios futuros da dedicação presente é uma boa maneira de evitar essa armadilha.

No dia 20 de janeiro, há um encontro poderoso entre Sol e Plutão, no último grau de Capricórnio. No dia seguinte, 21 de janeiro, o Sol entrará no Signo de Aquário e será seguido, na sequência, por Plutão. Esse encontro e a sincronicidade do movimento dos dois astros marcam um período significativo do mês de janeiro e um ponto de inflexão para o ano. Entre os dias 20 e 22 de janeiro será possível vivenciar experiências intensas que pedem decisões igualmente fortes.

Apesar de durar poucos dias, essa conjunção ocorre muito próxima à Lua Cheia, no dia 25, e fará parte do desenho do ápice desse ciclo lunar. Durante esses dias, e também ao longo de toda a fase da Lua Cheia, é importante perceber quais são as situações que favorecem o surgimento de conflitos de poder. É recomendável manter os olhos abertos para que a vaidade, o dogmatismo e o orgulho não gerem circunstâncias potencialmente danosas. Relacionamentos com pessoas que detêm a autoridade e/ou o poder pedem um cuidado especial.

Um pouco antes de a Lua chegar à sua fase cheia, no dia 24, Vênus também muda suas cores e se afina aos tons discretos do Signo de Capricórnio. Em Capricórnio, Vênus dá valor ao que é leal e confiável e ao que resistiu ao teste do cotidiano. Em janeiro, o tempo é o senhor soberano do desejo e da realização. A constância é uma qualidade merecedora de reconhecimento e apreciação.

No dia 25 de janeiro, a Lua alcança sua luminosidade máxima, no majestoso Signo de Leão. Essa Lua Cheia parece de fato desenhar o palco perfeito para coroar os esforços da lunação. Há muito em jogo nesses dias. O planeta Júpiter encontra-se em destaque, trazendo para o centro do palco as esperanças de ver concretizadas as ambições que exigiram tanto trabalho nos últimos dias. Para colher os melhores resultados, é necessário atentar-se para conflitos poderosos que possam estar atuando à revelia da consciência e da vontade. Disciplina, sobriedade e uma dose saudável de humildade e discrição são bons antídotos para o excesso de exuberância desse período. É preciso evitar que a rigidez, a teimosia e a impaciência comprometam o sucesso das iniciativas empreendidas até aqui. Compartilhar o palco, reconhecer os apoios e espalhar os benefícios, fortalecem as chances de se obter uma boa colheita.

No momento da Lua Cheia, alguns aspectos muito positivos já estarão em formação, sinalizando a possibilidade de concluir os trabalhos dessa lunação de maneira mais do que satisfatória. Ainda mais se as armadilhas da vaidade forem contornadas.

Entre os dias 26 e 31 de janeiro, será possível sentir mais harmonia entre atos e pensamentos, entre afetos e esperanças, entre intelecto e criatividade. O primeiro mês do ano termina com uma energia fluida e otimista.

Há, no entanto, um ponto de atenção para o mês de janeiro: é crítico ter muita flexibilidade e muito jogo de cintura para lidar com as viradas bruscas e inesperadas que o mês traz. Urano é o responsável pelas surpresas e pelos espantos de janeiro. Ele começa o ano retrógrado e participa da Lua Cheia estacionado, acumulando energia, pronto para mudar de marcha a qualquer momento. O segredo aqui é não considerar nada garantido, finalizado, conhecido ou acordado. A qualquer momento, informações surpreendentes, mudanças de cenário, remoções de obstáculos e o surgimento de novos entraves, podem aparecer, mudando os planos e as estratégias.

Para prosperar em janeiro é preciso manter-se aberto e flexível, atento às mudanças e às oportunidades inesperadas que elas podem trazer. Esse é um mês para ajustar e corrigir o rumo, para concentrar-se em questões concretas, relacionadas ao mundo material e à realidade pragmática. É vantajoso observar o entorno, permanecer atento às flutuações emocionais e aos sinais de desconforto. Esse é um mês que favorece uma atitude mais receptiva, evitando forçar o ritmo ou pular etapas. Aos poucos, dando um passo de cada vez e cumprindo todas as tarefas da lista, será bem mais fácil aproveitar todas as vantagens que o mês de janeiro promete.

Posição diária da Lua em janeiro

DIA 01 DE JANEIRO – SEGUNDA-FEIRA
○ *Cheia (disseminadora)* ○ *em Virgem*

Início do Mercúrio Retrógrado

•Lua trígono Sol — 03:45 às 08:11 (exato 05:58)

O dia resplandece com esse belo aspecto trazendo harmonia entre nossas emoções e nossos desejos. Estamos mais coerentes, e, portanto, conseguimos visualizar as melhores soluções e tomar as melhores diretrizes para nossa vida.

•Lua trígono Urano — 22:07 às 02:10 de 02/02 (exato 00:09 de 02/01)

Uma atividade diferente do usual, uma ideia criativa sobre uma antiga questão, encontros com pessoas diferentes do nosso círculo habitual, são super-recomendados sob essa influência. Vamos aproveitar a noite desse dia para trazer inovações para nossa vida neste ano que se inicia.

DIA 02 DE JANEIRO – TERÇA-FEIRA
○ *Cheia (disseminadora)* ○ *em Libra às 21:46*
LFC Início às 20:37 LFC Fim às 21:46

Fim do Mercúrio Retrógrado

Enquanto a Lua estiver em Libra, há um clima de colaboração e parceria entre as pessoas, o que beneficia encontros, acordos e atividades feitas em companhia. O melhor é não fazer nada sozinho. Ter uma boa companhia trará bem-estar emocional. Essa é uma Lua muito social e as festas e as comemorações terão um clima agradável em que o requinte e a elegância serão valorizados.

•Lua quadratura Mercúrio — 03:51 às 07:56 (exato 05:53)

Certa agitação mental e pensamentos contraditórios poderão nos tirar o sono nessa madrugada. Melhor não levar a sério o que vem à mente nesse momento porque, depois, tudo poderá mudar.

•Lua oposição Netuno — 09:47 às 13:51 (exato 11:49)

Ao sair de casa, devemos prestar atenção para que nada importante seja esquecido. Essa energia também leva a extravio de pertences, esquecimentos e preguiça mental. Portanto, estudantes, palestrantes e pessoas que exercem trabalhos muito detalhados deverão redobrar a atenção.

•Lua quadratura Marte — 17:02 às 21:22 (exato 19:12)

É muito importante termos uma atividade física nessas horas. A ociosidade se converterá facilmente em mau humor ou dor de cabeça. Quanto aos que estiverem trabalhando ou estudando, será recomendável que deem intervalos e alternem as atividades.

•**Lua trígono Plutão** — 18:33 às 22:37 (exato 20:37)

Excelente energia para a recuperação do que achamos estar perdido. Aqui teremos mais uma chance de reaver o que queremos. Pode ser um relacionamento afetivo, um emprego, uma oportunidade de ganhos ou, mesmo, a recuperação da saúde em uma relação. Consultas, diagnósticos e terapias estão favorecidos.

DIA 03 DE JANEIRO – QUARTA-FEIRA
○ *Cheia (disseminadora)* ○ *em Libra*

•**Lua sextil Vênus** — 07:00 às 11:30 (exato 09:15)

Essa combinação favorece a comunicação entre os casais, os acordos, e enaltece os sentimentos. Bom para conseguir favores e também conceder. O clima é de boa vontade, tanto no ambiente de trabalho como no lar.

•**Lua quadratura Sol** — 22:18 às 02:41 de 04/01 (exato 00:29 de 04/01)

Esse aspecto marca a entrada da Lua em sua fase Minguante. Esse é um ciclo apropriado para fazermos um balanço de tudo o que executamos e os resultados que obtivemos nos ciclos anteriores. É um tempo para recolher energia e tomar fôlego para recomeçarmos nossos projetos na chegada da Lua Nova.

DIA 04 DE JANEIRO – QUINTA-FEIRA
☽ *Minguante às 00:29 em 13°14'de Libra* ☽ *em Libra*

•**Lua sextil Mercúrio** — 17:21 às 21:26 (exato 19:24)

A mente está ativa e lúcida, permitindo ideias claras e objetivas. Favorece trabalhos que usem o raciocínio. Os estudos e as reuniões em geral, inclusive as de trabalho, em que seja preciso fechar a pauta, estão beneficiados. Se precisarmos ter uma conversa na qual é preciso esclarecer uma dúvida e colocar um ponto-final, também esse é um momento propício.

DIA 05 DE JANEIRO – SEXTA-FEIRA
☽ *Minguante* ☽ *em Escorpião às 09:39*
LFC Início às 08:41 LFC Fim às 09:39

Enquanto a Lua estiver em Escorpião é ideal tomar medidas regeneradoras em qualquer setor da vida e, ainda, extirpar de vez o que não for conveniente em nossas vidas. Escorpião é um signo radical e nos ajuda a cortar os males pela raiz. Aqui tudo é intenso e sentido de uma forma mais completa. Paira um sentimento de desconfiança e ameaça entre as pessoas. Portanto, o melhor é usarmos de sinceridade e lealdade em qualquer tipo de relacionamento.

•**Lua quadratura Plutão — 06:43:48 às 10:37 (exato 08:41)**

Clima tenso, sujeito a "tiro e bomba". Devemos nos esquivar de assuntos polêmicos, brigas e locais com muita gente. Questões antigas voltam a nos assombrar. É uma chance para resolvê-las de vez.

•**Lua sextil Marte — 08:58 às 13:07 (exato 11:02)**

As deliberativas e as ações realizadas nessas horas terão resultados rápidos e satisfatórios. Bom para agilizarmos a programação do dia e realizarmos tarefas de forma satisfatória. Se surgir um convite de última hora é bom aceitar!

•**Lua trígono Saturno — 14:51 às 18:45 (exato 16:48)**

Tudo o que estiver programado para essa tarde será cumprido. Estamos emocionalmente estáveis e em condições de assumir compromissos. É recomendável buscarmos conselhos de pessoas mais velhas, experientes e de bom senso. Podemos encontrar soluções bem viáveis para alguma questão que precisa ser resolvida.

•**Lua oposição Júpiter — 18:39 às 22:30 (exato 20:34)**

Essa energia costuma levar ao exagero. Precisamos ter cuidado com compras feitas nessas horas. Não vá ao supermercado com fome. Aliás, é melhor não ir. Corremos o risco de comprar em excesso coisas que, depois, vão estragar.

DIA 06 DE JANEIRO – SÁBADO
)) *Minguante*)) *em Escorpião*

•**Lua sextil Sol — 14:09 às 18:14 (exato 16:12)**

Excelente horário para o entendimento entre os casais. Vale a máxima: "de uma boa conversa ninguém escapa". Somos capazes de entender melhor o outro e de sermos entendidos. Há uma sensação satisfatória de que tudo está de acordo com o que tem que ser. Vamos aproveitar essa tarde de sábado para nos encontrar com pessoas queridas, em passeios ou reuniões.

•**Lua oposição Urano — 20:32 às 00:15 de 07/01 (exato 22:24)**

Essa energia eletriza as emoções, trazendo um clima de ansiedade e inquietação. Pode ser mais difícil pegar no sono. Devemos evitar estímulos, como café, televisão e computador, que podem "ligar" mais ainda o cérebro.

DIA 07 DE JANEIRO – DOMINGO
☽ *Minguante (balsâmica)* ☽ *em Sagitário às 18:08*
LFC Início às 17:23 LFC Fim às 18:08

Enquanto a Lua estiver em Sagitário, o clima é de alegria, bom humor e otimismo. Facilita as aventuras, as viagens, projetos de grande porte e o setor esportivo. As competições, os jogos e as festividades contam com grande público. Ganham destaque locais e culturas mais distantes.

•**Lua trígono Netuno — 07:30 às 11:11 (exato 09:20)**

Para uma manhã de domingo, para quem não dispensa missas, cultos e assuntos de natureza mais ampla e espiritual, essa é uma excelente energia. Há maior boa vontade entre todos e torna-se mais fácil envolvermos um número maior de pessoas em torno de um ideal ou projeto.

•**Lua sextil Plutão — 15:32 às 19:10 (exato 17:23)**

Quem quiser aproveitar a tarde de domingo para fazer arrumações, contará com disposição para colocar a casa em ordem, separando o que usa do que não usa. Ao limpar armários e cantos renovaremos as energias da casa e das emoções.

•**Lua quadratura Saturno — 23:22 às 02:59 de 08/01 (exato 01:10 de 08/01)**

O sentimento de falta e de carência emocional está predominando. A preocupação a respeito da semana que vai começar se avoluma e parece que vai nos sufocar. Mas é apenas uma sensação. Devemos manter o pensamento positivo, aproveitando a energia alto-astral da Lua em Sagitário. Amanhã tudo será melhor.

DIA 08 DE JANEIRO – SEGUNDA-FEIRA
☽ *Minguante (balsâmica)* ☽ *em Sagitário*

•**Lua conjunção Vênus — 13:48 às 17:39 (exato 15:44)**

Que bênção esse aspecto para iniciarmos a semana! O amor está no ar! É um período muito mais fácil para lidarmos com as pessoas, mesmo aquelas que são mais difíceis. Se precisarmos trocar um item de compra, mesmo que tenha passado o prazo, vale a pena tentar com aquele famoso jeitinho brasileiro. Ninguém resistirá a um pedido feito com muito carinho e charme. Fica a dica. Também será uma delícia namorar e compartilhar programas prazerosos.

DIA 09 DE JANEIRO – TERÇA-FEIRA
☽ *Minguante (balsâmica)* ☽ *em Capricórnio às 22:33*
LFC Início às 15:25 LFC Fim às 22:33

Enquanto a Lua estiver em Capricórnio, as pessoas se tornam mais sérias, mais pragmáticas e com maior senso de responsabilidade. Os trabalhos devem ser elaborados com perfeição e entregues no prazo estipulado. Qualquer falha será prontamente identificada e terá que ser refeita. Essa Lua nos traz uma apreciação pelo que tem potencial para durar e trazer segurança. Por isso, os relacionamentos mais antigos e solidificados com o tempo serão mais valorizados.

•**Lua quadratura Netuno** — 12:44 às 16:09 (exato 14:26)

Clima de muita preguiça. Tarefas árduas ou penosas devem ser evitadas. A sensibilidade está à flor da pele. É provável que caia a produtividade e a clareza mental. As emoções aqui prevalecem, o que dificulta um raciocínio mais objetivo. É mais fácil nos envolvermos em problemas e sofrimentos alheios.

•**Lua conjunção Mercúrio** — 13:35 às 17:12 (exato 15:25)

Esse aspecto salva um pouco o anterior, trazendo a possibilidade de termos ideias para solucionar qualquer impasse. Favorável aos trabalhos realizados na rua ou que dependam de deslocamentos. Muita movimentação nos shoppings, lojas, livrarias e nos sites de vendas.

DIA 10 DE JANEIRO – QUARTA-FEIRA
☽ *Minguante (balsâmica)* ☽ *em Capricórnio*

•**Lua sextil Saturno** — 03:47 às 07:09 (exato 05:28)

Quem levantar cedo contará com uma disposição positiva para realizar logo o que tiver que ser feito. Aqueles que estiverem trabalhando nessas horas contam com uma energia muito produtiva.

•**Lua conjunção Marte** — 03:59 às 07:31 (exato 05:45)

Excelente para quem gosta de praticar exercícios físicos logo cedo, essas são as horas mais propícias. O corpo responderá muito bem a qualquer atividade física. Em alta, caminhadas e práticas esportivas. Para os que têm atividades nesse horário, poderão rapidamente dar conta das tarefas.

•**Lua trígono Júpiter** — 06:33 às 09:54 (exato 08:14)

Mais uma superenergia para essa manhã, ajudando na prática esportiva, nas caminhadas em locais abertos e na natureza. Favorável a viagens em geral. Grande movimentação nos aeroportos. Aumento das compras de passagens.

Um bom horário para entrar com um pedido de aumento no trabalho, pois a disposição otimista e o pensamento positivo poderão trazer uma boa surpresa.

DIA 11 DE JANEIRO – QUINTA-FEIRA
Nova às 08:57 em 20º44' de Capricórnio em Capricórnio
LFC Início às 23:32

• **Lua trígono Urano — 04:47 às 08:03 (exato 06:25)**
Quem puder se dedicar a uma atividade diferente das usuais, ou criativas ou ligadas a invenções, será muito beneficiado. Se surgir um convite de última hora, aceite. Tope as novidades, corra atrás do que for diferente e inusitado. Tente um novo caminho ao sair de casa. Tente uma nova abordagem para uma antiga questão.

• **Lua conjunção Sol — 07:11 às 10:42 (exato 08:58)**
Esse é o aspecto referente à Lua em sua Fase Nova! Devemos lançar as sementes do que queremos colher na Lua Crescente. Tudo aqui está fértil. Ávido por semeadura. Então, vamos lançar nossas melhores intenções, nossos intentos e desejos. Uma palavra ou pensamento poderão vingar na Lua Crescente.

• **Lua sextil Netuno — 14:42 às 17:57 (exato 16:19)**
Um clima de boa vontade permeia os relacionamentos em geral, inclusive no trabalho, onde será mais fácil obter colaboração. Favorece o setor artístico, como vernissages, fotografias, música e dança.

• **Lua conjunção Plutão — 21:55 às 01:10 de 12/01 (exato 23:32)**
Clima belicoso e de fácil desentendimento entre as pessoas. Mágoas do passado voltam à tona, questões mal resolvidas, também. O melhor será cada um respeitar o espaço do outro e evitar cobranças.

DIA 12 DE JANEIRO – SEXTA-FEIRA
Nova em Aquário às 00:01
LFC Fim às 00:01

Enquanto a Lua estiver em Aquário serão dias propícios ao contato entre pessoas, mesmo que seja entre pessoas com diferenças entre si. Podemos juntar todas as "tribos". A palavra de ordem é liberdade. Nada de pegar "no pé" de ninguém. Relacionamentos mais soltos, com menos cobranças, serão beneficiados. Atividades ligadas ao inconvencional, à criatividade, ao setor da informática e a modernidades, estarão em alta.

• **Lua quadratura Júpiter** — 07:51 às 11:05 (exato 09:28)

Há um sentimento de que o que temos é pouco. Essa sensação nos leva a querer consumir além do necessário. Abusos alimentares, exageros na hora das compras, são passíveis de se sucederem. Devemos nos atentar para o fato de desejar algo, mas esperar que o objeto de desejo "caia do céu". Não vai cair.

DIA 13 DE JANEIRO – SÁBADO
⬤ *Nova* ⬤ *em Aquário LFC Início às 23:50*

• **Lua sextil Vênus** — 02:45 às 06:16 (exato 04:31)

Essa madrugada de sábado está recheada de bons fluidos para o amor. Todo o encanto para a sedução está aumentado. Será muito prazeroso dormir agarradinho.

• **Lua quadratura Urano** — 05:21 às 08:35 (exato 06:58)

Mas não devemos fazer promessas nem nos comprometer em relação a um assunto sério. Sob essa energia, tudo pode mudar. É provável que o sono "fuja" logo cedo e dê espaço para uma energia de agitação.

• **Lua sextil Mercúrio** — 22:47 às 02:16 de 14/01 (exato 23:50)

Movimentação nos bares, restaurantes e locais de entretenimento. Muito buxixo, roda de amigos e troca de informações. Também há grande procura nos sites de relacionamento, de pesquisas e de bate-papo.

DIA 14 DE JANEIRO – DOMINGO
⬤ *Nova* ⬤ *em Peixes às 00:28 LFC Fim às 00:28*

Enquanto a Lua estiver em Peixes, o melhor é sentir o clima das coisas e das pessoas e, só depois, decidir o que fazer. É jogar iscas para ver se cola. Não devemos ir com uma conduta ou sentimento pré-definidos. Conseguimos as melhores chances, os melhores resultados e acertos, no final de tudo. De uma reunião, de uma conversa… Não devemos tirar conclusões pelo início do assunto ou da situação, porque mudará do meio para o fim.

• **Lua conjunção Saturno** — 06:11 às 09:28 (exato 07:49)

Logo cedo convém que façamos o que estiver programado. As coisas poderão parecer mais penosas do que, na verdade, são. Mas é preciso encará-las com disposição produtiva e com responsabilidade. O "deixar para lá" será sentido como incompetência.

• **Lua sextil Júpiter** — 08:29 às 11:45 (exato 10:07)

Esse aspecto ajuda bastante o anterior, nos dando um sentimento de que vale a pena sair da cama e correr atrás de nossos intentos. Com um pouco de esforço, podemos enxergar o lado bom das situações e reverter qualquer entrave.

• **Lua sextil Marte** — 10:57 às 14:23 (exato 12:40)

Agora é o melhor momento para irmos à luta com toda a disposição e resolver o que tiver que ser resolvido. Sob essa influência, tudo se agiliza e conseguimos canalizar nossa energia para obter os melhores resultados. Os passeios desse domingo devem ser em locais abertos e espaçosos.

DIA 15 DE JANEIRO – SEGUNDA-FEIRA
Nova em Peixes

• **Lua sextil Urano** — 06:07 às 09:25 (exato 07:46)

Uma ideia para uma questão que ainda não foi resolvida poderá surgir e devemos anotá-la. Que tal experimentarmos algo novo essa manhã?! As novidades nos parecerão bastante atraentes. Arrumar uma mesa de café da manhã com itens bem diferentes do usual, com receitas novas, será muito apreciado.

• **Lua quadratura Vênus** — 07:59 às 11:35 (exato 09:47)

Porém um sentimento de carência afetiva poderá levar a lamentações e cobranças. Ou, então, a querer suprir essa sensação abusando de doces, frituras etc. Essa conduta pode ser evitada, basta que façamos para o outro o que gostaríamos que ele fizesse por nós.

• **Lua sextil Sol** — 15:59 às 19:34 (exato 17:46)

Os pares celestes nos emprestam, durante esse período, maior lucidez acerca da vida e de nossos propósitos. Sentimos uma integração perfeita, como se as coisas estivessem no lugar, de acordo com sua natureza e função. Beneficia o diálogo e o entendimento entre os casais e as sociedades em geral.

• **Lua conjunção Netuno** — 16:22 às 19:42 (exato 18:12)

Clima de preguiça e falta de ânimo para o que exigir coragem ou enfrentamento. Aquele soninho da tarde será bem-vindo para os que puderem relaxar nessas horas. Aconselháveis programas bem *lights*, como um bom filme, uma exposição de artes, uma música e a prática de meditação.

• **Lua sextil Plutão** — 23:51 às 03:13 de 16/01 (exato 01:33 de 16/01)

Nessa noite contamos com um sono reparador. Para quem estiver se convalescendo de alguma doença contará com maior chance de cura. Para os notívagos é uma boa hora para aprofundar sentimentos e trazer à tona questões emocionais que precisam ser elaboradas.

DIA 16 DE JANEIRO — TERÇA-FEIRA
⚫ *Nova* ⚫ *em Áries às 01:48*
LFC Início às 01:33 LF1C Fim 01:48

Enquanto a Lua estiver em Áries, a conduta deverá ser de sinceridade e demonstração clara dos sentimentos, sem rodeios. O melhor é ir direto ao ponto. Há um clima de impaciência e ninguém quer esperar por ninguém. As demoras nos serviços causam irritação nas pessoas. Por isso, serviços que agilizam suas vendas ou são de pronta entrega estarão em alta. É um período de bastante atividade e disposição.

• **Lua quadratura Mercúrio — 04:14 às 07:54 (exato 06:04)**

Aqui há uma divisão entre o que sentimos e o que pensamos. O raciocínio lógico poderá sofrer interferência das emoções, tornando um pouco confuso aquilo que, de fato, queremos. O melhor, devido ao horário, será tentar repousar a mente e deixar grandes questões para um outro momento.

• **Lua quadratura Marte — 15:25 às 19:01 (exato 17:13)**

Energia de belicosidade à vista. Devemos evitar contato com pessoas com as quais tenhamos alguma diferença. As discussões facilmente se tornam brigas mais sérias. Muito cuidado no trânsito, o clima é de total impaciência e impulsividade. No trabalho convém não ficar sentado por longos períodos. É importante mexer o corpo para não reter excesso de energia.

DIA 17 DE JANEIRO — QUARTA-FEIRA
⚫ *Nova* ⚫ *em Áries*

• **Lua trígono Vênus — 15:27 às 19:16 (exato 17:21)**

Podemos ir às compras nessa tarde. O bom gosto impera. Sabemos escolher melhor aquilo que nos cai bem. Também acertamos no gosto de quem queremos presentear, caso queiramos comprar presentes. Cuidar da beleza, ir ao salão ou fazer procedimentos estéticos, em alta. O clima é de amabilidade e cortesia entre as pessoas. Ótimo momento para relacionamentos amorosos. Para quem está só, as chances de um encontro aumentam.

• **Lua quadratura Sol — 22:59 às 02:45 de 18/01 (exato 00:52 de 18/01)**

Esse aspecto marca a entrada da Lua na fase Crescente. É hora de ir à luta! De investir no que foi plantado na Lua Nova! Devemos comparecer a tudo que formos convidados. Esses dias são para nos expor e não ficarmos na obscuridade. Vamos canalizar energias para tudo o que se queira que cresça em nossa vida.

Enquanto a Lua estiver em Touro ficamos mais atentos ao que nos proporciona prazer e conforto. Todos ficam mais dados a demonstrações de afeto e ao contato físico. Vamos caprichar nos abraços calorosos e nos beijos longos. Nesses dias, queremos tudo o que nos ofereça segurança, seja ela material ou emocional. Será muito apreciado o contato com a natureza: pisar descalço na grama, curtir a beleza da paisagem. Os serviços de moda, estética, decoração, joias e adornos estão ativados. O setor de culinária também estará bastante favorecido.

•**Lua quadratura Plutão** — 03:17 às 06:48 (exato 05:03)

Para os notívagos ou os que têm atividades nessas horas, vale o alerta: não se coloque em nenhuma situação de risco. Evite locais tidos como perigosos ou com pessoas alteradas emocionalmente. Não se deve medir forças nem "colocar alguém contra a parede".

•**Lua sextil Saturno** — 12:10 às 15:43 (exato 13:56)

Horas bastante produtivas. O trabalho não é sentido como uma carga pesada. Então, podemos realizar muitas tarefas, inclusive as que estavam pendentes. Favorece a contratação de empregados para a casa ou de profissionais para a empresa. Ideal para oficializar uniões, aproveitando a Lua Crescente e no Signo de Touro!

•**Lua trígono Mercúrio** — 12:44 às 16:38 (exato 14:41)

Ótima tarde para os estudos, as pesquisas, os diálogos e as trocas de informações. É um desses momentos em que é mais fácil colocarmos nossos sentimentos em palavras. Expressar as emoções de modo que o outro capte exatamente como elas são. Qualquer tipo de reunião está muito favorecida, inclusive as de trabalho. Aumenta o movimento nos shoppings, o comércio ativado e os sites de vendas. O que se procura é achado com muito mais facilidade.

•**Lua conjunção Júpiter** — 14:18 às 17:51 (exato 16:04)

Outro excelente aspecto para essa tarde. Ideal para viajar, planejar viagem, passear ou estar com pessoas alto-astral que nos "joguem pra cima" e elevem nossa autoestima. Aqui somos facilmente estimulados a pensar positivo. Também podemos dar uma força a alguém que esteja precisando de uma injeção de ânimo.

•**Lua trígono Marte** — 22:32 às 02:18 de 19/01 (exato 00:25 de 19/01)

O dia fecha com mais uma influência muito positiva que ajuda a resolver tudo de forma rápida e a contento. Facilita as conquistas e os encontros físicos com um toque a mais de sensualidade. Podem apostar na sedução, a noite promete!

DIA 19 DE JANEIRO – SEXTA-FEIRA
◖ *Crescente* ◖ *em Touro*

•**Lua conjunção Urano** — 13:23 às 16:59 (exato 15:11)

Horas elétricas, tudo se agita e vira emergência. Há um aumento da ansiedade em querer resolver um conjunto de coisas que se apresentam ao mesmo tempo. É preciso parar para respirar e priorizar o que é realmente importante. Desmarcações e imprevistos são esperados sob essa influência. Importante ter flexibilidade e um plano B.

DIA 20 DE JANEIRO – SÁBADO
◖ *Crescente* ◖ *em Gêmeos às 10:59*
LFC Início às 10:58 LFC Fim 10:59

Entrada do Sol no Signo de Aquário às 11h07min19seg

Enquanto a Lua estiver em Gêmeos procuramos ambientes nos quais se reúnam pessoas alegres e divertidas. Estamos mentalmente mais ativos e curiosos, o que facilita o aprendizado de coisas novas. O comércio e a imprensa ganham mais agilidade. Será muito bom circular, encontrar pessoas casualmente, buscar contatos, mesmo com alguém que, normalmente, seja difícil de encontrar. As demonstrações de ciúme e possessividade não são bem-vistas. Em Gêmeos, tudo se resolve por meio de uma boa conversa.

•**Lua sextil Netuno** — 00:50 às 04:29 (exato 02:40)

Ideal para sonhar colorido, sonhos inteiros, que contam histórias. Essa é uma energia muito sutil que promove um estado de espírito mais aberto a pedidos em oração, rezas, mantras e meditação. Quem quiser aproveitar a madrugada também se beneficiará assistindo a um filme desses que trazem uma mensagem elevada e que fazem bem à alma.

•**Lua trígono Sol** — 08:58 às 12:56 (exato 10:58)

Todo tipo de encontro está favorecido. Casamentos devem ser marcados nessas horas. Pedidos de noivado também. Casais que são diferentes entre si encontram, nesse momento, mais facilidade de se entenderem e se conciliarem. O relacionamento iniciado aqui tem maior chance de entrosamento. Facilidade para resolvermos nossos conflitos internos, com clareza e sabedoria.

•**Lua trígono Plutão — 09:06 às 12:46 (exato 10:56)**

Excelente para consultas de qualquer natureza. Médicas, terapêuticas, astrológicas e de reabilitação. Esse aspecto promove recuperação e cura. Também é mais fácil deixar o inconsciente vir à tona e elaborar questões mais profundas. Além disso, favorece obras e reparos na casa.

•**Lua quadratura Saturno — 18:40 às 22:23 (exato 20:31)**

É bom fechar o dia com todos os compromissos cumpridos e as tarefas realizadas. Assim será possível anular um sentimento de insegurança trazido por esse aspecto. Nos relacionamentos em geral, devemos evitar críticas e cobranças.

DIA 21 DE JANEIRO – DOMINGO
☾ *Crescente* ☾ *em Gêmeos*

Neste dia, a Lua não faz aspecto com outros planetas no céu. Devemos observar recomendações para a fase e o signo em que a Lua se encontra.

DIA 22 DE JANEIRO – SEGUNDA-FEIRA
☾ *Crescente* ☾ *em Câncer às 18:50*
LFC Início às 17:41 LFC Fim às 18:50

Enquanto a Lua estiver em Câncer são dias para nos dedicarmos à família, ao lar e às pessoas íntimas. Com um estado de espírito mais sensível, as pessoas se magoam e se ressentem com maior facilidade. É tempo de muitas emoções e de respondermos às situações de forma menos racional. Todos estão mais receptivos, protetores e protegidos. É importante nutrir laços afetivos, pois isso fortalecerá as ligações. Lugares próprios para reunir a família serão mais procurados.

•**Lua quadratura Netuno — 08:28 às 12:14 (exato 10:21)**

Estamos mais indolentes e avessos a tarefas complicadas. Os assuntos de natureza complexa devem ser evitados. É preciso um cuidado para não se perder papéis, documentos e chaves. Devemos checar endereços antes de sair de casa. Não é recomendável reunião de trabalho. Todos sonolentos e propensos a mal-entendidos.

•**Lua oposição Vênus — 15:33 às 19:45 (exato 17:41)**

Não favorece compras. Tendência a comprar errado ou além do necessário. Cuidado com ofertas que parecem tentadoras. Também não é aconselhável tratar de assuntos financeiros. No trabalho pode haver diminuição da produtividade, devido à falta de disposição para as solicitações do trabalho.

DIA 23 DE JANEIRO – TERÇA-FEIRA
☾ *Crescente* ☾ *em Câncer*

•**Lua trígono Saturno** — 03:19 às 07:09 (exato 05:14)

Para os que têm atividades nessas horas, há um aumento da disciplina e do bom senso, permitindo, assim, obter resultados melhores no que se pretende. Quem levanta cedo para trabalhar ou estudar conta com bastante disposição para iniciar logo as atividades.

•**Lua sextil Júpiter** — 05:17 às 09:07 (exato 07:12)

A disposição otimista e o alto astral trazidos por essa energia permitem que possamos enxergar as melhores possibilidades para o dia de hoje. Seja lá o que for fazer, vá com fé e acreditando que já deu certo.

•**Lua oposição Mercúrio** — 15:43 às 20:02 (exato 17:53)

Não favorece lançamento de campanhas nem divulgação de produtos. A comunicação costuma falhar, o que é dito não é bem o que o outro entende e vice-versa. Por isso, conversas, comunicados e avisos importantes devem ser feitos em outro momento.

•**Lua oposição Marte** — 20:40 às 00:46 de 24/01 (exato 22:43)

Nessa noite paira uma tendência a irritação. Por pouco as pessoas se desentendem, sentem-se pressionadas, e reagem com agressividade. Aqui o melhor será "cada um na sua", respeitando o espaço e a individualidade do outro. Não devemos aceitar confrontos.

DIA 24 DE JANEIRO – QUARTA-FEIRA
☾ *Crescente* ☾ *em Câncer LFC Início às 19:59*

•**Lua sextil Urano** — 05:27 às 09:19 (exato 07:23)

Essa é uma energia que favorece trabalhos criativos, invenções e ideias mais ousadas. Vamos tentar algo novo essa manhã. Comer algo diferente no café, colocar uma roupa que ainda não foi usada, fazer um penteado novo ou um percurso que passe por outros caminhos… No relacionamento, vale a pena tentar uma abordagem nova. Essas atitudes encontrarão eco sob esse aspecto.

•**Lua trígono Netuno** — 18:00 às 21:55 (exato 19:59)

Horas propícias para irmos ao cinema, a um show, ou nos deliciarmos em um passeio no calçadão, admirando o mar. Podemos ter belas inspirações, inclusive podemos alcançar um estado mais refinado de alma. Muito romantismo e encantamento no ar que aproxima as pessoas. Perfeito para encontros ao acaso.

DIA 25 DE JANEIRO – QUINTA-FEIRA
○ Cheia às 14:54 em 05°14'de Leão ☽ em Leão às 04:36 LFC Fim 04:36

Enquanto a Lua estiver em Leão, as pessoas estarão mais demonstrativas em relação aos sentimentos e às emoções. De forma calorosa se cumprimentam e se abraçam. É um tempo de extroversão, de sair de casa, de brilhar, de ser autêntico. Vamos elevar a autoestima e aproveitar para esnobar quem vem nos esnobando. Festas e comemorações tendem a ser mais alegres e animadas. Todo mundo vai. Ainda mais sendo Lua Cheia! Bares, restaurantes e festividades tendem a ficar lotados.

• **Lua oposição Plutão — 02:55 às 06:50 (exato 04:52)**

Os notívagos devem se acautelar de uma tendência a reações exacerbadas frente a um mal-entendido ou um dissabor. Lugares perigosos devem ser evitados. Risco de "bala perdida". Os que têm trabalho devem evitar rivalidades e disputas de poder.

• **Lua oposição Sol — 12:45 às 17:02 (exato 14:54)**

Aspecto próprio da Lua Cheia! Tudo aumenta. A libido, as marés, a oscilação de humor. Casais com diferenças entre si tendem a se desentenderem ao menor sinal de provocação. Não convém discutir a relação. Ânimos muito exaltados.

• **Lua quadratura Júpiter — 15:47 às 19:45 (exato 17:46)**

Vamos procurar uma atividade que nos satisfaz emocionalmente para não corrermos o risco de cair em um estado de insatisfação. A tendência é esperarmos benefícios além dos que a realidade permite. Nada de tentar suprir uma frustração abusando de comidas ou bebidas.

DIA 26 DE JANEIRO – SEXTA-FEIRA
○ Cheia ○ em Leão LFC Início às 18:20

• **Lua quadratura Urano — 16:19 às 20:18 (exato 18:20)**

Sob essa influência é esperado desmarcações de última hora. Portanto, se houver um compromisso agendado, será conveniente reconfirmar antes. É comum esbarrarmos com um imprevisto que nos tire da rota habitual. O importante é manter a calma e refazer a rota se preciso for. São aconselháveis atividades que minimizem a ansiedade, como caminhadas, dança ou massagem relaxante. Os trabalhos nos quais podemos ter mais autonomia e liberdade serão beneficiados.

DIA 27 DE JANEIRO – SÁBADO
○ *Cheia* ○ *em Virgem às 16:11*
LFC Fim às 16:11

Enquanto a Lua estiver em Virgem é ótimo período para trabalhos que exijam atenção aos detalhes, como a organização de papéis, documentos e armários, e tudo o mais que esteja precisando de uma repaginada. Estamos mais intransigentes em relação à desordem, à ineficiência e à falta de higiene. Período ideal para fazermos listas e programarmos a nossa agenda. Vamos cumprir tudo. Tarefas que estão sendo adiadas podem ser feitas aqui com desembaraço.

Hoje a Lua não faz aspecto com outros planetas no céu. Devemos observar as recomendações para a fase e o signo em que a Lua se encontra nesse momento.

DIA 28 DE JANEIRO – DOMINGO
○ *Cheia* ○ *em Virgem*

•**Lua trígono Vênus — 02:12 às 06:43 (exato 04:27)**
Noite propícia ao amor e às declarações de afeto. Romance e sedução em alta. Fertilização beneficiada. Os que estiverem acordados nesse horário podem fazer algo de seu agrado, como um banho relaxante, uma massagem, um lanche gostoso ou trocar carícias com o ser amado.

•**Lua oposição Saturno — 02:17 às 06:22 (exato 04:19)**
Mas não devemos nos deixar abater por preocupações que venham a povoar nossa mente. Essa madrugada está beneficiada com energias de amor e alto-astral. Quem tiver trabalhos nesse horário deve procurar atender às solicitações das tarefas e caprichar na apresentação do produto. Tudo será mais observado, e os erros serão logo identificados.

•**Lua trígono Júpiter — 04:07 às 08:12 (exato 06:09)**
Mais um aspecto que facilita concepção, fertilização e parto. Há, naturalmente, um bem-estar emocional que nos permite enfrentar qualquer impasse com otimismo e autoconfiança. Ficamos mais generosos nas ligações mais íntimas.

DIA 29 DE JANEIRO – SEGUNDA-FEIRA
◯ *Cheia* ◯ *em Virgem*
LFC Início às 20:21

•Lua trígono Marte — 03:43 às 08:04 (exato 05:54)

Excelente aspecto para as atividades físicas em geral e para quem tem que tomar resoluções logo cedo. A energia é de autoconfiança para que tomemos decisões. Tudo parece se resolver com mais facilidade.

•Lua trígono Urano — 04:49 às 08:53 (exato 06:51)

Podemos usar de criatividade para tomar iniciativas diferentes das já conhecidas e introduzir um elemento novo nas tomadas de decisão. Aqui tudo o que ainda não foi experimentado será bem-vindo.

•Lua trígono Mercúrio — 06:18 às 10:56 (exato 08:37)

Favorável a trabalhos que usem a mente e o raciocínio lógico. Encontramos mais agilidade no trânsito e nos fretes. A comunicação está fluindo, o que permite que mensagens, recados e avisos sejam transmitidos. Aulas em geral são beneficiadas.

•Lua oposição Netuno — 18:17 às 22:22 (exato 20:21)

Astral de preguiça para o que demanda esforço. Mais sensíveis, não estamos dispostos a assuntos delicados que mexem com o emocional. Também ficamos mais desligados sob essa energia, podendo levar a esquecimentos e à falta de atenção.

DIA 30 DE JANEIRO – TERÇA-FEIRA
◯ *Cheia* ◯ *em Libra às 05:03*
LFC Fim às 05:03

Enquanto a Lua estiver em Libra são dias para se fazer as coisas em companhia. Em Libra, tudo o que se faz a dois se faz melhor. Estamos avessos à solidão. Essa é uma Lua muito sociável e dada à diplomacia, aos modos refinados e a posturas elegantes. Devemos observar a conduta do outro e respeitá-la. Devemos ir até onde o outro permitir, sem sermos invasivos. Não se deve fazer nada de forma radical, e sim buscando a harmonia em qualquer circunstância.

•Lua trígono Plutão — 03:38 às 07:43 (exato 05:40)

As pessoas que têm atividades nessas horas se beneficiam de uma forte energia para a recuperação. Seja de saúde ou de relacionamento. Estamos mais fortes emocionalmente e, por isso, em condições de enfrentar e resolver algo que esteja nos incomodando.

• Lua quadratura Vênus — 22:17 às 02:49 de 31/01 (exato 00:33 de 31/01)

Nessa noite devemos procurar relaxar e incluir na programação algo que seja de nosso agrado. Sob essa influência, é comum tomarmos uma atitude infantil de suprir nossa carência emocional a qualquer preço.

DIA 31 DE JANEIRO – QUARTA-FEIRA
○ *Cheia* ○ *em Libra*

• Lua trígono Sol — 00:53 às 05:19 (exato 03:06)

Favorável a concepção, gravidez e nascimentos. A fertilidade aqui, no caso, também se estende a todas as áreas da vida. Podemos ter uma intuição ou uma clareza a respeito de um fato e devemos anotar a ideia.

• Lua quadratura Marte — 20:50 às 01:08 de 01/02 (exato 22:59)

Essa energia traz impaciência e irritabilidade. Convém não executarmos nenhuma tarefa longa nem nada que tenhamos que esperar para ver o resultado. Não devemos nos indispor com ninguém nem aceitar provocações. O lema aqui é "viva e deixe viver". Vamos canalizar essa energia para planejar o mês de fevereiro com muita disposição para realizar nossos intentos.

Fevereiro 2024

Domingo	Segunda-feira	Terça-feira	Quarta-feira	Quinta-feira	Sexta-feira	Sábado
				1 ♏	2 ♐13°35' ♏	3
				Lua Cheia em Escorpião às 17:36 LFC 06:04 às 17:36	Lua Minguante em Escorpião às 20:16	Lua Minguante em Escorpião
4 ♐	5	6 ♑	7	8 ♒	9 ♒20°44 ♒	10 ♓
Lua Minguante em Sagitário às 03:27 LFC 00:25 às 03:27	Lua Minguante em Sagitário	Lua Minguante em Capricórnio às 09:08 LFC 02:07 às 09:08	Lua Minguante em Capricórnio	Lua Minguante em Aquário às 10:59 LFC 04:52 às 10:59	Lua Nova em Aquário às 19:59 LFC Início às 19:59	Lua Nova em Peixes às 10:42 Fim LFC às 10:42
11	12 ♈	13	14 ♉	15	16 ♉27°25 ♉ ♊	17
Lua Nova em Peixes	Lua Nova em Áries às 10:25 LFC 09:32 às 10:25	Lua Nova em Áries	Lua Nova em Touro às 12:02 LFC 07:21 às 12:02	Lua Nova em Touro	Lua Crescente em Touro às 12:00 Lua Crescente em Gêmeos às 16:39 LFC 12:00 às 16:39	Lua Crescente em Gêmeos
18	19 ♋	20	21 ♌	22	23 ♍	24 ○05°23 ♍
Lua Crescente em Gêmeos	Lua Crescente em Câncer às 00:24 LFC 00:21 às 00:24 Entrada do Sol no Signo de Peixes às 01h13min08seg	Lua Crescente em Câncer	Lua Crescente em Leão às 10:40 LFC 03:38 às 10:40	Lua Crescente em Leão	Lua Crescente em Virgem às 22:37 LFC 01:51 às 22:37	Lua Cheia em Virgem às 09:30
25	26 ♎	27	28	29 ♏		
Lua Cheia em Virgem	Lua Cheia em Libra às 11:29 LFC 04:36 às 11:29	Lua Cheia em Libra LFC Início às 15:22	Lua Cheia em Libra	Lua Cheia em Escorpião às 00:08 LFC Fim às 00:08		

Mandala Lua Nova de Fevereiro

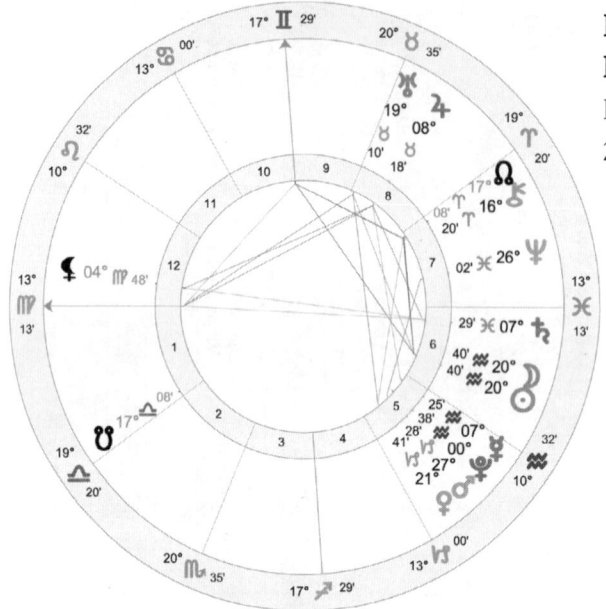

Lua Nova
Dia: 09/02
Hora: 19:59
20°40' de Aquário

Mandala Lua Cheia de Fevereiro

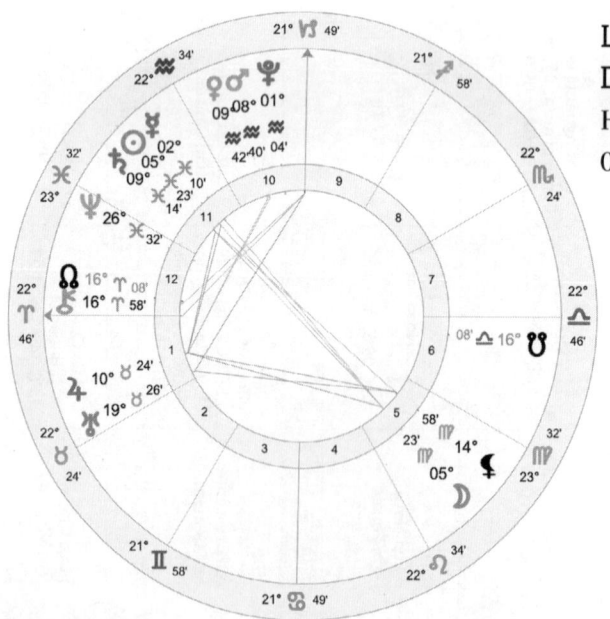

Lua Cheia
Dia: 24/02
Hora: 09:30
05°23' de Virgem

CÉU DO MÊS DE FEVEREIRO

O mês de fevereiro começa com uma mudança de clima sutil. Aos poucos, o foco intenso na matéria e nos aspectos mais pragmáticos da vida do mês anterior arrefece. Mesmo assim, é necessário manter tanto a rotina sob controle quanto a dedicação ao trabalho em dia. Lentamente, porém, as relações, as trocas e a necessidade de trabalhar de maneira cooperativa passam a ter destaque e contribuem para que os objetivos possam ser concretizados.

Disciplina é uma palavra importante para este mês. É preciso completar o que se iniciou, riscando as tarefas da listinha uma a uma. Ainda não é um período de grandes iniciativas, sendo preferível manter uma atitude mais reservada e observadora, aproveitando o contexto para aprender com os erros e os acertos do passado e das pessoas ao redor.

A Lua inicia o mês minguando no diplomático Signo de Libra, indisposta com Mercúrio e Marte em Capricórnio. É um início tumultuado e isso pode ser sentido, com maior clareza, na comunicação com os outros. O mais indicado, agora, é não reagir e lembrar-se de que as emoções interferem no julgamento e na avaliação das situações. Quando a Lua chegar a Escorpião no dia 02, será o momento mais indicado para eliminar o que for necessário de modo definitivo.

Os movimentos lunares de fevereiro são marcados pelo ritmo fixo, desenhando um bom mês para concretizar ideias e caminhos. Manter os objetivos em mente é o segredo para não se perder no ímpeto de mudanças que o mês sinaliza.

A eletricidade dos primeiros dias de fevereiro pode trazer ótimas oportunidades e muita criatividade. Anotar *insights* e ideias inusitados que surgem é uma excelente atitude, pois eles poderão ser profundamente inspiradores para os projetos da próxima lunação.

No dia 05, Mercúrio ingressa no Signo de Aquário, acompanhando o passo do Sol. A mente se agita e se inquieta, voltando-se para o futuro e para o coletivo. Novas ideias, novas conexões e novos rumos podem ser explorados entre os dias 05 e o dia 23 do mês de fevereiro.

Logo que chega a Aquário, Mercúrio encontra-se com Plutão e permanece em contato estreito com ele até o dia 07. Esse encontro intensifica a capacidade de exercer a influência e o controle por meio da fala e da força do intelecto. O desejo de se aprofundar, descobrir a raiz dos problemas e os segredos ocultos está em evidência nesse período. Porém, é importante ficar alerta para que uma ideia não ocupe a mente de maneira obsessiva ou para que a fala não seja usada como uma arma para subjugar os outros.

A semana anterior ao Carnaval promete muita criatividade, inspiração, sensualidade e sensibilidade. A séria Vênus Capricorniana inicia uma conversa animada com Urano no dia 07 e segue trazendo novidades nos relacionamentos e convidando à quebra das rotinas até o dia 09. Como os dois estão em signos de terra, os assuntos voltados ao corpo e à realidade material estarão em pauta e poderão ser beneficiados. Também no dia 07, Marte propõe um diálogo amistoso com Netuno e, desse modo, as ações são temperadas por maior sensibilidade e compaixão até o dia 10. Esse desejo de romper com os limites que restringem a expressão pessoal pode causar problemas e acidentes no dia 08. Por isso, é essencial manter a paciência e usar a inquietude para mudar o que precisa ser mudado dentro de si, antes de tentar aplicá-lo no mundo ao redor.

Na sexta, dia 09, com os tambores vibrando pelo país, a Lua começa sua fase Nova no Signo de Aquário. As emoções pedem liberdade, inovação e são alimentadas pelo convívio com as amizades e por meio do bem-estar coletivo. Essa lunação é marcada pela irreverência, pelo otimismo, pelo desejo de ousar e romper com as limitações que impedem a chegada do futuro. E isso é excelente, mas é preciso contornar as arapucas construídas pelos excessos de otimismo. Fazendo isso, será possível fugir dos riscos trazidos por comportamentos imprudentes.

No dia 13, Marte entra em Aquário, reforçando o clima de transformação e logo encontra Plutão, amplificando o potencial revolucionário do período. Os dias entre 12 e 15 de fevereiro prometem ser intensos, recheados de conflitos entre vontades e ambições. Nesse período é prudente evitar situações com potencial de serem perigosas. Escolher as batalhas e adversários com sabedoria sempre é um bom conselho, mas é ainda mais recomendável nesses dias. O sextil entre Vênus e Netuno, que ocorre simultaneamente ao encontro entre Marte e Plutão, dá uma boa dica, sugerindo usar a compaixão como guia para escolher o que merece estar no foco dessa concentração energética.

A Lua começa a encher-se de luzes novamente no dia 16, em Touro. Com a Lua nesse signo, são os projetos que talvez precisem de um pouco mais de tempo que poderão trazer resultados mais abundantes e duradouros. Nesse mesmo dia, Vênus deixa Capricórnio e avança para Aquário. Durante sua fase aquariana (de 16/02 a 11/03), o amor deixa se ser um assunto discreto e pessoal para ser do mundo. Os valores humanitários, a diversidade e as amizades movimentam os interesses afetivos. Ao entrar em Aquário, Vênus também se encontra com Plutão. E, com isso, esses dias ganham um colorido ainda mais intenso. Não é só o passo do tempo que se acelera, mas também a profundidade das emoções e dos desejos que aumentam, criando uma atmosfera de extremos para o período.

Entre os dias 17 e 18, faíscas explodem no embate entre Mercúrio e Urano. A mente hiperestimulada demanda uma boa dose de flexibilidade para não entrar em curto-circuito. Planos elaborados, deslocamentos rotineiros e conversas cotidianas parecem sair dos trilhos, sendo interrompidos por imprevistos e mal-entendidos. Reduzir a velocidade e usar o jogo de cintura são as maneiras mais acertadas de se obter o melhor que esses dias têm a oferecer. É importante, no entanto, encontrar saídas para evitar que a ansiedade atrapalhe.

A partir do dia 19, a atmosfera começa a mudar com a entrada do Sol no Signo de Peixes. A capacidade solar de vitalizar a consciência é direcionada para iluminar a alma e tudo aquilo que só é possível ver com o coração e em silêncio. Esse movimento será amplificado no dia 24, quando a Lua alcança seu brilho máximo, mostrando ao mundo tudo o que foi possível transformar em realidade nesse ciclo lunar.

Porém, antes de isso acontecer, fevereiro traz o casamento entre Vênus e Marte, no Signo de Aquário. Entre os dias 20 e 24 de fevereiro, o amor está no ar. Não falta energia para buscar uma relação que atenda às expectativas elevadas e ao ímpeto pela liberdade desse encontro. É possível também usar as indicações desses dias para revolucionar algo na vida pessoal, de tal maneira que o encanto e a paixão voltem a fazer parte do cotidiano.

Para aumentar o clima sonhador, no dia 23 de fevereiro, Mercúrio se despede de Aquário e começa seu caminho pelo Signo de Peixes. Essa não é uma posição muito confortável para o planeta que rege o intelecto e o movimento. Em Peixes, Mercúrio perde o domínio da clareza das ideias e precisa aprender a navegar pela sensibilidade pisciana. Durante esse percurso, embora o planeta sofra com a perda da capacidade do raciocínio lógico, ele ganha em intuição, inspiração e percepção da subjetividade.

Com a chegada da Lua em sua fase mais plena, no dia 24, tudo o que foi possível realizar nesse ciclo lunar é revelado. Tanto as vitórias alcançadas quanto as expectativas frustradas são mais fáceis de digerir se as cobranças e o excesso de criticismo sinalizados pela Lua em Virgem foram controlados. Aproveitar esse momento para enumerar as bênçãos alcançadas, sem se deixar levar por arroubos de arrogância, é a atitude mais adequada para o período.

A Lua em Virgem dá a justa medida das coisas e ensina que cuidar dos detalhes também é uma atitude acolhedora. Apesar desse período trazer uma tendência ao isolamento e à carência, é importante compreender que o reconhecimento nasce primeiro dentro de si. Reconhecer esforços, espalhar benefícios com generosidade e manter o olhar no futuro aumentam o brilho próprio e a satisfação com a jornada.

Entre os dias 24 e 28, Vênus e Júpiter se indispõem e ajustes são necessários. É possível perder a disciplina nesses dias e há uma tendência a procurar fazer somente o que se gosta. Embora seja uma sensação agradável, as consequências desse comportamento não o são. Um pouco de moderação, discernimento e autocontrole são suficientes para assegurar que esses sejam dias bastante agradáveis.

Sendo assim, o mês de fevereiro termina com a formação de um grande encontro entre Mercúrio, Sol e Saturno, todos no Signo de Peixes. Mercúrio se aproxima do Sol, estimulando e inspirando novas ideias, trocas e viagens. O Sol, por sua vez, segue em direção a Saturno, buscando estruturar os esforços prioritários para disseminar a colheita da Lua Cheia. Os dias 28 e 29 de fevereiro são excelentes para se concentrar em trabalhos que beneficiem àqueles que mais precisam de apoio, solidariedade e cuidado.

Posição diária da Lua em fevereiro

DIA 01 DE FEVEREIRO – QUINTA-FEIRA
○ *Cheia (disseminadora)* ○ *em Escorpião às 17:36*
LFC Início às 06:04 LFC Fim às 17:36

Enquanto a Lua estiver em Escorpião, as emoções mais profundas podem estar em ebulição e há no ar um forte magnetismo, inclusive sexual. A tensão pode aumentar até o clímax, caso não se encontre uma forma de descarregar essa sobrecarga emocional. O momento é favorável para se aprofundar nas terapias e buscar o âmago de qualquer situação. Aproveite a combinação da Lua Disseminadora em Escorpião para transformar as relações, partilhando seu melhor.

• **Lua quadratura Mercúrio** — 03:45 às 08:19 (exato 06:04)
Nesse início de manhã, seja mais cauteloso com aquilo que fala e evite decisões importantes das quais possa se arrepender. Lembre-se de que nesse momento você pode estar propenso a explosões e ressentimentos. Às vezes, o melhor é se calar.

- **Lua quadratura Plutão — 16:22 às 20:21 (exato 18:22)**

Esse é mais um aspecto que pede um pouco mais de cautela ao expressar o que sente. Os conflitos podem escalar a ponto de trazerem mais prejuízos do que benefícios. Busque serenidade e um momento de reflexão.

DIA 02 DE FEVEREIRO – SEXTA-FEIRA
☽ Minguante às 20:16 em 13°35' de Escorpião ☽ em Escorpião

- **Lua trígono Saturno — 04:39 às 08:37 (exato 06:38)**

Mãos à obra! Que tal acordar um pouco mais cedo para fazer uma faxina geral? A Lua Minguante em Escorpião propõe um momento de encerramento de ciclo e renovação. E aqui não se trata de faxina apenas no sentido de limpar a casa, mas sim de reservar um momento para selecionar aquilo que deve permanecer e o que não tem mais serventia em todos os sentidos: objetos, atitudes, pensamentos, relações, emoções... com isso, até nos tornamos mais produtivos.

- **Lua oposição Júpiter — 06:18 às 10:15 (exato 08:17)**

Esse aspecto pode atrapalhar um pouco o julgamento e fazer com que as emoções tomem conta do cenário. Portanto, não é uma boa hora para decisões importantes. Evite o impulso de comprar qualquer coisa nesse período, pois os gastos aqui têm mais relação com a ansiedade do que com a necessidade real.

- **Lua sextil Vênus — 16:59 às 21:18 (exato 19:09)**

Na parte da tarde, o clima de sexta-feira toma conta. É um bom final de tarde para marcar um *happy hour* e um encontro entre amigos. As relações estarão favorecidas e expressar afeto pelos outros pode ser mais fácil.

- **Lua quadratura Sol — 18:11 às 22:24 (exato 20:17)**

Tome cuidado apenas para não exagerar, pois esse aspecto denota um desgaste energético maior. Procure evitar conversas sobre questões do passado que possam causar incômodo ou se envolver demais e levar as coisas para o lado pessoal. Antes de dormir, realizar uma meditação de perdão e gratidão poderá lhe trazer maior paz de espírito.

DIA 03 DE FEVEREIRO – SÁBADO
☽ Minguante ☽ em Escorpião

- **Lua oposição Urano — 04:59 às 08:49 (exato 06:54)**

Com esse aspecto logo cedo pela manhã, pode ser que seus planos sejam interrompidos (sejam eles de dormir um pouco mais ou de pular cedo da cama para uma atividade desejada). Uma questão pendente do trabalho, um problema doméstico ou até mesmo uma discussão que irrompe "do nada" pode abalar sua paz.

• **Lua sextil Marte — 11:41 às 15:43 (exato 13:42)**

Mais para o final da manhã e início da tarde, a energia estará em alta. Há motivação para a ação e para enfrentar atividades e desafios que peçam persistência e assertividade intelectual. Os encontros sociais também estarão favorecidos.

• **Lua trígono Netuno — 17:48 às 21:35 (exato 19:42)**

Inspiração e imaginação em alta durante a noite de sábado! Também é um momento propício para criar aquele clima romântico e apaixonado que casais adoram. Uma conexão e trocas mais profundas serão possíveis, já que esse aspecto favorece a empatia e o mergulho na psique humana.

• **Lua sextil Mercúrio — 22:16 às 02:31 de 04/02 (exato 00:25 de 04/02)**

Do final da noite até o momento de adentrar na madrugada, esse aspecto favorece aquela conversa mais profunda e a interação com outras pessoas. Outra possibilidade é você ter um *insight*, encontrando a solução perfeita para aquele problema que estava lhe incomodando, especialmente se for de ordem prática.

DIA 04 DE FEVEREIRO – DOMINGO
☽ *Minguante* ☽ *em Sagitário às 03:27*
LFC Início às 00:25 LFC Fim 03:27

Enquanto a Lua estiver em Sagitário, durante a fase Minguante será preciso conter um pouco mais a vontade que essa posição nos dá de querer extravasar. A Lua Minguante pede recolhimento e, portanto, invista mais no aspecto sagitariano de traçar suas metas e se concentrar nos estudos acadêmicos, se este for o caso. Pode ser a hora de finalizar aquele curso que vinha fazendo sem constância ou de reavaliar as metas que você tinha estipulado para si no início do ciclo da Lua Nova. É o momento perfeito para pegar carona no otimismo sagitariano e confiar no fluxo da vida.

• **Lua sextil Plutão — 02:27 às 06:10 (exato 04:19)**

Nessa madrugada e início de manhã, há uma energia fluente para expressar emoções e sentimentos intensos, o que pode potencializar a compreensão entre as pessoas. São ótimas horas para um sono regenerador também.

• **Lua quadratura Saturno — 14:18 às 17:59 (exato 16:09)**

Cuidado para não estragar o restante do seu domingo com pessimismo ou negatividade. Se precisar, busque se recolher um pouco mais, não tente resolver quaisquer problemas e questões agora, ainda mais se esses envolverem outras pessoas. Espere a influência desse aspecto diminuir para, então, traçar seu plano da semana, a fim de ter maior clareza da realidade das coisas.

DIA 05 DE FEVEREIRO — SEGUNDA-FEIRA
☽ Minguante (balsâmica) ☽ em Sagitário

• **Lua sextil Sol — 06:59 às 10:50 (exato 08:55)**

Segunda-feira para iniciar a semana com o pé direito! As coisas fluem bem, e pode ser uma boa hora para ter aquela reunião e conversar a respeito de assuntos mais delicados, pois você consegue se expressar de forma equilibrada e racional. As relações e trocas de informações estão facilitadas, portanto as pessoas cooperam entre si.

DIA 06 DE FEVEREIRO — TERÇA-FEIRA
☽ Minguante (balsâmica) ☽ em Capricórnio às 09:08
LFC Início às 02:07 LFC Fim às 09:08

Enquanto a Lua estiver em Capricórnio, e ainda em uma Lua Balsâmica, o momento não é muito de socializar ou esperar grandes recompensas. O melhor a se fazer é uma avaliação pessoal dos objetivos alcançados (ou não) e apenas planejar os passos a serem dados a seguir, sem grandes expectativas. Seja realista e entenda que as pessoas estarão mais "no automático", preocupadas com finalizar suas pendências, assim como você. Tarefas de rotina são as mais indicadas aqui.

• **Lua quadratura Netuno — 00:21 às 03:50 (exato 02:07)**

Sob esse aspecto, é melhor permanecer na cama do que tentar resolver algo ou aproveitar o momento. Aqui a realidade pode ficar distorcida e as coisas podem **não ser o que aparentam.** Uma possibilidade é que seja difícil relaxar, por conta da ansiedade ou estresse. Portanto, busque ferramentas que lhe ajudem a sossegar e a ter um sono de qualidade.

• **Lua sextil Saturno — 19:35 às 23:00 (exato 21:17)**

No final dessa terça-feira é possível que encontremos uma forma de traduzir intuição ou inspiração para a prática. Também é um momento mais "pé no chão", e você consegue realizar atividades, ou até mesmo ajudar outras pessoas, sem se desgastar ou se envolver tanto com o problema.

• **Lua trígono Júpiter — 20:58 às 00:22 de 07/02 (exato 22:40)**

Também à noite, esse aspecto harmônico nos ajuda a ter sucesso nas empreitadas. Há maior energia e otimismo frente às atividades, sendo mais fácil conseguir o apoio necessário e conquistar a confiança dos demais.

DIA 07 DE FEVEREIRO – QUARTA-FEIRA
☽ *Minguante (balsâmica)* ☽ *em Capricórnio*

• Lua conjunção Vênus — 15:24 às 18:59 (exato 17:12)

Esse aspecto traz leveza para desempenhar as tarefas da tarde, além de facilitar a colaboração. A harmonia e o equilíbrio prevalecem, sendo um ótimo momento para uma apresentação de trabalho, por exemplo. Nesse período são indicados procedimentos estéticos ou um corte de cabelo, pois o resultado entregue é o esperado.

• Lua trígono Urano — 15:39 às 18:57 (exato 17:18)

Ao mesmo tempo, esse aspecto traz a possibilidade de explorar novas soluções e possibilidades. Preste atenção nas oportunidades que podem aparecer e aproveite para se expressar de forma original e criativa. Soluções inovadoras são bem recebidas.

DIA 08 DE FEVEREIRO – QUINTA-FEIRA
☽ *Minguante (balsâmica)* ☽ *em Aquário às 10:59*
LFC Início às 04:52 Fim LFC às 10:59

Enquanto a Lua estiver em Aquário, haverá uma tendência maior para um ponto de vista intelectual em detrimento do emocional. Enquanto ainda for o período da Lua Balsâmica, explore mais as ideias do que as interações. A partir da Lua Nova, é o momento de se reunir com os grupos dos quais você faz parte ou até mesmo o de iniciar um novo grupo. Também será um período para pensar em fazer melhorias e inovações.

• Lua sextil Netuno — 02:51 às 06:07 (exato 04:29)

Como esse aspecto ocorre principalmente na madrugada, é possível que você desperte com sonhos povoando sua mente. Deixe um caderninho de anotações ao lado da cama. Tente perceber qualquer mensagem que esses sonhos possam passar e anote o que lembrar, mesmo que não entenda seu significado logo de cara.

• Lua conjunção Marte — 03:09 às 06:34 (exato 04:52)

Se estiver pela rua na madrugada ou tiver que sair cedinho pela manhã, evite entrar em discussões e disputas, pois os ânimos estão acirrados. Essa quinta-feira pede a você que desacelere e evite situações que possam lhe colocar em perigo, até por conta do aspecto seguinte que ocorre também ainda pela manhã.

• Lua conjunção Plutão — 10:19 às 13:33 (exato 11:56)

Fique atento às tentativas de manipulação e não entre nessa de fazer algo só porque o grupo está fazendo. De fato, nesse momento, pode ser interessante manter uma certa distância, até porque o momento favorece desconfianças e até explosões indesejadas.

• **Lua conjunção Mercúrio** — 18:37 às 22:12 (exato 20:24)

Próximo ao final do dia, a empatia estará mais alta. Agora, sim, aproveite para descontrair e, quem sabe, marcar aquele *happy hour* com os amigos. Tratar de assuntos domésticos e do lar também pode ser uma boa ideia.

• **Lua quadratura Júpiter** — 22:33 às 01:46 de 09/02 (exato 00:09 de 09/02)

Cuidado para não exagerar ao tentar satisfazer os sentidos. Evite excessos de forma geral e indulgência e generosidade demasiadas com os demais. Preste atenção se não estão tentando tirar vantagem de você.

DIA 09 DE FEVEREIRO – SEXTA-FEIRA
🌑 *Nova às 19:59 em 20°40' de Aquário* 🌑 *em Aquário LFC Início às 19:59*

• **Lua quadratura Urano** — 16:00 às 19:10 (exato 17:35)

Nessa sexta-feira, esteja preparado para a mudança repentina de planos. Alguma coisa pode acontecer e fazer você mudar a direção, causando aborrecimento. A tensão está no ar e podemos ser pegos de surpresa ou com pouco aviso. Por isso, evite provocar os demais, mesmo que não o faça de modo proposital.

• **Lua conjunção Sol** — 18:17 às 21:40 (exato 19:59)

Esse aspecto indica que entramos na Lua Nova. Momento de um novo ciclo, novos começos, em especial no campo das ideias, das inovações, dos grupos sociais. Aproveite para colocar em prática uma nova forma de fazer as coisas, algo original e criativo. Novas amizades também são bem-vindas.

DIA 10 DE FEVEREIRO – SÁBADO
🌑 *Nova* 🌑 *em Peixes às 10:42 Fim LFC às 10:42*

Enquanto a Lua estiver em Peixes é um ótimo período para aqueles retiros que nos fazem desligar um pouco da rotina. Momento de contemplação, de inspiração, de romance. Por outro lado, também é preciso não deixar os pés saírem completamente do chão, pois estamos mais suscetíveis a ilusões e confusão.

• **Lua conjunção Saturno** — 21:08 às 00:20 de 11/02 (exato 22:44)

A noite de sábado pode começar com as pessoas mais na defensiva e, em eventos sociais, pode haver pouco público (ao menos no início) e dificuldade de entrosamento. Por outro lado, ficamos mais cautelosos e é mais fácil controlar as emoções.

• **Lua sextil Júpiter — 22:28 às 01:40 de 11/02 (exato 00:40 de 11/02)**

No desenrolar da noite, o clima fica mais descontraído com a ajuda do aspecto harmonioso entre Lua e Júpiter. Qualquer ambiente se torna mais leve e as interações podem ganhar um tom mais afetivo.

DIA 11 DE FEVEREIRO – DOMINGO
● *Nova* ● *em Peixes*

• **Lua sextil Urano — 15:30 às 18:42 (exato 17:06)**

Com essa configuração na tarde de domingo, podemos nos sentir mais livres para experimentar o novo, sem comprometer nosso bem-estar emocional. Convites inusitados podem aparecer, sendo possível também o encontro inesperado com figuras do passado.

• **Lua sextil Vênus — 23:46 às 03:15 de 12/02 (exato 01:30 de 12/02)**

Final de noite e início de madrugada estão propícios ao encontro romântico. Há acolhimento, cumplicidade e suavidade. Ainda, a intuição está mais aguçada para que saibamos como seduzir e agradar ao outro.

DIA 12 DE FEVEREIRO – SEGUNDA-FEIRA
● *Nova* ● *em Áries às 10:25*
LFC Início às 09:32 Fim LFC às 10:25

Enquanto a Lua estiver em Áries temos muita energia para começar novos empreendimentos e também coragem para entrar de cabeça em qualquer situação. Por outro lado, a impulsividade fica difícil de ser controlada, sendo as decisões tomadas muito rapidamente, sem muita reflexão, de acordo com os humores.

• **Lua conjunção Netuno — 02:34 às 05:47 (exato 04:10)**

Apesar de a Lua estar em Áries, essa segunda-feira começa em um tom mais sereno sob a influência desse aspecto. Uma boa dica pode ser levantar um pouco mais cedo hoje para uma meditação e começar a semana com as energias renovadas.

• **Lua sextil Marte — 07:49 às 11:13 (exato 09:32)**

À medida que a manhã avança, temos a possibilidade de resolver assertivamente diversas questões. A iniciativa e liderança estão em alta e é um ótimo momento para trazer entusiasmo e colaboração das pessoas para o alcance de um objetivo em comum.

• Lua sextil Plutão — 09:58 às 13:12 (exato 11:35)

Mais um aspecto que denota alta capacidade de realização no dia de hoje. Estamos mais empoderados para lidar com questões que podem ser difíceis, transformando-as ao nosso favor. Uma boa dica é encaixar as metas mais desafiadoras da semana por essas horas.

DIA 13 DE FEVEREIRO – TERÇA-FEIRA
🌑 *Nova* ⬤ *em Áries*

• Lua sextil Mercúrio — 05:52 às 09:35 (exato 07:43)

A terça-feira inicia com um bom aspecto para quem precisa colocar os estudos em dia, fazer algum tipo de teste de conhecimentos ou simplesmente ficar atualizado nas leituras. Também é favorável para uma conversa em que precisamos colocar nossas emoções de forma clara e precisa para alguém.

DIA 14 DE FEVEREIRO – QUARTA-FEIRA
🌑 *Nova* ⬤ *em Touro às 12:02 LFC Início às 07:21 LFC Fim às 12:02*

Enquanto a Lua estiver em Touro entramos em um período de fertilidade e estabilidade. É hora de persistir e buscar resultados concretos, por meio da concentração da vontade. Não é o momento de se aventurar por terras desconhecidas e, sim, de avançar sem pressa, experimentando o terreno. Projetos de longa duração, em que não seja necessário obter resultados rápidos, estão favorecidos.

• Lua sextil Sol — 01:51 às 05:28 (exato 03:39)

A quarta-feira inicia-se em harmonia. Nossos desejos conversam bem com o entorno e com fatores externos que possam afetar de qualquer forma sua realização. Essa é a energia que vai sustentar melhor o dia, o qual promete horas mais tensas na sequência.

• Lua quadratura Vênus — 05:29 às 09:11 (exato 07:21)

É possível que durante a manhã você ou alguém com quem convive esteja de mau humor. Há dificuldade de sentir o valor e o cuidado nas ações (nossas ou dos outros), o que pode gerar tensões. Cuidado com compras impulsivas, na tentativa de saciar alguma sensação de vazio.

• Lua quadratura Plutão — 11:39 às 15:04 (exato 13:21)

Do final da manhã até o meio da tarde, esse aspecto de tensão faz emergir um conflito. Evite atitudes drásticas movidas pela emoção e procure se afastar de situações e pessoas que possam ser fonte de sofrimento ou desentendimentos por essas horas.

- **Lua quadratura Marte — 12:07 às 15:44 (exato 13:55)**

Praticamente ao mesmo tempo que ocorre o aspecto anterior, temos essa conexão desarmônica entre Lua e Marte. Sendo assim, todo cuidado é pouco! A agressividade está em alta. As pessoas reagem sem pensar, não há paciência nem tolerância. Evite qualquer situação que possa expor você ao risco nessas horas.

DIA 15 DE FEVEREIRO – QUINTA-FEIRA
⬤ *Nova* ⬤ *em Touro*

- **Lua sextil Saturno — 00:12 às 03:41 (exato 01:56)**

A madrugada traz um bom aspecto para aqueles que precisam colocar em ordem algum trabalho ou se organizar para o dia seguinte. É um momento bom para pensar em como equilibrar necessidades emocionais e suas tarefas e obrigações do dia a dia.

- **Lua conjunção Júpiter — 01:45 às 05:15 (exato 03:30)**

Momento de otimismo e bom humor. Há também maior generosidade e sorte. São horas para se dividir com as pessoas queridas. Há maior capacidade para enxergar o lado bom das coisas.

- **Lua quadratura Mercúrio — 15:35 às 19:36 (exato 17:35)**

Do meio da tarde ao início da noite, devemos ficar atentos às variações de humor, à "mente fechada" que não aceita uma nova ideia. Não é o momento de debater inovações no trabalho, por exemplo. Somos parciais em nossos pensamentos e argumentos.

- **Lua conjunção Urano — 19:40 às 23:12 (exato 21:26)**

À noite, esse aspecto pode trazer algumas turbulências. As pessoas podem explodir sem o menor aviso. Ao mesmo tempo, pode haver criatividade e engenhosidade envolvidos nessa configuração, trazendo alguns *insights* repentinos e interessantes.

DIA 16 DE FEVEREIRO – SEXTA-FEIRA
☾ *Crescente às 12:00 em 27°25' de Touro* ☾ *em Gêmeos às 16:39*
LFC Início às 12:00 LFC Fim às 16:39

Enquanto a Lua estiver em Gêmeos ficamos mais tagarelas, inquietos e propensos à socialização. Nos adaptamos melhor aos diferentes ambientes e situações, podendo transitar de um assunto a outro com facilidade. Trabalhos de divulgação e de vendas podem ser desenvolvidos nesse momento a fim de alcançar mais pessoas.

• **Lua sextil Netuno** — 08:07 às 11:43 (exato 09:55)

Fique atento a seus palpites e intuições nesse momento. Pode ser o exato momento em que você vai encontrar a inspiração desejada. Sob esse aspecto, podemos também ler melhor as pessoas.

• **Lua quadratura Sol** — 10:04 às 13:57 (exato 12:00)

Nessas horas nosso apego briga com nossa necessidade de autonomia. Podemos nos sentir sobrecarregados com problemas com os quais temos que lidar sozinhos, porém devemos ter em mente a possibilidade de crescimento que nos apresentam.

• **Lua trígono Vênus** — 15:01 às 19:01 (exato 17:01)

A partir do meio da tarde, o dia segue suave. O mínimo a esperar aqui é uma sensação de bem-estar e satisfação. Para aproveitar bem a harmonia desse aspecto, tome a iniciativa de usar seus talentos e capacidades ao seu favor.

• **Lua trígono Plutão** — 16:22 às 20:00 (exato 18:11)

Mais para o final do dia, esse aspecto e o próximo nos dão a capacidade de direcionar nosso poder pessoal para a resolução de quaisquer questões que se apresentem. Além disso, o trígono Lua-Plutão facilita acessarmos nossas emoções mais profundas.

• **Lua trígono Marte** — 20:00 às 23:51 (exato 21:55)

Além da ação para resolução de questões, também pode ser um momento ótimo para a atividade física propriamente dita. Por meio dela as tensões podem ser liberadas e a energia, mais bem direcionada.

DIA 17 DE FEVEREIRO – SÁBADO
☽ *Crescente* ☽ *em Gêmeos*

• **Lua quadratura Saturno** — 06:05 às 09:47 (exato 07:56)

Na manhã de sábado, é possível que tenha que fazer hora extra para resolver uma questão importante que pode aparecer. Não são as horas mais indicadas para descontração, e sim para lidar com assuntos relevantes e exercer a paciência.

DIA 18 DE FEVEREIRO – DOMINGO
☽ *Crescente* ☽ *em Gêmeos*

• **Lua trígono Mercúrio** — 06:11 às 10:31 (exato 08:21)

Esse aspecto favorece passeios e pequenos deslocamentos, caso o clima esteja bom. Do contrário, uma boa leitura ou conversa também podem ser uma ótima ideia.

• **Lua quadratura Netuno** — 15:33 às 19:21 (exato 17:27)

Esse horário pede um bom filme ou série, no qual a sua imaginação possa ficar solta. Não é hora de entrar em detalhes e minúcias, e devemos tomar cuidado com nossas palavras, para não sermos mal interpretados.

• **Lua trígono Sol** — 22:16 às 02:24 de 19/02 (exato 00:21 de 19/02)

À noite somos agraciados com esse aspecto de harmonia. Ótimo para organizar a semana que está por vir, já que temos maior clareza das nossas prioridades.

DIA 19 DE FEVEREIRO – SEGUNDA-FEIRA
☾ Crescente ☾ em Câncer às 00:24
LFC Início às 00:21 LFC Fim às 00:24

Entrada do Sol no Signo de Peixes às 01h13min08seg

Enquanto a Lua estiver em Câncer, nos tornamos mais sensíveis e precisamos de experiências de maior intimidade. A casa, o lar, a família e os amigos próximos ganham importância e são o porto seguro para que nos sintamos acolhidos. As questões do passado podem estar presentes e as lembranças nos emocionam. Só temos que ter cuidado para não deixar o presente de lado.

• **Lua trígono Saturno** — 15:05 às 18:58 (exato 17:02)

Na tarde da segunda-feira, podemos gerar mais (e melhores) resultados com menos esforço. As tarefas pesam menos e sentimo-nos mais produtivos. Ficamos mais centrados, e a estabilidade presente nos permite ter horas sem grandes sobressaltos.

• **Lua sextil Júpiter** — 17:02 às 20:57 (exato 19:00)

Com esse aspecto à noite, tirar um tempo para o lazer e o descanso pode, mais do que nunca, recarregar nossas energias. A generosidade está em alta e podemos tanto nos beneficiar dela quanto beneficiar os outros com nossas ações.

DIA 20 DE FEVEREIRO – TERÇA-FEIRA
☾ Crescente ☾ em Câncer

• **Lua sextil Urano** — 11:47 às 15:42 (exato 13:45)

Que tal tentar um caminho, uma solução, uma postura diferente hoje? Esse aspecto nos possibilita mudanças revigorantes, que nos permitem manter ou até mesmo aumentar o interesse em alguma situação.

DIA 21 DE FEVEREIRO — QUARTA-FEIRA

☾ *Crescente* ☾ *em Leão às 10:40 LFC Início às 03:38 LFC Fim às 10:40*

Enquanto a Lua estiver em Leão podemos exibir nossos talentos e nosso brilho de forma natural. As qualidades de liderança estão exacerbadas e, por isso mesmo, temos maior dificuldade em aceitar as limitações. É um bom período para atividades de lazer, tais como ir ao teatro, a shows e a festas. Locais que dão um atendimento mais personalizado e diferenciado estarão em alta.

• **Lua trígono Netuno — 01:39 às 05:36 (exato 03:38)**

A madrugada de quarta-feira sob essa influência pede um lugar tranquilo, agradável, suave, que nos permita sonhar em paz, seja dormindo ou acordado.

• **Lua oposição Plutão — 10:38 às 14:36 (exato 12:37)**

Mais perto do final da manhã, esse aspecto vem nos desafiar. Situações difíceis e que envolvam disputas de poder podem aparecer. Muita calma nessa hora. É melhor "baixar a bola" para não se meter em enrascada. Procure fugir dos extremos e das manipulações.

• **Lua oposição Vênus — 21:49 às 02:15 de 22/02 (exato 00:02 de 22/02)**

À noite pode ser que bata uma sensação de carência. Procure não se deixar levar por essa sensação, para não acabar sufocando quem esteja à volta ou até mesmo aceitando qualquer companhia somente para não estar sozinho. Para os solteiros: melhor ficar longe dos *apps* de namoro por essas horas!

• **Lua oposição Marte — 22:05 às 02:20 de 22/02 (exato 00:12 de 22/02)**

Reforçando o que foi dito sob o aspecto anterior, melhor fugir de encontros hoje. Nessas horas agimos por impulso e acabamos não tomando as melhores decisões. Além disso, as pessoas ficam mais na defensiva, propensas a discussões e até mesmo à agressividade.

DIA 22 DE FEVEREIRO — QUINTA-FEIRA

☾ *Crescente* ☾ *em Leão*

• **Lua quadratura Júpiter — 04:38 às 08:40 (exato 06:39)**

Logo cedo, podemos nos ver questionando nossas motivações e aspirações. Também é bom ficar atento para não sair da linha e exagerar no café da manhã. Tendemos a comer mais do que o necessário sob esse aspecto.

• **Lua quadratura Urano — 23:17 às 03:18 de 23/02 (exato 01:17 de 23/02)**

Já pela noite e adentrando na madrugada, algo pode acontecer, deixando-nos com a sensação de "caos", em especial na esfera emocional. Uma boa prática para esse horário é um banho relaxante ou qualquer outra coisa que ajude a acalmar os nervos.

DIA 23 DE FEVEREIRO – SEXTA-FEIRA
☽ *Crescente* ☽ *em Virgem às 22:37 LFC Início às 01:51 LFC Fim às 22:37*

Enquanto a Lua estiver em Virgem, nós instintivamente tendemos a nos concentrar mais nas atividades cotidianas, na organização, no planejamento e na resolução de problemas. Sentimos maior satisfação em ajudar alguém, em arrumar as coisas para os outros e para nós mesmos. Por outro lado, as pessoas estão mais seletivas e críticas, não sendo o melhor momento para grandes reuniões.

• **Lua oposição Mercúrio —** 23:28 às 04:14 de 24/02 (exato 01:51 de 24/02)

A noite de sexta-feira e a madrugada do sábado não estão para passeios ou muita conversa. Aqui é possível que surjam conflitos por diferenças de crenças e opiniões. Além da comunicação truncada, pode haver indecisão e instabilidade.

DIA 24 DE FEVEREIRO – SÁBADO
○ *Cheia às 09:30 em 05°23' de Virgem* ○ *em Virgem*

• **Lua oposição Sol —** 07:17 às 11:42 (exato 09:31)

Aí está um bom momento pra dar uma esticada na cama. Podemos encontrar obstáculos na realização do que planejamos e resistência dos outros. As pessoas não estão muito abertas para a cooperação.

• **Lua oposição Saturno —** 15:21 às 19:26 (exato 17:24)

Lá pelo meio da tarde, esse aspecto mostra também que podemos estar menos propensos à diversão e que devemos tomar cuidado com o pessimismo e o mau humor.

• **Lua trígono Júpiter —** 17:45 às 21:52 (exato 19:49)

Ainda bem que, mais para o final do dia, essa combinação traz maior alegria, vivacidade e otimismo. Bom momento para passear e estar entre pessoas queridas.

DIA 25 DE FEVEREIRO – DOMINGO
○ *Cheia* ○ *em Virgem*

• **Lua trígono Urano —** 12:01 às 16:06 (exato 14:03)

O domingo traz a oportunidade de fazer as coisas de forma diferente, usar a criatividade e escapar da rotina, ainda mais em questões materiais, de organização e de produção.

DIA 26 DE FEVEREIRO – SEGUNDA-FEIRA
○ Cheia ○ em Libra às 11:29 LFC Início às 04:36 LFC Fim às 11:29

Enquanto a Lua estiver em Libra, os relacionamentos são o foco. As pessoas buscam mais agradar aos outros, compor interesses e fazer parcerias. É hora de socializar e buscar momentos agradáveis ao lado de quem gostamos. Ótimo momento também para tentar resolver as coisas com maior diplomacia e pesar bem os lados de uma questão. No entanto, tome cuidado para não deixar a indecisão entrar no seu caminho.

• Lua oposição Netuno— 02:32 às 06:37 (exato 04:36)

Se for madrugar, escolha bem onde. De preferência, eleja um local tranquilo e harmônico, no qual possa meditar e contemplar, sem precisar lidar muito com as interferências da realidade e de outras pessoas que podem não estar apenas pensando no seu bem-estar.

• Lua trígono Plutão — 11:44 às 15:48 (exato 13:46)

Esse é um ótimo momento para darmos tudo de nós mesmos a uma causa ou questão. Pode ser aquele "a mais" que vai nos dar o reconhecimento que buscamos. Também é um aspecto favorável para as terapias, pois há maior acesso às emoções profundas e à psique, o que pode fluir por meio do diálogo com outro.

DIA 27 DE FEVEREIRO – TERÇA-FEIRA
○ Cheia (disseminadora) ○ em Libra LFC Início às 15:22

• Lua trígono Marte — 07:40 às 12:01 (exato 09:51)

A manhã começa agitada, com boa energia para aqueles que gostam de praticar exercício físico nesse período. Além disso, pode ser um momento propício para trabalhos que exijam mais do corpo ou mesmo do intelecto, contudo, a assertividade fica favorecida.

• Lua Trígono Vênus — 13:05 às 17:37 (exato 15:22)

Já na parte da tarde, o ideal é fazer atividades mais prazerosas e leves. É um bom momento para se dar alguns mimos e também para cuidar de si próprio, seja com uma massagem, um tratamento estético ou uma manicure.

DIA 28 DE FEVEREIRO – QUARTA-FEIRA
○ Cheia (disseminadora) ○ em Libra

Neste dia, a Lua não faz aspecto com outros planetas no céu. Devemos observar recomendações para a fase e o signo em que a Lua se encontra.

DIA 29 DE FEVEREIRO – QUINTA-FEIRA

○ *Cheia (disseminadora)* ○ *em Escorpião às 00:08*
LFC Fim às 00:08

Enquanto a Lua estiver em Escorpião, a intensidade emocional dá o tom do período. As paixões ficam mais despertas, bem como o lado obscuro que nem sempre queremos ver em nós e nos outros. Nos interessamos mais pelo oculto, pelo mistério e por aquilo que não é óbvio. Por outro lado, isso pode trazer desconfianças e paranoias desnecessárias. A busca por diagnósticos precisos e a realização de investigações profundas estão favorecidas.

• **Lua quadratura Plutão — 00:32 às 04:32 (exato 02:32)**

A madrugada é de tensão no ar e de sentimentos aos extremos. Com esse aspecto difícil ao próprio regente do signo em que a Lua se encontra, é hora de estar fora de combate. Melhor se recolher em todos os sentidos e não procurar confusão.

• **Lua trígono Saturno — 17:51 às 21:51 (exato 19:51)**

Com essa combinação, podemos aliar o pragmatismo de Saturno à intensidade da Lua em Escorpião, para que a expressão das emoções mais profundas se dê na medida certa e de forma construtiva.

• **Lua trígono Sol — 19:43 às 00:01 de 01/03 (exato 21:52)**

Esse aspecto nos traz a possibilidade de fazer qualquer coisa de forma tranquila e fluente, enfocando aquilo que se apresentar no momento presente. Ideal para relaxar, passar algumas horas agradáveis socializando ou mesmo para se concentrar em uma tarefa sem se estressar.

• **Lua oposição Júpiter — 20:39 às 00:39 de 01/03 (exato 22:39)**

Preste atenção aos seus impulsos nessas horas. Aqui podemos nos empolgar e ter dificuldade de encontrar o freio. Pode, ainda, ser um período cansativo pelo excesso de atenção que você precisa colocar em algo ou alguém. Atente-se aos seus limites.

• **Lua trígono Mercúrio — 22:57 às 03:37 de 01/03 (exato 01:17 de 01/03)**

Esse é o momento para enxergar as coisas de forma mais clara. Por essas horas, conseguiremos ler melhor as pessoas e as situações. Pode ser que também surja vontade de conversar, trocar ideias e até mesmo discutir assuntos mais profundos.

Março 2024

Domingo	Segunda-feira	Terça-feira	Quarta-feira	Quinta-feira	Sexta-feira	Sábado
					1	2 ♐
					Lua Cheia em Escorpião	Lua Cheia em Sagitário às 10:55 LFC 04:48 às 10:55
3 ƒ13°32 ♐	4 ♑	5	6 ♒	7	8 ♓	9
Lua Minguante em Sagitário às 12:33	Lua Minguante em Capricórnio às 18:14 LFC 12:41 às 18:14	Lua Minguante em Capricórnio	Lua Minguante em Aquário às 21:38 LFC 16:36 às 21:38	Lua Minguante em Aquário	Lua Minguante em Peixes às 22:03 LFC 15:56 às 22:03	Lua Minguante em Peixes
10 '20°16' ♓♈	11	12 ♉	13	14	15 ,27°25 ♉♊	16
Lua Nova em Peixes às 06:00 Lua Nova em Áries às 21:19 LFC 16:46 às 21:19	Lua Nova em Áries	Lua Nova em Touro às 21:28 LFC 08:09 às 21:28	Lua Nova em Touro	Lua Nova em Touro LFC Início às 19:30	Lua Nova em Gêmeos às 00:15 LFC Fim às 00:15	Lua Nova em Gêmeos
17 ,27°03' ♊♋	18	19 ♌	20	21	22 ♍	23
Lua Crescente em Gêmeos às 01:10 Lua Crescente em Câncer às 06:40 LFC 01:44 às 06:40	Lua Crescente em Câncer	Lua Crescente em Leão às 16:32 LFC 15:42 às 16:32	Lua Crescente em Leão Entrada do Sol no Signo de Áries às 00h06min22seg	Lua Crescente em Leão	Lua Crescente em Virgem às 04:41 LFC 03:35 às 04:41	Lua Crescente em Virgem
24 ♎	25 05°07'd	26 ♏	27	28 ♐	29	30
Lua Crescente em Libra às 17:37 LFC 12:50 às 17:37	Lua Cheia em Libra às 04:00 Eclipse Lunar às 04:00	Lua Cheia em Libra LFC Início às 20:10	Lua Cheia em Escorpião às 06:02 LFC Fim às 06:02	Lua Cheia em Escorpião	Lua Cheia em Sagitário às 16:51 LFC 12:40 às 16:51	Lua Cheia em Sagitário
31						
Lua Cheia em Sagitário LFC Início às 21:17						

Mandala Lua Nova de Março

Lua Nova
Dia: 10/03
Hora: 06:00
20°16' de Peixes

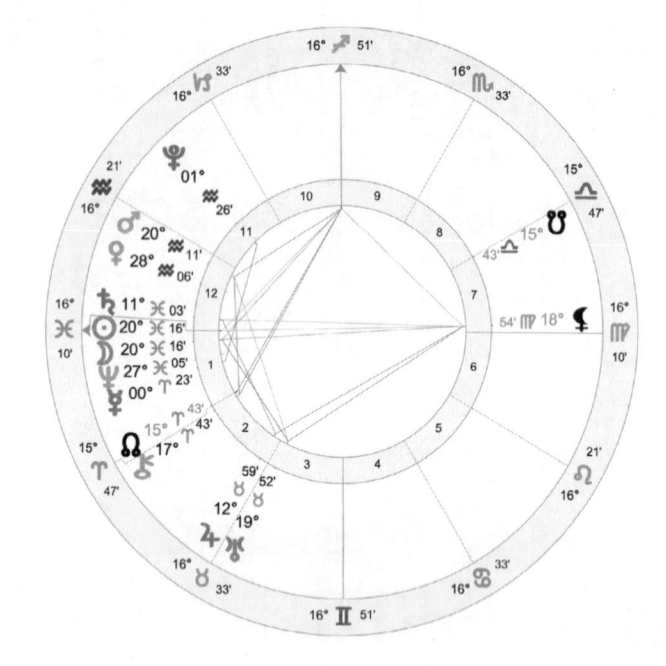

Mandala Lua Cheia de Março

Lua Cheia
Dia: 25/03
Hora: 04:00
05°07' de Libra

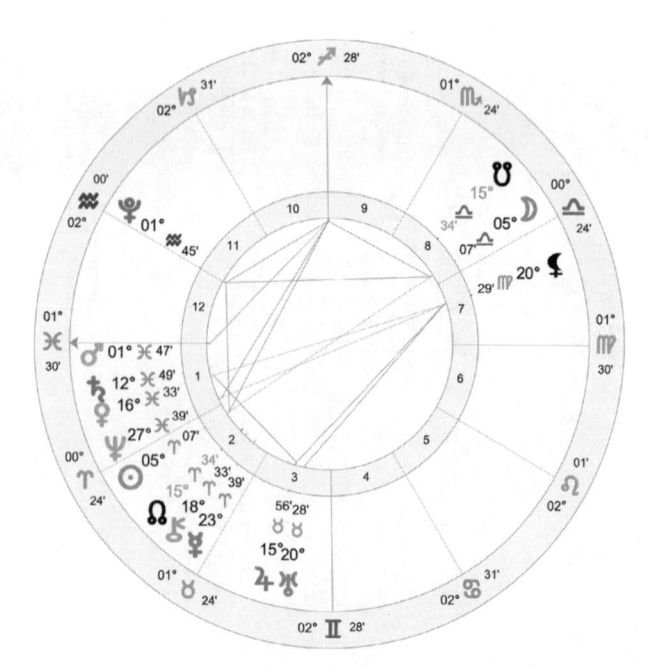

CÉU DO MÊS DE MARÇO

Março encerra o verão trazendo o elemento água como destaque. Depois da ênfase em terra, em janeiro, e da predominância de ar, em fevereiro, o último mês do primeiro trimestre do ano reforça a importância do mundo das emoções. Esse é um tempo que pede mais compreensão e sensibilidade com o que não pode ser comunicado por meio de palavras e explicado usando o pensamento linear. É um excelente período para buscar a expressão por meio das artes e para se aprofundar nas relações de maneira mais sutil, percebendo a conexão invisível que une os enredos e as histórias contadas até agora.

Acompanhando o clima mais intimista do mês, a Lua marca seu ciclo com um ritmo mutável. Fazendo assim, a Lua avisa que, embora seja necessário concretizar as ideias e os projetos, ser capaz de adaptar, modificar e flexibilizar os planos e abordagens é essencial para alcançar o que se deseja. A toda hora surgem novos dados e novas informações e percepções que podem alterar o desenho original. Afinal, assim como a Lua, a realidade está em metamorfose permanente.

Os primeiros dias do mês são marcados pelo final da fase cheia lunar. E, apesar de já ter passado seu auge, entre os dias 01 e 02 de março, a Lua ainda se apresenta carregada, intensa e conflituosa em Escorpião. As emoções podem causar turbilhões e tumultos, facilitando comportamentos mais reativos e agressivos. O fato de ela estar em uma conversa tensa com Júpiter e Marte, além de Vênus e Urano, indica que, talvez, as ambições, os amores, as experimentações e as paixões do mês passado estejam em desalinho com os sentimentos mais profundos e com aquilo que traz segurança. Em vez de buscar soluções à base de ultimatos, recolher-se e esperar a tempestade emocional passar podem lhe ajudar a perceber melhor o que precisa ser ajustado.

Embora as emoções estejam revoltas, a consciência, representada pelo Sol em Peixes, está em um momento de maior tranquilidade. Essa capacidade de compreender o indizível do Sol pisciano ilumina a Lua, ajudando-a na travessia. Essa sinergia é reforçada pela participação de Saturno, Mercúrio e Júpiter, indicando que esforços e trabalhos realizados com sabedoria, dedicação e excelência tendem a trazer bons resultados.

No dia 03, a intensidade perde um pouco o fôlego e a Lua inicia sua fase Minguante. Esse movimento acontece em Sagitário, o que facilita a transição do que foi para o que será. O desejo de ver mais além, em um momento em que a Lua perde sua força e pede um maior recolhimento, pode causar alguma dissonância. E a possibilidade é reforçada pela indisposição entre Vênus e Urano. Nesse dia, depois dos embates dos dias anteriores, a alma quer desanuviar e limpar o ar de tudo o que ficou estagnado, envenenando a atmosfera. O problema desse desejo é que ele pode estar em descompasso com o que os outros querem e podem oferecer. Sendo assim, é aconselhável, nesse momento, evitar forçar a alegria e, ainda, reduzir as cobranças e as expectativas, cultivando a leveza e a flexibilidade. Onde houver rigidez excessiva, rupturas inesperadas são possíveis.

O dia 04 amanhece mais leve, abrindo espaço para a imaginação, a criatividade e a quebra da rotina. Pequenos atos podem trazer novos encontros, ideias e até soluções para problemas que a essa altura pareciam sem saída, como sugere o diálogo favorável entre Mercúrio e Urano. No dia 08, Mercúrio continua sua viagem pelo Signo de Peixes e se une a Netuno. Serão dois dias de muita inspiração, compreensões de natureza mais sutil e grande habilidade para se expressar na esfera artística. Porém, a comunicação mais objetiva pode se encontrar prejudicada. Portanto, é recomendável verificar se há clareza quanto ao que foi dito, mesmo que, para tanto, seja necessário abrir mão um pouco da poesia do que se vê. Um pouco de tato também pode ajudar bastante, pois há uma tendência à rispidez e à indisciplina.

Esse é um bom conselho que se estende até o dia 09 de março. Nesse dia, um aspecto tenso entre Marte e Urano avisa que paciência é um artigo em falta no estoque celeste. Tudo o que parecer estagnado, esgotado e limitante tende a provocar um comportamento mais impulsivo, agressivo e rebelde. O grau de explosividade do dia depende do grau de lucidez e consciência de cada um. Quanto mais consciente for acerca da necessidade de abrir espaços para que as mudanças da vida aconteçam criativamente, menos elas virão como acontecimentos externos repentinos.

A Lua está em sua fase Balsâmica no dia 09 de março, no Signo de Aquário. Para que haja cura, talvez seja bom manter um certo grau de distanciamento emocional do que quer que esteja provocando maior confinamento. O Sol faz um bom aspecto a Urano, oferecendo a oportunidade de contornar as dificuldades e os conflitos por meio dos encontros com amigos, principalmente aqueles que estimulam a curiosidade intelectual e incentivam a originalidade.

Se as primeiras semanas de março trazem quedas de braço e exigem criatividade, serenidade e muito jogo de cintura, a Lua Nova do dia 10 de março reforça essa toada. A lunação que se inicia nesse dia pede um equilíbrio entre o desejo de mudar a realidade e a sensibilidade de perceber quando e quais limites precisam ser respeitados e negociados. Isso é ainda mais crítico devido ao fato de que Marte permanece em aspecto tenso com Urano, indicando que as situações podem facilmente escalar e ganhar contornos explosivos, com consequências imprevisíveis.

O tom desse ciclo permanece bem marcado pela necessidade de conjugar emoções e adaptabilidade. Nada será gratuito, e esse é um período que exige um esforço consciente para que o desejo de mudar a realidade leve em consideração as necessidades e as demandas emocionais, tanto as próprias quanto as dos outros. É uma lunação de mudanças, tentativas e adaptações, pois o formato final ainda não está visível. A construção do novo modelo de ação precisa incluir uma abordagem pragmática, na qual o futuro considera o que precisa ser preservado nas tradições.

Para ajudar nessa construção, no dia 11 de março, Mercúrio ingressa em Áries, acelerando os movimentos, conectando impulsos e dando agilidade à coragem. O pensamento ganha velocidade e cresce em entusiasmo. A fala e os movimentos tornam-se mais assertivos e diretos. Tomar decisões fica mais fácil e as ações perdem o comportamento oscilante do início do mês. Com essa mudança, Mercúrio forma um bom aspecto com Plutão em Aquário. A mente mais aguçada pode ganhar acesso a lugares e informações até então inalcançáveis. Novamente, esse não é um benefício que chega sem esforço. No entanto, a coragem e a iniciativa podem ser recompensadas nessa fase, em especial entre os dias 10 e 11 de março.

No dia 12 de março, um outro movimento estrelar traz ajuda celeste. Nesse dia, Vênus entra em Peixes, lugar de sua exaltação. Nesse signo, o planeta das escolhas, dos gostos, dos afetos e dos prazeres apresenta sua face mais abnegada. O amor, quando Vênus se encontra em Peixes, entende que renúncia não é sinônimo de sacrifício. Renunciar a algo por amor é uma escolha e, portanto, isenta de cobranças, feita de maneira livre e desinteressada.

No dia 17 de março, a Lua chega à fase Crescente, sob o Signo de Gêmeos. Movimentar-se, trocar, falar e estabelecer conexões são determinantes para a seleção tanto dos projetos que devem ser estimulados quanto daqueles que devem ser deixados de lado. Nesse dia, o Sol faz conjunção a Netuno, permitindo que a empatia seja a guia para a identificação das atividades que precisam receber a energia vital do Sol. Porém, há o risco de a sensibilidade exacerbada dessa configuração provocar o desejo de escapar da realidade. Por isso, é melhor abster-se de substâncias que facilitem a alienação. Caso o mundo pareça um pouco além da conta, as atividades contemplativas podem trazer o alívio desejado.

No dia 21 de março, o Sol ingressa em Áries e um novo ano se inicia! O Sol, renovado e revitalizado pelo fogo ariano, se prepara para conquistar o mundo. Nesse dia, a Lua cresce em luz com o calor de Leão, mostrando que o que há de único no indivíduo é onde mora seu potencial para brilhar. Marte nos últimos graus de Aquário, visionário e igualitário, reforça a energia de coragem e mudança para o novo ano que se inicia.

No mesmo dia que inicia um novo ciclo, o Sol faz um convite amistoso a Plutão, facilitando os processos conscientes de mudança, em especial os que visem a melhorias para o coletivo e aqueles que favoreçam a limpeza e a eliminação de situações estagnadas e deterioradas. Entre os dias 21 e 22, as iniciativas esclarecidas e corajosas tendem a trazer bons resultados. Ainda nos dias 21 e 22 de março, Vênus se encontra com Saturno, trazendo mais sobriedade aos afetos e a todas as escolhas relacionadas a gostos e prazeres.

No dia 23 de março, o valente Marte se aventura pelo oceano de Peixes, terminando sua trajetória somente no dia 30 de abril. Essa combinação pode sinalizar um período em que a ação indireta tem maior possibilidade de êxito. É uma fase de maior intensidade emocional, e nela é possível que seja mais difícil descobrir o que está provocando o clima tempestuoso. Mesmo assim, é preferível navegar por esse período com calma, mantendo certa profundidade, a tentar ignorar o que se está sentindo. Talvez não seja possível compreender tudo de maneira lógica, mas a intuição poderá indicar as zonas de perigo. O importante é procurar encontrar momentos de descanso para recompor as energias e permitir uma melhor compreensão do cenário emocional. Essas atitudes lhe ajudarão a evitar que o mal-estar das emoções inconscientes provoquem danos físicos e/ou nas relações.

É uma bênção que o movimento de Marte ocorra sob a fase Balsâmica da Lua. Esta, no criterioso Signo de Virgem, auxilia a discernir o que está provocando a raiva e a sensação de desconforto difuso e indefinido. Como há uma proximidade ao primeiro eclipse do ano, é aconselhável aproveitar esses dias para identificar e desarmar os gatilhos de situações potencialmente destrutivas.

Entre os dias 24 e 26 de março, os céus desenham a possibilidade de alívio por meio do diálogo entre Vênus e Júpiter. Esses dias são propícios a encontros com amigos e a atividades ligadas ao relaxamento, à descontração, assim como a atos de generosidade. As oportunidades e os convites que surgirem nesses dias devem ser aceitos, pois podem trazer possibilidades concretas de crescimento e expansão.

O dia 25 de março traz tanto a Lua Cheia em Libra quanto o primeiro eclipse do ano. Esse é um eclipse Lunar, sendo assim são os assuntos mal resolvidos e arraigados do passado que vêm à tona, estando sujeitos a confrontos, revelações surpreendentes e a eliminações abruptas. Como o eclipse se dá no eixo Áries (Eu) e Libra (O Outro), e levando em consideração a forte tônica emocional e o desejo intenso de viver experiências que incendeiem o espírito, é provável que as relações pessoais sejam o palco preferido dessa fase lunar.

O último movimento planetário do agitado mês de março é o sextil formado entre Vênus e Urano (28/03 e 29/03). A dica para aproveitar bem esses dias é buscar alegria fora do comum, estimular os sentidos e as emoções por meio da criatividade e de experiências únicas e inusitadas. O mês termina com a Lua Disseminadora no alegre Signo de Sagitário, que é a deixa para aproveitar e compartilhar o que se aprendeu nessa lunação, refletindo sobre erros e acertos, mas mantendo o olhar confiante e esperançoso no futuro.

Posição diária da Lua em março

DIA 01 DE MARÇO – SEXTA-FEIRA
○ Cheia (disseminadora) ○ em Escorpião

• **Lua quadratura Marte — 00:01 às 04:13 (exato 02:07)**
Período de inquietude. Evite discussões e, se for provocado, não reaja! O melhor a fazer é comer algo leve, pois a ansiedade pode gerar distúrbios digestivos ou até mesmo enxaquecas. Antes de ir dormir, ouça um áudio de música relaxante e concentre seus pensamentos só em coisas positivas.

• **Lua quadratura Vênus — 07:57 às 12:18 (exato 10:08)**
Acordamos nos sentindo com dificuldade de escolher, portanto é importante que evitemos procedimentos estéticos, pois há uma boa chance de insatisfação com o resultado. Também podemos sentir certa carência emocional, o que pode afastar nossa atenção das tarefas do trabalho. Foco!

• **Lua oposição Urano — 12:55 às 16:49 (exato 14:52)**
A tarde começa em ritmo acelerado com grandes possibilidades de mudanças nas agendas, com cancelamentos inesperados demandando de nós mais flexi-

bilidade de horário e mais paciência. Se seu relacionamento anda desgastado, evite confrontos, porque eles podem levar à ruptura!

DIA 02 DE MARÇO – SÁBADO
○ *Cheia (disseminadora)* ○ *em Sagitário às 10:55*
LFC Início às 04:48 LFC Fim às 10:55

Enquanto a Lua estiver em Sagitário estamos mais confiantes, positivos e aventureiros. Sentimos vontade de sair da rotina, de ir além, de estar ao ar livre. Se pensa em participar de um concurso ou exame, esse é um período favorável. O sentimento de expansão reduz a tolerância às restrições. Não marcar cirurgia no fígado, coxas, quadris, ciático, vias respiratórias, pernas, braços, mãos.

• **Lua trígono Netuno — 02:51 às 06:42 (exato 04:48)**

Momentos de inspiração! O ar vem acompanhado de encantamento, aumentando o romantismo. A intuição nos leva a perceber o direcionamento das situações. Para atividades que lidem com imagem, esse momento é favorável.

• **Lua sextil Plutão — 11:25 às 15:14 (exato 13:20)**

Se está ressentido com alguém, considere perdoar e limpar as mágoas guardadas. Isso pode recuperar relações importantes que estavam abaladas de alguma forma. Esse momento nos convida à transformação e ao aprofundamento de laços já existentes.

DIA 03 DE MARÇO – DOMINGO
☽ *Minguante às 12:33 em 13º32' de Sagitário* ☽ *em Sagitário*

• **Lua quadratura Saturno — 04:18 às 08:04 (exato 06:11)**

Tendência a estarmos mais críticos. Além disso, pode ser menos fácil expressar as emoções, o que pode ser visto pelos outros como frieza. Procure evitar, se puder, qualquer procedimento cirúrgico; a capacidade de recuperação do corpo está mais lenta.

• **Lua quadratura Sol — 10:22 às 14:23 (exato 12:33)**

O dia segue nos aconselhando cautela com relacionamentos entre casais e parceiros, os quais podem, por qualquer besteira, ter conflitos em chegar a um consenso. Isso porque o lado emocional está se sobrepondo ao nosso lado lógico, racional. Os embates estão no ar.

• **Lua sextil Marte — 13:13 às 17:08 (exato 15:11)**

Se precisar, tome a iniciativa de se aproximar pacificamente, mas o faça de forma espontânea e autêntica. Motivar o outro manterá o vínculo da relação mais fortalecido. Haverá maior disposição física à tarde, então aproveite para praticar um esporte, fazer uma caminhada ao ar livre.

• **Lua quadratura Mercúrio** — 18:29 às 22:47 (exato 20:38)

A noite chega trazendo mais uma dose de nervosismo, influenciando o humor das pessoas. É preciso ter cuidado para não ser indiscreto com os outros ou falar de modo inadequado sobre a própria vida pessoal. Algumas percepções e emoções do passado podem nos visitar.

• **Lua sextil Vênus** — 22:59 às 03:00 de 04/03 (exato 01:00 de 04/03)

Nesse período da noite de domingo o bom humor reaparece. Estamos mais predispostos afetuosamente ao que favorece a aproximação entre pessoas, propiciando a ternura, o acolhimento e a intimidade. Aproveite a oportunidade e comece bem sua semana!

DIA 04 DE MARÇO — SEGUNDA-FEIRA
☽ Minguante ☽ em Capricórnio às 18:14
LFC Início às 12:41 LFC Fim às 18:14

Enquanto a Lua estiver em Capricórnio é tempo de planejamento, de produtividade, de responsabilidade, de dever e de compromisso. Os ares tendem ao pessimismo, ao negativismo. Estamos muito sensíveis à crítica e ao julgamento alheio, o que nos predispõe a sentimentos de tensão, de retraimento e de insegurança. Evite marcar cirurgias na coluna, nas articulações, no joelho, de pele, nos dentes, nos olhos, na vesícula, no útero, nos seios e no abdômen.

• **Lua quadratura Netuno** — 10:52 às 14:28 (exato 12:41)

Muita sensibilidade no ar, o que pode fazer os humores variarem. No trabalho, convém persistirmos no foco, na atenção, pois a tendência é a de dispersão, o que prejudica a produtividade. Os erros na comunicação podem ocorrer, então cheque as informações recebidas e emitidas.

DIA 05 DE MARÇO — TERÇA-FEIRA
☽ Minguante ☽ em Capricórnio

• **Lua sextil Saturno** — 10:52 às 14:22 (exato 12:37)

Aqui a determinação nos visita. Aumentam a capacidade de autocontrole e disciplina, contribuindo para a melhoria da produtividade. Benéfico para quem trabalha no setor imobiliário. Se precisa contratar um profissional para fazer serviços em sua casa, aproveite esse momento.

• **Lua trígono Júpiter** — 13:45 às 17:14 (exato 15:30)

Estamos todos mais bem-humorados, otimistas e muito confiantes! Faça contato com seu público, se o tiver, pois ele está muito mais receptivo com você. Ações para ampliar seu público-alvo também encontram aqui um momento auspicioso, bem como os trabalhos em equipe, já que há o espírito de colaboração.

• **Lua sextil Sol** — 20:10 às 23:51 (exato 22:01)

A noite promete maior harmonia entre os casais, os quais tendem a se entenderem melhor, alinhando-se. Sensação emocional de integração, cada coisa parece estar em seu devido lugar. É um período particularmente favorável para concepção, gestação e nascimentos. Que tal tentar?

DIA 06 DE MARÇO – QUARTA-FEIRA
》 *Minguante (balsâmica)* 》 *em Aquário às 21:38*
LFC Início às 16:36 LFC Fim às 21:38

Enquanto a Lua estiver em Aquário, sentimo-nos mais sociáveis, gregários, buscando o convívio com os amigos e com os grupos. Reacende a vontade de experimentar o novo, o inabitual, o que pode facilitar o rompimento com hábitos, dependências e situações que já não nos interessam mais. Evite marcar durante esse período cirurgias em veias, vasos, artérias, capilares, tornozelo, coração e região lombar.

• **Lua trígono Urano** — 02:46 às 06:09 (exato 04:28)

Inove. Manifestar criatividade propondo uma ação diferente pode alterar o padrão de um relacionamento que está na rotina. Exponha seus sentimentos com simplicidade e de forma autêntica; isso ajuda a liberar emoções reprimidas que podem estar atrapalhando a relação.

• **Lua sextil Mercúrio** — 07:57 às 11:50 (exato 09:54)

Momento benéfico para reuniões em geral e para quem trabalha com as ideias, facilitando a conexão entre elas. Também favorece atividades comerciais, contratos, locações, relações públicas e contato com as pessoas. Aproveite o momento em que paira a colaboração.

• **Lua sextil Netuno** — 14:54 às 18:15 (exato 16:36)

Aqui prevalece a cooperação entre pessoas de forma até mesmo mais delicada, empática. Destacam-se produtos ou apresentações que tenham o aspecto visual bem trabalhado. Se está pensando em iniciar um tratamento imunológico ou para a alergia, essa tarde está favorecendo.

• Lua conjunção Plutão — 22:14 às 01:33 de 07/03 (exato 23:54)

Surge a vontade da transformação. Estamos receptivos a assuntos mais profundos ou àqueles que mudam nossa vida. Podem ocorrer reencontros com antigos amigos, colegas de trabalho e amores. Os relacionamentos são envolvidos pelo erotismo e desfrutam de mais intimidade.

DIA 07 DE MARÇO – QUINTA-FEIRA
)) *Minguante (balsâmica)*)) *em Aquário*

• Lua quadratura Júpiter — 16:29 às 19:45 (exato 18:07)

Cuidado para não adquirir o supérfluo contando com uma receita que pode não ocorrer. As expectativas de colaboração de terceiros podem ser frustradas. Se há insatisfação com o trabalho e quer crescimento, atente-se para avaliar corretamente a situação pessoal e a do mercado. Sem exageros!

DIA 08 DE MARÇO – SEXTA-FEIRA
)) *Minguante (balsâmica)*)) *em Peixes às 22:03*
LFC Início às 15:56 LFC Fim às 22:03

Enquanto a Lua estiver em Peixes, o clima é de romantismo e boa vontade. Os sonhos parecem possíveis. Momento benéfico para a música e para quem trabalha com imagem. Também reina a imprecisão em agendas, comunicações, distrações e no esquecimento de objetos. Se a vida está frustrante, a tendência é fugir da realidade. Não marque cirurgias nos pés. Convém checar o sistema imunológico e a taxa de glóbulos brancos.

• Lua conjunção Marte — 02:09 às 05:32 (exato 03:50)

Estamos nos sentindo mais capazes, corajosos, o que nos motiva a tomar decisões, a agir, sendo um bom momento para marcar ou conquistar uma posição, participar de concorrência, disputar cargos. Lance produtos e serviços inéditos — as pessoas estarão propensas a comprar.

• Lua quadratura Urano — 04:13 às 07:26 (exato 05:50)

Mais cautela agora. A imprevisibilidade chegou e pode provocar o cancelamento de contratos, de apoios e de patrocínio. Possibilidade aumentada de interrupções nos trabalhos e nos fluxos, podendo levar ao adiamento da conclusão de atividades. Tensão no ar.

• Lua conjunção Vênus — 14:11 às 17:39 (exato 15:56)

A tarde começa harmoniosa, bem-humorada, o que beneficia as convergências, os acordos e as parcerias. Alcançaremos nossos objetivos com assertividade se usarmos a diplomacia, a gentileza, a cortesia. Aproximação de pessoas, romance e sedução estão no ar!

DIA 09 DE MARÇO – SÁBADO
☽ *Minguante (balsâmica)* ☽ *em Peixes*

• **Lua conjunção Saturno** — 13:47 às 16:57 (exato 15:22)

Se precisa de reparos em casa, esse é um bom momento para realizá-los. No trabalho, estamos dispostos a assumir compromissos e cumprir tarefas. Disposição para a produtividade. Se está em um relacionamento, organize planos comuns: isso fortalecerá o vínculo.

• **Lua sextil Júpiter**— 16:48 às 19:59 (exato 18:24)

Benéfico para atividades de ensino e ligadas ao turismo. Aproveite a oportunidade para participar ou realizar eventos de grande porte: congressos, feiras, festivais nacionais ou internacionais. Com vontade de fazer uma viagem para longe? Voe e desfrute!

DIA 10 DE MARÇO – DOMINGO
● *Nova às 06:00 em 20°16' de Peixes* ● *em Áries às 21:19*
LFC Início às 16:46 LFC Fim às 21:19

Enquanto a Lua estiver em Áries, o clima é de entusiasmo, dinamismo e audácia. A franqueza está em alta e devemos ter cuidado com reações impulsivas, sem a devida reflexão. Trata-se de um período que é marcado pelo impulso. Auspicioso para quem tem crédito a receber, portanto deve-se realizar as devidas cobranças. Não marque cirurgias na região da cabeça ou nos rins.

• **Lua sextil Urano** — 03:47 às 06:56 (exato 05:22)

Um bom período para melhorar os hábitos ligados à saúde. Aproveite para se alimentar de coisas leves e para dormir cedo. Antes disso, realize uma meditação relaxante — será altamente reconfortante e agradável. Para tratamentos em andamento, considere algo mais alternativo.

• **Lua conjunção Sol** — 04:19 às 07:41 (exato 06:00)

O dia amanhece com entusiasmo, reascendendo as esperanças e a fé em novos caminhos que estão à frente. Nas relações nas quais os dois possuem personalidades fortes e se posicionam, aqui as colocações concorrem para uma troca muito rica na qual o ponto em que concordam irá fortalecer o vínculo de vocês.

• **Lua conjunção Netuno — 15:10 às 18:20 (exato 16:46)**

Nessa tarde, a sedução está no ar! Romantismo e encantamento tornam as pessoas mais próximas. Os relacionamentos fluem com mais compreensão, reforçando o romantismo. É um período no qual também podem ocorrer encontros inesperados, por obra do acaso.

• **Lua sextil Plutão — 22:03 às 01:13 de 11/03 (exato 23:38)**

Momento auspicioso para a recuperação de um amor, sendo que talvez seja necessário pedir perdão, voltar atrás, como parte do processo. Devemos dar uma outra chance para nós e para o outro, enfocando o que realmente é importante para o relacionamento. Aproveite a oportunidade!

• **Lua conjunção Mercúrio — 22:26 às 02:03 de 11/03 (exato 00:14 de 11/03)**

Outro fator favorável dessa noite é para quem precisa discutir a relação e falar de temas sensíveis com o objetivo de buscar esclarecimentos e conciliação. A comunicação se dá com fluidez e encontra acolhimento em quem escuta. Momento de assertividade para comunicar as emoções.

DIA 11 DE MARÇO – SEGUNDA-FEIRA
● *Nova* ● *em Áries*

Neste dia, a Lua não faz aspecto com outros planetas no céu. Devemos observar recomendações para a fase e o signo em que a Lua se encontra.

DIA 12 DE MARÇO – TERÇA-FEIRA
● *Nova* ● *em Touro às 21:28*
LFC Início às 08:09 LFC Fim às 21:28

Enquanto a Lua estiver em Touro, a paciência e a perseverança estarão em destaque. Tempo de emoções mais equilibradas, de busca da paz interior; os sentimentos se estabilizam. Afeto e ternura nos visitam, proporcionando encontros e mais aproximação em relações já existentes. Evite marcar cirurgia na garganta, tireoide, cordas vocais, órgãos genitais, próstata, uretra, bexiga, reto e intestino.

• **Lua sextil Marte — 06:25 às 09:50 (exato 08:09)**

Acordamos cheios de energia e disposição. Sentimos a força de nossa vontade aumentar, o que propicia o empenho em combater hábitos que nos prejudicam. Agilidade no cumprimento da agenda e tomada de decisões. O momento é de maior percepção de oportunidades. Aproveite!

• **Lua sextil Vênus — 22:08 às 01:43 de 13/02 (exato 23:55)**

A sedução está no ar, aproximando as pessoas. Momento benéfico para festas. Aqui, há a tendência à autogratificação, o que pode aumentar o desejo de consumo de bens supérfluos. Se quer agradar alguém ou retribuir uma gentileza, o momento é favorável a essa atitude.

• **Lua quadratura Plutão — 22:18 às 01:36 (exato 23:57)**

Clima de atitudes passionais e radicais. Portanto, faça o uso de muita diplomacia diante de confrontos inevitáveis, porque, caso contrário, podem levar a um rompimento. Demonstrações explícitas de poder não são bem recebidas e podem ser duramente repudiadas.

DIA 13 DE MARÇO – QUARTA-FEIRA
Nova em Touro

• **Lua sextil Saturno — 14:48 às 18:11 (exato 16:29)**

Período particularmente benéfico para quem trabalha na área administrativa. Bom para quem quer investir em previdência e segurança. Os negócios são mais bem avaliados pois existe objetividade, bom senso e racionalidade. A boa administração do tempo otimiza a produtividade.

• **Lua conjunção Júpiter — 18:29 às 21:55 (exato 20:12)**

Favorável para atividades que reúnam um público grande e até mesmo de outras cidades mais distantes. Envoltos nos ares da generosidade, da sorte e da abundância, ambicionamos e podemos concretizar maiores e melhores negócios. Aqui, é possível pensar em promoção.

DIA 14 DE MARÇO – QUINTA-FEIRA
Nova em Touro LFC Início às 19:30

• **Lua conjunção Urano — 05:17 às 08:42 (exato 06:59)**

Comece o dia se desapegando do que não serve mais, sejam objetos ou sentimentos. Se quiser, faça mudanças em casa, mesmo que pequenas. No trabalho, auspicioso será atualizar-se e também antecipar-se. Alguém diferente poderá contribuir com um *insight* criativo.

• **Lua quadratura Marte — 11:10 às 14:50 (exato 13:00)**

Organize-se, faça o que tem que ser feito primeiro, sob o risco de as atividades não saírem a contento. O ato de não agir com egoísmo ou egocentrismo no ambiente de trabalho evitará reações pouco pacíficas. Momento em que o trabalho individual será mais produtivo do que em equipe.

• Lua sextil Sol — 13:04 às 16:58 (exato 14:56)

Para os tímidos e inseguros, aproveitem o momento para mostrar mais autonomia e expressar uma habilidade reprimida. Aqui, as ideias, os projetos e até os relacionamentos podem revelar seu potencial de desenvolvimento positivo.

• Lua sextil Netuno — 17:44 às 02:21 de 15/03 (exato 19:30)

Momento oportuno para quem quer divulgar ou lançar um espetáculo que estimule o aspecto lúdico do público, tais como filmes e shows. Nos relacionamentos há um clima de magia no ar, o que contribui para a aproximação com uma pessoa que nos interessa. Vá em frente!

DIA 15 DE MARÇO – SEXTA-FEIRA
Nova ● *em Gêmeos às 00:15 LFC Fim às 00:15*

Enquanto a Lua estiver em Gêmeos, a necessidade de informação aumenta. É tempo de ler, aprender, comunicar, ser ouvido e ouvir. Além disso, também é muito favorável para participar de congressos, palestras e cursos. E auspicioso para vender objetos, produtos, ideias e projetos. O tema é conversar, trocar. Evite cirurgias nas vias respiratórias, pernas, coxas, bacia, do ciático, dos braços, mãos, dedos e no fígado.

• Lua trígono Plutão — 01:14 às 04:45 (exato 02:59)

Aqui há facilidade de recuperar seguidores ou clientes de seu produto ou serviço. E se você tem um projeto ou trabalho guardado ao qual não vinha se dedicando, retome-o, pois há chances de recuperação. Momento de predisposição para realizar mudanças mais radicais.

• Lua quadratura Vênus — 06:02 às 09:56 (exato 07:59)

A inércia nos visita, tornando todos menos produtivos. Além disso, também pode ser que contrariedades pessoais ou com pessoas do trabalho interfiram na nossa produtividade. Há uma tendência a gastarmos desnecessariamente com supérfluos, a fim de suprir alguma carência.

• Lua sextil Mercúrio — 17:06 às 21:14 (exato 19:10)

Aproveite para lançar livros ou exposições. Se precisa divulgar alguma notícia ou nota de esclarecimento por algo divulgado de modo equivocado, esse é um bom período. Se está pensando em enviar seu currículo para alguma empresa, aproveite!

• Lua quadratura Saturno — 19:16 às 22:54 (exato 21:05)

Não se deixe levar pelo clima pesado desses momentos, ou então poderá recuar diante da insegurança, do medo da frustração emocional, já que é possível que não encontre o acolhimento vindo das pessoas com as quais você normalmente conta. Evite julgar; isso pode afastar uma pessoa querida.

DIA 16 DE MARÇO — SÁBADO
● Nova ● em Gêmeos

• **Lua trígono Marte — 20:03 às 00:01 de 17/03 (exato 22:02)**
Se pretende engravidar, atente-se para esse momento benéfico! Os partos também encontram aqui o favorecimento devido. Se houver tensão nos relacionamentos, o caminho é demonstrar naturalidade com as próprias emoções e ser verdadeiro ao expressar o que sente.

• **Lua quadratura Sol — 23:09 às 03:11 de 17/03 (exato 01:10 de 17/03)**
Tenha cautela, porque nesse período é preciso mais esforço para esclarecer situações e para que predominem o equilíbrio e a lucidez. Casais que tenham personalidades muito diferentes podem alimentar suas incompatibilidades, em vez de buscar o senso comum.

• **Lua quadratura Netuno — 23:50 às 03:35 de 17/03 (exato 01:44 de 17/03)**
A noite traz a fragilidade emocional. Podemos, com facilidade, nos sentir feridos, melindrados, pois nossa expectativa em relação às pessoas é maior do que na realidade elas podem nos oferecer no momento. Relações corriqueiras podem sentir carência de um clima idílico, com fantasia.

DIA 17 DE MARÇO — DOMINGO
☾ Crescente às 01:10 em 27°03' de Gêmeos ☾ em Câncer às 06:40
LFC Início às 01:44 LFC Fim 06:40

Enquanto a Lua estiver em Câncer, a emoção se sobrepõe à razão. Mais emotivos, vulneráveis, é preciso cuidar para não magoar nem ser magoado. Visitamos o passado com seus fantasmas, suas lembranças, e sentimo-nos nostálgicos. Momento bom para mudar de casa, casar-se, constituir família e engravidar. Evite marcar cirurgia no abdômen, estômago, mamas, útero, ossos, articulações, vesícula, pele e olhos.

• **Lua trígono Vênus — 18:47 às 23:01 (exato 20:54)**
Momento assertivo para qualquer procedimento estético: cortar cabelo, mudar a cor, limpeza de pele etc. Com o romantismo no ar, aproveite e marque um jantar com uma pessoa amada. No trabalho, bom para elaborar orçamentos ou apresentar planilha financeira.

DIA 18 DE MARÇO – SEGUNDA-FEIRA
☾ Crescente ☾ em Câncer

• Lua trígono Saturno — 03:32 às 07:25 (exato 05:28)

Para quem trabalha nesse período, o momento é favorável para se pensar e providenciar um projeto que será realizado no futuro mais distante. A saúde está estável, com muita resistência. Auspicioso também para a estruturação e o estabelecimento de vínculos e compromissos.

• Lua sextil Júpiter — 08:26 às 12:21 (exato 10:24)

Se tem que viajar a trabalho, aproveite o momento, pois será bom e promissor para esse tipo de atividade. Além disso, será favorável para uma reunião geral com colaboradores de outras sedes, de locais distantes, pois pode motivar o alcance das metas da empresa. Ajudas podem vir de pessoas em posição estratégica.

• Lua quadratura Mercúrio — 09:16 às 13:41 (exato 11:28)

O importante aqui é manter o foco no que interessa e é importante. Muito cuidado com dados, informações e comunicações; cheque tudo para ter a certeza de que refletem a verdade, a realidade, e para que possam ser base para uma análise, um trabalho.

• Lua sextil Urano — 19:22 às 23:17 (exato 21:19)

Se está em um relacionamento, experimente surpreender a pessoa amada com atitudes criativas, inesperadas! Se está só, a dica é ir a locais a que nunca foi antes e sem ter nenhuma expectativa. Os encontros se darão quanto mais desapegados, leves e despretensiosos estivermos.

DIA 19 DE MARÇO – TERÇA-FEIRA
☾ Crescente ☾ em Leão às 16:32
LFC Início às 15:42 LFC Fim 16:32

Enquanto a Lua estiver em Leão, reina o brilho, a vaidade e a liderança. A alegria e o entusiasmo estão no ar. Queremos diversão, atenção e tratamento especial e privilegiado. Baixa tolerância para limitações. Rendemos homenagem somente a quem nos homenageia. Cuidado com os gastos extravagantes! Evite marcar cirurgia no coração e na região lombar, em veias, varizes, vasos capilares e tornozelos.

• Lua trígono Netuno — 09:31 às 13:28 (exato 11:29)

Começamos o dia amparados pelos ares da compreensão e da tolerância. Ao realizar nosso trabalho, devemos aproveitar para executar os passos de um projeto mais amplo e, assim, desdobrar as etapas. Adiemos o detalhamento das operações. Bom para olhar o macro, o geral.

• **Lua trígono Sol** — 13:43 às 18:01 (exato 15:42)

A tarde segue com vitalidade. Tudo parece fluir melhor, facilitando o dia! No trabalho, a dica para a produtividade é que cada membro da equipe funcione de acordo com sua posição e atividade. Entre os casais a harmonia impera.

• **Lua oposição Plutão** — 17:50 às 21:48 (exato 19:49)

Muita cautela para não interpretar as coisas pelo lado pessoal. Clima explosivo. Mantenha as situações no controle, dentro dos limites devidos. No ambiente profissional pode surgir disputa de poder, o que prejudica a eficiência. Saúde pode sinalizar uma indisposição mais severa. Cuide-se.

DIA 20 DE MARÇO – QUARTA-FEIRA
☽ *Crescente* ☽ *em Leão*

Entrada do Sol no Signo de Áries às 00h06min22seg.
Equinócio da Primavera H. Norte – Equinócio de Outono H. Sul.

• **Lua quadratura Júpiter** — 20:32 às 00:37 de 21/03 (exato 22:34)

Aqui pode-se fazer projeções muito otimistas sem ter as condições de realização. Isso, por sua vez, pode levar à insatisfação e até mesmo a uma sensação de carência. Uma certa indolência nos visita, nos levando a adiar compromissos e tarefas e fazendo com que nos afastemos de dietas e restrições alimentares.

DIA 21 DE MARÇO – QUINTA-FEIRA
☽ *Crescente* ☽ *em Leão*

• **Lua trígono Mercúrio** — 04:40 às 09:12 (exato 06:56)

Bom momento para entendimento, uma conversa ou um diálogo. O comércio de varejo está favorecido. Como as pessoas estão mais flexíveis, as negociações nesse período encontram favorecimento. A mente tende a estar fértil, assertiva.

• **Lua quadratura Urano** — 07:05 às 11:08 (exato 09:06)

A manhã vem acompanhada fortemente por agitação, inquietação, gerando muita ansiedade. Podemos ter surpresas e ser forçados a alterar nossa rotina diária. Todos estamos menos tolerantes para realizar tarefas monótonas, repetitivas. Evite qualquer tipo de pressão.

DIA 22 DE MARÇO – SEXTA-FEIRA

☾ *Crescente* ☾ *em Virgem às 04:41 LFC Início às 03:35 LFC Fim às 04:41*

Enquanto a Lua estiver em Virgem é tempo de atividade mental, análise criteriosa, avaliação, atenção e detalhamento. Fase para organização de situações, trabalhos e processos. Estamos todos mais seletivos e críticos. Fase boa para estudar ou ingressar em um emprego novo. Produza e trabalhe com excelência em todos os pormenores. Evite marcar cirurgia relacionada ao aparelho gastrointestinal e aos pés.

• **Lua oposição Marte — 01:23 às 05:43 (exato 03:35)**

Tendência a azia e dores de cabeça. Maior sensibilidade para os que sofrem de gastrite ou úlcera; então, no jantar e durante a noite, alimente-se de coisas leves e evite café, cigarros ou chás estimulantes. Momento desfavorável para cirurgias e ferimentos, pois há risco de inflamação.

DIA 23 DE MARÇO – SÁBADO

☾ *Crescente* ☾ *em Virgem*

• **Lua oposição Saturno — 04:14 às 08:20 (exato 06:17)**

Período de insegurança nos sentimentos que despertamos nos outros. Estamos com pouca disposição física e algumas tarefas talvez precisem ser refeitas. Dedique-se e concentre-se para evitar o retrabalho. Se for se exercitar, aqueça e alongue o corpo antes do treino.

• **Lua oposição Vênus — 07:37 às 12:10 (exato 09:54)**

Nos relacionamentos, os sentimentos de posse e ciúme são amplificados e podem gerar conflitos baseados em suposições muitas vezes irreais em relação ao outro. Evite marcar casamentos nesse dia. Cautela com o consumo exagerado de doces. Desfavorável para fertilização.

• **Lua trígono Júpiter — 10:17 às 14:25 (exato 12:21)**

Sopra o vento do otimismo e traz confiança aos vínculos mais próximos, amenizando as tensões. Todos ficamos mais generosos na intimidade, o que nos aproxima de nossos afetos. Aproveite o bom humor desse momento para dar leveza a tudo.

• **Lua trígono Urano — 20:07 às 00:12 de 24/03 (exato 22:09)**

A despreocupação e o descondicionamento nos visitam. Os acontecimentos já não nos afetam tanto. É possível que tenhamos *insights* nesse período que, junto com a criatividade, podem trazer soluções para situações que se encontravam em impasse.

DIA 24 DE MARÇO – DOMINGO

☾ *Crescente* ☾ *em Libra às 17:37 LFC Início às 12:50 LFC Fim às 17:37*

Enquanto a Lua estiver em Libra, o charme e a gentileza estão em alta! Estamos mais flexíveis, diplomáticos e sociáveis. É tempo de se harmonizar com os outros. Estabeleça parcerias profissionais e pessoais. Momento bom para reconciliações, bem como equilibrar uma relação já existente, sempre por meio da diplomacia. Os trabalhos em equipe estão em alta. Evite marcar cirurgia nos rins e na região da cabeça.

• **Lua oposição Netuno — 10:46 às 14:51 (exato 12:50)**

Essa manhã nos traz certa melancolia e uma sensação de incerteza, insegurança e tristeza. Evite distrações. Concentre-se para evitar a perda de objetos e documentos. Atenção ao dirigir; evite os desvios de percurso. Concentre-se para evitar improdutividade e erros no trabalho.

• **Lua trígono Plutão — 19:08 às 23:12 (exato 21:10)**

Uma segunda chance no trabalho pode surgir e podemos recuperar ocupações que julgávamos perdidas. Favorável para reparar e buscar reaver danos e prejuízos. Popularidade aumentada para quem está em posição de poder. O sono aqui é profundo e reparador

DIA 25 DE MARÇO – SEGUNDA-FEIRA

○ *Cheia às 04:00 em 05°07' de Libra* ○ *em Libra*

Eclipse Lunar às 04:00 em 05°07' de Libra.

• **Lua oposição Sol — 01:47 às 06:12 (exato 04:00)**

Atenção total: cuide das relações pessoais e profissionais a fim de não as perder. Não seja egoísta e coopere a todo instante. Não participe de situações de conflito nem de provocações. Podemos ser surpreendidos com alguém que pode se tornar um desafio para nós de forma inesperada.

DIA 26 DE MARÇO – TERÇA-FEIRA

○ *Cheia* ○ *em Libra LFC Início às 20:10*

• **Lua oposição Mercúrio — 18:00 às 22:16 (exato 20:10)**

Busque muita sensibilidade ao proferir palavras. Esteja receptivo ao diálogo, expressando os sentimentos com honestidade e sempre de forma gentil para não gerar ressentimentos nem mágoas nas relações. Ao discordar de alguém, faça-o com bom senso para que não soe como desafeto.

DIA 27 DE MARÇO – QUARTA-FEIRA
○ Cheia ○ em Escorpião às 06:02
LFC Fim às 06:02

Enquanto a Lua estiver em Escorpião estamos mais obsessivos, desconfiados e misteriosos. É mais difícil esquecer e perdoar. Os assuntos mal resolvidos podem vir à tona para serem transformados. Época para realizar reformas, reciclagem e restauração. Evite marcar cirurgia nos órgãos genitais, bexiga, uretra, próstata, intestino, reto, garganta, tireoide e nas cordas vocais.

• **Lua quadratura Plutão** — 07:37 às 11:36 (exato 09:37)
O dia começa explosivo. Estamos mais radicais e podemos ter reações extremas. No trabalho, pode haver crises que devem ser contornadas com diplomacia. As pessoas em cargo de liderança podem não encontrar a colaboração e a adesão esperadas. Evite investimentos de risco.

• **Lua trígono Marte** — 11:10 às 15:25 (exato 13:18)
Dinamismo e agilidade no ar! Facilidade para resolver coisas que estavam pendentes. Trabalhos que dependam de audácia e ações estão favoráveis. Apresentar uma proposta, lançar produtos e mostrar atitude proativa encontram aqui o momento certo.

DIA 28 DE MARÇO – QUINTA-FEIRA
○ Cheia (disseminadora) ○ em Escorpião

• **Lua trígono Saturno** — 06:11 às 10:09 (exato 08:10)
Nesse momento a disciplina e a produtividade caminham juntas! Produtividade e disciplina combinadas. Seja objetivo e racional na avaliação de um negócio, tendo claro na mente quais são os mais promissores. Os contatos feitos nessa manhã serão mais duradouros. Bom para oficializar uniões.

• **Lua oposição Júpiter** — 12:58 às 16:57 (exato 14:58)
Avalie muito bem cada ação, pois a tendência é a de que as situações sejam hiperestimadas. Estamos otimistas além da conta, o que tende a gerar um resultado que não se confirma. No ar paira certa indolência, então, nesse momento, realize as atividades que requerem menos empenho.

• **Lua oposição Urano** — 20:48 às 00:42 de 29/03 (exato 22:45)
A vontade é de soltar, se libertar de compromissos, seja no trabalho ou na vida pessoal. Cautela, isso passa e os relacionamentos e a vida profissional podem sofrer com tamanha sede de desapego! Relaxe muito e durma cedo, pois a tendência é ter um sono inquieto.

• **Lua trígono Vênus — 21:51 às 02:11 de 29/03 (exato 00:01 de 29/03)**

Esse bom encontro astral ameniza a agitação, trazendo um pouco de romantismo e favorecendo a convivência com o outro. A ternura sopra e nos convida a ser mais tolerantes, evitando conflitos. Invista em uma intimidade afetuosa, calma.

DIA 29 DE MARÇO – SEXTA-FEIRA
○ Cheia (disseminadora) ○ em Sagitário às 16:51
LFC Início às 12:40 LFC Fim às 16:51

Enquanto a Lua estiver em Sagitário acreditamos que tudo é possível! O céu é o limite, queremos expandir, estar livres, independentes. Há vontade de viajar, conhecer locais, passear na natureza e sair do trivial. Estamos extrovertidos e amigáveis. Otimistas, incentivamos a fé nos outros e em nós mesmo. Evite marcar cirurgia no fígado, coxas, quadris, ciático, vias respiratórias, pernas, braços e nas mãos.

• **Lua trígono Netuno — 10:43 às 14:35 (exato 12:40)**

O dia começa com muita inspiração! As pessoas estão mais sintonizadas, e isso favorece as coincidências. Nos relacionamentos, a proximidade da alma transcende a proximidade dos corpos. Particularmente inspirador para quem trabalha com a imagem. Atenção à intuição!

• **Lua sextil Plutão — 18:27 às 22:17 (exato 20:22)**

Se pensa em contratar alguém, pense em um ex-colaborador ou em um ex-colega para fazer parte da equipe e, então, faça contato. As relações mais duradouras ou aquelas criadas com as pessoas que conhecemos mais profundamente são as mais promissoras. Ah, e aproveite, porque o erotismo está no ar!

DIA 30 DE MARÇO – SÁBADO
○ Cheia (disseminadora) ○ em Sagitário

• **Lua quadratura Marte — 01:40 às 05:44 (exato 03:42)**

Momentos nos quais a agressividade está no ar, predispondo a brigas. Estamos muito ansiosos. O melhor a se fazer será relaxar, se alimentar de coisas leves e dormir cedo. Não é um bom momento para tentar engravidar nem para marcar partos.

• **Lua trígono Sol — 10:40 às 14:46 (exato 12:44)**

Aqui, os ares abrandam. Há equilíbrio e concordância entre emoção e razão. Se precisa criar algo, aproveite esse período, pois nele também há vitalidade e boa energia. Os relacionamentos tendem a se harmonizar. Aproveite!

• **Lua quadratura Saturno — 16:34 às 20:22 (exato 18:28)**

Pode ser que tenha que realizar um reparo em casa ou no trabalho. Aqui o nosso brilho e a nossa inspiração diminuem. Retraídos, é melhor que se evite o contato com as pessoas. Evite também as entrevistas de emprego e as avaliações de desempenho.

DIA 31 DE MARÇO – DOMINGO

○ Cheia (disseminadora) ○ em Sagitário LFC Início às 21:17

• **Lua quadratura Vênus — 13:03 às 17:07 (exato 15:05)**

Cuidado com a alimentação; a necessidade de gratificação vai desequilibrar o hábito alimentar. Podemos nos sentir menos charmosos e sedutores. A entrada em cena de uma terceira pessoa pode confundir os sentimentos e desestabilizar seu relacionamento.

• **Lua trígono Mercúrio — 18:02 às 21:44 (exato 19:53)**

Se quer lançar uma campanha publicitária, esse é um momento auspicioso. No trabalho, o clima é de colaboração e diálogo. Para os relacionamentos, é o período que facilita a expressão das emoções.

• **Lua quadratura Netuno — 19:25 às 23:05 (exato 21:17)**

Para quem trabalha nesse período, faça várias pausas para descansar a mente que, aqui, está menos capaz de focar. Prováveis erros de interpretação dos sentimentos — nossos e dos outros — podem nos levar à decepção. Fuja de problemas e divagações.

Abril 2024

Domingo	Segunda-feira	Terça-feira	Quarta-feira	Quinta-feira	Sexta-feira	Sábado
	1 ♑	2 ♐12°52' ♑	3 ♒	4	5 ♓	6
	Lua Cheia em Capricórnio às 01:05 LFC Fim às 01:05 Início Mercúrio retrógrado	Lua Minguante em Capricórnio às 00:14 Mercúrio retrógrado	Lua Minguante em Aquário às 06:07 LFC 02:41 às 06:07 Mercúrio retrógrado	Lua Minguante em Aquário Mercúrio retrógrado	Lua Minguante em Peixes às 08:12 LFC 02:40 às 08:12 Mercúrio retrógrado	Lua Minguante em Peixes Mercúrio retrógrado
7 ♈	8 ¯19°24' ♈	9 ♉	10	11 ♊	12	13 ♋
Lua Minguante em Áries às 08:24 LFC 05:28 às 08:24 Mercúrio retrógrado	Lua Nova em Áries às 15:20 LFC Início às 23:39 Eclipse Solar# em Áries às 15:20 Mercúrio retrógrado	Lua Nova em Touro às 08:23 LFC Fim às 08:23 Mercúrio retrógrado	Lua Nova em Touro Mercúrio retrógrado	Lua Nova em Gêmeos às 09:58 LFC 07:05 às 09:58 Mercúrio retrógrado	Lua Nova em Gêmeos Mercúrio retrógrado	Lua Nova em Câncer às 14:44 LFC 11:47 às 14:44 Mercúrio retrógrado
14	15 ,26°18' ♋♌	16	17	18 ♍	19	20 ♍
Lua Nova em Câncer Mercúrio retrógrado	Lua Crescente em Câncer às 16:13 Lua Crescente em Leão às 23:23 LFC 20:23 às 23:23 Mercúrio retrógrado	Lua Crescente em Leão Mercúrio retrógrado	Lua Crescente em Leão Mercúrio retrógrado	Lua Crescente em Virgem às 11:10 LFC 09:03 às 11:10 Mercúrio retrógrado	Lua Crescente em Virgem Entrada do Sol no Signo de Touro às 10hs59min44seg Mercúrio retrógrado	Lua Crescente em Virgem LFC Início às 21:20 Mercúrio retrógrado
21 ♎	22	23 04°17' ♏	24	25 ♐	26	27
Lua Crescente em Libra às 00:08 LFC Fim às 00:08 Mercúrio retrógrado	Lua Crescente em Libra LFC Início às 20:25 Mercúrio retrógrado	Lua Cheia em Escorpião às 20:47 Lua Crescente em Escorpião às 12:19 LFC Fim às 12:19 Mercúrio retrógrado	Lua Cheia em Escorpião Mercúrio retrógrado	Lua Cheia em Sagitário às 22:36 LFC 20:17 às 22:36 Fim Mercúrio retrógrado	Lua Cheia em Sagitário	Lua Cheia em Sagitário
28 ♑	29	30 ♒				
Lua Cheia em Capricórnio às 06:37 LFC 04:32 às 06:37	Lua Cheia em Capricórnio	Lua Cheia em Aquário às 12:20 LFC 12:19 às 12:20				

Mandala Lua Nova de Abril

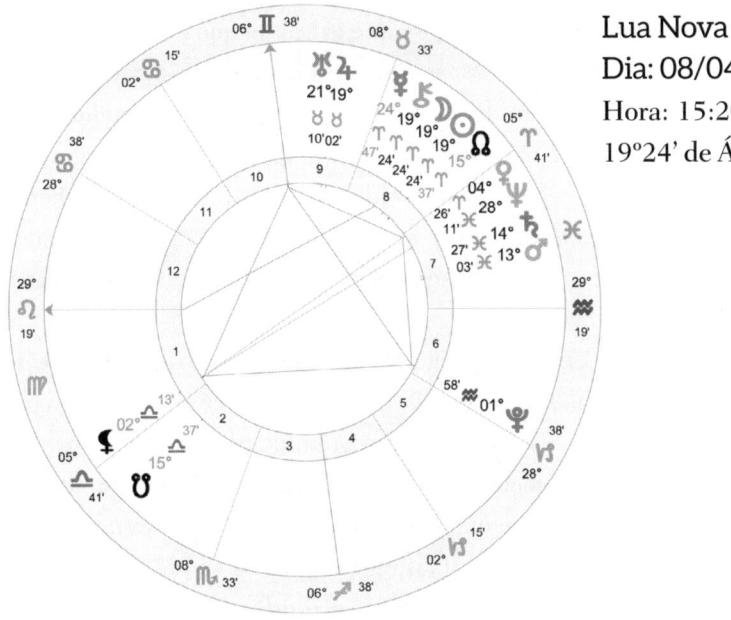

Lua Nova
Dia: 08/04
Hora: 15:20
19°24' de Áries

Mandala Lua Cheia de Abril

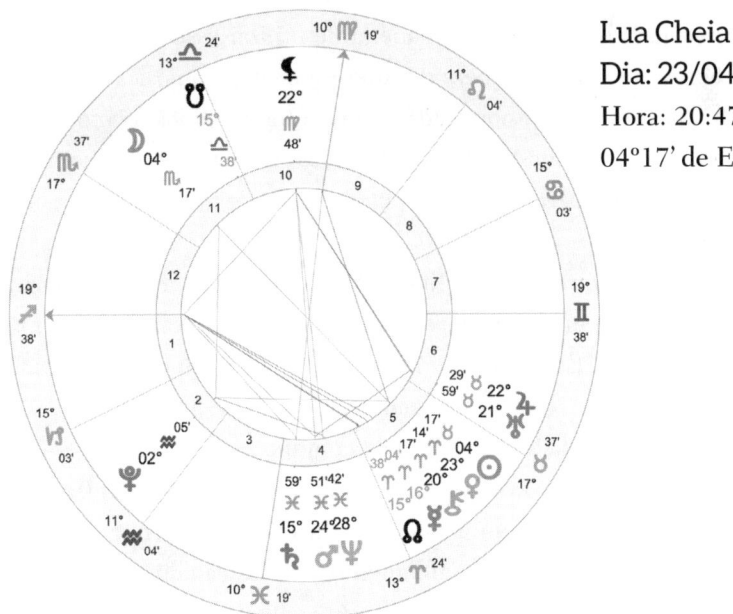

Lua Cheia
Dia: 23/04
Hora: 20:47
04°17' de Escorpião

CÉU DO MÊS DE ABRIL

Abril começa com um sinal amarelo piscante avisando que os temas relacionados à palavra, aos deslocamentos, às trocas e à comunicação podem trazer momentos críticos. O primeiro dia de abril marca também a primeira retrogradação de Mercúrio em 2024. Não deixa de ser simbólico que Mercúrio, o deus dos caminhos e das negociações, decida refazer seus passos exatamente no Dia da Mentira e dos Tolos. Parece ser mais um aviso para andar devagarinho, assegurando que o chão sob seus pés está bem firme antes de dar o passo seguinte.

O desafio, no entanto, é manter a cautela quando o desejo de se lançar e de agir não dá trégua. A dica para essa fase (de 01 a 25 de abril) é avançar, sim, com coragem e franqueza, mas revisando e se assegurando de que as informações estão corretas, de que as emoções não estão toldando o julgamento, de que os trajetos foram estudados e de que pontos importantes nos contratos e nas negociações não estão sendo esquecidos ou atropelados na pressa de chegar ao objetivo. É um ótimo período para seguir o provérbio que avisa que o jeito mais rápido para se chegar a algum lugar é indo devagar.

No primeiro dia de abril, a Lua se encontra no último grau de Sagitário, se preparando para começar sua fase Minguante no dia 02. Nesse momento, ela apoia o movimento de Mercúrio, sustentando a necessidade de recolhimento, revisão e retração. E uma excelente maneira de utilizar esse movimento de Mercúrio é aproveitando a franqueza de Áries, que colore a posição do Sol e de Mercúrio, para rever, com objetividade e sem medo, todos os projetos e realizações do primeiro trimestre do ano. Essa não é uma fase para concluir ou dar assuntos como encerrados, pois a possibilidade de mudanças de ideias e recomeços é grande.

Junto à entrada da Lua na fase Minguante, no dia 02 de abril, Mercúrio visita Vênus, propondo uma conversa amistosa, leve e favorável ao lazer, à inspiração e à distração. Esse clima permanece ativo também no dia 03, facilitando conversas e declarações emocionais.

A atmosfera é reforçada, no dia 03, pela conjunção de Vênus a Netuno, ambos no Signo de Peixes, considerado um sonhador. Entre os dias 03 e 05 de abril, fantasiar passa a ser um passatempo favorito. Dedicar-se a causas altruístas, voluntárias, voltadas ao acolhimento e à redução do sofrimento é uma das maneiras de manifestar, positivamente, a energia desse encontro. Por outro lado, é recomendável não alimentar idealizações de qualquer tipo, afinal expectativas irreais tendem a colher desilusões.

No dia 06 de abril, Vênus deixa as roupas delicadas e sutis de Peixes para envergar a armadura e lança de Áries. Enquanto Vênus permanecer em Áries (06/04 a 29/04), não há meias medidas nem ambiguidades nos assuntos ligados ao coração. O cuidado a se tomar nesses dias é não se esquecer de que o outro existe, com vontades e desejos que precisam e merecem ser respeitados. Nessa trajetória, logo no dia 06, e permanecendo atuante até o dia 07, Vênus oferece um aceno a Plutão, aprofundando as emoções e intensificando o desejo de pertencimento.

O dia 08 marca o início do novo ciclo lunar de abril. E é uma Lua Nova bastante importante, pois é também o dia do primeiro eclipse solar do ano, justamente no signo que inicia a mandala zodiacal. Como em todo eclipse, o segredo é não chegar a esses dias sobrecarregado, com situações beirando o limite. Isso se dá porque eclipses são momentos de revelações e descobertas, quase sempre decisivas e determinantes. Desse modo, sendo um eclipse solar, que ocorre durante um período de retrogradação de Mercúrio, o cenário é perfeito para ver ressurgir dramas e assuntos do passado. Quando menos se espera, eis que renasce aquela chama ou então, de repente, aqueles comportamentos julgados superados passam a assumir o controle da situação. É essencial não se esquecer dos motivos pelos quais o passado ficou para trás.

Já era possível perceber no dia da Lua Nova a aproximação de Marte a Saturno, mas é no dia 10 que a conjunção se faz exata. Até o dia 12 de abril, o clima de insatisfação e tensão é palpável. Há uma raiva difusa e uma sensação de que as contrariedades apresentadas nesses dias são propositais. Lutar contra essa sensação ou tentar confrontar as fontes do aborrecimento são tarefas inglórias. Não há energia suficiente nem estrutura emocional para resolver e levar a cabo os embates. O melhor a fazer é manter-se dedicado às atividades pequenas e rotineiras que exijam muita concentração e não envolvam riscos adicionais.

No dia 15 de abril, a Lua muda de tom e cresce em casa, nas águas nutridoras de Câncer. Como nas outras fases lunares desse mês, a Lua adota um ritmo Cardinal, favorecendo as iniciativas, mesmo que estas sejam voltadas às revisões típicas de uma retrogradação mercurial. O dia 15 também aponta para a aproximação amistosa de Júpiter para Urano. O encontro é exato no dia 20 e permanece em vigor até o dia 26, quando começa a perder intensidade.

Esse é um período bem interessante para realizar mudanças consideradas essenciais parar levar a vida a lugares mais elevados. Novas ideias, novas conexões e novos caminhos devem ser experimentados, pois podem trazer oportunidades benéficas inesperadas.

Entre os dias 19 e 20 de abril, Mercúrio encontra-se novamente com Vênus, sendo dessa vez no encontro mais íntimo caracterizado pela conjunção no valente Signo de Áries. Durante esses dias, é possível que seja quase impossível separar o que se pensa do que se sente. Compreender o que acende faíscas na alma e acelera o coração ocorre de maneira quase instantânea, facilitando a comunicação dos sentimentos.

No dia 20, o Sol ingressa em Touro e é chegado o momento do ano de trabalhar a terra e plantar o que brotou durante a fase solar ariana. Nesse dia, além do sextil entre Júpiter e Urano, outro aspecto favorável sinaliza a virada energética do período. Marte, em Peixes, faz também um sextil a Júpiter e Urano. E esse aspecto reforça a ideia de que a energia emocional investida nas mudanças de vida tem o potencial de trazer excelentes resultados ao longo do tempo. Talvez não seja possível ter clareza quanto ao rumo que essas transformações vão levar, mas atuar na construção do caminho para o futuro é um passo muito promissor. Essa janela de oportunidades permanece aberta entre os dias 17 e 21 de abril.

No entanto, é importante observar a tensão desenhada nos céus pelo atrito entre o Sol, que está em Touro, e Plutão, que está em Aquário. Os dias 21, 22 e 23 pendem muito tato, pois os esforços para mudança podem encontrar resistências e oposições muito poderosas. Nenhum desleixo, ausência, preguiça, teimosia ou indulgência é perdoado, ainda mais nos embates com autoridades ou pessoas de influência. Para superar os desafios desses dias, é importante garantir que todos os motivos por trás das ações tomadas são justos e justificáveis. No caso de haver a possibilidade de abuso de poder, é preferível contornar o potencial de desgaste para não comprometer o potencial de avanço indicado pelos outros movimentos celestes.

O cenário proposto pela Lua Cheia do dia 23 de abril reforça esse conselho. Nesse dia, a Lua atinge seu brilho máximo em Escorpião, posição conhecida por sua inclinação a manifestações emocionais mais intensas. Ao opor-se ao Sol, a Lua também participa da quadratura a Plutão, formando um desenho que exige bastante cuidado. Atitudes compulsivas e jogos de poder e manipulação são receitas certas para o desastre. É bom lembrar-se de que a posição de

Marte em Peixes tampouco facilita uma expressão emocional mais saudável. Nesse dia, assim como entre os dias 22 e 24 de abril, o olhar deve se voltar para dentro. Dessa maneira, toda essa intensidade é mais bem aproveitada ao ser utilizada para vasculhar e limpar aqueles cantos da alma em que moram os segredos mais antigos. É um percurso, porém, que deve ser feito com cautela, honestidade, apoio e responsabilidade. São dias que demandam cuidado e atenção, em especial se as emoções têm sido reprimidas há algum tempo.

Após as tempestades dos últimos dias, a Lua vai diminuindo seu brilho, recolhendo e compartilhando os aprendizados da lunação. Bem a tempo de ver Mercúrio retomar seu movimento direto no dia 25, ganhando velocidade aos poucos e avançando pelo território ariano.

No dia 29 de abril, Marte faz conjunção a Netuno, dissolvendo a força desse planeta e diluindo ainda mais a energia já debilitada por sua passagem por Peixes. Entre os dias 28 e 30, não é proveitoso forçar nenhuma situação, pois os ânimos estão irritadiços e apáticos. É mais vantajoso descansar e não começar nada novo. Logo, logo, Marte ingressa em Áries e a energia renasce potente e pronta para enfrentar qualquer desafio. Além disso, é recomendável evitar a utilização de substâncias que possam servir para relaxar, mas que possam vir a favorecer a perda do controle emocional.

No último dia do mês, Vênus se movimenta novamente e entra no Signo de Touro, onde está absolutamente confortável, confirmando a mudança de clima do próximo período. O planeta dos relacionamentos permanecerá no signo fértil de Touro até o dia 23 de maio, favorecendo todas as atividades ligadas aos prazeres sensoriais e ao conforto do corpo. Tudo isso por meio da prática de hábitos testados e, profundamente, apreciados.

Posição diária da Lua em abril

DIA 01 DE ABRIL – SEGUNDA-FEIRA
○ *Cheia (disseminadora)* ○ *em Capricórnio às 01:05*
LFC Fim às 01:05

Início do Mercúrio retrógrado
Enquanto a Lua estiver em Capricórnio, assuntos de natureza material poderão ficar mais evidenciados. Principalmente aqueles que apontam na direção de suas ambições profissionais ou que sugerem crescimento em busca

da estabilidade financeira. O Signo de Capricórnio é pragmático e se baseia no que se tem de concreto. Excelente momento para analisar suas conquistas até aqui e traçar estrategicamente os próximos movimentos.

• **Lua sextil Marte — 12:54 às 16:42 (exato 14:48)**

Será na parte da tarde que você terá mais força para conquistar o equilíbrio emocional necessário em direção a qualquer movimento produtivo. Ative a sensibilidade para encontrar o momento certo de agir.

• **Lua quadratura Sol — 22:19 às 02:09 de 02/04 (exato 00:14 de 02/04)**

À noite tente relaxar, pois de nada adiantará ficar remoendo situações ou temores possíveis. O medo é inimigo da realização. Ajuste as emoções para que possa ter maior clareza dos seus objetivos e de que tipo de ações se fazem necessárias para se chegar aonde deseja.

• **Lua sextil Saturno — 23:58 às 03:33 de 02/04 (exato 01:46 de 02/04)**

Uma análise concreta da situação fará com que entenda o que é necessário para colocar as coisas em ordem. O foco deve ser na gestão do que se tem de concreto no momento. Sonhos viram realidade quando traçamos um projeto de realização calcado em possibilidades reais.

DIA 02 DE ABRIL — TERÇA-FEIRA
☽ Minguante às 00:14 em 12°52' de Capricórnio ☽ em Capricórnio

Mercúrio retrógrado

• **Lua trígono Júpiter — 06:56 às 10:30 (exato 08:43)**

Inicie o dia alimentando a fé e o otimismo de que seus esforços serão recompensados e de que oportunidades aparecem para quem tem abertura de identificá-las. Isso fará toda a diferença, até mesmo em relação à concretização do que foi traçado para o dia, ao visar dar passos mais largos pela facilitação energética de amplitude e crescimento.

• **Lua trígono Urano — 12:34 às 16:04 (exato 14:19)**

Na parte da tarde, esteja preparado para mudanças do que foi programado. O jogo de cintura e a versatilidade darão abertura para acontecimentos positivos e imagináveis. Acredite e priorize o que realmente está em maior grau de importância. Inove.

• **Lua quadratura Mercúrio — 23:28 às 02:53 de 03/04 (exato 01:11 de 03/04)**

Atenção redobrada com a forma de se dirigir ao outro ou conduzir uma negociação. A comunicação tenderá a ser atropelada por mal-entendidos. Enganos e distorções estarão em evidência, o que pode tornar mais difícil qualquer tipo de acordo. Será produtivo tentar descansar a mente, evitando o acesso a mais informação. Desligue a televisão e o celular. Opte por ler um livro. Tente relaxar!

DIA 03 DE ABRIL – QUARTA-FEIRA
☽ *Minguante* ☽ *em Aquário às 06:07*
LFC Início às 02:41 LFC Fim às 06:07

Mercúrio retrógrado

Enquanto a Lua estiver em Aquário tendemos à racionalização das emoções, o que, por sua vez, facilita uma análise verdadeira do que se passa no momento. Sinta-se livre para ousar novas soluções. A originalidade deverá ser explorada em tudo que se propuser a fazer. Abra-se para o novo.

• **Lua sextil Vênus — 00:04 às 03:51 (exato 01:57)**

Se dê uma noite prazerosa, seja ela na companhia de alguém ou sozinho. Se amar é o primeiro passo para o ato de amar o outro. Quando nos amamos, nos respeitamos e sabemos defender nosso espaço com amor. A delicadeza atrairá simpatia. Excelente energia para se deixar levar pelo desejo.

• **Lua sextil Netuno — 00:56 às 04:23 (exato 02:41)**

Use a sua criatividade, deixando-se invadir por uma sensibilidade porosa. Desenvolva a empatia, principalmente no caso de ser necessário lidar com uma situação desafiadora. Se colocar no lugar do outro fará com que o entendimento e a compreensão se façam presentes. Atente-se às entrelinhas das situações.

• **Lua conjunção Plutão — 07:40 às 11:05 (exato 09:22)**

Evite entrar em discussões. Não é dia para provocações, pois essas poderão tomar proporções inimagináveis. Fuja de qualquer tipo de disputa de poder. É melhor não menosprezar seus adversários. Recolha-se.

DIA 04 DE ABRIL – QUINTA-FEIRA
☽ *Minguante* ☽ *em Aquário*

Mercúrio retrógrado

• **Lua sextil Sol — 05:56 às 09:31 (exato 07:44)**

A densidade de ontem passou e agora é alinhar o estado de espírito com os objetivos traçados. Jogue fora qualquer emoção que venha a boicotar o que você deseja realizar. Olhe-se no espelho e diga: *Eu tenho consciência da minha capacidade e vou conseguir.*

- **Lua quadratura Júpiter — 11:01 às 14:23 (exato 12:42)**

Pondere a respeito de suas ações para que elas não venham a atropelar o outro. O Signo de Aquário é social, e a Lua ativando essas características pede um olhar para o que o outro pensa ou deseja. Dome a vaidade e o exagero, pois eles poderão colocar tudo a perder.

- **Lua quadratura Urano — 15:44 às 19:03 (exato 17:24)**

Respire e não pire, porque o ritmo da tarde será acelerado. Seja maleável e dê espaço para improvisos. Já que as coisas não sairão do jeito desejado. Se puder, espace os compromissos, pois isso acalmará o *frisson* energético de que tudo é para ontem. Acalme-se.

DIA 05 DE ABRIL – SEXTA-FEIRA
☽ *Minguante (balsâmica)* ☽ *em Peixes 08:12*
LFC Início às 02:40 LFC Fim às 08:12

Mercúrio retrógrado

Enquanto a Lua estiver em Peixes, aproveite para usar a sensibilidade de forma criativa. Com a percepção ampliada, tenderemos a ter uma visão melhor das situações. Escute a intuição. Bom momento para cultivar empatia e compaixão. Assim, se colocar no lugar do outro pode levar a entendimentos surpreendentes.

- **Lua sextil Mercúrio — 01:03 às 04:15 (exato 02:40)**

Neste dia, estaremos uma antena parabólica. As ideias fluem de forma espontânea e até chegam a encontrar saídas inusitadas. Circule, interaja, faça a vida andar, pois assim as coisas fluirão melhor. Excelente dia para qualquer tipo de negociação. Invista na divulgação.

DIA 06 DE ABRIL – SÁBADO
☽ *Minguante (balsâmica)* ☽ *em Peixes*

Mercúrio retrógrado

- **Lua conjunção Marte — 00:25 às 03:49 (exato 02:07)**

Praticar exercícios à noite ajudará a amenizar a dose extra de energia, que deverá ser canalizada para qualquer movimento de conquista. Assim, aproveite e ative seu poder de sedução. Saia para encontrar amigos, dançar e rir da vida. Isso acalmará os ânimos.

- **Lua conjunção Saturno — 05:32 às 08:47 (exato 07:10)**

Se tiver que trabalhar na parte da manhã ou encarar alguma atividade de que não goste, saiba que será mais pesado do que normalmente é. Qualquer tipo de sacrifício será encarado com muita dificuldade. Mas saiba que a realização trará um sentimento de preenchimento emocional. Concentre-se e tente encarar com mais leveza.

• **Lua sextil Júpiter — 12:34 às 15:49 (exato 14:12)**

Tente olhar as situações sob uma perspectiva positiva, e se esforce um pouco para celebrar seus êxitos. Aproveite para almoçar com a família ou vá curtir um programa diferente, que de alguma maneira expanda a consciência, o conhecimento ou apenas traga uma leveza. Excelente momento para viajar, fazer um curso novo ou até uma vivência espiritual.

• **Lua sextil Urano — 16:34 às 19:49 (exato 18:10)**

Respire fundo, e tente se libertar das preocupações nesse fim de sábado. Tente se divertir, fazendo uma programação que traga um frescor para sua vida. Viver não pode se resumir somente a obrigações. Usufrua da caminhada mesmo que às vezes essa lhe pareça tão preto e branco.

DIA 07 DE ABRIL — DOMINGO
☽ *Minguante (balsâmica)* ☽ *em Áries às 08:24*
LFC Início às 05:28 LFC Fim às 08:24

Mercúrio retrógrado

Enquanto a Lua estiver em Áries, nós nos abastecemos de ousadia, coragem ou algum tipo de audácia, em especial ao nos priorizarmos diante de uma escolha. Ser egoísta às vezes é necessário para se sentir vivo. Ative seu lado negociador motivado pela conquista dos seus interesses. O firme propósito é essencial para se sair de uma situação desestimulante.

• **Lua conjunção Netuno — 03:50 às 07:02 (exato 05:28)**

Pela manhã, tente descansar e reabastecer as energias. Poupe-se de assuntos chatos e tente se conectar com o lado sutil e belo da vida. Alongamento, Yoga ou o Pranayama, acalmarão a ansiedade, equilibrando tanto o corpo quanto a alma.

• **Lua sextil Plutão — 09:55 às 13:06 (exato 11:31)**

Que tal rever pessoas que você quer bem, mas com as quais não se encontra com tanta frequência? O resgate de laços emocionais preencherá seu dia positivamente, fazendo com que se sinta amado e também mais animado. Excelente energia para recuperar situações que pareciam perdidas. Invista em reconciliações.

• **Lua conjunção Vênus — 11:37 às 15:05 (exato 13:21)**

O amor está no ar. Valorize-se e priorize aquela pessoa que preenche seu coração. As pessoas estarão mais alegres e abertas a encontros. Invista em atividades que de fato lhe trazem algum tipo de prazer. Arrume-se, embeleze-se e cultive o que há de melhor em si. Hoje é dia para amar e, principalmente, se amar. Abuse da comunicação conciliatória, investindo em um ambiente agradável, bonito e sedutor. Isso ampliará as possibilidades amorosas.

DIA 08 DE ABRIL – SEGUNDA-FEIRA
● *Nova às 15:20 em 19°24' de Áries* ● *em Áries*
LFC Início às 23:39

Mercúrio retrógrado
Eclipse Solar Total às 15:20 em 19°24' de Áries.
• **Lua conjunção Sol — 13:37 às 17:03 (exato 15:20)**
Controle as emoções e evite cair em comportamentos repetitivos que costumam causar mais estragos do que vantagens. Pense duas vezes antes de abordar temas antigos ou sentimentos oriundos de situações vivenciadas no passado. Não é um bom dia para tocar na ferida alheia. Não descarte o retorno de pessoas do passado para que finalmente se resolvam pendências antigas.
• **Lua conjunção Mercúrio — 22:06 às 01:10 de 09/04 (exato 23:39)**
Tente se acalmar, pois tentar se explicar demais poderá resultar em situações constrangedoras. Por isso, cuidado redobrado na forma como se expressa. Será uma noite agitada. Por isso, tente implementar atividades mais relaxantes e evite abordar temas polêmicos.

DIA 09 DE ABRIL – TERÇA-FEIRA
● *Nova* ● *em Touro às 08:23 LFC Fim às 08:23*

Mercúrio retrógrado
Enquanto a Lua estiver em Touro tendemos a privilegiar uma rotina mais calma, que nos abasteça emocionalmente. Tente diminuir o ritmo privilegiando aquilo que é produtivo de verdade. Paciência e perseverança são características taurinas que tenderão a trazer resultados melhores nesse período.
• **Lua quadratura Plutão — 09:57 às 13:12 (exato 11:34)**
Não deixe que os problemas tomem sua mente a ponto de torná-la improdutiva. Priorize o que pode ser resolvido. Isso trará uma sensação de segurança e, por consequência, lhe deixará mais calmo. Estabilizar as emoções será essencial para não piorar situações que podem sofrer algum tipo de agravamento.

DIA 10 DE ABRIL – QUARTA-FEIRA
Nova em Touro

Mercúrio retrógrado

• **Lua sextil Marte — 06:04 às 09:33 (exato 07:48)**

O dia começará mais animado e cheio de energia. Aproveite para colocar a vida em ordem, tomando atitudes concretas, em especial nas questões que vinham sendo postergadas. Fazer uma atividade física logo cedo trará uma sensação de força e vitalidade, resultando em mais energia e dinamismo para seu dia.

• **Lua sextil Saturno — 06:36 às 09:55 (exato 08:18)**

A organização das emoções estará facilitada diante de uma visão mais pragmática de qualquer situação em que seja preciso se posicionar. Há uma tendência a encarar os desafios de forma mais madura e produtiva. Deixando de lado as inseguranças ou o receio de qualquer posicionamento. Aproveite e se empenhe, pois há abertura para que ações deem frutos positivos. Encarar desafios não lhe intimidará.

• **Lua conjunção Júpiter — 14:37 às 18:00 (exato 16:19)**

Aproveite a parte da tarde para se concentrar em áreas nas quais você deseja expandir seus resultados. Todo movimento de abertura estará favorecido, ainda mais se tiverem banhadas em otimismo e se respeitarem uma ética nas relações. Ótima energia para fechar negócios, encontrar saídas promissoras e até pessoas que de alguma forma abram novas condições e lhe ajudem positivamente.

• **Lua conjunção Urano — 17:37 às 20:58 (exato 19:17)**

Esteja atento a situações inesperadas, porque elas exigirão ações rápidas para que as oportunidades sejam aproveitadas. A sorte banhará seu dia. Por isso, evite a teimosia e tente não enxergar uma situação por um único ângulo. Abra-se para novas possibilidades. Mude sua rotina, inove a forma como sempre faz a mesma coisa, pois isso aumentará as chances de sucesso.

DIA 11 DE ABRIL – QUINTA-FEIRA
Nova em Gêmeos às 09:58
LFC Início às 07:05 LFC Fim às 09:58

Mercúrio retrógrado

Enquanto a Lua estiver em Gêmeos estaremos mais comunicativos, versáteis e adaptáveis. Fica mais estimulada a comunicação, as negociações e todos os tipos de encontro que geram algum aumento de conhecimento. Aproveite para aumentar seus contatos, investindo em encontros e até divulgando seu trabalho. Essa troca de informação estará estimulada.

• **Lua sextil Netuno — 05:21 às 08:45 (exato 07:05)**

Ao acordar, anote seus sonhos. A energia de Netuno amplia nossa percepção, muitas vezes trazendo informações nas entrelinhas das imagens. As conexões energéticas estarão mais ampliadas, por isso não deixe de levar em conta sua intuição. Excelente dia para ampliar seu potencial criativo.

• **Lua trígono Plutão — 11:40 às 15:04 (exato 13:22)**

Momento propício para resgatar qualquer situação que ou foi deixada de lado ou está estagnada. Surfe na energia da renovação, insistindo em situações que pareciam perdidas. Não descarte reencontros do passado.

• **Lua sextil Vênus — 22:53 às 02:41 de 12/04 (exato 00:46 de 12/04)**

A afetividade estará ligada diretamente à sua capacidade de iniciativa. Acredite em seu poder de sedução e invista em ações de conquista ou que reacendam uma relação que anda adormecida. Se estiver sozinho, faça algo prazeroso, pois isso aumentará sua autoestima e consequentemente lhe deixará mais sedutor. Hoje as pessoas estarão mais abertas ao amor.

DIA 12 DE ABRIL – SEXTA-FEIRA
● *Nova* ● *em Gêmeos*

Mercúrio retrógrado

• **Lua quadratura Saturno — 09:52 às 13:25 (exato 11:38)**

Afaste a negatividade e o mau humor para que possa dar conta da rotina. Evite contar com o outro, já que as pessoas estarão mais fechadas e irredutíveis. Você não encontrará facilidades em nenhum tipo de negociação. Adiar algo que já possui muitos obstáculos será a melhor alternativa no momento.

• **Lua quadratura Marte — 11:58 às 15:42 (exato 13:50)**

Acalme-se para suportar contratempos que venham para lhe testar. As pessoas estarão mais irritadiças, então tenha cuidado em negociações e em qualquer tipo de discussão. O momento não está para engatar assuntos controversos. Introduza momentos relaxantes ao longo do dia, reequilibrando qualquer tipo de tensão.

• **Lua sextil Mercúrio — 22:01 às 01:24 de 13/04 (exato 23:43)**

A noite estará propícia para revisar assuntos, estudar, aprender e divulgar. Há abertura para diálogo, principalmente se for para esclarecer qualquer mal-entendido. Se está procurando uma data para fazer uma "*live*" noturna, o dia é esse. A informação se propagará com maior facilidade.

DIA 13 DE ABRIL – SÁBADO
● Nova ● em Câncer às 14:44 LFC Início às 11:47 LFC Fim às 14:44

Mercúrio retrógrado

Enquanto a Lua estiver em Câncer, a memória emocional é ampliada. Estaremos mais sensíveis a assuntos familiares ou que envolvem qualquer laço emocional. Tendemos a preferir ficar mais em casa, usufruindo de momentos mais introspectivos com aqueles com quem nos sentimos seguros para compartilhar a intimidade.

• Lua sextil Sol — 01:38 às 05:30 (exato 03:42)

O alinhamento das emoções será o termômetro para se ter um dia favorável. A Lua Nova sugere um novo ciclo, sendo o momento certo para abandonar o que não deu certo. Analise as experiências do passado para traçar planos futuros.

• Lua quadratura Netuno — 09:56 às 13:35 (exato 11:47)

Se puder, descanse mais e poupe-se de qualquer tipo de chateação. Evite se expor, pois há uma tendência a deturparmos situações. Não é o melhor dia para se tomar qualquer decisão. Postergue acordos, negociações ou assinatura de contratos.

DIA 14 DE ABRIL – DOMINGO
● Nova ● em Câncer

Mercúrio retrógrado

• Lua quadratura Vênus — 10:18 às 14:27 (exato 12:23)

Deixe para tratar de assuntos mais espinhosos na parte da tarde. Invista em atividades ao ar livre, as quais lhe desestressem e agucem seu olhar belo para vida. Isso amenizará sentimentos de derrotismo e mau humor. Cultive a paciência com o outro. O momento pede cuidado nas relações.

• Lua trígono Saturno — 16:53 às 20:41 (exato 18:47)

Analisar as situações com pragmatismo resultará em atitudes realistas diante do momento que você está vivendo. O sentimentalismo deve ser usado de forma positiva ao fazer uso das experiências do passado para traçar um futuro melhor. Bom momento para se tomar providências com segurança.

• Lua trígono Marte — 22:15 às 02:18 de 15/04 (exato 00:17 de 15/04)

Ative seu lado sedutor e usufrua de uma noite de amor. Seu vigor será extraído das inspirações. Use sua sensibilidade e sua capacidade de imaginação. A pressão emocional deve ser deixada de lado para que possa liberar sua expressão criativa.

DIA 15 DE ABRIL – SEGUNDA-FEIRA

☾ Crescente às 16:13 em 26°18' de Câncer ☾ em Leão às 23:23
LFC Início às 20:23 LFC Fim 23:23

Mercúrio retrógrado

Enquanto a Lua estiver em Leão, cultive a alegria, o entusiasmo e a autoestima. Ser generoso será um diferencial em qualquer tipo de conquista. As pessoas ficam mais suscetíveis a elogios e gostam de se sentir homenageadas. Só cuidado com exageros já que se autopresentear é algo que ficará mais evidente.

• **Lua quadratura Mercúrio — 02:23 às 06:00 (exato 04:11)**

Se tiver um compromisso logo cedo, tente se adiantar, pois poderá ocorrer algum contratempo. Além disso, organizar seu dia será fundamental para que consiga cumprir tudo que planeja. Procure espaçar os compromissos, pois lhe deixará mais leve.

• **Lua sextil Júpiter — 03:08 às 07:02 (exato 05:05)**

O bom humor será motivador para começar o dia. Encha-se de esperança alimentando possibilidades positivas e amplie sua visão quanto a uma situação. Pode ter certeza, isso fará toda a diferença.

• **Lua sextil Urano — 05:04 às 08:55 (exato 07:00)**

Abra-se para um novo olhar ou forma de agir diante de um antigo assunto. Será assim que você encontrará uma solução criativa que amenize um possível prejuízo. Boas oportunidades virão de uma postura mais liberta de preceitos.

• **Lua quadratura Sol — 14:06 às 18:19 (exato 16:13)**

Vai ser mais difícil conseguir conciliar seus objetivos com as circunstâncias que se apresentam. Centre-se menos na sua vontade, ampliando a visão para o que o outro prioriza. Isso aumentará suas chances de obter êxito.

• **Lua trígono Netuno — 18:25 às 22:19 (exato 20:23)**

O dia foi corrido e desafiante, portanto introduza uma atividade mais relaxante no final dele. Isso lhe proporcionará um descanso melhor e a possibilidade de acalmar a mente e deixar fluir a intuição.

DIA 16 DE ABRIL – TERÇA-FEIRA

☾ Crescente ☾ em Leão

Mercúrio retrógrado

• **Lua oposição Plutão — 01:25 às 05:20 (exato 03:22)**

As perdas e contrariedades devem ser encaradas como ensinamentos. Acalme-se e não se deixe abater por sentimentos derrotistas. Revise o que está dando errado e inicie um processo de reestruturação, seja ela da vida emocional, amorosa, financeira ou empregatícia.

DIA 17 DE ABRIL – QUARTA-FEIRA
☾ *Crescente* ☾ *em Leão*

Mercúrio retrógrado

• **Lua trígono Vênus** — 02:49 às 07:16 **(exato 05:03)**

O dia começará mais leve e mais animado. Cultive a autoestima evidenciando suas qualidades e conquistas. Alimentar sentimentos positivos atrairá situações ou pessoas promissoras. Hoje, arrume-se se amando e vá para luta.

• **Lua trígono Mercúrio** — 10:06 às 13:55 **(exato 12:00)**

A criatividade mental deverá ser usada para reverter qualquer debate que esteja caminhando desfavoravelmente. Portanto, prepare-se muito bem para encarar qualquer discussão. O seu poder de persuasão será fundamental para reverter o jogo. Ótima energia para qualquer tipo de negociação.

• **Lua quadratura Júpiter** — 15:08 às 19:13 **(exato 17:10)**

Quando as coisas não saem como desejamos, elas não devem necessariamente ser encaradas como fracassos. Muitas vezes, superestimamos as situações e até mesmo os nossos adversários. Cuidado com avaliações ou julgamentos. A arrogância e a prepotência poderão colocar tudo a perder. Hoje o menos é mais.

• **Lua quadratura Urano** — 16:18 às 20:20 **(exato 18:19)**

Controle a ansiedade, tentando diminuir o ritmo nesse final de dia. Opte por uma postura mais flexível diante dos contratempos que poderão ocorrer. Introduzir atividades mais relaxantes possibilitará um sono renovador.

DIA 18 DE ABRIL – QUINTA-FEIRA
☾ *Crescente* ☾ *em Virgem às 11:10*
LFC Início às 09:03 LFC Fim 11:10

Mercúrio retrógrado

Enquanto a Lua estiver em Virgem estaremos mais propensos a enaltecer minúcias e detalhes de qualquer situação. A parte será mais interessante do que o todo. Bom momento para organizar, refazendo aquilo que de alguma maneira se tornou defeituoso ou obsoleto. Umas das qualidades do Signo de Virgem é a capacidade de observação, principalmente identificando o que precisa ser aprimorado.

• **Lua trígono Sol** — 06:49 às 11:14 (exato 09:03)

Traçar metas e objetivos tornará seu dia mais produtivo, aumentando a satisfação de uma rotina que muitas vezes é extenuante. Procure não perder tempo com o que não é prioridade. O foco deverá ser o resultado.

DIA 19 DE ABRIL — SEXTA-FEIRA
☽ *Crescente* ☽ *em Virgem*

Mercúrio retrógrado

Entrada do Sol no Signo de Touro às 10hs59min44seg.

• **Lua oposição Saturno** — 16:49 às 20:55 (exato 18:52)

Refazer muitas vezes é necessário para se alcançar o aprimoramento que nos conduz à proximidade com a perfeição. Não encare certas tarefas necessárias como sacrifício. A receptividade estará reduzida, por isso conte com o fato de você encarar a situação da melhor maneira possível.

DIA 20 DE ABRIL — SÁBADO
☽ *Crescente* ☽ *em Virgem LFC Início às 21:20*

Mercúrio retrógrado

• **Lua trígono Júpiter** — 05:08 às 09:17 (exato 07:13)

Excelente dia para viajar ou introduzir práticas novas que, de alguma maneira, lhe tirem da rotina. Isso trará uma sensação de prazer e amplitude. Estimulando o otimismo e a positividade tão necessários para se ter uma boa qualidade de vida.

• **Lua trígono Urano** — 05:25 às 09:30 (exato 07:27)

O diferente vai fazer total diferença hoje. Vivemos em um mundo tecnológico que nos traz a oportunidade de ousar, inovando em algo até então considerado trivial. Tente fazer o mesmo de outra maneira, porque isso aguçará a criatividade e será possível encontrar novas soluções para antigos problemas.

• **Lua oposição Marte** — 05:58 às 10:19 (exato 08:09)

Estar com as emoções equilibradas será importante para não se equivocar nas reações. Não é dia para cair em provocação. Se puder, opte por programas individuais e que exijam menos interação. A possibilidade de confrontos é grande.

• **Lua oposição Netuno** — 19:17 às 23:21 (exato 21:20)

Nem tudo o que enxergamos é verdade. Por isso, questione qualquer tipo de suposição. Hoje estaremos com nosso radar meio falho, o que pode distorcer a forma como entendemos uma situação. Evite atitudes escapistas, até porque tudo pode tomar uma proporção inesperada.

DIA 21 de ABRIL – DOMINGO

☾ *Crescente* ☾ *em Libra às 00:08 LFC Fim às 00:08*

Mercúrio retrógrado

Enquanto a Lua estiver em Libra estamos mais abertos à diplomacia, o que facilita o consenso de qualquer tipo de contrariedade. Tendemos a respeitar uma estética nas relações que favorece acordos e o entendimento de algo que antes era impossível. Pratique a gentileza e invista em um cenário esteticamente correto para qualquer situação que necessite de algum tipo de beneficiamento.

• **Lua trígono Plutão — 02:18 às 06:21 (exato 04:20)**

Aproveite o domingo para práticas revigorantes que favoreçam tanto a saúde do corpo como também da alma. Promova encontros agradáveis com amigos de longa data que você não via há tempos. Isso trará a sensação de reabastecimento dos seus vínculos. Excelente energia para recuperar o que parecia perdido.

DIA 22 DE ABRIL – SEGUNDA-FEIRA

☾ *Crescente* ☾ *em Libra LFC Início às 20:25*

Mercúrio retrógrado

• **Lua oposição Mercúrio — 07:11 às 11:07 (exato 09:09)**

Procure acordar mais cedo se tiver um compromisso na parte da manhã. Aumentam as chances de ocorrerem atrasos. Acalme a mente e evite fazer muitas coisas ao mesmo tempo. Haverá maior oportunidade de ocorrer erros e até enganos. Atenção redobrada para não perder coisas importantes, esquecer compromissos e até trocar horários.

• **Lua oposição Vênus — 18:10 às 22:37 (exato 20:25)**

Nem sempre dá para ser do modo que desejamos. A insatisfação tenderá a ser maior diante de qualquer contrariedade. Evite cair na tentação de exercer sua vontade a qualquer custo. O melhor caminho será negociar.

DIA 23 DE ABRIL – TERÇA-FEIRA

○ *Cheia às 20:47 em 04º17' de Escorpião* ○ *em Escorpião às 12:19 LFC Fim às 12:19*

Mercúrio retrógrado

Enquanto a Lua estiver em Escorpião, os desejos se tornam mais intensos. Tenderemos a um transbordamento emocional, sendo mais difícil racionalizar situações que de alguma maneira despertem antigas feridas. Cuidado para não ferir aqueles que você mais quer bem.

• **Lua quadratura Plutão** — 14:38 às 18:25 (exato 16:26)

Controle suas reações emocionais, em especial aquelas diante de algum tipo de perda. Erros acontecem e devem ser encarados como aprendizado. Evite atritos e tenha cuidado com qualquer tipo de exposição. Não é dia para se colocar em qualquer tipo de situação de risco.

• **Lua oposição Sol** — 18:40 às 22:57 (exato 20:47)

Contrariedades farão parte desse final de dia, não sendo o momento propício para abordar temas polêmicos. Ou ter aquela conversa para ajustar qualquer tipo de desavença. Serão menores as chances de se chegar a um entendimento. Afaste-se de discussões. Elas só causarão maior desgaste energético.

DIA 24 DE ABRIL – QUARTA-FEIRA
○ *Cheia* ○ *em Escorpião*

Mercúrio retrógrado

• **Lua trígono Saturno** — 17:54 às 21:48 (exato 19:51)

Use a sensibilidade para colocar em ordem onde impera o caos. Excelente energia para um choque de gestão. Trabalhe com a racionalidade para chegar aonde deseja. Qualquer tipo de esforço será encarado com maior leveza.

DIA 25 DE ABRIL – QUINTA-FEIRA
○ *Cheia* ○ *em Sagitário às 22:36*
LFC Início às 20:17 LFC Fim às 22:36

Fim do Mercúrio Retrógrado

Enquanto a Lua estiver em Sagitário, as pessoas estarão mais otimistas. Já que a visão será positiva até diante de uma situação mais desafiante. Embriague-se dessa energia expansionista e ouse fazer o mesmo de outra forma. Isso trará uma sensação de abertura e amplitude. Excelente posicionamento para viagens, cursos e práticas que expandem a consciência.

• **Lua oposição Urano** — 05:29 às 09:21 (exato 07:25)

A tendência é a de que pulemos da cama, cheios de afazeres que consumirão a manhã. Persistir em algo ficará mais difícil. Use a flexibilidade e a versatilidade para mudar o rumo traçado. Isso deixará você se sentindo menos ansioso.

• **Lua oposição Júpiter** — 06:56 às 10:52 (exato 08:54)

A ansiedade deverá ser controlada para não resultar em ações compensatórias que mais tarde vão se tornar arrependimentos. Controle a insatisfação e não desconte na alimentação. Diminua as expectativas.

• Lua trígono Marte — 13:22 às 17:27 (exato 15:25)

Na parte da tarde estaremos mais motivados e cheios de energia. Sendo assim, reserve essa parte do dia para atividades que exijam mais disposição. Excelente momento para iniciar aquela atividade física que vem sendo postergada há tempos.

• Lua trígono Netuno — 18:21 às 22:11 (exato 20:17)

A noite chegará embalada por uma energia harmoniosa que estimulará a sensibilidade de ver uma situação de forma mais empática. Dê asas à imaginação e use da criatividade, principalmente se for investir em um visual atrativo. Isso aguçará o poder de sedução, podendo lhe garantir uma noite de entrega e união cósmica.

DIA 26 DE ABRIL – SEXTA-FEIRA
○ *Cheia (disseminadora)* ○ *em Sagitário*

• Lua sextil Plutão — 00:41 às 04:29 (exato 02:35)

A ousadia e a vontade de ganhar o mundo virão estimuladas pela capacidade de se curar de antigas feridas. O poder de regeneração estará no ar. Portanto, não perca tempo remoendo situações do passado que só lhe fazem mal. Trate como uma experiência de aprendizado. Cure-se com o olhar voltado para o futuro. Exalte suas conquistas nesse ciclo lunar.

DIA 27 DE ABRIL – SÁBADO
○ *Cheia (disseminadora)* ○ *em Sagitário*

• Lua trígono Mercúrio — 03:05 às 06:52 (exato 04:59)

O dia começará animado. Estaremos mais abertos e receptivos a novas ideias, assim como a uma nova forma de analisar um problema antigo. Informe-se e troque experiências com quem vivencia o mesmo assunto. São grandes as chances de você encontrar soluções inusitadas. Sua mente estará aguçada por novidades.

• Lua quadratura Saturno — 03:28 às 07:13 (exato 05:21)

Se ficar tratando as situações desafiantes com um peso maior que deve, está correndo o risco de passar o sábado banhado em mau humor. Cobre-se menos e planeje antes de tomar qualquer decisão.

DIA 28 DE ABRIL – DOMINGO
○ *Cheia (disseminadora)* ○ *em Capricórnio às 06:37*
LFC Início às 04:32 LFC Fim às 06:37

Enquanto a Lua estiver em Capricórnio tende-se a encarar a vida com maior pragmatismo e menos romantismo. As situações vivenciadas são absorvidas de forma criteriosa, podendo brotar um excesso de crítica, seja consigo mesmo ou com o outro. Erros tenderão a ser menos tolerados. Sabendo disso, procure não ser displicente com o que é prioridade.

• **Lua quadratura Marte — 01:18 às 05:11 (exato 03:14)**

Nessa madrugada o melhor a fazer é não se envolver em discussões e tentar passar desapercebido diante de qualquer provocação. Os ânimos estarão exaltados e com um grau de tolerância bem reduzido. Sabendo disso, aumente a tolerância.

• **Lua trígono Vênus — 01:54 às 05:11 (exato 03:56)**

Aproveite seu poder de sedução para exaltar o lado belo da vida. O amor estará no ar, favorecendo tanto a conquista como também momentos de intimidade com quem compartilha seu coração. Diante de uma contrariedade opte pelo caminho da sedução e não pelo da imposição.

• **Lua quadratura Netuno — 02:40 às 06:20 (exato 04:32)**

Aproveite o domingo para descansar, poupando-se de assuntos pesados. Invista em uma programação mais lúdica. Não é o melhor dia para tomar qualquer tipo de decisão. Estaremos passíveis de distorções e de fantasiar situações que se contrapõem à realidade dos fatos. Poupe-se de chateações.

• **Lua trígono Sol — 21:30 às 01:24 de 29/04 (exato 23:37)**

À noite as emoções se acalmam e se equilibram, aumentando a consciência e, consequentemente, a clareza diante de uma situação. As ideias tendem a brotar alinhadas a uma consciência realista do caminho para se chegar a uma solução. Aproveite o final de domingo para se preparar para os desafios da semana que está por vir.

DIA 29 DE ABRIL – SEGUNDA-FEIRA
○ Cheia (disseminadora) ○ em Capricórnio

• **Lua sextil Saturno — 10:40 às 14:16 (exato 12:28)**

A criatividade em conjunto com o bom senso tenderá a resultar em soluções diferenciadas para dificuldades trazidas da semana anterior. Abuse da resolutividade para encarar decisões que foram postergadas.

• **Lua quadratura Mercúrio — 10:54 às 14:34 (exato 12:44)**

A saída para uma mente abarrotada de preocupações é priorizar o que tem solução. É hora de rever estratégias, pensar e testar, mudando o que não está dando certo. Fique atento a trocas de mensagens e assinaturas de contrato e cheque as informações. Energia sujeita a enganos.

• **Lua trígono Urano** — 21:02 às 00:35 de 30/04 (exato 22:48)

Alinhe-se emocionalmente e fique atento a *insights* que proporcionarão novas saídas e, por consequência, novas possibilidades. Será a nova forma de olhar um antigo problema que possibilitará alinhar-se a soluções inusitadas.

• **Lua trígono Júpiter** — 23:50 às 03:26 de 30/04 (exato 01:38 de 30/04)

Cultive o otimismo por mais difícil que o momento seja. A abertura vem da mudança no olhar, que muitas vezes está cansado de testar tantas possibilidades. Dê um passo de cada vez, mas dê. Oportunidade de crescimento e expansão.

DIA 30 DE ABRIL — TERÇA-FEIRA
○ *Cheia (disseminadora)* ○ *em Aquário às 12:20*
LFC Início às 12:19 LFC Fim 12:20

Enquanto a Lua estiver em Aquário ficamos motivados a fazer algo diferente. Há uma maior necessidade emocional de não seguir regras e sair de uma rotina programada. Inove e faça coisas diferentes para ampliar oportunidades novas. Excelente período para expandir a vida social.

• **Lua sextil Netuno** — 08:39 às 12:10 (exato 10:25)

Teremos uma manhã banhada por uma energia sutil e inspiradora. Ative a criatividade, ampliando a visão e o modo como enxerga determinada situação dentro de um contexto. Essa amplitude, pode levá-lo a um novo entendimento, inspirando soluções inovadoras.

• **Lua sextil Marte** — 10:27 às 14:09 (exato 12:19)

Tome a iniciativa e dê um gás no que vinha postergando a ser resolvido. Estaremos motivados pela coragem de encarar desafios. Período propício para conquistar seus interesses. Ouse.

• **Lua quadratura Vênus** — 13:08 às 16:59 (exato 15:04)

Procure não contar com a ajuda de terceiros. A tendência será a de se decepcionar. A abertura para qualquer entendimento estará reduzida. Encare as dificuldades sozinho e faça o que der. Seu convencimento estará diminuído.

• **Lua conjunção Plutão** — 14:15 às 17:44 (exato 16:00)

Prepare-se para encontrar rivalidades e oposições se suas colocações não respeitarem uma hierarquia. Os ânimos estarão exaltados, portanto não é o melhor momento para testar seu poder.

Maio 2024

Domingo	Segunda-feira	Terça-feira	Quarta-feira	Quinta-feira	Sexta-feira	Sábado
			1 ☽ 11°44 ♒ Lua Minguante em Aquário às 08:26	2 ♓ Lua Minguante em Peixes às 15:51 LFC 06:29 às 15:51	3 Lua Minguante em Peixes	4 ♈ Lua Minguante em Áries às 17:40 LFC 16:07 às 17:40
5 Lua Minguante em Áries	6 ♉ Lua Minguante em Touro às 18:41 LFC 02:58 às 18:41	7 Lua Minguante em Touro	8 ● 18°02 ♉ ♊ Lua Nova em Touro às 00:21 Lua Nova em Gêmeos às 20:20 LFC 18:56 às 20:20	9 Lua Nova em Gêmeos	10 Lua Nova em Gêmeos LFC Início às 22:50	11 ♋ Lua Nova em Câncer às 00:12 LFC Fim 00:12
12 Lua Nova em Câncer	13 ♌ Lua Nova em Leão às 07:35 LFC 06:13 às 07:35	14 Lua Nova em Leão	15 25°08 ♌ ♍ Lua Crescente em Leão às 08:48 Lua Crescente em Virgem às 18:32 LFC 14:06 às 18:32	16 Lua Crescente em Virgem	17 Lua Crescente em Virgem	18 ♎ Lua Crescente em Libra às 07:22 LFC 06:09 às 07:22
19 Lua Crescente em Libra LFC Início às 12:49	20 ♏ Lua Crescente em Escorpião às 19:33 LFC Fim às 19:33 Entrada do Sol no Signo de Gêmeos às 09h59min28seg	21 Lua Crescente em Escorpião	22 Lua Crescente em Escorpião	23 ○ 02°55 ♐ Lua Cheia em Sagitário às 10:53 Lua em Sagitário às 05:23 LFC 04:29 às 05:23	24 Lua Cheia em Sagitário	25 ♑ Lua Cheia em Capricórnio às 12:35 LFC 11:48 às 12:35
26 Lua Cheia em Capricórnio	27 ♒ Lua Cheia em Aquário às 17:44 LFC 17:03 às 17:44	28 Lua Cheia em Aquário	29 ♓ Lua Cheia em Peixes às 21:32 LFC 11:21 às 21:32	30 09°46 ♓ ☽ Lua Minguante em Peixes às 14:12	31 Lua Minguante em Peixes LFC Início às 23:55	

Mandala Lua Nova de Maio

Lua Nova
Dia: 8/05
Hora: 00:21
18°02' de Touro

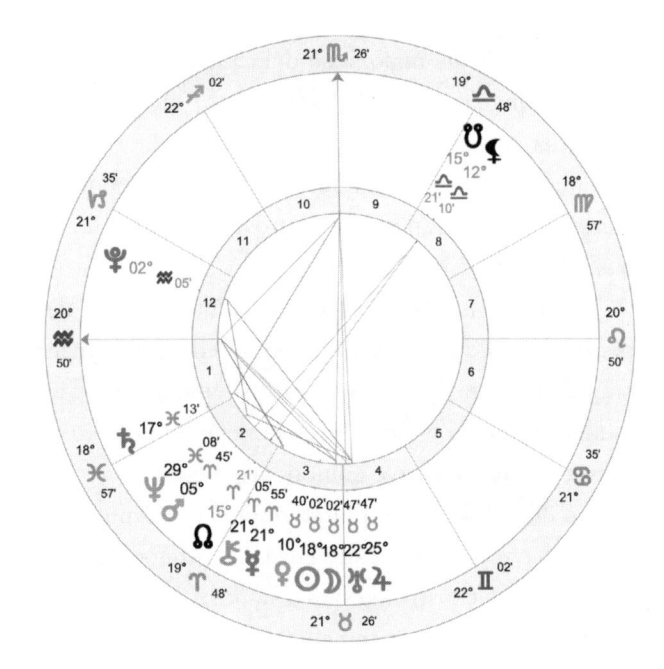

Mandala Lua Cheia de Maio

Lua Cheia
Dia: 23/05
Hora: 10:53
02°55' de Sagitário

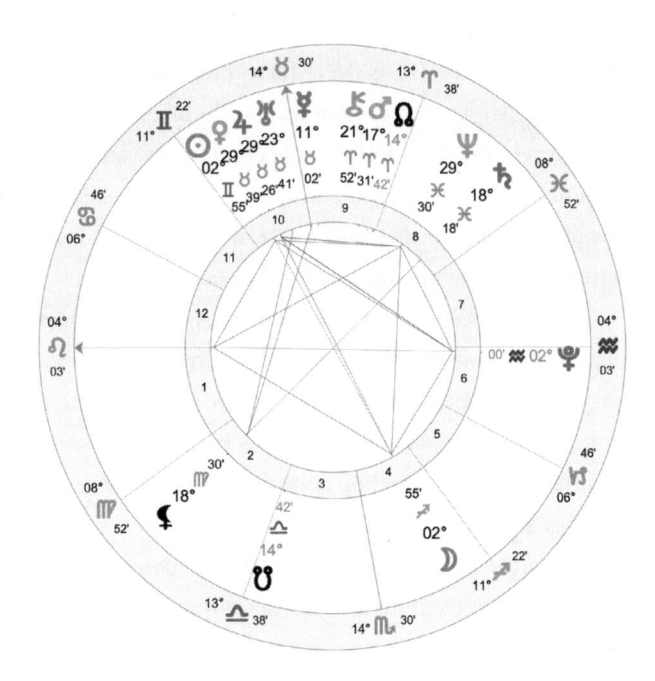

CÉU DO MÊS DE MAIO

O primeiro dia de maio pede delicadeza, tato e uma boa dose de desapego. A Lua Minguante em Aquário sugere que o distanciamento daquilo que tumultua as emoções é a melhor opção para o momento. Dessa maneira, será mais fácil avaliar os temas difíceis que vieram à tona com os eclipses de março e abril. Um pouco de introversão, alinhado à Lua Minguante, é uma boa atitude para esse dia.

O aspecto tenso entre Vênus e Plutão, apesar de já estar se desfazendo, permanece poderoso nesse feriado. O desejo de manter a rotina, de persistir naquilo que traz prazer e conforto emocional, resistindo ou ignorando as mudanças, ainda é forte. A resistência, no entanto, é inútil, pois a mudança já está em movimento e é impossível detê-la.

No dia 02 de maio, Plutão retoma o movimento retrógrado, refazendo o caminho em direção a Capricórnio. Entre os dias 02 de maio e 12 outubro, tudo o que foi construído será testado. A transformação exigida por Plutão foi realizada até o fim? As transformações plutonianas não são apenas ajustes e reparos. Elas precisam ser totais, profundas, de tal forma que seja o que for tenha sofrido a mutação, ao final, é irreconhecível. O ideal é aproveitar esse período para rever o que foi transformado e o que ainda falta mudar. Dessa maneira, é possível evitar os impactos mais difíceis desse trânsito.

Entre os dias 02 e 04, Marte encontra Plutão, formando um aspecto amistoso. Marte, em casa no Signo de Áries, colabora com as demandas por mudança feitas por Plutão, fornecendo a energia e a coragem para realizá-las. No entanto, esse aspecto pede que o trabalho seja feito de maneira diligente e valente. As recompensas pelo trabalho duro realizado, especialmente se for feito de maneira altruísta, tendem a ser duradouras.

Nos dias 06 e 07 de maio, outro aspecto confirma os benefícios gerados pela seriedade e dedicação. Sol e Saturno, em harmonia, sinalizam progresso nas atividades que forem executadas com estrutura, disciplina e pensamento estratégico. Esses são dias propícios para buscar o aconselhamento de pessoas mais experientes, afinal de contas as informações obtidas podem ser bastante valiosas e úteis.

A lunação de maio começa no dia 08, com a Lua em exaltação no Signo de Touro. O novo ciclo lunar desenha um arco de promessas no céu, muitas das quais favoráveis para a concretização de projetos e desejos. É um tempo para atuar sem pressa, de modo firme e contínuo em direção aos objetivos. As chances de os projetos crescerem e darem frutos estão ligadas à capacidade de persistir na direção desejada. Ao longo dos primeiros dias da Lua Nova, o Sol e Vênus farão encontros benéficos, trazendo criatividade e sobriedade para o período.

As surpresas estão na ordem do dia quando o Sol se une a Urano, nos dias 12 e 13 de maio. O desejo de romper com os limites que constrangem a consciência e a atuação no mundo é o que move esses dois dias. Um jeito saudável e produtivo de lidar com a energia do momento é buscar moldar a rotina e a vida de acordo com o que o futuro pede. O segredo, porém, é impedir o avanço cego e destemperado. Dessa maneira, será possível desviar-se de possíveis confrontos com autoridades e acidentes pelo caminho. Entre os dias 13 e 14, Vênus, em bom aspecto com Saturno, ameniza a aspereza e a monotonia do trabalho cotidiano. Do mesmo modo, beneficia as transações que precisam de tempo e confiança para serem concluídas. Além disso, esse contato tem seu alcance amplificado se os esforços forem executados para a melhoria concreta da vida das pessoas amadas ou necessitadas de atenção e cuidado.

No dia 15, o céu muda com a entrada da Lua em sua fase Crescente. Com a Lua fazendo esse movimento sob o Signo de Leão, a indicação é que sejam verificados quais projetos iniciados nessa lunação melhor refletem a individualidade e os talentos de cada um e quais podem beneficiar o maior número de pessoas. Nesse mesmo dia, Mercúrio deixa o franco Signo de Áries e entra no estável e determinado Signo de Touro. O pensamento tem a velocidade reduzida e o aprendizado se dá de maneira metódica, concentrada, por meio da prática.

Os dias 17 e 18 de maio trazem um clima de otimismo e bem-estar. Atividades que ajudam a expandir os horizontes são muito bem-vindas e potencializam os efeitos positivos da conjunção do Sol a Júpiter. Cuidado apenas com os excessos de todos os tipos, os quais são comuns sob esse aspecto. No dia 17, além do encontro entre Sol e Júpiter, Mercúrio se desentende com Plutão. Isso acende o alerta para que o desejo de viver tudo o que for possível não termine por atropelar o desejo dos demais. Impor ideias, cultivar pensamentos obsessivos e manipular informações para proveito próprio podem atrapalhar o alto-astral do dia. No dia 18, esse aspecto se desfaz e a conjunção entre Vênus e Urano toma seu lugar. Isso indica que o desejo por novas experiências ganha destaque e atividades inusitadas e encontros inesperados podem trazer resultados surpreendentes. Ignorar a rotina e as situações estagnadas é a melhor maneira de gastar essa energia.

A partir do dia 19, estendendo-se até o dia 28, o diálogo entre Júpiter e Netuno cria um pano de fundo propício ao desenho de ideais elevados e sonhos inspirados. As oportunidades para produzir o bem em escalas mais largas estão presente de maneira abundante. No entanto, para que as oportunidades deixem a dimensão do imaginário e ganhem forma concreta é preciso buscar, ativamente, os contatos e os lugares onde possam morar. Trabalhos voluntários, organizações religiosas e acadêmicas, assim como instituições voltadas a apoiar grupos excluídos ou envolvidas com outras culturas, podem ser bons pontos de partida. No começo desse trânsito, nos dias 19 e 20, o Sol vitaliza essa busca, emprestando sua clareza aos sonhos de Netuno e facilitando a busca por caminhos mais viáveis.

No dia 20, o Sol dá início à jornada pelo Signo de Gêmeos. Nesse período, as trocas, os deslocamentos, a comunicação, os acordos e as negociações estão em evidências. As ideias se fortalecem quando expostas ao maior número de pessoas possíveis, permitindo que a contribuição de todos as aprimore e as ajude a ganhar corpo e existência. No dia 21, o Sol caminha e faz um contato fluido com Plutão. Esse encontro favorece a dedicação aos estudos mais profundos e a todas as atividades que permitam uma avaliação do que pode e deve ser feito para transformar a existência. E, no dia 22, Vênus, em conjunção a Júpiter, abençoa essa busca, criando o cenário perfeito para encontros mágicos e toda sorte de benefícios prazerosos.

Esse clima favorável e prazeroso permanece e coroa a chegada da Lua ao seu auge, no dia 23 de maio. Nesse dia, a Lua se veste com os desejos de aventura e alegria de Sagitário. A Lua Cheia mostra quais das intenções feitas na Lua Nova do dia 08 tiveram força e receberam nutrição suficiente para alcançar seu potencial máximo nesse período. Os aspectos positivos de Vênus, Sol, Júpiter, Netuno e Plutão parecem indicar que o que quer que tenha florescido trouxe consigo alegria, entusiasmo, realização e prazer.

No mesmo dia que a Lua atinge seu brilho máximo, Vênus muda de signo, acompanhando o Sol e também ingressando em Gêmeos. Enquanto estiver nesse signo mutável e curioso, os afetos e a escolha do que traz felicidade e prazer passam leveza, simpatia e expressividade. A mente e o intelecto ganham pontos em atributos sedutores, fazendo com que abordagens possessivas e muito intensas percam a graça.

O dia 25 marca mais um novo ingresso planetário. Nesse dia, Júpiter deixa Touro e inicia seu passeio por Gêmeos. A versatilidade geminiana nem sempre deixa Júpiter confortável, portanto nessa fase é importante atentar-se para excessos em questões relacionadas à comunicação, ao excesso de flexibilidade moral, à curiosidade e ao desejo de saber um pouco sobre quase tudo. Também nesse período as atividades intelectuais e as trocas de todos os tipos estarão favorecidas. Além disso, nesse dia o aspecto favorável de Vênus a Plutão indica que a expressão do desejo e das emoções ganham em intensidade e profundidade.

Dia 28 de maio é a vez de Mercúrio e Saturno proporem trocas produtivas. A mente se estabiliza e ganha seriedade. É um dia bom para se dedicar a tarefas que exijam longos períodos de concentração e organização.

Os últimos dias de maio trazem mais alguns aspectos harmônicos em compasso com o início da fase Minguante da Lua. No dia 30 de maio, a Lua começa a reduzir seu brilho enquanto mergulha em Peixes, convidando-nos ao relaxamento, ao sonho e às atividades que inspirem a alma. Nesse mesmo dia, Júpiter faz um excelente aspecto a Plutão, permanecendo assim até o final do dia 31. Nesses dois dias, é aconselhável pensar na direção das mudanças que deseja executar e quais seriam as consequências na vida das pessoas ao seu redor. Quando esses dois planetas estão envolvidos, os resultados são sempre melhores se as ambições não estão concentradas somente no ganho pessoal.

O último aspecto do mês é a conjunção de Mercúrio com Urano. A energia desses planetas são correlatas e a atividade mental e nervosa deve ser sentida de maneira bastante clara. Esse é um dia de movimentos ágeis, velocidade alta e muitos estímulos para a comunicação e o intelecto. Portanto, é recomendável ter bastante cuidado com os deslocamentos e evitar, sempre que possível, chegar a conclusões precipitadas. O melhor para o final desse mês é aproveitar o infinito fluxo de ideias e relaxar para que não haja nenhum curto-circuito.

Posição Diária da Lua em maio

DIA 01 DE MAIO — QUARTA-FEIRA
☽ Minguante às 08:26 em 11°44' de Aquário ☽ em Aquário

• **Lua quadratura Sol — 06:35 às 10:18 (exato 08:26)**

Temos a entrada da Lua na Fase Minguante, portanto devemos recolher forças e evitar desgastes físicos e emocionais. É tempo de recolhimento e avaliação de tudo o que temos feito e o que conseguimos alcançar. Durante a manhã será melhor evitar atividades fastidiosas ou trabalhosas. Não se deve dar início a nada cuja intenção seja a de que perdure na nossa vida. Por outro lado, podemos dar fim ao que não desejamos mais no nosso caminho.

• **Lua sextil Mercúrio — 17:01 às 20:34 (exato 18:47)**

Aproveitando o feriado, podemos encontrar pessoas para bater papo de forma descontraída e alegre. Os encontros ao acaso prometem boas surpresas. Nos relacionamentos, é indicado falar sobre sentimentos, a outra pessoa entenderá a mensagem com mais clareza e também se fará entender melhor.

DIA 02 DE MAIO – QUINTA-FEIRA
)) Minguante)) em Peixes às 15:51
LFC Início às 06:29 LFC Fim às 15:51

Enquanto a Lua estiver em Peixes, ela favorece uma postura mais maleável e flexível frente às situações. É melhor concluir tarefas já iniciadas do que partir para assuntos novos. As situações podem variar, nada é tão definido ou radical. As pessoas estão mais sensíveis e impressionáveis. Cinema, exposições de arte, shows e lugares junto ao mar estão em alta!

• **Lua quadratura Urano — 01:22 às 04:47 (exato 03:05)**

Madrugada propensa à insônia. Ânimos agitados. Pode ser que aconteça alguma coisa inesperada ou um revertério em uma situação que até então tínhamos como segura.

• **Lua quadratura Júpiter — 04:44 às 08:11 (exato 06:29)**

Clima de insatisfação geral com aquilo que achávamos que iria dar certo. Parece que nada nos satisfaz. Temos a tendência a nos queixar ou a cobrar do outro atitudes que deveriam ser nossas. É bom atentar-se para esse comportamento para evitar uma possível frustração.

• **Lua sextil Vênus — 21:30 às 01:11 de 03/05 (exato 23:21)**

A noite está recheada de muito afeto, charme e sedução. Para conquistar alguém vale caprichar no visual em um jantar à luz de velas, criando um clima mágico e amoroso. Se não tiver alguém pessoalmente, valem chamadas de vídeo ou mensagens.

DIA 03 DE MAIO – SEXTA-FEIRA
)) Minguante)) em Peixes

• **Lua sextil Sol — 13:07 às 16:41 (exato 14:54)**

Esse aspecto nos dá facilidade para expressarmos com maior clareza o que sentimos, havendo mais entendimento por parte do outro. Assim, fica fácil nos relacionarmos com mais harmonia e conseguirmos o que queremos. Ao precisar de ajuda ou apoio, devemos buscar pessoa do sexo oposto.

• **Lua conjunção Saturno — 18:24 às 21:44 (exato 20:04)**

O que for da nossa responsabilidade deve-se cumprir, pois as cobranças aqui são mais sentidas e podem abalar a autoestima. Se você deu sua palavra, ou se comprometeu em relação a alguma coisa, então não fuja da raia. Para garantirmos um sono tranquilo essa noite, é preciso estar com a agenda em dia.

DIA 04 DE MAIO – SÁBADO
)) *Minguante (balsâmica)*)) *em Áries às 17:40*
LFC Início às 16:07 LFC Fim às 17:40

Enquanto a Lua estiver em Áries somos estimulados a tomar iniciativas e a resolver pendências. Contamos com mais liberdade de ação, dinamismo e coragem. Devemos resolver as coisas com independência, sem precisar esperar por ninguém. Dá mais certo agirmos por conta própria. Atividades autônomas, cargos de liderança, trabalhos nos quais a competição se faz necessária e atividades externas, ou ao ar livre, serão as mais favorecidas nesse período.

• **Lua sextil Urano — 03:48 às 07:07 (exato 05:28)**

Uma boa ideia poderá vir à mente de forma súbita. Convém anotar! Há uma tendência especial à criatividade, facilitando encontrarmos saídas para problemas antigos. Estamos mais desapegados e com um sentimento de leveza e liberdade.

• **Lua sextil Júpiter — 07:41 às 11:02 (exato 09:22)**

Essa manhã de sábado nos convida a passeios e viagens em geral, ou ao planejamento deles. Melhor escolher lugares junto ao mar ou a cachoeiras (lembrando-se de que a Lua ainda está em Peixes). A disposição de humor é alegre e otimista entre todos. Favorece atividades que atraiam grande público.

• **Lua conjunção Netuno — 14:27 às 17:44 (exato 16:07)**

Aqui o melhor será se dedicar a atividades que demandem pouco esforço e pouca concentração. Essa influência nos torna mais apáticos e distraídos. Cuidado com extravio de objetos ou papéis. Um excesso de sensibilidade causa variação de humor, então não é um bom horário para nos comprometermos em relação à nada que seja importante.

• **Lua sextil Plutão — 19:29 às 22:45 (exato 21:07)**

As arrumações estão favorecidas. Dar uma geral na casa, nas gavetas, mexer na decoração ou fazer pequenos reparos são coisas que darão certo.

Além disso, também temos disposição emocional para dar fim a uma situação incômoda, aproveitando a Lua Minguante. O que jogarmos fora de nossa vida não retornará mais.

• **Lua conjunção Marte — 21:33 às 01:00 de 05/05 (exato 23:17)**

Continua uma forte energia para a ação e para as tomadas de decisão. Porém é melhor evitar atitudes impensadas que, certamente, levarão ao arrependimento tardio. Esse aspecto aguça a agressividade e causa impaciência. Devemos evitar uma atitude hostil em relação ao outro. Melhor cada um na sua, respeitando o espaço um do outro.

DIA 05 DE MAIO – DOMINGO
)) *Minguante (balsâmica)*)) *em Áries*

Neste dia, a Lua não faz aspecto com outros planetas no céu. Devemos observar as recomendações para a fase e o signo em que a Lua se encontra no momento.

DIA 06 DE MAIO – SEGUNDA-FEIRA
)) *Minguante (balsâmica)*)) *em Touro às 18:41*
LFC Início às 02:58 LFC Fim às 18:41

Enquanto a Lua estiver em Touro são dias para manter a rotina estabelecida, para continuar persistente em relação ao que estivermos empenhados e para lidar com pessoas já conhecidas, pois todos estão se sentindo mais conservadores e evitando novidades. Há uma tendência a valorizar o que é belo e confortável. Lugares bucólicos, ambientes agradáveis e decoração bonita serão muito apreciados. Predisposição para afeto e ternura, o que propicia encontros e a procura por relações mais firmes.

• **Lua conjunção Mercúrio — 01:13 às 04:40 (exato 02:58)**

Para os notívagos, internautas e os que exercem atividades nessas horas da madrugada, há uma energia que propicia conversas, pesquisas e tudo que necessite de uma mente ágil e alerta.

• **Lua quadratura Plutão — 20:29 às 23:46 (exato 22:08)**

Pensamentos sobre traumas ou traições passados mexem com nossas emoções, trazendo à tona sofrimentos ou mágoas. Então, o melhor a fazer será ir fundo na questão para entender as causas e tentar resolvê-las. No relacionamento, deve-se evitar cobranças e "discutir a relação".

DIA 07 DE MAIO – TERÇA-FEIRA
)) *Minguante (balsâmica)*)) *em Touro*

• Lua conjunção Vênus — 09:16 às 12:52 (exato 11:04)

Que bela manhã temos nessa terça-feira! Há um clima de boa vontade e afeto no ar! Com o bom gosto acentuado, podemos fazer compras satisfatórias e dentro do orçamento. Comércios de joias e de artigos que proporcionem conforto ou beleza estão favorecidos. Podemos caprichar em um delicioso almoço. Isso vai conquistar qualquer coração.

• Lua sextil Saturno — 21:21 às 00:41 de 08/05 (exato 23:01)

Um bom horário para fazermos um balanço das atividades feitas durante o dia e verificar o que ficou para amanhã. Também para organizarmos a agenda e para anotarmos o que falta na dispensa.

• Lua conjunção Sol — 22:35 às 02:08 de 08/05 (exato 00:22 de 08/05)

Esse aspecto se refere à entrada da Lua na fase Nova. As coisas ainda não estão totalmente claras. Muitas ainda vão se revelar. Mas já podemos pensar em metas a serem alcançadas e desejos a serem realizados. Todas as possibilidades estão presentes.

DIA 08 DE MAIO – QUARTA-FEIRA
● *Nova às 00:21 em 18°02' de Touro* ● *em Gêmeos às 20:20*
LFC Início às 18:56 LFC Fim às 20:20

Enquanto a Lua estiver em Gêmeos serão dias em que queremos sair, circular e encontrar pessoas. Os diálogos, as trocas de informações, os programas leves sem muito compromisso e as badalações terão um sabor especial. Será fácil tirar as pessoas de casa, aguçar a curiosidade delas, fazer com que se interessem por um assunto, uma novidade ou uma programação. Período excelente para publicidade, comércio e locais com opções de atividades e de produtos.

• Lua conjunção Urano — 06:38 às 09:59 (exato 08:18)

Esse aspecto costuma gerar um clima de ansiedade e nervosismo. As emoções estão "pinçadas" por uma energia elétrica que não nos deixa sossegar. Compromissos marcados para essas horas estão passíveis de desmarcação.

• Lua conjunção Júpiter — 11:48 às 15:12 (exato 13:30)

A partir de agora as coisas mudam para melhor! Há mais entusiasmo para realizarmos tarefas, mais ânimo para empreendermos algo novo e para estimular pessoas à nossa volta. Podemos colocar uma boa dose de generosidade nas relações em geral, pois beneficiará e muito o trabalho e a vida pessoal.

• **Lua sextil Netuno** — 17:14 às 20:36 (exato 18:56)

A tarde e a noite continuam com bons fluídos, nos convidando a praticar o bem ao próximo. Quanto mais fizermos pelo outro, mais receberemos do Cosmos. Essa energia é muito sutil e nos torna mais sensíveis e empáticos. Convêm prestarmos atenção nas coincidências! Nada é por acaso.

• **Lua trígono Plutão** — 22:10 às 01:33 de 09/05 (exato 23:52)

Energia de força para regeneração. Na saúde ou no relacionamento, temos aqui um bom momento para tentarmos uma recuperação. Essa influência promete sucesso.

Podemos fazer boas escolhas baseadas em uma força emocional.

DIA 09 DE MAIO – QUINTA-FEIRA
🔴 *Nova* ⚪ *em Gêmeos*

• **Lua sextil Marte** — 05:49 às 09:35 (exato 07:47)

Vale a pena levantar para se exercitar e começar o dia com um fôlego extra. Também é um bom momento para resolver qualquer situação que precise de uma ação imediata. Sob esse aspecto, as coisas se resolvem! Vamos aproveitar a manhã para pôr muita coisa em dia. Se precisar tomar uma atitude, a hora é essa.

DIA 10 DE MAIO – SEXTA-FEIRA
🔴 *Nova* ⚪ *em Gêmeos LFC Início às 22:50*

• **Lua quadratura Saturno** — 00:18 às 03:47 (exato 02:02)

O peso das preocupações poderá tirar o sono nessa madrugada. Uma ideia que fica rondando a mente e mexendo com as emoções deve ser avaliada com cuidado. Mas não devemos nos entregar ao pessimismo. Isso vai passar e, com certeza, a solução virá e boas ideias também.

• **Lua sextil Mercúrio** — 12:18 às 16:07 (exato 14:12)

Esse aspecto é responsável pelas boas ideias. As emoções estão alinhadas com os pensamentos e fica fácil resolvermos as coisas. Um ótimo horário para reunirmos as pessoas para conversar e trocar conhecimento. Por meio desses encontros informais é que poderá surgir a informação que tanto queríamos.

• **Lua quadratura Netuno** — 21:01 às 00:35 de 11/05 (exato 22:50)

Nessas horas o bom mesmo será descansar o corpo e a mente. Devemos evitar o contato com pessoas negativas que possam influenciar nosso estado emocional com histórias tristes ou deprimentes. Naturalmente, estamos mais sensíveis e impressionáveis.

DIA 11 DE MAIO – SÁBADO
● *Nova* ● *em Câncer às 00:12 LFC Fim 00:12*

Enquanto a Lua estiver em Câncer são dias para nos dedicarmos ao lar, à família ou a pessoas íntimas. Em uma reunião social ou festa, devemos evitar pessoas ou situações desconhecidas. Estamos tímidos e carentes. São dias nos quais ficar em casa, fazer um bolo, rever fotos, curtir cada cantinho, terá um sabor todo especial. Cuidar e se sentir cuidado trarão uma imensa satisfação emocional.

• Lua quadratura Marte — 13:40 às 17:32 (exato 15:36)

Qualquer discussão, desavença ou ofensa terá uma repercussão maior do que normalmente teria. Vamos evitar contato com quem temos divergência, e, se isso não for possível, não se deve provocar nem aceitar provocações da pessoa em questão. Na relação afetiva, nada de ter uma "DR".

DIA 12 DE MAIO – DOMINGO
● *Nova* ● *em Câncer*

• Lua sextil Vênus — 02:54 às 06:59 (exato 04:57)

Essa madrugada favorece o amor, em todas as suas formas. Quem sai da cama bem cedo poderá desfrutar de um café da manhã bem caprichado. E, claro, recheado de muito carinho. Os relacionamentos transcorrem na base da boa vontade e do afeto. Pedindo com carinho, com certeza seremos atendidos.

• Lua trígono Saturno — 06:18 às 10:02 (exato 08:10)

Os compromissos dessa manhã serão cumpridos de modo satisfatório. Acordos e contratos realizados terão grandes chances de serem honrados. Esse domingo favorece pedidos de casamento ou formalização de união. Fechar negócio relativo à compra, venda ou aluguel de imóvel também está beneficiado.

• Lua sextil Sol — 15:32 às 19:36 (exato 17:34)

Essa é mais uma ótima energia que vem se somar às anteriores, favorecendo os relacionamentos, em especial, entre pessoas do sexo oposto. Estamos mais coerentes e equilibrados. Há, naturalmente, maior clareza sobre nossos anseios. Também há uma maior integração entre o que nossa vontade deseja e o que nossos sentimentos necessitam.

• Lua sextil Urano — 16:35 às 20:21 (exato 18:28)

Contamos com um final de tarde e começo de noite leves, descontraídos e propícios a mudanças de nosso interesse. Será proveitoso fazer algo diferente do corriqueiro. Interagir com pessoas com quem, normalmente, não temos contato poderá nos reservar uma boa surpresa. Devemos deixar espaço para algo novo acontecer.

• **Lua quadratura Mercúrio** — 23:51 às 04:01 de 13/05 (exato 01:56 de 13/05)

Esse aspecto compromete a comunicação. Não é recomendável passar informações importantes nem fazer convites. Também é importante evitar comentários que possam ser mal interpretados. Não é aconselhado dar opiniões nas redes sociais, pois do contrário encontraremos muitos oponentes.

DIA 13 DE MAIO – SEGUNDA-FEIRA
● *Nova* ● *em Leão às 07:35 LFC Início às 06:13 LFC Fim 07:35*

Enquanto a Lua estiver em Leão, encontramos uma boa chance de esnobar quem vem nos esnobando. Pode dar uma de "superior", de majestade! É tempo de nos valorizar e de dar valor a quem realmente o merece. É tempo de brilho, de expansão da personalidade, de mostrar o valor próprio. Os elogios nos fazem muito bem. As homenagens também. Dias para celebrarmos a vida com quem amamos e para demonstrarmos todo esse amor com declarações calorosas.

• **Lua sextil Netuno** — 04:18 às 08:07 (exato 06:13)

Boa hora para sonharmos com coisas que nos fazem bem, dormindo ou mesmo acordado. Essa é uma energia sutil, de força espiritual e voltada ao bem-estar de todos. Podendo fazer algo de bom para o outro, devemos o fazer de todo o coração.

• **Lua oposição Plutão** — 09:39 às 13:29 (exato 11:34)

Nessas horas a tendência é a de as pessoas ficarem mais irascíveis e mais intolerantes. Não é bom horário para confrontar chefes, figuras de poder, nem de pedir um aumento. Devemos manter o equilíbrio em qualquer situação. É comum as pessoas terem reações emocionais mais intensas.

DIA 14 DE MAIO – TERÇA-FEIRA
● *Nova* ● *em Leão*

• **Lua trígono Marte** — 01:43 às 05:53 (exato 03:48)

Opa, temos aqui uma noite bem quente para o amor! O desejo surge, o impulso para uma relação a dois torna-se irresistível. Há uma disposição física para tudo. Inclusive, os notívagos e os que exercem trabalhos nessas horas, podem executar muitas tarefas e resolver qualquer pendência.

• **Lua quadratura Vênus — 18:35 às 22:59 (exato 20:47)**

Esse aspecto nos leva a um certo comportamento infantil em achar que o outro tem a obrigação de nos suprir emocionalmente. E somos levados a fazer exigências descabidas que só fazem afastar o outro e, dessa forma, piorar a situação. Claro que devemos evitar esse comportamento. Nessas horas, devemos procurar uma atividade do nosso agrado. Ou fazer algo que nos deixe bem aos nossos próprios olhos.

DIA 15 DE MAIO – QUARTA-FEIRA
☾ Crescente às 08:48 de 25º08' de Leão ☾ em Virgem às 18:32
LFC Início às 14:06 LFC Fim às 18:32

Enquanto a Lua estiver em Virgem, as pessoas se tornam mais exigentes em relação à ordem, à limpeza e ao cumprimento dos compromissos. São dias propícios a organizar nosso dia a dia e fazer arrumações, seja em casa ou no local de trabalho. Atentar-se à saúde, fazendo exames ou indo a consultas, também é favorecido. No amor, uma atitude em prol de ajudar o outro valerá mais que mil palavras românticas.

• **Lua quadratura Urano — 02:57 às 06:58 (exato 04:57)**

Algo incomum ou inesperado poderá tirar o sono de muita gente. Acordar de repente e "ligado" também é esperado. As emoções estão a mil, nos trazendo uma sensação de desassossego. O melhor será relaxar, desenvolvendo maleabilidade para lidar com a situação e com a ansiedade.

• **Lua quadratura Sol — 06:37 às 10:58 (exato 08:48)**

Esse aspecto corresponde à entrada da Lua na fase Crescente. Tempo de correr atrás de tudo o que desejamos alcançar nesse novo ciclo. Nessas horas, devemos ter cuidado para as emoções não interferirem no julgamento correto dos fatos.

• **Lua quadratura Júpiter — 11:38 às 15:43 (exato 13:40)**

Cuidado com o exagero na hora do almoço. Comer e beber além do necessário poderão fazer mal. Além disso, tome cuidado na hora das compras. Há tendência à compra de supérfluos. Não vá ao supermercado com fome!

• **Lua trígono Mercúrio — 16:49 às 21:18 (exato 19:03)**

A linguagem falada ou escrita encontra um bom momento. Podemos dar explicações, dar recados, participar de reuniões, inclusive de trabalho. Tudo favorecido. Grande movimentação na internet em chats de conversas, de relacionamento e páginas de pesquisas. O comércio também está movimentado.

DIA 16 DE MAIO – QUINTA-FEIRA
☾ *Crescente* ☾ *em Virgem*

Neste dia, a Lua não faz aspecto com outros planetas no céu. Devemos observar as recomendações para a fase e o Signo em que a Lua se encontra no momento.

DIA 17 DE MAIO – SEXTA-FEIRA
☾ *Crescente* ☾ *em Virgem*

• **Lua oposição Saturno — 04:45 às 08:50 (exato 06:47)**

Quem tem o hábito de levantar bem cedo, pode aproveitar para concluir alguma tarefa que tenha ficado para trás. O momento aumenta a preocupação com as responsabilidades. Mas, aproveitando a Lua em Virgem, podemos dar conta do que estiver precisando de uma solução.

• **Lua trígono Vênus — 13:58 às 18:30 (exato 16:14)**

Estamos predispostos ao afeto. O bom humor aproxima as pessoas. Há mais boa vontade entre todos. O clima de harmonia trazido por esse aspecto beneficia acordos, alianças e o cancelamento de divergências. É um bom momento para se presentear ou retribuir presentes e gentilezas.

• **Lua trígono Urano — 15:50 às 19:55 (exato 17:53)**

Esse aspecto nos anima a procurar novidades. Jantar em um restaurante novo ou visitar um local desconhecido poderá surpreender. No trabalho vale a pena inovar, ousar e abusar da criatividade.

DIA 18 DE MAIO – SÁBADO
☾ *Crescente* ☾ *em Libra às 07:22 LFC Início às 06:09 LFC Fim às 07:22*

Enquanto a Lua estiver em Libra são dias para se fazer tudo a dois. Dará mais certo fazermos as coisas com companhia. Estão favorecidas as alianças e sociedades. A elegância nos gestos, nas atitudes e na forma de se vestir será muito apreciada. Lugares de requinte, bonitos e nos quais haja uma ótima recepção serão mais procurados. Estão em alta o comércio de joias, de roupas finas e os salões de beleza. Devemos cultuar o equilíbrio emocional e usar de diplomacia em qualquer tipo de relacionamento.

• **Lua trígono Sol — 00:40 às 05:05 (exato 02:53)**

Sensação de que a vida flui de forma acertada, como tem de ser. Isso traz uma certeza de que estamos onde de fato tínhamos de estar. E esse sentimento faz muito bem às nossas emoções e aquece nosso coração.

• **Lua trígono Júpiter** — 01:37 às 05:45 (exato 03:41)

Esse aspecto facilita as viagens e a movimentação nos aeroportos. Uma alegria nos invade por conta de um sentimento de otimismo, de que tudo pode dar certo no dia de hoje. Os que estiverem acordados nessas horas podem fazer planos grandiosos.

• **Lua oposição Netuno** — 04:06 às 08:10 (exato 06:09)

Uma sonolência maior poderá fazer com que fiquemos mais tempo na cama durante essa manhã. Para quem tiver compromisso logo cedo, é aconselhável confirmar hora e local. Há tendência a nos confundirmos e a não prestarmos atenção no que temos de fazer. Também convém checar mensagens e avisos, pois podemos nos enganar a respeito.

• **Lua trígono Plutão** — 09:29 às 13:33 (exato 11:31)

Excelente momento para exames e terapias em geral. Estamos mais fortes emocionalmente e em condições de resolver algum impasse que esteja nos incomodando. Favorável a reencontros de toda ordem, desde amigos antigos a pessoas que se perderam dos nossos contatos.

DIA 19 DE MAIO – DOMINGO
☽ *Crescente* ☽ *em Libra LFC Início às 12:49*

• **Lua oposição Marte** — 10:39 às 14:56 (exato 12:49)

Sob essa energia conturbada é fácil encontrarmos um oponente. Mas é importante não discutirmos, pois uma faísca vira uma fogueira. Vamos agir librianamente, como manda essa Lua, ou seja, com cortesia e buscando a reconciliação. Também é aconselhável nos movimentarmos. Passeios, caminhadas, corridas, esportes... para que, assim, canalizemos essa energia e evitemos dor de cabeça.

DIA 20 DE MAIO – SEGUNDA-FEIRA
☽ *Crescente* ☽ *em Escorpião às 19:33 LFC Fim às 19:33*

Entrada do Sol no Signo de Gêmeos às 09h59min28seg.

Enquanto a Lua estiver em Escorpião, ela desperta uma energia intensa. Paixões e fortes desejos. O humor se altera e as pessoas se tornam mais impacientes e julgadoras. Também é mais frequente desconfiarem de tudo. A melhor conduta aqui será agirmos com franqueza e transparência, tanto no ambiente de trabalho como nos relacionamentos. Essa Lua facilita todo tipo de investigação, tais como descobrir contatos, endereços e segredos e achar coisas perdidas!

• **Lua quadratura Plutão — 21:35 às 01:31 de 21/05 (exato 23:33)**

Nessas horas é preciso muito cuidado para não nos deixarmos levar por um sentimento de mágoa ou rancor. Algo mal resolvido volta a incomodar. As reações tendem à radicalidade. A hora é de avaliar e resolver o que estiver incomodando, mas sem culpar ninguém, nem a si próprio.

DIA 21 DE MAIO – TERÇA-FEIRA
☽ Crescente ☽ em Escorpião

• **Lua oposição Mercúrio — 09:04 às 13:30 (exato 11:18)**

Mensagens importantes devem ser evitadas, pois podem levar a mal-entendidos. Assuntos que geram comentários equivocados também devem ser suprimidos. As reuniões de trabalho devem ser adiadas para uma outra hora. Pode haver discordâncias dificultando a chegada a um consenso.

DIA 22 DE MAIO – QUARTA-FEIRA
☽ Crescente ☽ em Escorpião

• **Lua trígono Saturno — 05:06 às 08:58 (exato 07:02)**

Início de manhã altamente produtivo. O que ficar combinado será cumprido. As pessoas que têm trabalho, plantão etc. nessas horas sentirão as tarefas renderem satisfatoriamente.

• **Lua oposição Urano — 15:28 às 19:17 (exato 17:23)**

Aqui é o contrário do aspecto anterior. A rotina tende a se desprogramar. Aquilo que contávamos como certo muda em cima da hora. Essa energia traz inquietação e ansiedade. Portanto, devemos ter "uma carta na manga" e levar os contratempos de forma leve, com uma postura despojada.

DIA 23 DE MAIO – QUINTA-FEIRA
○ Cheia às 10:53 em 02°55' de Sagitário ○ em Sagitário às 05:23
LFC Início às 04:29 LFC Fim às 05:23

Enquanto a Lua estiver em Sagitário, nosso estado de espírito se torna mais confiante e é mais fácil nos entusiasmarmos perante a vida. Há necessidade de liberdade, de espaço, de olharmos para o futuro e de sonharmos alto. Beneficia atividades culturais, religiosas, viagens e o setor de importação e exportação.

• **Lua oposição Vênus — 02:01 às 06:11 (exato 04:06)**

Sentimento de carência, como se não estivéssemos abastecidos emocionalmente. A tendência é a de recorrer ao outro, pedindo ajuda. Ou mesmo exigindo, mas essa não é uma boa atitude. Devemos, sim, oferecer ajuda. Estar disponível a colaborar com o outro, seja no trabalho, para quem tem atividades nessas horas, ou em casa, pois trará grande conforto à alma.

• **Lua oposição Júpiter** — 02:17 às 06:08 (exato 04:13)

Cuidado com ilusões fora da realidade. Há uma disposição maior para coisas que não requerem esforço. É um bom horário para o descanso, para quem não tiver atividades no momento.

• **Lua trígono Netuno** — 02:34 às 06:20 (exato 04:29)

Esse também é um horário propício ao descanso. Sonhos são bem-vindos. Podem trazer um sinal ou uma intuição que devemos aproveitar para alguma questão a ser resolvida. Para quem tem o hábito de meditar, fazer orações ou entoar mantras logo cedo, encontra ótima vibração.

• **Lua oposição Sol** — 08:51 às 12:54 (exato 10:53)

Essa é a hora da entrada da Lua na fase Cheia! Aqui funcionamos melhor em dupla. Fazer parte de alguma coisa, colocar-se à disposição de alguém ou pedir colaboração, serão fatores muito produtivos. Casais que estejam em crise sentirão mais suas diferenças. Podemos esperar alteração de humor e ataques descontrolados de pessoas emocionalmente suscetíveis.

DIA 24 DE MAIO – SEXTA-FEIRA
○ *Cheia* ○ *em Sagitário*

• **Lua quadratura Saturno** — 13:38 às 17:19 (exato 15:29)

Temos a impressão de que as coisas não estão funcionando de acordo com o esperado. Com o espírito crítico mais acentuado, exigimos mais dos outros e de nós mesmos. Alguma preocupação poderá rondar nossa mente e trazer um sentimento de frustração.

• **Lua trígono Marte** — 13:39 às 17:32 (exato 15:36)

Esse aspecto se dá ao mesmo tempo do anterior e nos afirma que, apesar de tudo, temos saída. Vamos "arregaçar as mangas" e partir para resolver qualquer coisa. Os resultados virão no tempo certo. Também é uma boa hora para nos exercitar e jogar fora todo o negativismo.

DIA 25 DE MAIO – SÁBADO
○ *Cheia* ○ *em Capricórnio às 12:35 LFC Início às 11:48 LFC Fim às 12:35*

Enquanto a Lua estiver em Capricórnio, um sentimento de dever e disciplina torna esse período bastante produtivo. A competência será exigida e a falta de responsabilidade será muito malvista. Fazer o que se deve e não o que se quer vai predominar. Ótimo período para fazer planejamentos, listas e programar a agenda.

• **Lua quadratura Netuno** — 09:58 às 13:35 (exato 11:48)

Podemos experimentar horas de preguiça e desânimo. Tarefas mais complicadas deverão ser evitadas. Também convém aumentar a atenção em tudo o que fizermos. Esquecimentos e perdas de objetos são próprios dessa configuração. Podemos aproveitar o sábado para relaxar ou fazer passeios leves e contemplar paisagens.

DIA 26 DE MAIO – DOMINGO
○ *Cheia (disseminadora)* ○ *em Capricórnio*

• **Lua trígono Mercúrio** — 15:47 às 19:49 (exato 17:48)

Essa tarde de domingo nos convida a encontros ou reuniões. As conversas fluem, as trocas de informações são bem-vindas e podem trazer ótimas dicas. Muita movimentação na internet. Para os estudantes, também se trata de uma boa hora para as pesquisas e todo tipo de trabalho mental.

• **Lua sextil Saturno** — 19:46 às 23:19 (exato 21:33)

Que tal visitar familiares mais idosos e trocar com eles pensamentos sábios e experiências?! Ou recebê-los em casa para um bate-papo repleto de boas lembranças...

• **Lua quadratura Marte** — 22:44 às 02:28 de 27/05 (exato 00:36 de 27/05)

Os que têm hábitos noturnos devem ter cuidado nos lugares com muita gente, pois os ânimos ficam mais exaltados sob essa configuração. Discussões de qualquer ordem devem ser evitadas. Devemos evitar críticas a qualquer custo.

DIA 27 DE MAIO – SEGUNDA-FEIRA
○ *Cheia (disseminadora)* ○ *em Aquário às 17:44*
LFC Início às 17:03 LFC Fim às 17:44

Enquanto a Lua estiver em Aquário, as pessoas estão com um espírito voltado mais para o despego. Então, fica mais fácil cortar hábitos ou relacionamentos indesejáveis. Um sentimento criativo e arrojado faz com que tenhamos facilidade para sair de impasses ou de situações que estejam nos aprisionando. Experimentar a sensação de liberdade trará um imenso senso de bem-estar. O período favorece atividades que reúnam muita gente, de todos os credos, de todos os gêneros e de todas as tribos. Essa Lua é extremamente social e agregadora. No relacionamento afetivo há menor tolerância a cobranças e restrições.

• **Lua trígono Urano — 05:19 às 08:50 (exato 07:05)**

Ótimo horário para experimentar uma atividade nova ou fazer um percurso diferente ao sair para o trabalho ou para um compromisso. Podemos nos vestir de forma original ou fazer um café da manhã com itens diferentes dos habituais. Ou fazer uma bela surpresa à pessoa amada! Essas são boas sugestões para se iniciar o dia com boa disposição emocional.

• **Lua sextil Netuno — 15:16 às 18:46 (exato 17:03)**

Seja no campo profissional ou pessoal, devemos prestar ajuda a quem solicitar. Além disso, caso seja preciso, também contaremos com ajuda. Esse aspecto traz um clima de colaboração mútua e maior compreensão a respeito dos problemas alheios. Também é um bom horário para visitas a exposições, cinema e lugares bonitos onde se possa contemplar a natureza.

• **Lua trígono Júpiter — 16:45 às 20:18 (exato 18:31)**

Essa configuração, unida à anterior, nos proporciona aumento da fé e disposição para enfrentar as situações com otimismo e sabedoria. Também estão beneficiadas as viagens, os contatos com o exterior e negócios com moeda estrangeira. Assuntos como religiões, espiritualidade e filosofias trazem alento à alma e oportunidades por meio das quais podemos extrair conhecimento para uma boa conduta nesse momento.

• **Lua conjunção Plutão — 19:24 às 22:53 (exato 21:09)**

Fazer uma análise profunda sobre nossas questões mais íntimas podem trazer bons resultados. Para quem tiver disponibilidade, essa é a noite para fazer arrumações, e executar uma faxina tanto nos armários como internamente, já que conta com uma energia propícia para se livrar do que não serve mais. Haverá um sentimento de leveza na alma.

DIA 28 DE MAIO – TERÇA-FEIRA
○ *Cheia (disseminadora)* ○ *em Aquário*

• **Lua trígono Vênus — 01:15 às 05:04 (exato 03:10)**

Essas horas da madrugada estão iluminadas para o amor! Beneficia encontros, tanto virtuais como físicos. Será uma delícia estar com quem ama. Seja na cama, seja on-line ou desfrutando de um delicioso lanche.

- **Lua trígono Sol — 05:02 às 08:45 (exato 06:53)**

Favorece concepções, gestações e partos. Um bom momento para casais que estejam tentando engravidar, pois o Sol (significador essencial de geração de vida) se encontra com a Lua (significadora essencial de fertilidade) de forma benéfica. Há um sentimento geral de contentamento com a própria vida. Temos hoje um ótimo começo de dia!

DIA 29 DE MAIO – QUARTA-FEIRA
○ *Cheia (disseminadora)* ○ *em Peixes às 21:32*
LFC Início às 11:21 LFC Fim às 21:32

Enquanto a Lua estiver em Peixes, as pessoas tendem a estar em um estado de espírito mais crédulo e romântico, mais sonhadoras e fantasiosas. Queremos vislumbrar um sentido maior e mais transcendente para as questões difíceis da vida. A imaginação fica acentuada e damos margem às nossas fantasias, fugindo um pouco da dura realidade. Atividades ligadas a música, ao cinema, a fotografia, ao teatro e a shows estão favorecidas. Um toque mágico, idílico, pode aproximar alguém com o qual se quer estar ligado.

- **Lua quadratura Mercúrio — 03:37 às 07:33 (exato 05:35)**

Essa energia traz certo desassossego ao corpo e à mente. Pode haver inquietação e agitação para os que trabalham nessas horas. Mas, a partir das 05h56min, teremos um aspecto que ajudará na resolução de qualquer impasse.

- **Lua sextil Marte — 05:56 às 09:34 (exato 07:45)**

E é esse o aspecto que nos torna mais dinâmicos e com garra suficiente para ir à luta! A sensação de capacidade ampliada nos permite antecipar nossos intuitos e tomar as iniciativas adequadas.

- **Lua quadratura Urano — 09:36 às 13:02 (exato 11:21)**

O que tiver que ser resolvido nessa manhã deverá ser feito durante o aspecto anterior. Porque, a partir de agora, conta-se com imprevistos de toda ordem. As coisas estão passíveis de sair de controle. O melhor será não termos planos rígidos que não permitam alterações. E usar de flexibilidade frente a possíveis alterações.

- **Lua quadratura Júpiter — 21:27 às 00:56 de 30/05 (exato 23:11)**

Devemos procurar descansar ou executar somente tarefas leves, que não demandem esforços. Há a tendência a quebrar dietas, comer ou beber além do necessário. É aconselhável ficarmos atentos a essas atitudes que poderão ser prejudiciais.

DIA 30 DE MAIO – QUINTA-FEIRA
☽ Minguante às 14:12 em 09°46' de Peixes ☽ em Peixes

• **Lua quadratura Vênus — 09:51 às 13:34 (exato 11:43)**

Não é um bom dia para marcar casamento ou qualquer outro compromisso sério. Inclusive, em qualquer setor da vida. Podemos ter expectativas que não se cumprirão. Tendência a comer doces e a cometer certos excessos, tanto alimentares como no setor de compras. Também não favorece negócios imobiliários.

• **Lua quadratura Sol — 12:22 às 16:01 (exato 14:12)**

Devemos evitar esforços físicos e tarefas pesadas. Nos relacionamentos, fica mais difícil chegar a um acordo. Nesse momento, as emoções estão prejudicando o julgamento correto dos fatos. Esse horário corresponde à entrada da Lua em sua fase Minguante. É um bom ciclo para o recolhimento e a avaliação do que se passou nos ciclos anteriores.

DIA 31 DE MAIO – SEXTA-FEIRA
☽ Minguante Peixes ☽ em Peixes LFC Início às 23:55

• **Lua conjunção Saturno — 03:41 às 07:05 (exato 05:23)**

Há um excesso de atenção às frustrações que pode interferir na qualidade do sono. Não é um momento adequado para demonstrar emoções. Também devemos evitar julgamentos. Os que tiram plantão nessas horas sentirão mais o peso das tarefas; algumas até precisarão ser refeitas.

• **Lua sextil Urano — 12:54 às 16:17 (exato 14:36)**

A partir de agora há uma melhora considerável no astral. Coisas novas podem surgir e devemos aproveitá-las. Intercalar as atividades será mais produtivo do que se dedicar a uma repetidamente. Podemos aproveitar para nos livrar de tarefas, situações ou pessoas que nos aborrecem, considerando que a Lua ainda se encontra no Signo de Aquário.

• **Lua sextil Mercúrio — 14:22 às 18:15 (exato 16:19)**

Com a mente afiada e fértil, conseguimos uma boa fluência nos trabalhos em geral. Favorece as aulas e tarefas escolares. Beneficia as conversas que levam ao entendimento, principalmente de assuntos mais delicados. Encontramos as palavras certas para tocar os sentimentos dos outros.

• **Lua conjunção Netuno — 22:13 às 01:35 de 01/06 (exato 23:55)**

Com a entrada da Lua em Peixes unida a esse aspecto, o período sugere meditação, contemplação e descanso. A imaginação está ampliada, e também a tendência a sonhar dormindo ou acordado. Há um excesso de sensibilidade nos tornando mais atingíveis pelo sofrimento alheio e por notícias que nos abalem emocionalmente. É um período para evitar essas situações, a menos que possamos fazer algo para minimizar o estado da coisa. Ouvir uma boa música ou assistir a um filme que traga esperança e fé serão um bálsamo para nossa alma.

Junho 2024

Domingo	Segunda-feira	Terça-feira	Quarta-feira	Quinta-feira	Sexta-feira	Sábado
						1 ♈ Lua Minguante em Áries às 00:28 LFC Fim às 00:28
2 Lua Minguante em Áries LFC Início às 19:03	**3** ♉ Lua Minguante em Touro às 02:55 LFC Fim às 02:55	**4** Lua Minguante em Touro	**5** Lua Minguante em Gêmeos às 05:35 LFC 05:10 às 05:35	**6** ~16°17'~ Lua Nova em Gêmeos às 09:37	**7** ♋ Lua Nova em Câncer às 09:40 LFC 09:16 às 09:40	**8** ♋ Lua Nova em Câncer
9 ♌ Lua Nova em Leão às 16:28 LFC 16:06 às 16:28	**10** Lua Nova em Leão	**11** Lua Nova em Leão LFC Início às 16:17	**12** ♍ Lua Nova em Virgem às 02:38 LFC Fim 02:38	**13** Lua Nova em Virgem	**14** 23°39' ♍ ♎ Lua Crescente em Virgem às 02:18 Lua Crescente em Libra às 15:11 LFC 14:54 às 15:11	**15** ♍ Lua Crescente em Libra
16 Lua Crescente em Libra	**17** Lua Crescente em Escorpião às 03:37 LFC 03:04 às 03:37	**18** ♏ Lua Crescente em Escorpião	**19** ♐ Lua Crescente em Sagitário às 13:31 LFC 13:18 às 13:31	**20** Lua Crescente em Sagitário Entrada do Sol no Signo de Câncer às 17h50min58seg	**21** 01°33'♑ Lua Cheia em Capricórnio às 22:07 Lua Cheia em Capricórnio às 20:08 LFC 19:59 às 20:08	**22** Lua Cheia em Capricórnio
23 Lua Cheia em Capricórnio	**24** ♒ Lua Cheia em Aquário às 00:14 LFC 00:06 às 00:14	**25** Lua Cheia em Aquário LFC Início às 19:30	**26** ♓ Lua Cheia em Peixes às 03:07 LFC Fim às 03:07	**27** Lua Cheia em Peixes	**28** f07°40'♈ Lua Minguante em Áries às 18:53 Lua Minguante em Áries às 05:51 LFC 05:45 às 05:51	**29** Lua Minguante em Áries
30 ♉ Lua Minguante em Touro às 09:00 LFC 01:56 às 09:00						

Mandala Lua Nova de Junho

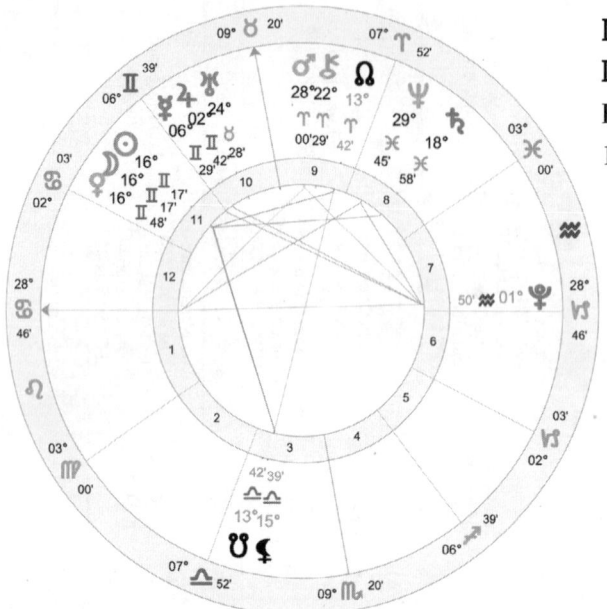

Lua Nova
Dia: 06/06
Hora: 09:37
16°17' de Gêmeos

Mandala Lua Cheia de Junho

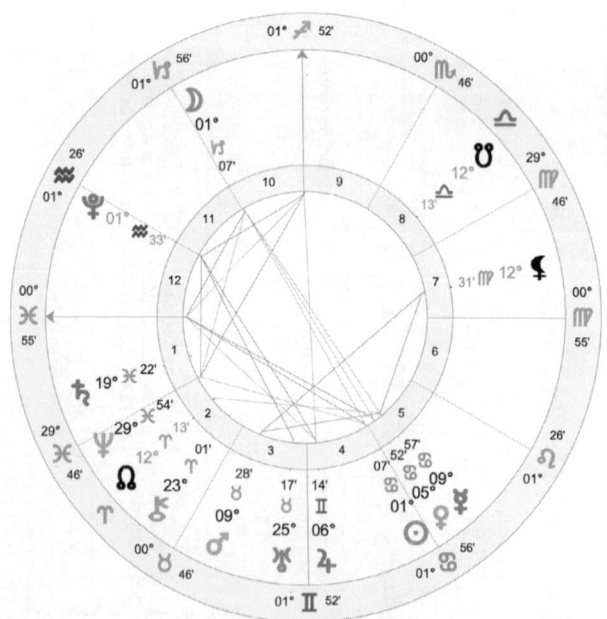

Lua Cheia
Dia: 21/06
Hora: 22:07
01°33' de Capricórnio

CÉU DO MÊS DE JUNHO

Junho amanhece feliz com a Lua Crescente em Áries, energizada e pronta para a ação. O Sol em conjunção com Vênus reforça o desejo de autoexpressão e de ser notado. Aliás, os dois caminham lado a lado por vários dias (de 01/06 a 09/06), fazendo com que esse seja um começo de mês muito especial para relacionamentos, parcerias e todas as atividades que envolvam socialização.

Plutão se encontra em movimento retrógrado no Signo de Aquário por todo o mês, pondo à prova as conexões humanas, sejam elas virtuais ou não. Esse teste recebe o sinal favorável de Júpiter entres os dias 01 e 07. Todos os esforços realizados em direção à melhoria das condições de vida do grupo e da sociedade tendem a ser bem-sucedidos. Esse é um ótimo momento para avançar em agendas que envolvam mudanças sociais mais profundas. No início de junho, um mundo melhor parece estar bem mais próximo.

Ainda no começo do mês, no dia 03, Mercúrio muda de Signo. Ao entrar em Gêmeos, Mercúrio está em casa e as habilidades intelectuais, os deslocamentos, as negociações e as comunicações ganham clareza e agilidade. Os assuntos intelectuais são estimulados pela curiosidade, pela lógica e por todos os contatos estabelecidos nessa temporada. Essa tendência permanece até o dia 18, quando deixa o Signo de Gêmeos para acompanhar Vênus pelo Signo de Câncer.

Ao dar seus primeiros passos em Gêmeos, Mercúrio faz bons contatos com Netuno, Júpiter e Plutão. Entre os dias 03 e 04 de junho, são beneficiados assuntos relacionados a estudos, aprendizado, negócios e a todas as situações que se beneficiem de uma compreensão mais ampla do contexto. A capacidade de compreender o que não é falado, assim como perceber o que está se passando por trás dos cenários, está em alta e à disposição de todos.

A Lua inicia seu novo ciclo no dia 6, em Gêmeos, apoiada por um céu repleto de bons aspectos e pela conjunção agradável com Vênus. Alegria, simpatia e charme estão presentes em abundância no começo dessa lunação, prometendo um período de encontros divertidos e proveitosos.

Todo esse clima de flerte e leveza recebe um choque de realidade entre os dias 8 e 11. Nesses dias, as responsabilidades, os limites e as exigências do mundo cobram seu preço. Ajustes, sacrifícios e contenções precisam ser feitos. E é melhor que o sejam de maneira disciplinada e sem atalhos, pois no dia 10, Marte, o planeta que rege as ações, as contendas e a agressividade, torna o clima mais tenso ao formar um aspecto desarmônico com Plutão.

Nesse dia, Marte deixa o Signo de Áries, onde exercia seu comando sem freios, para entrar no Signo de Touro. A partir de agora até o dia 20 de julho, a vontade de agir perde o ímpeto e o ritmo reduz consideravelmente. Em Touro, Marte está desconfortável, e é melhor investir nas atividades que peçam determinação em vez de audácia. É justamente nessa mudança de marchas que Marte se indispõe com Plutão. Iniciativas que possam acarretar disputas de poder, e atividades que ofereçam riscos de seguir cegamente em direção a objetivos muito desejados levam a embates com consequências potencialmente danosas. O melhor a fazer é reduzir a velocidade, buscar fazer ajustes e acomodações de maneira clara e sincera, sem ataques e, em especial, sem subterfúgios. Esse clima mais hostil deve começar a se dissipar ao redor do dia 14 de junho.

Acrescentando combustível a um clima já inflamado, os dias 12 e 13 testemunham um encontro mal-humorado entre Mercúrio e Saturno. Essa é uma sinalização de que as palavras ditas nesses dias têm peso e consequência. Há uma inclinação ao pessimismo e à percepção das dificuldades e das impossibilidades em todos os planos apresentados. Se for possível, é preferível usar esses dias para se dedicar a trabalhos que exijam disciplina e isolamento. Ainda bem que o dia 12 cai em uma quarta-feira, não é? Considerando todos os aspectos entre os dias 08 e 13 de junho, talvez seja melhor mesmo adiar um pouco a celebração do Dia dos Namorados.

Na sexta-feira, dia 14, a Lua muda de fase, fazendo o mesmo com o clima. A Lua em Virgem incentiva a análise mais apurada das emoções e dos comportamentos dos últimos dias. Nessa fase, isso significa que é chegado o momento para identificar aquilo que deve ou então receber energia para prosseguir e progredir. O Sol, nesse mesmo dia, encontra-se com Mercúrio, reforçando a sinalização de que é necessário trazer clareza e consciência para a comunicação e o planejamento para o futuro. As experiências pessoais, assim como as atividades cotidianas e as pequenas viagens recebem destaque nesse dia.

Essa clareza é bastante útil para administrar o potencial de confusão que se desenha para os próximos dias. Há o desejo de falar do que sente e declarar o afeto, seja ele romântico ou de amizade e admiração. As emoções são comunicadas com facilidade entre os dias 16 e 18 de junho. O problema é que as chances de idealização também são muito altas nesses dias e há o risco de tentar evitar atritos utilizando a omissão de informações relevantes. Esse é o caminho mais rápido para criar mal-entendidos e aborrecimentos.

É preferível ver as coisas como elas são, apreciando os defeitos em conjunto com as qualidades de cada situação, administrando os conflitos que o choque entre realidade e fantasia inevitavelmente trazem. Somente o que é real tem chances de prosperar na próxima Lua Cheia.

Em meio a tantas articulações, tentativas de conciliações e de esclarecimentos do período, uma mudança se dá que altera, significativamente, o clima das relações e o ambiente das comunicações e negociações. No dia 17 de junho, Vênus entra no Signo de Câncer e, logo no dia seguinte, é a vez de Mercúrio fazer seu ingresso no reino das águas protegidas desse signo.

Em Câncer, Vênus afirma que o amor floresce onde há intimidade e segurança. Acolhimento, proteção e familiaridade são palavras que bem descrevem a atmosfera romântica do período. Por outro lado, a mente se encontra mais intuitiva e sensível ao seu entorno quando Mercúrio se encontra em Câncer. Críticas, elogios e informações compartilhadas na intimidade ganham um peso redobrado nessa fase e é recomendável manter o sigilo e andar delicadamente nessa temporada canceriana.

A necessidade profunda de pertencimento é acentuada quando, no dia 20, o solstício se dá com a entrada do Sol em Câncer. Fazer parte de uma família, uma relação, uma comunidade ou um grupo é a matriz da segurança emocional. Encontrar-se apoiado quando o mundo age de maneira hostil é uma experiência profundamente nutridora. Sendo assim, é importante atentar-se para o fato de que, logo no início da temporada em Câncer, o Sol traz um aspecto desafiador a Netuno. Esse aspecto pode fazer com que os dias 20 e 21 sejam um pouco desconfortáveis, pois o sentimento de estar em desalinho com as expectativas do grupo nos leva a evitar situações estressantes ou a tomar atalhos que podem trazer mais problemas que soluções. O melhor a fazer, nesses dias, é descansar, evitando trabalhos que demandem concentração e níveis mais altos de energia. No entanto, se a oportunidade se apresentar para se dedicar, intelectualmente, a algum projeto que seja relevante e traga benefícios pessoais, ou se surgir a necessidade de defender um ponto de vista de forma um pouco mais assertiva, não fuja. Há, no dia 21, um aspecto favorável entre Mercúrio e Marte, ajudando os esforços direcionados a esses temas.

No dia 22, a Lua chega à culminação de seu ciclo e se ilumina em Capricórnio. As emoções estão à flor da pele nesse dia e há uma tendência a cultivar o desejo de escapar à realidade. Não foi fácil chegar até aqui e o desgaste dos esforços realizados parecem cobrar seu preço. É preciso ser responsável com a colheita, é claro. Tampouco é recomendável fazer uso de substâncias ou subterfúgios para aliviar a aspereza do entorno. Mesmo assim, é importante acolher os esforços realizados e honrar os sonhos. Dessa forma, haverá energia suficiente para compartilhar os ganhos e, mais tarde, refletir sobre o que foi aprendido nesse ciclo.

Os últimos dias do mês de julho anunciam céus mais amenos. No dia 26, Mercúrio faz um lindo aspecto ao planeta das lições mais difíceis, Saturno. Nesse dia, toda a seriedade é recompensada. Voltar-se para as atividades que se beneficiem de comprometimento, estruturação e praticidade é uma das melhores maneiras de aproveitar o que o dia tem a oferecer. Entre os dias 27 e 30 de junho, Vênus propõe um diálogo com Marte e o convida a equilibrar o dar e o receber. Essa é uma dança que traz muitas vantagens a quem decidir se dedicar a ela.

Por fim, o mês finaliza com mais um convite, dessa vez entre Mercúrio e Urano. No dia 30, as oportunidades aparecem de maneira inesperada e surpreendente. Soluções que desbloqueiam caminho e resolvem antigos problemas podem surgir a partir de encontros com pessoas diferentes, alterações na rotina e leituras inusitadas, por exemplo. Dar boas-vindas e abrir-se ao novo é a melhor maneira de despedir do mês de junho e preparar-se para começar a segunda metade do ano.

Posição diária da Lua em junho

DIA 01 DE JUNHO – SÁBADO
☽ *Minguante* ☽ *em Áries às 00:28 LFC Fim às 00:28*

Enquanto a Lua estiver em Áries, nós ficamos mais audaciosos e corajosos para ousar seguir nossos desejos. Há uma inquietude e um entusiasmo motivados por uma impulsividade que muitas vezes atropela o que vê pela frente. Use essa força para sair de uma situação de acomodação que vem atrapalhando seu desenvolvimento. Refletir antes do impulso de tomar uma decisão pode evitar colocar tudo a perder. Negocie suas vontades.

• **Lua sextil Júpiter** — 01:14 às 04:39 (exato 02:57)
Prepare-se para uma madrugada de sábado cheia de possibilidades. Saia e vá se divertir em companhia agradável que lhe remeta ao lado bom da vida. Excelente energia para ousar algo novo. Faça novos amigos.

• **Lua sextil Plutão — 01:59 às 05:22 (exato 03:41)**

O impulso para ação virá pela força de vida pulsante que lhe motivará a qualquer movimento de conquista. A atividade sexual potencializará seu revigoramento físico. Aproveite a energia, deixando-se levar pelo momento.

• **Lua sextil Vênus — 17:24 às 21:05 (exato 19:15)**

Deixe-se envolver pelos prazeres da vida. Valorize seus afetos e abra seu coração. O amor está no ar. Portanto, se está sozinho, é um excelente momento para exercer seu poder de sedução. Articular bem as palavras com confiança motivará a conquista.

• **Lua sextil Sol — 18:46 às 22:22 (exato 20:34)**

Aproveite o equilíbrio emocional, alinhando a impulsividade com a racionalidade. Ouse mirando seus objetivos. A inteligência será um fator diferencial que abrirá oportunidades inimagináveis. Use-a.

DIA 02 DE JUNHO – DOMINGO
)) *Minguante (balsâmica)*)) *em Áries LFC Início às 19:03*

• **Lua conjunção Marte — 17:16 às 20:49 (exato 19:03)**

No final desse domingo, contenha-se para não se envolver em atritos que poderiam ser evitados. Tente ficar na sua e relevar a chatice alheia. Nesse dia, os ânimos estarão exaltados. Assim, opte por uma programação leve e mais intimista.

DIA 03 DE JUNHO – SEGUNDA-FEIRA
)) *Minguante (balsâmica)*)) *em Touro às 02:55 LFC Fim às 02:55*

Enquanto a Lua estiver em Touro tendemos a equilibrar mais as emoções. Consolidando relações e fazendo movimentos que busquem a estabilidade. O bem-estar tanto físico como emocional será prioridade. Excelente momento para analisarmos o que não vem apresentando o resultado desejado. A Lua Minguante é uma fase de ajustes para a chegada de um novo ciclo.

• **Lua quadratura Plutão — 04:23 às 07:45 (exato 06:04)**

O esforço será maior para controlar respostas emocionais diante de qualquer provocação. Aquilo que vinha sendo empurrado para debaixo do tapete, e, portanto, continua sem resolução, poderá chegar a um patamar em que não se pode mais esperar. Assim, haja de forma cirúrgica e corte o mal pela raiz. Não é o momento de reações infantis. Encare as coisas como são e trace um projeto de soluções viáveis.

DIA 04 DE JUNHO – TERÇA-FEIRA
☽ *Minguante (balsâmica)* ☽ *em Touro*

• Lua sextil Saturno — 09:03 às 12:27 (exato 10:45)

Dia extremamente produtivo, sendo excelente para colocar a vida em ordem. Esforce-se nesse sentido, aumentando a resolutividade de questões antes consideradas extremamente cansativas. Excelente dia para organizar a sua vida.

• Lua conjunção Urano — 18:21 às 21:46 (exato 20:03)

Vai ser difícil programar esse fim de dia. Deixe espaço para surpresas para não as encarar de mau humor. Combata ansiedade ao fazer algo diferente ou aumentando a carga de exercício. Só assim você conseguirá ter um sono revigorante.

DIA 05 DE JUNHO – QUARTA-FEIRA
☽ *Minguante (balsâmica)* ☽ *em Gêmeos às 05:35*
LFC Início às 05:10 LFC Fim às 05:35

Enquanto a Lua estiver em Gêmeos, aproveite e amplie seus contatos. As pessoas estarão mais abertas e flexíveis diante das diferenças. O diálogo passa a ser fluido e o melhor meio de expressar sentimentos. A indecisão poderá surgir diante de mais de uma possibilidade. Se acontecer, não hesite em pedir conselho a pessoas de confiança.

• Lua sextil Netuno — 03:23 às 06:51 (exato 05:10)

Fique atento aos sonhos, pois esses poderão ser um canal de revelação. Sendo assim, durma com um caderninho e uma caneta do lado da cama para anotar tudo ao acordar. A sensibilidade ativada nos tornará uma antena parabólica com as forças do universo. De atenção aos seus *insights*.

• Lua trígono Plutão — 07:02 às 10:27 (exato 08:45)

Encare a realidade dos fatos ativando sua capacidade de virar o jogo. Não vai ser qualquer contratempo que lhe tirará do eixo. Situações que pareciam perdidas devem ser retomadas, pois terão grandes chances de serem regeneradas. Bom momento para realizar procedimentos cirúrgicos.

• Lua conjunção Júpiter — 08:04 às 11:33 (exato 09:49)

Cultive a positividade a fim de ver o lado bom de uma situação adversa. Oportunidades também surgem em uma crise. Faça contatos, busque solução com quem já vivenciou aquilo que vem tirando seu sono. Não paralise, e, sim, se informe mais sobre o assunto.

• **Lua conjunção Mercúrio — 11:45 às 15:46 (exato 13:46)**

Vai ser difícil ficar parado na parte da tarde. Já que aumenta as chances de vários assuntos pipocarem ao mesmo tempo. Aproveite essa versatilidade para dar conta do que se apresentar. Sua mente estará aguçada, principalmente se precisar debater um assunto importante.

DIA 06 DE JUNHO – QUINTA-FEIRA
🌑 *Nova às 09:37 em 16°17' de Gêmeos* 🌑 *em Gêmeos*

• **Lua conjunção Sol — 07:45 às 11:29 (exato 09:37)**

Uma nova fase lunar chega banhada pelas características do Signo de Gêmeos. Estaremos mais ágeis mentalmente, aumentando as chances de iniciar novos projetos. Tente manter o foco no que é prioridade. Evite se desviar dos objetivos.

• **Lua conjunção Vênus — 08:41 às 12:30 (exato 10:35)**

Se deseja convencer alguém, use a parte da manhã. A tendência é que seja mais aceito se fizer uso da diplomacia, investindo em uma comunicação cordial. Abuse do seu poder de sedução. Excelente energia para quem deseja mudar o visual — investir em uma apresentação agradável fará a diferença.

• **Lua quadratura Saturno — 12:33 às 16:03 (exato 14:18)**

Busque a competência sem contar com a boa vontade alheia. As pessoas tenderão a comportamentos mais fechados e pouco participativos. Invista na flexibilidade, sendo menos crítico diante das falhas alheias. Isso evitará contratempos emocionais que poderão dificultar ainda mais o fluir do seu dia. Releve.

DIA 07 DE JUNHO – SEXTA-FEIRA
🌑 *Nova* 🌑 *em Câncer às 09:40*
LFC Início às 09:16 LFC Fim às 09:40

Enquanto a Lua estiver em Câncer, qualquer assunto relacionado a alguém com quem tenha algum vínculo emocional poderá lhe afetar mais do que de costume. A Lua Nova é uma fase para iniciar ou plantar algo. E um bom momento para tratar de assuntos familiares e até os que envolvem bens comuns. Nosso olhar emocional estará ativado para tudo que envolver algum tipo de afeto.

• **Lua sextil Marte — 05:29 às 09:13 (exato 07:21)**

Afaste o desânimo, iniciando o dia com a coragem necessária para enfrentar os desafios e concretizar o que foi programado. Não deixe que recordações negativas abalem sua autoconfiança. Energize-se por meio da prática de exercícios pela manhã, pois isso afastará a preguiça e aliviará o estresse.

• **Lua quadratura Netuno — 07:29 às 11:02 (exato 09:16)**

Não é o melhor dia para se tomar decisões definitivas. As emoções poderão estar fora do eixo necessário para que conclusões realistas sejam tiradas de uma situação. Assim, postergar assuntos importantes pode ser a melhor opção. Os ares estão com energia que proporciona enganos, esquecimentos e distração. Redobre a atenção.

DIA 08 DE JUNHO – SÁBADO
● *Nova* ● *em Câncer*

• **Lua trígono Saturno — 18:17 às 21:58 (exato 20:07)**

Sábado banhado por uma consciência prática do que realizou de produtivo na semana e do que ainda precisa ser feito. A sensação positiva de abastecimento emocional virá de um comportamento comprometido com aquilo que se propuser a fazer. Excelente momento para se colocar em uma situação de forma madura, sem perder a sensibilidade necessária para lidar com questões emocionais.

DIA 09 DE JUNHO – DOMINGO
● *Nova* ● *em Leão às 16:28*
LFC Início às 16:06 LFC Fim às 16:28

Enquanto a Lua estiver em Leão, valorize suas qualidades e seus pontos fortes. Objetive apoderar-se da força necessária para colocar seus projetos à frente. Inclua nessa fase atividades prazerosas, que lhe tragam algum tipo de satisfação e que amenizem os esforços necessários para se chegar ao ponto desejado. Dramatizar demasiadamente quando as coisas não saírem do seu jeito só atrairá irritação para si, podendo abalar sua imagem.

• **Lua sextil Urano — 04:34 às 08:18 (exato 06:26)**

Aproveite a manhã desse domingo para fazer algo diferente. Invista em um programa ao ar livre, que traga uma sensação de liberdade e amplie a vontade de ser quem verdadeiramente é. O novo atiça a criatividade, resultando em uma outra visão de um antigo assunto.

• **Lua trígono Netuno — 14:12 às 17:58 (exato 16:06)**

Invista no carisma, principalmente para criar o cenário certo e envolver quem deseja conquistar ou trazer para seu lado. Estaremos mais empáticos facilitando um novo olhar diante das diferenças. Não se amedronte diante de uma contrariedade. Aproveite para integrar os opostos.

• **Lua quadratura Marte — 15:23 às 19:24 (exato 17:23)**

Os ânimos estarão acirrados, sendo melhor relevar do que confrontar quando for contrariado. Fique atento para não perder a cabeça. Procure se expressar de forma clara e calma quando algo não lhe agradar. Violência gera violência.

• **Lua oposição Plutão — 17:57 às 21:43 (exato 19:50)**

Nesse final de domingo busque o equilíbrio emocional para não cair em armadilhas que o leve a uma introspecção destrutiva. Todos possuem problemas. A felicidade não é linear e muitas vezes depende da escolha de ser feliz. Tente relaxar e entender os processos que estão se passando na sua vida. Procure se livrar de ressentimentos, cultivando sentimentos banhados de positividade.

• **Lua sextil Júpiter — 21:12 às 01:04 de 10/06 (exato 23:08)**

Cultivar a fé e o otimismo serão antídotos para o cansaço emocional. Invista em algo prazeroso para fazer no final do domingo. Ver o lado bom da vida nos motiva a um olhar adiante, ainda mais quando se tem um objetivo definido.

DIA 10 DE JUNHO – SEGUNDA-FEIRA
🌑 *Nova* 🌑 *em Leão*

• **Lua sextil Mercúrio — 21:12 às 01:56 de 11/06 (exato 23:34)**

Encontros estarão favorecidos, principalmente se forem para buscar o entendimento diante de alguma contrariedade. Inicie a conversa exaltando o que o outro fez ou tem de melhor. Isso facilitará a obtenção de resultados positivos.

DIA 11 DE JUNHO – TERÇA-FEIRA
🌑 *Nova* 🌑 *em Leão LFC Início às 16:17*

• **Lua sextil Sol — 06:50 às 11:05 (exato 08:57)**

Trata-se de uma manhã mais animada, já que suas emoções estarão mais equilibradas diante de seus objetivos. Há maior clareza e lucidez perante as situações, o que favorecerá a tomada de decisões diante de um assunto delicado.

• **Lua sextil Vênus — 10:50 às 15:13 (exato 13:01)**

Estaremos mais receptivos e bem-humorados, sendo ótimo momento para a conquista de resultados positivos em situações que pareciam prejudiciais. Invista no seu charme para chegar aonde deseja. As pessoas estarão mais alegres e banhadas de positividade.

• **Lua quadratura Urano** — 14:17 às 18:15 (exato 16:17)

Acredite, as coisas não sairão como você programou. Ser flexível será o melhor comportamento para não se deixar dominar pela intransigência. Negocie seu ponto de vista com inteligência, uma vez que serão poucas as chances de encontrar flexibilidade vindo da outra parte. Não se precipite.

DIA 12 DE JUNHO – QUARTA-FEIRA
Nova ● em Virgem às 02:38 LFC Fim 02:38

Enquanto a Lua estiver em Virgem ativa-se o pragmatismo, a organização e uma mente analítica que não deixa qualquer detalhe passar batido. Aproveite para organizar a parte da sua vida que anda caótica. Descarte o que não é prioridade no momento. Isso trará uma sensação de ordenamento, o que favorece o aumento da produtividade.

• **Lua trígono Marte** — 05:18 às 09:33 (exato 07:26)

Banhe-se de coragem e vitalidade para enfrentar mais um dia. Utilize essa dose de energia concentrando-se para resolver aquilo que precisa de muita energia para ser solucionado. Hoje será mais difícil que algo lhe abata, por isso aproveite.

• **Lua quadratura Júpiter** — 08:46 às 12:51 (exato 10:49)

Ter equilíbrio é o caminho do sucesso emocional. Não sucumba ao exagero diante de qualquer situação. Estaremos mais propícios à insatisfação diante do resultado. Sabendo disso, tente uma análise crítica da situação e evite atitudes compensatórias.

DIA 13 DE JUNHO – QUINTA-FEIRA
Nova ● em Virgem

• **Lua oposição Saturno** — 15:15 às 19:19 (exato 17:17)

Esteja preparado para encarar contrariedades. Obstáculos poderão exigir um esforço maior para concluir suas obrigações. Tente levar as coisas com mais leveza. Críticas não serão bem aceitas. A melhor coisa é relevar.

• **Lua quadratura Mercúrio** — 22:21 às 03:20 de 14/06 (exato 00:50 de 14/06)

A comunicação não fluirá tão facilmente, não sendo o melhor momento para aquela conversa delicada que você vem adiando. Tente relaxar desanuviando a cabeça dos problemas. As preocupações tenderão a dominá-lo nessa madrugada.

DIA 14 DE JUNHO – SEXTA-FEIRA

☾ *Crescente às 02:18 em 23°39 de Virgem* ☾ *em Libra às 15:11*
LFC Início às 14:54 LFC Fim às 15:11

Enquanto a Lua estiver em Libra estaremos mais abertos a ver todos os lados de uma determinada questão. A visão alheia fica mais fácil de ser entendida. Já que racionalizamos as emoções mais facilmente diante de uma contrariedade. Valorize suas parcerias, principalmente exercendo a diplomacia.

• **Lua quadratura Sol — 00:05 às 04:30 (exato 02:18)**

Para ter uma madrugada relaxante, tente organizar suas emoções diante da importância das questões que vêm dominando sua mente. Você pode colocar tudo a perder ao valorizar questões emocionais que não são relevantes no momento. Coloque na balança se vale a pena.

• **Lua trígono Urano — 02:47 às 06:52 (exato 04:50)**

Anote seus sonhos. *Insights* poderão surgir ao longo da noite, favorecendo a resolução de questões que vêm exigindo maior criatividade. Busque novas ferramentas com os recursos disponíveis.

• **Lua quadratura Vênus — 05:56 às 10:29 (exato 08:12)**

Acordos estarão mais difíceis nessa manhã. Assim, exerça sua habilidade de convencimento levando em consideração a posição de seu oponente. Cultivar o lado positivo de uma situação diminuirá a sensação de frustração.

• **Lua oposição Netuno — 12:51 às 16:55 (exato 14:54)**

O melhor seria conseguir um momento para relaxar na parte da tarde. Isso será fundamental para aliviar um cansaço emocional que poderá atrapalhar o cumprimento das tarefas preestabelecidas. Evite se envolver em questões pesadas. Tente se poupar pois não terá tanta clareza emocional para encontrar a melhor solução.

• **Lua trígono Plutão — 16:37 às 20:40 (exato 18:39)**

Introduza atividades revigorantes nesse período. Afinal, o dia foi pesado e, portanto, procure relaxar nesse final de sexta-feira, restabelecendo sua capacidade de recuperação. Se não puder, ficará mais fácil terminar aquele trabalho que necessita de maior foco e aprofundamento.

• **Lua trígono Júpiter — 22:39 às 02:47 de 15/06 (exato 00:43 de 15/06)**

Cultivar a positividade ampliará sua visão a respeito das coisas. Não dá para ficar focado no que deu errado. Há potencial para atrair resultados positivos. O foco tem que ser no que dá para se tirar de melhor. Busque novas alternativas. Informe-se.

DIA 15 DE JUNHO – SÁBADO
☾ *Crescente* ☾ *em Libra*

Neste dia, a Lua não faz aspecto com outros planetas no Céu. Devemos observar recomendações para a fase e o Signo em que a Lua se encontra.

DIA 16 DE JUNHO – DOMINGO
☾ *Crescente* ☾ *em Libra*

• **Lua trígono Sol — 18:03 às 22:23 (exato 20:13)**

Aproveite o domingo para fazer o que gosta na companhia de quem o coloca para cima. Estão abertas oportunidades de encontros e de movimentos de reconciliação. O assunto relacionamento está ativado. Programas acompanhados serão frutos de maior prazer.

DIA 17 DE JUNHO – SEGUNDA-FEIRA
☾ *Crescente* ☾ *em Escorpião às 03:37*
LFC Início às 03:04 LFC Fim às 03:37

Enquanto a Lua estiver em Escorpião tendemos a nos aprofundar nas emoções. Nada é encarado de forma superficial. Tudo é sentido intensamente, precisando redobrar a atenção para que não nos tornemos obcecados com um determinado assunto. É um excelente momento se estamos precisando focar para finalizar algo, já que fica mais fácil deixar de lado o que não é prioridade.

• **Lua Trígono Mercúrio — 00:39 às 05:29 (exato 03:04)**

O dia começará agitado, como se já acordássemos alertas e prontos para encarar os assuntos do dia. Estará favorecido qualquer assunto ligado a acordos, contatos e até à comercialização. As pessoas estarão mais abertas ao diálogo.

• **Lua trígono Vênus — 01:27 às 05:51 (exato 03:21)**

Valorize suas qualidades e use-as para seduzir seu objeto de desejo. Estará mais fácil captar o que o outro deseja. Use isso ao seu favor. Invista na apresentação e comece o dia com a autoestima nas alturas.

• **Lua quadratura Plutão — 04:55 às 08:52 (exato 06:53)**

Prejuízos emocionais poderão ser evitados se você conseguir controlar sua reação diante de qualquer tipo de provocação. Evite se deixar dominar por emoções destrutivas ou que o leve a uma sensação negativa de desfavorecimento. Mantenha a calma e use a inteligência emocional para lidar com qualquer tipo de contrariedade.

• **Lua oposição Marte** — 14:04 às 18:15 (exato 16:10)

Contenha explosões emocionais. Os nervos estarão à flor da pele, o que torna difícil prever o resultado de qualquer tipo de discussão. O dia não está favorável para entendimentos de questões delicadas. Um pequeno problema pode tomar proporções maiores do que se espera. Cuidado.

DIA 18 DE JUNHO – TERÇA-FEIRA
☾ *Crescente* ☾ *em Escorpião*

• **Lua trígono Saturno** — 15:23 às 19:13 (exato 17:18)

Estará facilitado à organização emocional diante de questões desafiantes. Não será um sacrifício adotar uma postura mais comprometida perante as situações restritivas. Iniciar dietas e uma rotina de exercício ficará mais fácil.

DIA 19 DE JUNHO – QUARTA-FEIRA
☾ *Crescente* ☾ *em Sagitário às 13:31 LFC Início às 13:18 LFC Fim 13:31*

Enquanto a Lua estiver em Sagitário, amplie a visão de uma situação por meio da busca por alternativas inteligentes. Uma boa conversa pode ampliar seus conhecimentos e, desse modo, trazer novas oportunidades e até mesmo inovar nas soluções. Traçar metas poderá ser um incentivo para buscar cursos de atualização profissional e até investir em um novo idioma.

• **Lua oposição Urano** — 02:30 às 06:18 (exato 04:24)

Nesse dia, pode-se ter uma sensação de que tudo está mais acelerado. Cuidado para não atropelar seu limite físico e emocional ao tentar dar conta de uma agenda lotada. Tente espaçar os compromissos e fazer uma coisa por vez. Isso amenizará essa sensação de emergência, como se tudo fosse para ontem.

• **Lua trígono Netuno** — 11:26 às 14:39 (exato 13:18)

Invista em um lugar calmo e charmoso para o almoço, tentando introduzir no meio do dia algo que lhe tire da rotina. Ter tempo para olhar a vida com o encanto que ela merece tenderá a ser um bálsamo diante das angústias que dominam nossa mente para lidar com os muitos papéis que nos propomos a exercer. Valorize um momento relaxante.

• **Lua sextil Plutão** — 14:39 às 18:23 (exato 16:32)

Tenderemos a nos sentir mais revigorados e prontos para encarar qualquer desafio. Nas relações afetivas poderá ocorrer um aprofundamento maior dos sentimentos, resultando em maior abertura para reconciliações ou para recuperar algo que parecia perdido.

• Lua oposição Júpiter — 22:28 às 02:14 de 20/06 (exato 00:21 de 20/06)

Controle a insatisfação evitando ações compensatórias que poderão resultar em quilos a mais na balança. Haverá maior tendência a exageros, sejam físicos ou emocionais. Tente se acalmar, trazendo suas emoções para um cenário realista da situação.

DIA 20 DE JUNHO – QUINTA-FEIRA
☽ *Crescente* ☽ *em Sagitário*

Entrada do Sol no Signo de Câncer às 17h50min58seg.
Solstício de Verão H. Norte — Solstício de Inverno H. Sul.

• Lua quadratura Saturno — 23:19 às 02:55 de 21/06 (exato 01:07 de 21/06)

São grandes as chances de terminarmos esse dia de mau humor e nos sentindo sobrecarregados. Tente priorizar as preocupações por ordem de importância e também de capacidade de resolutividade. Cuidado para não descontar as frustrações em quem lhe quer bem.

DIA 21 DE JUNHO – SEXTA-FEIRA
○ *Cheia às 22:07 em 01°33 de Capricórnio* ○ *em Capricórnio às 20:08*
LFC Início às 19:59 LFC Fim 20:08

Enquanto a Lua estiver em Capricórnio tendemos a uma postura emocional de maior prudência, sendo necessário um mínimo de garantia para qualquer envolvimento mais profundo em uma determinada questão. Nos tornarmos mais frios e pragmáticos com questões que antes, de alguma forma, nos tirava o chão. Excelente momento para fazer uma análise objetiva dos últimos acontecimentos. Fica mais fácil cortar o mal pela raiz.

• **Lua quadratura Netuno** — 18:11 às 21:44 (exato 19:59)

Um cansaço emocional poderá lhe invadir, fazendo com que seja necessário maior descanso para reabastecer o vigor diante da vida. Opte por relaxar nessa noite. Sem perder o equilíbrio emocional necessário para não cair na armadilha de uma carência desmedida.

• **Lua oposição Sol** — 20:13 às 00:01 de 22/06 (exato 22:07)

Seja menos duro consigo mesmo e com seus vínculos emocionais, afinal não é possível ter total garantia a respeito de tudo. Não é o melhor momento para tratar as situações a ferro e fogo. Cobranças deverão vir acompanhada de sensibilidade para se ter maior clareza não só de suas necessidades emocionais, mas também das do outro. Aridez só garantirá afastamentos.

DIA 22 DE JUNHO – SÁBADO
○ *Cheia* ○ *em Capricórnio*

• Lua oposição Vênus — 05:23 às 09:15 (exato 07:19)

O ato de cuidar pode ser banhado por atitudes concretas sem perder a sensibilidade de entender a necessidade emocional do outro e até de si próprio. Tente fazer alguma coisa que lhe dê prazer, mesmo que não seja algo que esteja à altura dos seus desejos. Mimar-se hoje poderá amenizar uma grande insatisfação.

• Lua trígono Marte — 11:46 às 15:27 (exato 13:37)

Excelente energia para concretizar ou materializar desejos. Ficará mais fácil priorizar o que tem maior chance de êxito. Não desperdice o impulso em se mover em direção aos seus objetivos. Até porque estará vibrando a coragem de ousar romper com qualquer tipo de medo ou dependência emocional.

• Lua oposição Mercúrio — 14:21 às 18:27 (exato 16:24)

Redobre a atenção com os deslocamentos e evite fazer mais de uma coisa ao mesmo tempo. Acalme a mente para não despejar suas emoções de uma forma que leva a mal-entendidos. Não é o melhor momento para uma conversa importante.

DIA 23 DE JUNHO – DOMINGO
○ *Cheia* ○ *em Capricórnio*

• Lua sextil Saturno — 04:17 às 07:44 (exato 06:01)

Um domingo mais animado diante de uma maior organização interna das emoções. Tenderemos a nos sentir mais fortes e com uma postura mais comprometida diante das responsabilidades que não podemos evitar. Aproveite para encarar suas dificuldades, revendo estratégias de solução.

• Lua trígono Urano — 14:36 às 18:02 (exato 16:19)

Fazer algo diferente lhe motivará a ousar o novo. Fique atento a *insights* quanto à solução daquilo que não sai da sua cabeça. Você estará mais receptivo e despojado para que as situações tomem um rumo diferente do que foi previsto. Estude novas possibilidades.

• Lua sextil Netuno — 22:22 às 01:47 de 24/06 (exato 00:06 de 24/06)

Deixe-se invadir por uma sensibilidade que aflore os sentidos, acreditando na magia da vida. Invista na meditação, em um bom filme e até em uma noite de amor. Estaremos mais receptivos e abertos a acontecimentos que fogem da racionalidade. Não descarte coincidências felizes.

DIA 24 DE JUNHO – SEGUNDA-FEIRA
○ Cheia (disseminadora) ○ em Aquário às 00:14
LFC Início às 00:06 LFC Fim às 00:14

Enquanto a Lua estiver em Aquário, ative sua capacidade de inovar. Estaremos muit mais abertos a mudanças emocionais intensas, não nos prendendo tanto a uma situação ou um problema. Além disso, nos livramos mais facilmente de qualquer tipo de opressão, sendo um excelente ciclo para encarar de forma libertadora algo que vem limitando sua forma autêntica de ser ou fazer.

• **Lua conjunção Plutão** — 01:07 às 04:32 (exato 02:50)

Controle a intensidade das reações emocionais diante de situações que despertem gatilhos que ativem antigas feridas. Pode ser uma madrugada propensa a desentendimentos e hostilidade. Redobre o cuidado e não se coloque em situações de risco.

• **Lua trígono Júpiter** — 10:07 às 13:35 (exato 11:51)

Estabeleça metas para que seus esforços se concentrem objetivamente e conquistem resultados satisfatórios, desencadeando uma visão otimista da vida. Alimentar a positividade aumentará as chances de abertura e de novas oportunidades.

• **Lua quadratura Marte** — 18:10 às 21:45 (exato 19:58)

Não será por meio da força que você conquistará o que deseja. A teimosia só atrapalhará o fluir dos acontecimentos. Assim, procure uma postura mais maleável diante das diferenças. Evite desentendimentos desnecessários.

DIA 25 DE JUNHO – TERÇA-FEIRA
○ Cheia (disseminadora) ○ em Aquário
LFC Início às 19:30

• **Lua quadratura Urano** — 11:47 às 21:11 (exato 19:30)

Prepare-se para um dia cheio de surpresas. Qualquer acontecimento programado tem grandes chances de não acontecer. Por isso, invista em uma organização que comporte improvisos. Espaçar compromissos, não enchendo a agenda, evitará um comportamento banhado de ansiedade.

DIA 26 DE JUNHO – QUARTA-FEIRA
○ Cheia (disseminadora) ○ em Peixes às 03:07 LFC Fim às 03:07

Enquanto a Lua estiver em Peixes tenderemos a deixar as coisas mais soltas, fluindo conforme um ordenamento divino. Invista em atividades lúdicas e traga para sua rotina uma sensibilidade e um entendimento diante do inevitável. O ato de entregar pode ser a melhor solução no momento.

• **Lua trígono Sol — 10:36 às 14:14 (exato 12:25)**

Será por meio da sensibilidade que encontrará o equilíbrio emocional necessário para lidar com situações objetivas. Nem tudo é verdadeiramente como se apresenta. Amplie sua percepção captando o que está nas entrelinhas.

• **Lua quadratura Júpiter — 13:43 às 17:09 (exato 15:26)**

Controle suas reações emocionais para não ceder a exageros e colocar tudo a perder. Nem tudo tem o resultado que esperamos. As pessoas são o que são. Cultivar a empatia será o melhor caminho para conciliar expectativas.

• **Lua trígono Vênus — 21:41 às 01:23 de 27/06 (exato 23:32)**

Invista no seu poder de sedução e abra-se para uma noite de amor. Momentos de intimidade serão banhados por uma energia de proteção e acolhimento. Se estiver só, faça algo prazeroso e que eleve sua autoestima. Assuntos familiares estarão facilitados.

• **Lua sextil Marte — 23:39 às 03:12 de 27/06 (exato 01:25 de 27/06)**

Nossos instintos estarão ativados, deixando fluir uma sensualidade impulsionada pela coragem da conquista. Vai ser difícil resistir a qualquer movimento de sedução. Disposição em alta para curtir programas noturnos.

DIA 27 DE JUNHO – QUINTA-FEIRA
○ Cheia (disseminadora) ○ em Peixes

• **Lua conjunção Saturno — 10:15 às 13:38 (exato 11:56)**

Encha-se de energia para encarar os obstáculos, uma vez que será mais difícil realizar acordos e cumprir o prazo de tarefas programadas. Tudo hoje ficará mais pesado, dificultando nossa capacidade de suportar algo. Evite contar com o outro. Até porque pedir ajuda nesse momento pode ser visto como um sinal de incapacidade.

• **Lua trígono Mercúrio — 13:13 às 17:08 (exato 15:10)**

Na parte da tarde teremos mais fluidez e movimento, principalmente se tivermos inteligência emocional para lidar com mudanças repentinas, tanto de situações como de humor. A melhor comunicação se dará se feita em privacidade.

• **Lua sextil Urano — 20:40 às 00:04 de 28/06 (exato 22:22)**

Liberte-se de expectativas e se jogue em algo novo, nem que seja em uma forma inusitada de ver um antigo assunto. Essa será uma postura descompromissada que poderá resultar em felizes surpresas.

DIA 28 DE JUNHO – SEXTA-FEIRA
)) *Minguante às 18:53 em 07°40' de Áries*)) *em Áries às 05:51*
LFC Início às 05:45 LFC Fim às 05:51

Enquanto a Lua estiver em Áries ficamos mais ousados e impetuosos nas reações emocionais. Podemos ser tomados por uma coragem em seguir os nossos instintos. Sendo proveitoso retomar assuntos que ficaram inacabados durante esse ciclo. A fase da Lua Minguante é propícia para conciliar as coisas e terminá-las para que não venham a atrapalhar um novo ciclo que se iniciará.

• **Lua conjunção Netuno — 04:02 às 07:26 (exato 05:45)**

Vai ser mais difícil levantar da cama e cumprir uma agenda cheia de compromissos. Sabendo disso, evite deixar as coisas tudo para última hora. Diminua o ritmo, dando prioridade ao que é inevitável. Além disso, alimente-se bem para não se deixar abater diante de qualquer contratempo que venha a aparecer.

• **Lua sextil Plutão — 06:36 às 09:59 (exato 08:17)**

Priorizar o que tem chance de solução será uma forma de se sentir revitalizado. Não é o melhor momento para dispersar energia com o que não tem uma solução concreta. Poupe-se e recupere o fôlego.

• **Lua quadratura Sol — 17:03 às 20:42 (exato 18:53)**

A ambiguidade de sentimentos pode resultar em uma tensão emocional, principalmente diante de situações de conflitos de interesses. Modere o impulso de resolver tudo à sua maneira. A melhor opção será conjugar a coragem com a sensibilidade de entender que tudo tem o momento certo para acontecer.

• **Lua sextil Júpiter — 17:19 às 20:46 (exato 19:02)**

Aproveite essa noite para se divertir e relaxar. Contate amigos e jogue conversa fora. Um programa diferente também trará sensação de amplitude. Excelente energia para ousar algo novo. Isso proporcionará o aumento da sua autoconfiança.

DIA 29 DE JUNHO – SÁBADO
☽ *Minguante* ☽ *em Áries*

• **Lua quadratura Vênus — 05:23 às 09:08 (exato 07:15)**

Nesse sábado procure não levar tudo tão ao pé da letra. Reações impulsivas banhadas por um excesso de franqueza poderão resultar em mágoas e ressentimentos. Dome a insatisfação que pode dominar sua manhã. O melhor a fazer é relevar, esperando o momento apropriado para conjugar diferenças.

• **Lua quadratura Mercúrio — 23:58 às 03:54 de 30/06 (exato 01:56 de 30/06)**

Evite discussões, já que o entendimento estará dificultado pela falta de clareza ao expor a sua versão dos fatos. Será mais trabalhoso chegar a um acordo. Procure, assim, outro momento para ter aquela conversa importante.

DIA 30 DE JUNHO – DOMINGO
☽ *Minguante* ☽ *em Touro às 09:00 LFC Início às 01:56 LFC Fim às 09:00*

Enquanto a Lua estiver em Touro tendemos a nos abastecer emocionalmente de resultados práticos, podendo ficar evidenciados assuntos relacionados a finanças, orçamentos e até patrimoniais. Valorizar o que se conquistou é a saída para se sentir mais seguro diante de uma tomada de decisão inevitável. Ative uma visão pragmática da situação.

• **Lua quadratura Plutão — 09:40 às 13:05 (exato 11:23)**

Esforce-se para manter o bom humor, não deixando que os medos dominem sua capacidade de resolver questões importantes. Uma postura introspectiva pode ser necessária para colocar as emoções no lugar. Evite deixar-se levar por qualquer tipo de provocação. Hoje não tem como mensurar qualquer tipo de reação emocional frente a uma oposição por mais fútil que o assunto seja.

Julho 2024

Domingo	Segunda-feira	Terça-feira	Quarta-feira	Quinta-feira	Sexta-feira	Sábado
	1 Lua Minguante em Touro	**2** ♊ Lua Minguante em Gêmeos às 12:49 LFC 12:42 às 12:49	**3** Lua Minguante em Gêmeos	**4** ♋ Lua Minguante em Câncer às 17:51 LFC 17:45 às 17:51	**5** 14°23' ♋ Lua Nova em Câncer às 19:57	**6** Lua Nova em Câncer
7 ♌ Lua Nova em Leão às 00:55 LFC 00:47 às 00:55	**8** Lua Nova em Leão	**9** ♍ Lua Nova em Virgem às 10:47 LFC 03:04 às 10:47	**10** Lua Nova em Virgem	**11** ♎ Lua Nova em Libra às 23:06 LFC 22:56 às 23:06	**12** Lua Nova em Libra	**13** 22°00' ♎ Lua Crescente em Libra às 19:47 LFC Início às 19:47
14 ♏ Lua Crescente em Escorpião às 11:52 LFC Fim às 11:52	**15** Lua Crescente em Escorpião	**16** ♐ Lua Crescente em Sagitário às 22:24 LFC 22:11 às 22:24	**17** Lua Crescente em Sagitário	**18** Lua Crescente em Sagitário	**19** ♑ Lua Crescente em Capricórnio às 05:13 LFC 04:59 às 05:13	**20** Lua Crescente em Capricórnio
21 29°08' ♑ ♒ Lua Cheia em Capricórnio às 07:17 Lua Cheia em Aquário às 08:42 LFC 08:27 às 08:42	**22** Lua Cheia em Aquário Entrada do Sol no Signo de Leão às 04h44min24seg	**23** ♓ Lua Cheia em Peixes às 10:22 LFC 06:59 às 10:22	**24** Lua Cheia em Peixes	**25** ♈ Lua Cheia em Áries às 11:52 LFC 11:32 às 11:52	**26** Lua Cheia em Áries LFC Início às 19:15	**27** 05°32' ♉ Lua Minguante em Touro às 23:52 Lua Minguante em Touro às 14:22 LFC Fim 14:22
28 Lua Minguante em Touro	**29** Lua Minguante em Gêmeos às 18:27 LFC 18:00 às 18:27	**30** ♒ Lua Minguante em Gêmeos	**31** ♓ Lua Minguante em Gêmeos LFC Início às 23:47			

Mandala Lua Nova de Julho

Lua Nova
Dia: 05/07
Hora: 19:57
14°23' de Câncer

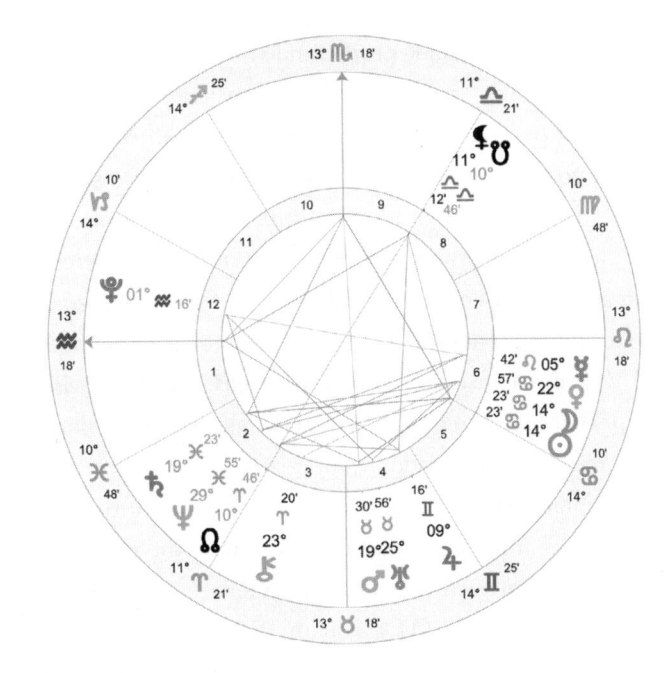

Mandala Lua Cheia de Julho

Lua Cheia
Dia: 21/07
Hora: 07:17
29°08' de Capricórnio

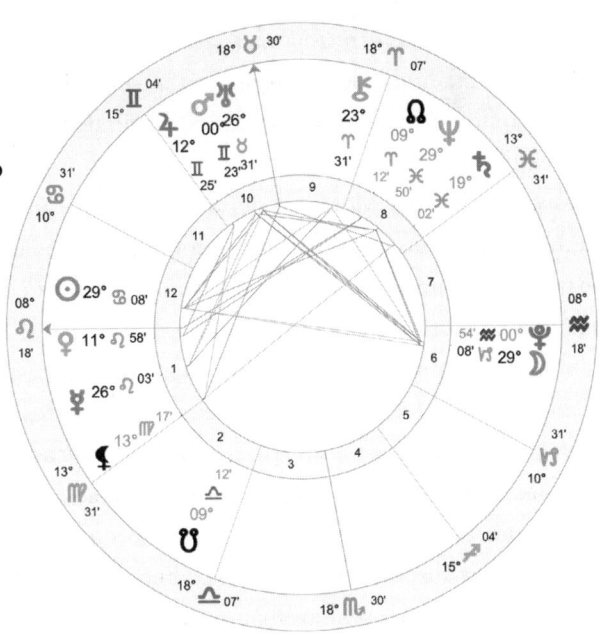

CÉU DO MÊS DE JULHO

O ano chega à metade prometendo intensificar a temporada de revisões. O mês de julho acrescenta mais um planeta lento em movimento retrógrado à lista iniciada por Plutão, em maio. Seguindo Saturno, que retrogradou em junho, Netuno inicia sua retrogradação no dia 02. Esse desenho aparente do céu sugere que, ao longo do segundo semestre de 2024, vale muito a pena acompanhar de perto não só os projetos iniciados, mas também aqueles que foram considerados finalizados ou bem encaminhados. Se Plutão retrógrado (02/05 a 12/10) avisa que assuntos encerrados podem ressurgir e a retrogradação de Saturno (29/06 a 15/11) desaconselha a tomada de riscos, então o movimento de Netuno (02/07 a 07/12) é um imenso sinal amarelo, alertando que delegar não é a escolha mais acertada para o período. Manter-se vigilante e presente é o melhor a fazer para assegurar que tudo transcorrerá com a menor turbulência possível.

A Lua mingua em Touro no primeiro dia do mês. Escolher as atividades que precisam ser finalizadas com dedicação contínua e determinada é uma boa dica para essa fase. O Céu do início de julho favorece mesmo uma abordagem mais sensorial, concreta e prática, assim como uma concentração nos aspectos emocionais, identificando aqueles que podem promover ou atrapalhar o que está em andamento. Uma atitude mais receptiva, perceptiva e cuidadosa é a mais indicada para esse começo de mês.

No dia 02, além retrogradar, Netuno recebe um excelente aspecto de Mercúrio, estimulando a imaginação, a sensibilidade e a empatia. Como a mente tende à dispersão, atividades inspiradoras, sensíveis e artísticas são mais indicadas que aquelas que precisam de muita concentração e disciplina. Nesse mesmo dia, Mercúrio deixa o Signo de Câncer pelo Signo de Leão, aumentando, consideravelmente, a vontade de usar as trocas intelectuais para expressar o brilho individual. Essa combinação faz com que o dia seja ótimo para deixar a criatividade fluir com liberdade.

Vênus e Saturno em harmonia trazem um efeito estabilizador para os afetos (02/07 e 03/07), facilitando a compreensão dos limites que cada pessoa traz para as relações. Apesar do clima mais sonhador indicado por outros movimentos celestes, esse encontro faz com que a realidade seja incorporada ao sonho, dando um pouco mais de objetividade ao que poderia, em outras circunstâncias, ficar suspenso no ar. E isso é bom, pois o dia 03 vem com um alerta vermelho para os mergulhos mais profundos. Seja lá o que procura, será mais facilmente encontrado. Isso é válido para a descoberta da origem de problemas recorrentes, mas também para a revelação de segredos fortemente guardados.

Um pouco antes de a Lua iniciar seu novo ciclo em Câncer (05/07), Marte forma um aspecto interessante a Saturno (de 04 a 06/07), facilitando todas as atividades de planejamento e organização das ações, focando a energia para que as iniciativas da nova lunação possam alcançar o sucesso almejado. O ciclo lunar de julho promete um terreno fértil para os esforços realizados no sentido de aprofundar e dar estrutura às emoções e relações mais íntimas. Haverá também a possibilidade de estender os horizontes, percebendo como as bases lançadas agora poderão trazer desdobramentos importantes no futuro. Para tanto, basta abrir espaço para a curiosidade, a generosidade e a compreensão de que, com liberdade, a vida pode ser muito mais estimulante. Essa percepção estará bem mais evidente no dia 08 de julho, quando Mercúrio, Vênus, Júpiter e Urano formam aspectos que sinalizam a abertura de oportunidades para aqueles que estão dispostos a sair da zona de conforto.

Manter-se no caminho definido, praticando a disciplina e cultivando a coerência entre o que se é e o que se faz, traz excelentes resultados nos dias 10 e 11 do mês. O dia 11, em especial, é favorável a atividades criativas que precisam de inspiração e da capacidade de perceber, intuitivamente, o que os outros estão sentindo. A habilidade de encantar por meio de charme e magnetismo pessoal está à disposição de todos a partir desse dia e enquanto Vênus transitar pelo Signo de Leão.

O clima fica mais pesado, no entanto, entre os dias 12 e 14, pois, ao caminhar pelo Signo de Leão, Vênus faz uma oposição a Plutão em Aquário. A temperatura sobe e as emoções ganham uma intensidade mais difícil de controlar e administrar. Os relacionamentos tendem a ser o palco de disputas por poder e demonstrações claras do desejo e das intenções.

Em meio ao tumulto sinalizado pelo cabo de guerra entre Vênus e Plutão, a Lua começa a crescer em Libra, pedindo conciliação, contemporização e muita negociação para que as iniciativas lançadas no início do ciclo possam chegar ao seu objetivo. A temperatura aumenta com o encontro entre Marte e Urano em Touro (14/07 a 16/07). Nesses dias, parece ser quase impossível conter a energia que quer seguir seu próprio caminho a qualquer custo, independentemente das consequências que os rompantes inesperados possam acarretar. Acidentes e rupturas indesejadas podem ocorrer sob essa configuração. O ideal é escolher dedicar-se a algum projeto que seja inovador e que possa ser desenvolvido de maneira autônoma, dando vazão ao desejo revolucionário de maneira mais construtiva.

A liberdade de expressar a individualidade continua sendo um tema relevante entre os dias 17 e 19 de julho, mas sem a urgência e a impaciência dos últimos dias. Novas percepções, e novas perspectivas e possibilidades, surgem em meio a atividades cotidianas e encontros com os amigos. Esses dias são excelentes para avançar e modificar aquilo que atrapalha as manifestações autênticas e originais da personalidade. Esse também é um período favorável à reflexão, à meditação acerca de como usar a energia pessoal para beneficiar um grupo maior de pessoas e não somente a si próprio, melhorando e alterando o alcance dos resultados que serão coletados quando a Lua chegar à fase Cheia, a partir do dia 21.

A Lua Cheia de julho acontece no Signo de Aquário, reforçando a presença de objetivos mais coletivos dessa fase. No dia 21 de julho, são muitos os pontos positivos e favoráveis desenhados no céu, e apenas um ponto que pede um pouco mais de cuidado. O idealismo está em alta entre os dias 21 e 22 de julho, quando o Sol faz um trígono bonito com o planeta Netuno. O impulso altruísta é recompensado pela sensação de bem-estar que as ações generosas trazem. As ações tomadas nos primeiros dias da Lua Cheia (21/07 a 23/07) podem ter efeitos em longo prazo, provocando ondas de mudanças significativas não só para o indivíduo, mas para todo o seu entorno também. Aliás, essa é a dica principal para esses dias: a motivação para a ação deve transcender o proveito próprio para que atinja seu potencial máximo de realização.

E quais são os pontos que precisam ser observados para que não comprometam as melhores manifestações dos aspectos desses dias? Primeiro, há um excesso de estímulo mental entre os dias 21 e 22, e isso pode acarretar o aumento dos níveis de ansiedade. É preciso manter-se flexível para acomodar todos os inúmeros contratempos pequenos que surgem e ameaçam o planejamento desses dias. Quanto maior for a rigidez na agenda, maiores são as chances de aborrecimento. Já quanto maior flexibilidade, ao contrário, permite que os imprevistos sejam incorporados ao plano original, enriquecendo-o. Cuidado com os deslocamentos, as frases ditas por impulso e a formação precoce de julgamentos e conceitos. O segundo ponto é que os dias 22 e 23 trazem a possibilidade de conflitos de opinião, disputas de poder e/ou confrontos envolvendo figuras de autoridade. Seja lá o que for que tenha sido deixado para depois ou que tenha recebido pouca atenção, apesar de precisar de reparos profundos, é trazido à luz do dia e não pode mais ser evitado. Uma abordagem honesta, sem disfarces e com lucidez, pode ser a maneira mais adequada de limpar o que esteve escondido sob o tapete por tanto tempo. Os sentimentos acumulados são bastante intensos, por isso é recomendável manter-se atento às variações de humor e de rumo das conversas. Pode ser bastante interessante considerar a utilização de uma rede de apoio para lidar com a situação e ajudar a manter os ânimos sob controle.

No dia 22, enquanto tudo isso estiver acontecendo, o Sol mantém sua marcha, se despedindo do Signo de Câncer e fazendo a entrada em sua morada: o Signo de Leão. Aqui, o Sol é rei e senhor do castelo, seu brilho está no máximo e sua luz ilumina tudo o que toca. E, logo após seu embate com Plutão, entre os dias 22 e 23, ele faz um acordo com Marte. Juntos, ao longo dos dias 24 e 29 de julho, eles disponibilizam um nível elevado de energia realizadora, aumentando a autoestima e a autoconfiança. Sob esse aspecto, aqueles que se dispuserem encontram uma maior habilidade para trabalhar nos projetos mais difíceis, para defender pontos de vista com os quais se identificam vitalmente e para liderar e vencer desafios.

No dia 25, Mercúrio já deixa para trás o Signo de Leão para seguir em direção ao Signo de Virgem, onde permanecerá até o dia 05 de agosto. Sendo esse um dos signos onde está em domicílio, Mercúrio se encontra à vontade para analisar, reorganizar, detalhar e esmiuçar os pensamentos, os significados e os planejamentos que foram executados até então. Esses são dias em que o senso crítico se encontra aguçado e a eficiência dos movimentos e das comunicações é valorizada. O desperdício, a impraticabilidade, a falta de capricho e de precisão que resultam em retrabalhos e mal-entendidos são percebidos como faltas graves e falhas intelectuais.

A Lua começou o mês minguando em Touro e se aproxima ao final de julho novamente na fase Minguante em Touro. Ela parece nos convidar a refletir sobre o que foi concretamente alcançado nesse mês. O que foi fertilizado e o que foi colhido? A Lua Minguante em Gêmeos no dia 31 de julho, em seu contato com Júpiter e Saturno, alimenta esperanças e horizontes, enquanto pede seriedade e compromissos às promessas feitas. Netuno e Plutão, em aspecto dinâmico (29/07 a 31/07), participam desse momento reflexivo e sugerem abandonar as bagagens, desistir do que não funcionou e daquilo que não tem mais lugar no presente. É preciso desapegar-se e compreender que algo deve terminar para que o novo possa nascer.

Posição diária da Lua em julho

DIA 01 DE JULHO – SEGUNDA-FEIRA
☽ Minguante (balsâmica) ☽ em Touro

• **Lua sextil Sol** — 00:05 às 03:47 (exato 01:56)

As parcerias sempre são importantes e, por isso, mesmo nas altas-horas ver um filme ou fazer aquele jantar gostoso com a pessoa amada é muito bom. Momentos muito gostosos para a troca de afetos.

• **Lua conjunção Marte** — 11:29 às 15:08 (exato 13:18)

Muita energia à disposição para ser utilizada onde é mais necessário. O importante é não exagerar. Dá bom resultado tomar iniciativa e dar início àquilo que está sendo procrastinado. Um almoço rápido pode ser necessário para implementar atividades.

• **Lua sextil Vênus** — 13:48 às 17:36 (exato 15:42)

Nem tudo é trabalho e às vezes dar atenção aos nossos cuidados pessoais também é importante. Tirar aquele momento para ir ao salão ou adquirir aquela peça básica que está faltando no armário traz enorme satisfação pessoal.

• **Lua sextil Saturno** — 16:43 às 20:11 (exato 18:27)

Momento propício para aproveitar e aumentar a produtividade ou organizar a lista de tarefas a serem realizadas para o dia seguinte, o importante é não deixar tudo para amanhã. Terminar o dia com a sensação de dever cumprido dá uma satisfação enorme.

DIA 02 DE JULHO – TERÇA-FEIRA
☽ Minguante (balsâmica) ☽ em Gêmeos às 12:49
LFC Início às 12:42 LFC Fim às 12:49

Enquanto a Lua estiver em Gêmeos, você valoriza a diversificação e a expansão dos seus interesses e, para isso, a comunicação desempenha um papel importante. Manter-se atualizado e conectado com o mundo ao seu redor é essencial e a internet é uma ferramenta valiosa para essa tarefa. Viajar para lugares próximos é uma ótima maneira de sair da rotina e recarregar as energias, pois permite que você retorne ao seu dia a dia com mais disposição e motivação. Além disso, aproveite a oportunidade para explorar atividades manuais e aprender a respeito de assuntos novos, afinal são coisas que demonstram a curiosidade e vontade de crescer pessoal e profissionalmente. A ideia de considerar um segundo trabalho pode oferecer a oportunidade de aumentar a renda e desenvolver novas habilidades. O marketing digital, por exemplo, está em alta e pode ser uma área interessante na qual investir tempo e esforço. Aproveite essa disposição para diversificar seus interesses e conhecimentos, pois isso pode enriquecer sua vida e abrir novas oportunidades.

• **Lua conjunção Urano** — 03:44 às 07:13 (exato 05:29)

Hoje é um daqueles dias em que os imprevistos podem vir de todos os lados. Se não houver um planejamento com antecedência, vai ficar bem difícil acompanhar a agenda. As pessoas parecem estar cheias de novas ideias e querendo mudar tudo.

• **Lua sextil Netuno** — 10:58 às 14:27 (exato 12:42)

Com inspiração e arte tudo melhora no dia, inclusive o almoço deve ser em algum local agradável e com comida leve, porém muito inspiradora. A conexão com as pessoas flui de maneira tão fácil que parece que já foi combinada antes.

• **Lua sextil Mercúrio** — 11:16 às 15:15 (exato 13:15)

A comunicação é rápida entre as pessoas e, portanto, é importante aproveitar para responder a e-mails, terminar de escrever ou editar trabalhos pendentes. Uma boa ideia é usar o almoço para uma reunião e assim adiantar assuntos importantes.

• **Lua trígono Plutão** — 13:25 às 16:54 (exato 15:10)

Restaurar tudo que pode ser recuperado para ficar bem-feito. É possível retomar assuntos difíceis que estavam esperando uma hora apropriada para serem abordados. Reaproximar as pessoas fica mais fácil.

DIA 03 DE JULHO – QUARTA-FEIRA
)) *Minguante (balsâmica)*)) *em Gêmeos*

• **Lua conjunção Júpiter** — 02:17 às 05:51 (exato 04:04)

A madrugada é proveitosa e produtiva. A animação motiva as atividades realizadas e assim muita coisa fica pronta e com uma visão amplificada. Só é preciso tomar cuidado com os excessos em tudo, incluindo na alimentação.

• **Lua quadratura Saturno** — 21:11 às 00:43 de 04/07 (exato 22:57)

Excesso de responsabilidade e cobrança pode gerar uma grande dor de cabeça, e a sugestão é não deixar nada para resolver nessa parte da noite. Também não é hora para planejamento nem para resolver coisas com pessoas importantes.

DIA 04 DE JULHO – QUINTA-FEIRA
)) *Minguante (balsâmica)*)) *em Câncer às 17:51*
LFC Início às 17:45 LFC Fim 17:51

Enquanto a Lua estiver em Câncer, nesse período você pode apreciar um estilo de vida mais simples, aconchegante e caseiro. Afinal de contas, aproveitar o tempo com pessoas próximas, compartilhando boa comida e momentos especiais é realmente valioso. Trabalhar em casa pode proporcionar uma maior flexibilidade e conforto, permitindo-lhe que se concentre no que é mais importante para você. A atividade de cuidar de crianças e bebês, assim como comercializar roupas e objetos relacionados, mostra seu interesse em ajudar e apoiar as famílias. Investir em um curso de culinária *gourmet* pode trazer benefícios tanto para melhorar a alimentação em casa como para expandir suas oportunidades profissionais. Além disso, a decoração no estilo vintage ou retrô acrescenta um toque de nostalgia e personalidade ao ambiente, refletindo seu gosto pelo aconchego e pela simplicidade. Aproveite esses interesses e paixões para criar um ambiente que você realmente aprecie e que reflita sua personalidade.

• **Lua quadratura Netuno**— 15:55 às 19:31 **(exato 17:45)**

Falta coragem e ânimo para enfrentar questões que exijam maior concentração. O melhor é não marcar nenhum compromisso importante, pois não estamos avaliando de maneira correta nem dando o nosso melhor.

DIA 05 DE JULHO – SEXTA-FEIRA
● *Nova às 19:57 em 14º23' de Câncer* ● *em Câncer*

• **Lua conjunção Sol** — 17:58 às 21:55 **(exato 19:47)**

Uma sensação boa é a de ter clareza em tudo, inclusive quanto às pessoas que estão à volta e formam uma grande parceria. Momentos agradáveis para se passar com aqueles que amamos e aqueles que estão no nosso dia a dia. Comemorar a vida e agradecer são tudo de bom.

DIA 06 DE JULHO – SÁBADO
● *Nova* ● *em Câncer*

• **Lua trígono Saturno** — 03:18 às 07:00 **(exato 05:09)**

Às vezes a gente acorda e já começa a produzir e organizar as atividades do dia, por isso sentir que o dia pode ser bom e precaver-se podem ser boas virtudes, pois deixar as coisas planejadas com antecedência evita a perda de tempo. Uma atitude mais profissional é o que se espera no início da manhã.

Lua sextil Marte — 03:58 às 07:53 (exato 05:56)

Sinais de proatividade podem acelerar os processos. Excelente momento para a prática de atividades físicas, principalmente as que são em áreas livres. Clima de produtividade e energia vibrante. Dar um passo inicial de atividades que esperavam um momento certo.

• **Lua conjunção Vênus — 11:23 às 15:30 (exato 13:26)**

Excelente momento para dar aquela melhorada na aparência. Procedimentos estéticos, compras de roupas e cosméticos estão favorecidos, assim como de utensílios domésticos. Encontros íntimos e familiares em alta!

• **Lua sextil Urano — 15:30 às 19:15 (exato 17:23)**

Inovação e criatividade são pontos fortes do momento. Excelente para estar com as pessoas do nosso círculo pessoal e aproveitar para introduzir novas pessoas. Encontros podem ser marcados em um lugar fora do comum e que estimulem a criatividade e as conexões.

• **Lua trígono Netuno — 22:54 às 02:40 de 07/07 (exato 00:47 de 07/07)**

Nada melhor do que fazer algo inspirador e glamoroso nessa noite. A fantasia e a imaginação podem levar os relacionamentos a um estágio de grande satisfação. Filmes e shows também são ótimas opções.

DIA 07 DE JULHO – DOMINGO
Nova ● em Leão às 00:55
LFC Início às 00:47 LFC Fim 00:55

Enquanto a Lua estiver em Leão é ótimo dedicar-se ao que se gosta e desfrutar-se de momentos de alegria. Nessa fase, percebe-se um aumento na popularidade de shows, cinemas e teatros, bem como na comercialização de produtos relacionados ao lazer, como equipamentos para filmagem e gravação. É natural buscar reconhecimento e fama, pois estamos cheios de autoconfiança. Encontrar diversão e desfrutar da companhia de bons amigos fazem um bem enorme para a alma. No entanto, é importante evitar exageros e estar atento ao nosso próprio comportamento. Cuidar da aparência e adotar um visual mais exuberante certamente trarão bons resultados. Trabalhos relacionados a cerimoniais, festas e *personal stylist* podem estar em alta nessa fase.

• **Lua oposição Plutão — 01:23 às 05:08 (exato 03:15)**

Hora imprópria para responder às redes sociais; as palavras podem ser interpretadas de forma inadequadas e fora de contexto. Também não dá para dizer tudo que se sente, há risco de criar um cancelamento com baixa tolerância a críticas.

- **Lua conjunção Mercúrio** — 15:12 às 19:33 (exato 17:23)

A atividade mental acelerada pode atrapalhar um serviço bem-feito; por isso, revisar antes de publicar é muito necessário. Momento excelente para fazer *brainstorm*, pois a aceleração dos pensamentos traz muitas informações úteis.

- **Lua sextil Júpiter** — 17:21 às 21:15 (exato 19:18)

Sabedoria e intuição estão alinhadas e favorecem os encontros e o encantamento nos diálogos, aproximando mais as pessoas. Aproveitar para estar perto de quem se gosta dá muito certo. A alegria é uma boa aliada para terminar o dia.

DIA 08 DE JULHO – SEGUNDA-FEIRA
⚫ *Nova* ⚫ *em Leão*

- **Lua quadratura Marte** — 16:13 às 20:22 (exato 18:17)

Os embates, em todos os sentidos, devem ser evitados. Provocar pode transformar a situação em algo insustentável e levar bastante tempo para curar. O amor-próprio é importante, e respeitar os espaços alheios também.

DIA 09 DE JULHO – TERÇA-FEIRA
⚫ *Nova* ⚫ *em Virgem às 10:47 LFC Início às 03:04 LFC Fim 10:47*

Enquanto a Lua estiver em Virgem, quanto mais priorizarmos a saúde e a abordagem natural, melhor será. Esse é um momento propício para organizar as gavetas e as pastas do computador, assim como trabalhar na organização e eficiência dos espaços físicos. A utilização de tratamentos mais naturais, que englobam terapias complementares, tem se mostrado altamente eficazes, enquanto a medicina tradicional acelera o processo. Fazer *check-ups* regulares e adotar atividades preventivas são fundamentais para manter a saúde e o bem-estar em dia. Vale ressaltar que trabalhar com alimentos orgânicos, livres de glúten e lactose, pode ser bastante lucrativo.

- **Lua quadratura Urano** — 01:05 às 05:01 (exato 03:04)

A ansiedade pode chegar na madrugada, fazendo o sono ir embora. Por conta da energia agitada no ar, não é indicado responder a comentários nas redes sociais nem ficar em salas de bate-papo que sejam importantes. Atividades que distraiam e que não são tão fundamentais podem lhe ajudar a passar por esses momentos até o dia clarear.

DIA 10 DE JULHO – QUARTA-FEIRA
Nova *em Virgem*

• **Lua quadratura Júpiter** — 05:04 às 09:09 (exato 07:07)

O mau humor pode prejudicar o início do dia e não é uma forma boa de se relacionar com as pessoas logo cedo. Se tem tarefas importantes para serem feitas, é melhor deixar para a segunda parte da manhã, que é quando as coisas vão fluir muito mais facilmente.

• **Lua sextil Sol** — 23:22 às 03:45 de 11/07 (exato 01:26 de 11/07)

Apesar de estar no ar essa sensação de certeza e clareza, é válido balancear com o próximo evento que vai ser simultâneo a este. É importante lembrar-se de que agir de forma inteligente e clara com as pessoas sempre dá bons resultados.

• **Lua oposição Saturno** — 23:25 às 03:27 de 11/07 (exato 01:33 de 11/07)

É interessante quando entramos em uma conversa e a outra pessoa sempre é do contra. Essa oposição constante é cansativa e nos deixa em uma posição defensiva o tempo todo, o silêncio pode ser um grande aliado.

DIA 11 DE JULHO – QUINTA-FEIRA
Nova *em Libra às 23:06 LFC Início às 22:56 LFC Fim 23:06*

Enquanto a Lua estiver em Libra, a elegância e uma aparência visual agradável desempenham papel crucial. Todo tipo de interação social, inclusive as on-line, torna-se fundamental, pois é por meio de contatos e *networking* que elevamos nossas realizações a outros níveis. A diplomacia e a cordialidade são requisitos indispensáveis em todas as nossas ações. Tratamentos estéticos podem trazer resultados positivos. Além disso, a organização de festas e recepções é indicada sob essa Lua.

• **Lua trígono Marte** — 07:41 às 12:00 (exato 09:51)

A manhã está cheia de otimismo e vigor à disposição para começar projetos e atividades físicas. Outro efeito é sentir coragem e fazer o que for necessário para virar o jogo e sair da estagnação.

• **Lua trígono Urano** — 13:18 às 17:22 (exato 15:20)

Encerrar assuntos sem sentido é muito importante, pois a liberação gera uma profunda ligação com o que é essencial. A criatividade e a conexão com as redes sociais na internet ajudam a resolver o que ainda está pendente.

• **Lua oposição Netuno** — 20:52 às 00:56 de 12/07 (exato 22:56)

Péssimo momento para interagir nas redes sociais, algo dito ou mesmo uma imagem podem passar a ideia errada. Conseguir falar sem magoar, ou passar dos limites da cordialidade, é algo que precisamos fazer, e de forma mais consciente.

• **Lua sextil Vênus — 21:58 às 02:30 de 12/07 (exato 00:14 de 12/07)**
Esse pode se tornar um momento muito especial no qual o encontro e a comunicação são perfeitos. Relacionamentos podem ficar mais próximos e a interação, mais profunda. Sair com a pessoa amada é uma excelente ideia.

• **Lua trígono Plutão — 23:22 às 03:25 de 12/07 (exato 01:24 de 12/07)**
Agora as relações podem ficar mais íntimas e mais sensuais. A profundidade no olhar é impactante e fica difícil manter uma distância. Ótimo momento para encontros mais quentes.

DIA 12 DE JULHO – SEXTA-FEIRA
● *Nova* ● *em Libra*

• **Lua trígono Júpiter — 18:53 às 23:02 (exato 20:57)**
A hora não poderia ser melhor para um encontro, uma festa ou algo legal para se fazer com aqueles de quem a gente gosta. Encontrar lugares alegres, cheios de gente divertida, é a garantia de entretenimento.

DIA 13 DE JULHO – SÁBADO
☾ *Crescente às 19:47 em 22°00' de Libra* ☾ *em Libra*
LFC Início às 19:47

• **Lua sextil Mercúrio — 07:01 às 11:35 (exato 09:18)**
O entrosamento entre as pessoas e a facilidade de comunicação tornam qualquer situação de trabalho ou encontro muito agradável. Colocar as redes sociais em dia com fotos e textos legais vai aproximar as pessoas e gerar muitos *likes*.

• **Lua quadratura Sol — 17:36 às 22:00 (exato 19:47)**
O jantar de sábado tem que ser pensado com antecedência, as coisas não estão muito claras e as pessoas não são 100% sinceras, pois estão sob pressão e, portanto, não se sentem tão à vontade. A formalidade pode ser um jeito de terminar o dia bem.

DIA 14 DE JULHO – DOMINGO
☾ *Crescente* ☾ *em Escorpião às 11:52 LFC Fim às 11:52*

Enquanto a Lua estiver em Escorpião, a profundidade é uma característica marcante dessa fase e não admite meios-termos. É um momento excelente para se dedicar a terapias e estudos metafísicos. É importante desapegar de coisas ou situações que já não são mais necessárias ou produtivas. Refazer, regenerar ou reciclar é a atitude certa a ser adotada nesse momento.

• **Lua quadratura Plutão — 12:01 às 16:00 (exato 14:00)**

O almoço de domingo tem que ser muito bem-organizado, incluindo a comida a ser servida e as pessoas que vão participar do evento, pois o improviso pode não dar certo. Cuidado especial no uso das palavras para que não tenham dupla interpretação nem ofendam ninguém. Disputas de poder devem ser evitadas.

• **Lua quadratura Vênus — 17:41 às 22:07 (exato 19:54)**

O fim do dia não fica melhor, então a sugestão é não mudar o estilo de vida nem a aparência. O jeito mais leve de terminar o domingo é fazendo coisas que já conhece com pessoas que sejam de confiança; pode ser bom.

DIA 15 DE JULHO – SEGUNDA-FEIRA
☾ *Crescente* ☾ *em Escorpião*

• **Lua trígono Saturno — 23:48 às 03:40 de 16/07 (exato 01:44 de 16/07)**

O arrojo e a sofisticação podem estar em tudo, desde no encontro com as pessoas até na continuidade daquele trabalho que ficou pendente para o resto da semana. Se for sair, que seja com elegância em um lugar com bom atendimento e ambiente requintado.

DIA 16 DE JULHO – TERÇA-FEIRA
☾ *Crescente* ☾ *em Sagitário às 22:24*
LFC Início às 22:11 LFC Fim 22:24

Enquanto a Lua estiver em Sagitário estabelecer metas e objetivos é uma grande força impulsionadora nessa fase, levando-nos cada vez mais longe. Valoriza-se muito viagens, turismo e aprendizado de línguas estrangeiras. Investir em especialização, MBA, pós-graduação e tudo o que aprimora e eleva nosso nível de conhecimento traz, também, melhorias financeiras. Morar em outro país proporciona uma imersão enriquecedora na cultura e nos costumes locais. Fazer negócios com estrangeiros pode ser bastante lucrativo. Todas essas coisas estão relacionadas ao fato de que uma das qualidades de Sagitário é ter um foco.

• **Lua quadratura Mercúrio — 01:50 às 06:07 (exato 03:58)**

Melhor deixar os *posts* para mais tarde e as respostas no rascunho para uma revisão posterior. Observar as palavras antes de serem ditas é um sinal de sabedoria, às vezes o que foi dito não é capaz de ser desdito.

• **Lua trígono Sol — 09:59 às 14:08 (exato 12:04)**

A manhã está perfeita para qualquer atividade que precise de entrosamento, diálogo ou, simplesmente, escrever e o forte é ter uma comunicação clara. Ótimo momento para reuniões e entrosamento de equipes. No campo pessoal, as conversas fluem muito bem.

• **Lua oposição Urano — 13:35 às 17:25 (exato 15:30)**

Momentos nos quais é preciso ter atenção e não fazer movimentos muito bruscos ou mudar o planejamento todo. É importante deixar espaços entre as atividades da tarde, pois o planejado não vai sair como o esperado. A ansiedade tende a estar no ar, então é importante manter a calma.

• **Lua oposição Marte — 15:04 às 19:06 (exato 17:05)**

Mais do que nunca é importante lembrar-se de que não vale a pena cair em provocações, pois todo mundo vai sair perdendo. As coisas ficam emperradas, então mais uma vez o importante é manter a calma e, se for preciso, reagendar para um momento em que tudo fique mais favorável.

• **Lua trígono Netuno — 20:16 às 00:03 de 17/07 (exato 22:11)**

Agora é hora sair para um jantar ou preparar um em casa; esse evento com certeza vai ser uma inspiração, afinal o glamour está no ar, dando um ótimo fechamento de noite. Hora oportuna para usar a melhor louça e os melhores copos; e, se for sair, vá a um lugar muito charmoso.

• **Lua trígono Plutão — 22:26 às 02:12 de 17/07 (exato 00:19 de 17/07)**

Essa noite vai encerrar com "chave de ouro". Arriscar às vezes pode ser bem estimulante, desde que tenha um objetivo em mente. Há um despertar de fortes emoções que apimenta as relações. Ótimo momento para abandonar hábitos pouco saudáveis.

DIA 17 DE JULHO — QUARTA-FEIRA
(*Crescente* (*em Sagitário*

• **Lua trígono Vênus — 10:04 às 14:10 (exato 12:07)**

A manhã não poderia ser melhor para dar um cuidado extra na aparência pessoal e na da casa. Tudo pode ser realizado com beleza e parcerias assertivas. Cuidar das redes sociais é muito produtivo para quem usa a criatividade e para quem trabalha com estética.

• **Lua oposição Júpiter — 18:27 às 22:12 (exato 20:20)**

Pegar leve é muito importante agora, a tendência das pessoas ao exagero é grande. Às vezes chegamos ao fim da tarde com uma ansiedade elevada, e isso pode levar a um consumo de comida ou bebida fora dos padrões normais. O exagero pode atrapalhar o curso de qualquer atividade.

DIA 18 DE JULHO – QUINTA-FEIRA
☽ *Crescente* ☽ *em Sagitário*

• Lua quadratura Saturno — 08:00 às 11:37 (exato 09:49)
Encontro importante? Melhor remarcar. Apesar de ter iniciativas, muitas vezes existem forças que são contrárias ou simplesmente dificultam o que precisa ser feito. O mau humor também não ajuda a fazer um levantamento do que está faltando completar.

• Lua trígono Mercúrio — 15:26 às 19:20 (exato 17:23)
Os deslocamentos ficam favoráveis e é possível resolver assuntos em *call centers*. Ótimo momento para terminar conversas que ficaram pela metade, realizar atividades pendentes, e finalizar listas de tarefas que incluam pessoas. A comunicação é alegre e versátil.

DIA 19 DE JULHO – SEXTA-FEIRA
☽ *Crescente* ☽ *em Capricórnio às 05:13*
LFC Início às 04:59 LFC Fim às 05:13

Enquanto a Lua estiver em Capricórnio, existe uma confiança maior diante das situações e uma habilidade ampliada para resolver problemas. O senso de responsabilidade desempenha um papel fundamental, e os resultados estão diretamente relacionados aos esforços empreendidos. Nesse momento, prevalece uma abordagem conservadora, prática e disciplinada. Valoriza-se o refinamento e a busca por serviços de qualidade. Sentir-se competente em qualquer situação transmite uma grande sensação de segurança. É importante utilizar o seu tempo em atividades que realmente valham a pena. Esse é um período favorece o desenvolvimento de assuntos mais pragmáticos e conservadores.

• Lua quadratura Netuno — 03:12 às 06:43 (exato 04:59)
Inspiração zero; ficar muito tempo no mundo dos sonhos pode ser uma energia jogada fora em algo que não tem muitas chances de prosperar. Um bom banho pode ajudar a dar uma pausa e a não desperdiçar mais tempo naquilo que não vale a pena. Na dúvida, é bom procurar um especialista para lhe ajudar.

DIA 20 DE JULHO – SÁBADO
☾ *Crescente* ☾ *em Capricórnio*

• **Lua sextil Saturno — 12:33 às 15:57 (exato 14:15)**
Produtividade em alta e sucesso nos empreendimentos. Tempo ótimo para planejar e executar. Equipe alinhada com as estratégias e com uma nota de elegância faz a diferença nas finalizações. Reuniões feitas em almoços aumentam a produtividade e a otimização na utilização do tempo.

DIA 21 DE JULHO – DOMINGO
○ *Cheia às 07:17 em 29º08'de Capricórnio ○ em Aquário às 08:42*
LFC Início às 08:27 LFC Fim às 08:42

Enquanto a Lua estiver em Aquário, as pessoas demonstram uma disposição muito maior para serem solidárias e fraternas. O novo e o não convencional estão disponíveis para benefício coletivo. A tecnologia e os avanços da internet estimulam e trazem novas formas de negociação e de comunicação. Sentir-se livre da rotina e buscar quebrar padrões podem ser características marcantes dessa fase. É o momento de inovar e expressar sua originalidade. Profissões autônomas, sem horários fixos e sem chefes, como o home office, são altamente valorizadas. Além disso, é uma época propícia para o uso de tecnologias de ponta. Sentir-se engajado socialmente proporciona grande prazer. No entanto, é importante atentar-se à ansiedade e a atitudes rebeldes que podem trazer prejuízos pessoais, sejam eles físicos ou materiais.

• **Lua trígono Urano — 01:11 às 04:33 (exato 02:52)**
Um efeito desse momento é poder ser uma pessoa criativa e arrojada que consegue surpreender as pessoas mais próximas. As inovações tecnológicas, bem como a utilização de técnicas modernas, funcionam bem. Liberdade é fundamental.

• **Lua oposição Sol — 05:28 às 09:04 (exato 07:17)**
Muitas exigências podem afastar pessoas e trazer dificuldade de resolução dos conflitos que porventura estejam acontecendo. Dizer para os outros o que devem ou não fazer, muitas vezes, causa mal-entendidos. Para o café da manhã é melhor comer comidas mais leves e de fácil digestão.

• **Lua sextil Netuno — 06:45 às 10:06 (exato 08:27)**
A gentileza é sentida por toda a parte. Realizar um evento para englobar o maior número e a maior diversidade de pessoas é muito assertivo. Inspiração

e criatividade estão à disposição para todas as situações tanto no trabalho quanto nas amizades.

• **Lua trígono Marte — 07:42 às 11:14 (exato 09:28)**

As atividades começam a ficar mais aquecidas e a energia pode ser usada no trabalho e em exercícios que, de modo natural, são realizados ao ar livre. A proatividade em todos os casos é a chave para acelerar as coisas.

• **Lua conjunção Plutão — 08:33 às 11:54 (exato 10:14)**

A determinação pode ser uma grande aliada, mas é preciso ter cautela com a intensidade emocional, pois ela pode comprometer as coisas. Uma dica importante é ter cuidado para não impor demais suas vontades ou permitir que questões inconscientes venham à tona durante esse período. A sexualidade e a necessidade de intimidade estão em evidência, intensificadas nesse momento.

DIA 22 DE JULHO – SEGUNDA-FEIRA
○ *Cheia* ○ *em Aquário*

Entrada do Sol no Signo de Leão às 04h44min24seg.

• **Lua trígono Júpiter — 04:01 às 07:32 (exato 05:42)**

Às vezes acordar de bem com a vida e cheio de energia é muito bom para ampliar os horizontes e conectar-se com estudos de línguas estrangeiras e filosofia. Ainda bem que as padarias abrem cedo, pois poderá dar aquela vontade de comer algo muito bom e saboroso.

• **Lua oposição Vênus — 04:50 às 08:27 (exato 06:38)**

Ficar na zona de conforto somente atrasa e impede o andamento dos relacionamentos. Saber o que as pessoas estão querendo poderá evitar a insatisfação. Pedir ajuda a uma pessoa de confiança pode evitar situações difíceis.

DIA 23 DE JULHO – TERÇA-FEIRA
○ *Cheia* ○ *em Peixes às 10:22*
LFC Início às 06:59 LFC Fim às 10:22

Enquanto a Lua estiver em Peixes é hora de pensar no bem-estar de todos, sem distinções. Desenvolvemos uma maior empatia em relação às pessoas e às situações ao nosso redor. Sentimos que, de alguma forma, tudo está interconectado. É um momento propício para iniciar processos de meditação e aprofundar o autoconhecimento. Terapias e terapeutas são altamente recomendados, pois os processos inconscientes são mais facilmente explorados. Os programas artísticos são muito especiais quando incluídos na rotina.

• Lua quadratura Urano — 03:07 às 06:25 (exato 04:46)

A ansiedade pode tomar conta do início da manhã e muitas atividades podem ocorrer ao mesmo tempo ou simplesmente serem canceladas. Prestar atenção na respiração pode lhe ser útil de duas maneiras: uma é para ver se está respirando normalmente, e a outra para usar a respiração de modo a gerar tranquilidade.

• Lua oposição Mercúrio — 05:12 às 08:42 (exato 06:59)

A comunicação não está alinhada com as emoções; palavras podem ter muitas interpretações e é muito importante pensar bem antes de falar. Cuidado especial com o trânsito e as locomoções. Antes de enviar qualquer texto ou vídeo, é bom pedir para alguém revisar.

• Lua quadratura Marte — 11:51 às 15:18 (exato 13:35)

O tempo está quente para as emoções, e no geral as pessoas parecem mais agitadas, hora para tirar uma pausa no que está fazendo e comer alguma coisa mais leve. Uma atividade física com um ritmo mais lento pode aliviar as tensões e ajudar a relaxar. Melhor deixar assuntos importantes para mais tarde.

DIA 24 DE JULHO – QUARTA-FEIRA
○ *Cheia (disseminadora)* ○ *em Peixes*

• Lua quadratura Júpiter — 06:06 às 09:26 (exato 07:46)

As pessoas em volta parecem insatisfeitas e frustradas. O ato de não deixar o mau humor tomar conta de tudo já garante metade do trabalho. Negocie prazos e acalme as pessoas com um adiamento estratégico. As compulsões podem atrapalhar a dieta.

• Lua conjunção Saturno — 15:52 às 19:09 (exato 17:31)

A busca pela segurança é grande, a cobrança interna e externa também. A solução é só fazer o que está preparado. Não dá para se aventurar, o importante é seguir a agenda. Cuidar dos dentes e da coluna é importante.

DIA 25 DE JULHO – QUINTA-FEIRA
○ *Cheia (disseminadora)* ○ *em Áries às 11:52*
LFC Início às 11:32 LFC Fim 11:52

Enquanto a Lua estiver em Áries, é um momento muito especial para dar início a atividades que aguardavam o momento certo para serem começadas, e é quando a coragem surge naturalmente. No entanto, é importante ter cautela para não atropelar pessoas nem situações devido ao excesso de energia. É um momento propício para atividades mais independentes e ao ar livre. A prática de exercícios como corrida, natação e crossfit é excelente para revigorar o corpo e a mente.

• **Lua sextil Urano** — 04:39 às 07:58 (exato 06:19)

Manhã animada e cheia de agito. É bom para conhecer pessoas e lugares. Coisas inesperadas trazem novas ideias e possibilidades. A criatividade está a "todo vapor". Incorporar a diversidade é o que mais vale a pena e ainda faz com que tudo melhore.

• **Lua conjunção Netuno** — 09:51 às 13:10 (exato 11:32)

A confusão pode ser iminente, então adiar aquele compromisso importante é uma opção sensata. O senso artístico e musical é sentido fortemente agora e atividades criativas são recomendadas para abrir espaço para as emoções. No trabalho e nos relacionamentos, se as situações parecerem confusas, uma boa ideia é dar um tempinho.

• **Lua sextil Plutão** — 11:33 às 14:52 (exato 13:13)

Arriscar às vezes pode ser bem estimulante desde que tenha um objetivo em mente. Há um despertar de fortes emoções que apimenta as relações. Ótimo momento para abandonar hábitos pouco saudáveis.

• **Lua trígono Sol** — 15:41 às 19:15 (exato 17:28)

É muito auspicioso colocar os dons e talentos em movimento. Posicionar-se nas redes sociais é uma ótima opção durante a tarde e pode render uma boa conversa, fazendo um *networking* que será útil nos próximos dias.

• **Lua sextil Marte** — 15:50 às 19:15 (exato 17:28)

A atitude diante dos fatos é quase automática, levando a ações coerentes com o momento. Iniciar processos dá muito certo. As práticas físicas que caem bem agora são as mais intensas, não esquecendo as práticas como ioga e alongamentos para equilibrar.

DIA 26 DE JULHO – SEXTA-FEIRA
○ *Cheia (disseminadora)* ○ *em Áries LFC Início às 19:15*

• **Lua sextil Júpiter** — 08:33 às 11:57 (exato 10:15)

Boa sorte e disposição. O clima é o de "eu vou fazer". Aproveite essa fluidez para realizar e colocar em dia tarefas que estavam esperando aquela energia extra.

• **Lua trígono Vênus** — 17:23 às 21:05 (exato 19:15)

Energia prazerosa. Muito propícia para encontros amorosos. Embeleze-se! Surpresas agradáveis podem acontecer. Se está de olho em alguém, tome coragem e chame a pessoa para sair.

DIA 27 DE JULHO – SÁBADO

☽ *Minguante às 23:52 em 05°32' de Touro* ☽ *em Touro às 14:22*
LFC Fim 14:22

Enquanto a Lua estiver em Touro, dar continuidade e preservar o que já está em andamento são altamente benéficos. A busca por segurança em todas as áreas da vida é prioritária, assim como o bem-estar da família. É um momento favorável para cuidar das finanças e realizar aplicações financeiras seguras.

• **Lua quadratura Plutão — 13:58 às 17:22 (exato 15:40)**

A pressão está forte durante a tarde e há muita sobrecarga no trabalho. O nível de exigência pode ser impossível de ser atingido. Então é importante avaliar se vale a pena continuar e encarar ou então se é melhor deixar ir. Vale a pena o sacrifício? Não retribuir provocações é muito importante.

• **Lua trígono Mercúrio — 14:47 às 18:22 (exato 16:35)**

Comunicação direta e sincera é muito importante para manter a clareza das intenções nas relações. É muito importante dizer o que sente. Acordos firmados agora terão continuidade. Fazer *networking* é a onda do momento, vale a pena aumentar os contatos.

• **Lua quadratura Sol — 22:00 às 01:42 de 28/07 (exato 23:52)**

Contratempos e contrariedades deixam a noite de sábado sem muitas perspectivas de avanço para qualquer atividade. O melhor a ser feito é deixar as coisas importantes para amanhã. Não existe clareza para minimizar os conflitos, então é melhor não mexer no que já deu certo.

DIA 28 DE JULHO – DOMINGO

☽ *Minguante* ☽ *em Touro*

• **Lua sextil Saturno — 20:57 às 00:26 de 29/07 (exato 22:42)**

O final da noite pode ser propício tornar os projetos mais simples e executáveis no planejamento da semana. Parece que tudo fica fácil e simples quando se tem o controle do que vai ser realizado. Ótimo para encerrar com confiança trabalhos pendentes.

DIA 29 DE JULHO – SEGUNDA-FEIRA

☽ *Minguante* ☽ *em Gêmeos às 18:27 LFC Início às 18:00 LFC Fim 18:27*

Enquanto a Lua estiver em Gêmeos é o momento ideal para se conectar com pessoas, ter conversas sobre assuntos interessantes, ler, estudar e se envolver em atividades alegres. É hora de diversificar e levar as coisas com leveza, mas também é o momento de explorar diferentes áreas. Aproveite para fazer passeios em lugares próximos e conhecer pessoas. Trabalhos relacionados à comunicação e distribuição de informações são bastante relevantes nesse momento. Há uma grande capacidade de realizar várias atividades simultaneamente.

• **Lua quadratura Vênus — 01:49 às 05:39 (exato 03:44)**

Quando chega esse momento, as coisas não ficam nem fáceis nem bonitas. O mau humor prevalece e a dica é não mexer na aparência nem começar uma reforma ou projeto de decoração, pois pode ser que não fique bom. O momento não é favorável para gastos.

• **Lua conjunção Urano — 11:01 às 14:32 (exato 12:47)**

Tomadas de decisão apressadas não dão certo. O pensamento ansioso tende a arriscar e não será bom. Fazer uma atividade física leve ajuda a passar o tempo e a encontrar um caminho mais construtivo. Comer mais devagar é importante.

• **Lua sextil Netuno — 16:13 às 19:45 (exato 18:00)**

Inspiração e romantismo estão presentes e é possível ter uma interação com as pessoas de forma mais empática, principalmente com aquelas que amamos. Bom momento para escrever, porém uma imagem pode transmitir mais informações do que um texto. Ótimo momento para profissionais de constelação e psicólogos.

• **Lua trígono Plutão — 17:57 às 21:28 (exato 19:42)**

Bom momento para resolver situações difíceis e não deixar passar mais tempo. É a hora de sentir a força e o poder pessoal atuarem resolvendo situações estagnadas. Uma atitude diferente e mais assertiva frente aos problemas dará resultados novos.

• **Lua quadratura Mercúrio — 21:09 às 00:50 de 30/07 (exato 22:59)**

Mente e coração não se entendem. A noite pede aprofundamento de ideias e as emoções precisam de espaço e mais liberdade. É o momento para encarar os desafios e prestar atenção nas palavras. Mensagens ou documentos precisam passar por revisão.

DIA 30 DE JULHO – TERÇA-FEIRA
☽ *Minguante (balsâmica)* ☽ *em Gêmeos*

• **Lua conjunção Marte — 04:08 às 07:53 (exato 06:00)**

Soluções extremas, muitas vezes, geram complicações. Procurar agir de modo mais racional em questões nas quais a vontade é virar e deixar tudo trás pode ajudar muito. Dar preferência a alimentos mais leves ajuda a ter uma boa digestão nesse desjejum.

• **Lua sextil Sol — 06:20 às 10:10 (exato 08:15)**

Emoção e razão caminham juntas para achar a melhor e mais prática maneira de fazer as atividades. Ótimos resultados no caso de cuidados pessoais. Ampliar os horizontes é necessário para seguir avançando em todas as áreas da vida.

• **Lua conjunção Júpiter — 17:55 às 21:33 (exato 19:44)**

Às vezes chegamos ao início da noite com uma ansiedade elevada, e isso pode levar a um consumo de comida ou bebida fora dos padrões normais. O exagero pode atrapalhar o curso de qualquer atividade.

DIA 31 DE JULHO – QUARTA-FEIRA
)) *Minguante (balsâmica)*)) *em Gêmeos LFC Início às 23:47*

• **Lua quadratura Saturno — 01:53 às 05:29 (exato 03:41)**

Apesar de ter planejamento, muitas vezes existem forças que são contrárias ou simplesmente dificultam o que tem de ser feito. O mau humor também não ajuda em nada, a estagnação atrapalha. O melhor mesmo é descansar.

• **Lua sextil Vênus — 12:32 às 16:32 (exato 14:32)**

Atrair coisas boas e prazerosas fica fácil com essa configuração. Quanto aos cuidados com o corpo, a saúde e a beleza, o que cai bem é o mais compartilhado. Quando se fala de prosperidade agora, fala-se do momento para começar algo que agregue valor com a estética e a comunicação.

• **Lua quadratura Netuno — 21:56 às 01:35 de 01/08 (exato 23:47)**

Ficar no mundo dos sonhos pode ser energia jogada fora em algo que não tem chance de prosperar. Um bom banho pode ajudar a dar uma pausa e a não desperdiçar tempo naquilo que não vale a pena. Na dúvida, é bom procurar um especialista antes de postar algo que seja novo ou cuja área que você possui pouco conhecimento.

Agosto 2024

Domingo	Segunda-feira	Terça-feira	Quarta-feira	Quinta-feira	Sexta-feira	Sábado
				1 ♋	2	3 ♌
				Lua Minguante em Câncer às 00:18 LFC Fim às 00:18	Lua Minguante em Câncer	Lua Minguante em Leão às 08:09 LFC 07:32 às 08:09
4 12°34'♌	5 ♍	6	7	8 ♎	9	10 ♏
Lua Nova às 08:13 em Leão	Lua Nova em Virgem às 18:16 LFC 12:17 às 18:16 Início Mercúrio Retrógrado	Lua Nova em Virgem Mercúrio Retrógrado	Lua Nova em Virgem Mercúrio Retrógrado	Lua Nova em Libra às 06:31 LFC 05:41 às 06:31 Mercúrio Retrógrado	Lua Nova em Libra LFC Início às 18:45 Mercúrio Retrógrado	Lua Nova em Escorpião às 19:33 LFC Fim às 19:33 Mercúrio Retrógrado
11	12 20°24'♏	13 ♐	14	15 ♑	16	17 ♒
Lua Nova em Escorpião às 11:52 LFC Fim às 11:52 Mercúrio Retrógrado	Lua Crescente em Escorpião às 12:19 Mercúrio Retrógrado	Lua Crescente em Sagitário às 07:00 LFC 06:02 às 07:00 Mercúrio Retrógrado	Lua Crescente em Sagitário Mercúrio Retrógrado	Lua Crescente em Capricórnio às 14:50 LFC 13:56 às 14:50 Mercúrio Retrógrado	Lua Crescente em Capricórnio Mercúrio Retrógrado	Lua Crescente em Aquário às 18:44 LFC 17:44 às 18:44 Mercúrio Retrógrado
18	19 27°15'♒♓	20	21 ♈	22	23 ♉	24
Lua Crescente em Aquário Mercúrio Retrógrado	Lua Cheia às 15:25 em Aquário Lua Cheia em Peixes às 19:51 LFC 15:25 às 19:51 Mercúrio Retrógrado	Lua Cheia em Peixes Mercúrio Retrógrado	Lua Cheia em Áries às 20:01 LFC 18:55 às 20:01 Mercúrio Retrógrado	Lua Cheia em Áries Entrada do Sol no Signo de Virgem às 11h55min01seg Mercúrio Retrógrado	Lua Cheia em Touro às 21:00 LFC 09:45 às 21:00 Mercúrio Retrógrado	Lua Cheia em Touro Mercúrio Retrógrado
25	26 ſ03°38'♊	27	28 ♋	29	30 ♌	31
Lua Cheia em Touro LFC Início às 22:41 Mercúrio Retrógrado	Lua Minguante em Gêmeos às 06:26 Lua Cheia em Gêmeos às 00:03 LFC Fim às 00:03 Mercúrio Retrógrado	Lua Minguante em Gêmeos Mercúrio Retrógrado	Lua Minguante em Câncer às 05:47 LFC 04:14 às 05:47 Fim Mercúrio Retrógrado	Lua Minguante em Câncer	Lua Minguante em Leão às 14:09 LFC 12:25 às 14:09	Lua Minguante em Leão

Mandala Lua Nova de Agosto

Lua Nova
Dia: 04/08
Hora: 08:13
12º34' de Câncer

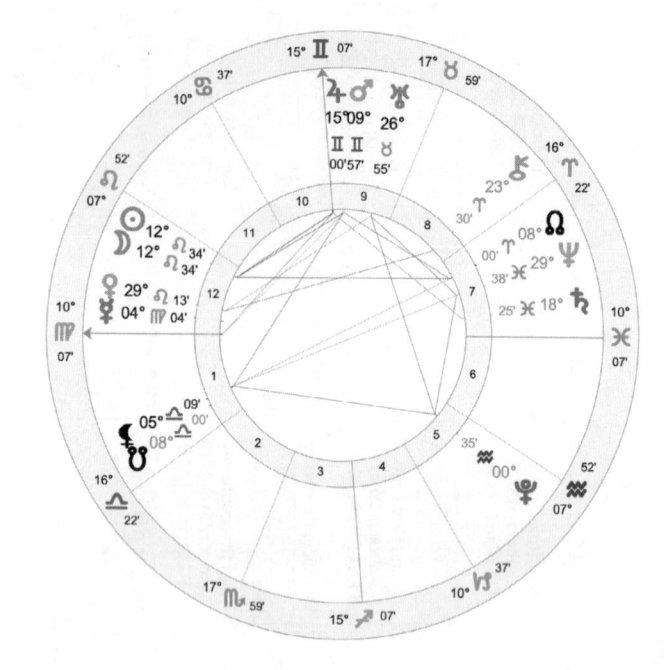

Mandala Lua Cheia de Agosto

Lua Cheia
Dia: 19/08
Hora: 15:25
27º15' de Aquário

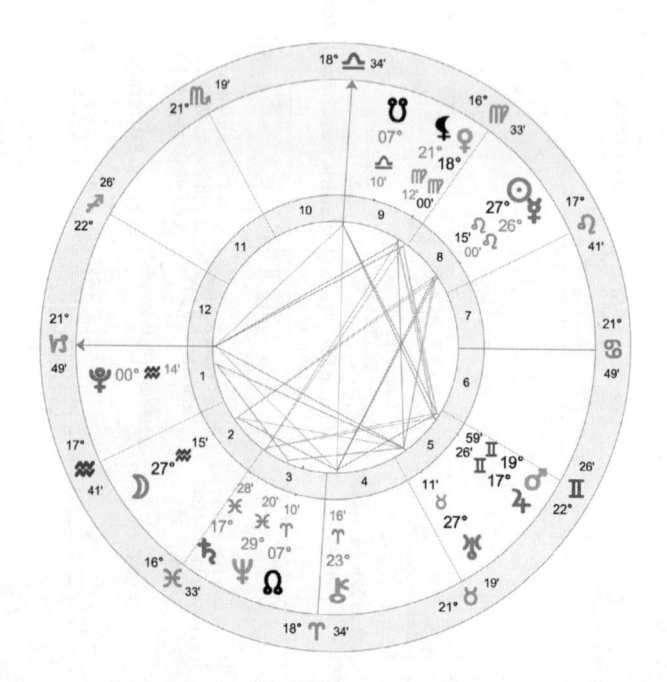

CÉU DO MÊS DE AGOSTO

Agosto começa de mansinho e o dia nasce com a Lua Minguante no Signo de Câncer. O clima proposto é o de interiorização, de revisão das emoções, preservando somente aquelas que realmente são responsáveis pela nutrição das raízes da vida. Passo a passo, a Lua escurece e se prepara para iniciar a lunação no dia 04/08. O aspecto entre Netuno e Plutão, formado ao final de julho, permanece ativo ao longo de todo o mês. Essa configuração favorece a dissolução de mágoas, a liberação de amarras e rastros que impedem o caminhar.

Esse passo mais lento é reforçado pela chegada de mais um planeta à ciranda de retrogradações iniciada em maio. Mercúrio também retraça seu caminho entre os dias 05 e 28, unindo-se a Plutão, Saturno e Netuno. Apesar de ser um período mais curto do que o dos outros planetas mais lentos, essa retrogradação potencializa as dinâmicas assinaladas pelas outras movimentações. Ou seja, essa é uma temporada para repensar, refazer, revisitar e rever. Retornar às ideias, ao ponto de partida, às convicções e às certezas, levantando os véus e cutucando pontos sensíveis. Dessa maneira, quando for o momento de avançar novamente, tudo estará em seu lugar e não haverá pendências nas quais tropeçar.

No dia 02, Vênus se indispõe com Urano, tornando os relacionamentos um pouco mais difíceis e ásperos. Os desejos de reconhecimento e de estímulo podem não ser satisfeitos e os desencontros podem ocorrer. Esse é um trânsito rápido e, talvez, seja melhor evitar demandar muito do outro no dia de hoje.

O dia 04 marca o início de um novo ciclo lunar com a Lua Nova no exuberante Signo de Leão. As perguntas aqui são: o que faz de uma pessoa alguém único? O que alimenta a alma e a faz brilhar? Elas são o ponto de partida para a nova jornada lunar de 28 dias. O início da Lua Nova traz uma promessa: o esforço para expandir os horizontes, sejam eles pessoais, intelectuais ou físicos, é recompensado com oportunidades de crescimento e expansão. Outros pontos avisam, no entanto, que os ganhos podem ser discretos, até mesmo tímidos. É necessário flexibilidade, habilidade para fazer ajustes e manter o entusiasmo e o individualismo em banho-maria. Nessa temperatura mais branda, haverá uma facilidade maior de obter os benefícios quando a Lua Cheia chegar.

Logo após a Lua Nova, Vênus também muda de ritmo e de estilo, fazendo uma curta temporada pelo Signo de Virgem (05/08 a 29/08). Nesse período, as escolhas, os afetos e o que dá gosto e sabor à vida passam por uma avaliação criteriosa. Problemas perpétuos e imperfeições irritantes são escrutinados em busca de soluções e aperfeiçoamentos. É uma fase de lapidação e refinamento. Apesar de haver boa vontade, é bom evitar críticas excessivas para que, assim, os relacionamentos não sofram desgastes desnecessários.

Entre os dias 06 e 08 de agosto, Sol e Júpiter se harmonizam, elevando o otimismo e a capacidade de enxergar além dos problemas e obstáculos cotidianos. Isso faz com que esses dias sejam bons para encontros com amigos e para rever planos e projetos para o futuro. Buscar o aconselhamento de pessoas sábias e o conhecimento comprovado dos assuntos em pauta também é uma ótima ideia para aproveitar a energia presente nesses dias. Nos dias 07 e 08, outro par de planetas, Mercúrio e Vênus, se encontra, facilitando a busca de soluções mais objetivas e eficientes para problemas que possam estar atrapalhando a alegria desses dias.

A Lua inicia sua fase Crescente no dia 12, em Escorpião, pedindo autoconfiança e profundidade para avançar com os projetos lançados na Lua Nova. A autoestima, por outro lado, não parece ser um problema entre os dias 13 e 18 de agosto. Nesses dias, Marte e Júpiter estarão conjuntos em Gêmeos, beneficiando todas as formas de atividade física e de competição. A dica é não exagerar e não assumir riscos desnecessários. Dessa maneira, a possibilidade de haver acidentes ou perdas financeiras é contornada.

E é mesmo bom acautelar-se um pouco mais na segunda quinzena do mês. Afinal, no dia 15, Mercúrio finaliza seu período retrógrado, deixando Leão mais uma vez para poder voltar a Virgem. Com esse movimento, assuntos relativos comunicação, documentação, negociações e deslocamentos tendem a ser resolvidos com maior facilidade. No entanto, Marte e Júpiter, juntos, se indispõem com Saturno, o que pode abafar a sensação de que, para conseguir qualquer coisa, basta querer. Saturno traz a realidade, exigindo que limites sejam considerados, que riscos sejam mitigados e que ajustes sejam feitos. Apesar de Marte distanciar-se dessa configuração a partir do dia 17, Júpiter e Saturno continuam a manter o diálogo tenso até o dia 24 de agosto. É um momento de revisar e realinhar os conceitos de responsabilidade e excelência, o que pode trazer algum desconforto e demandar certo amadurecimento. Por mais paradoxal que pareça, esse aspecto avisa que, para crescer e avançar, é preciso cortar e enxugar o que não traz resultados.

Os dias seguem turbulentos e agitados. Entre os dias 16 e 19, Mercúrio e Urano se estranham, anunciando um acréscimo de energia nervosa e de estímulo mental — a possibilidade de ocorrerem vários imprevistos e alterações de planos de última hora. Tudo isso pode gerar um ambiente propício a acidentes e a julgamentos errôneos. Flexibilizar as agendas, deixar bastante espaço entre um e outro compromisso, e evitar atividades que necessitem de concentração são bons conselhos para vencer os principais desafios do dia de hoje.

Para acrescentar um pouco mais de confusão ao menu desses dias, Vênus antagoniza Júpiter (18/08 e 19/08) e, na sequência, forma um aspecto conflitivo com Marte (21/08 a 24/08). Esses trânsitos dificultam manter a disciplina e a boa vontade em relação às obrigações. Eles também marcam a possibilidade de excessos e de disputas motivadas pela priorização dos desejos individuais.

E o cenário montado para a chegada da Lua Cheia ganha, ainda, mais alguns elementos para elevar a temperatura ambiente. No dia 19, a Lua Cheia em Aquário forma um aspecto desafiador a Urano em Touro, junto com o Sol em Leão. O Sol arrasta Mercúrio para o debate, enfatizando temas como auto-expressão, emissão de opiniões, posicionamentos e esclarecimento de ideias. Nos primeiros dias dessa Lua Cheia, tudo pode acontecer, pois os comportamentos estão imprevisíveis. Há um desejo imenso de exercer a liberdade, a independência e a vontade própria. Ao mesmo tempo, há pouco espaço para ceder, contemporizar, negociar ou para o consenso. Tampouco ajuda o fato de que Vênus se opõe a Saturno (19/08 e 20/08), evidenciando os problemas existentes nos relacionamentos e apontando para o fato de que, muitas vezes, as origens deles estão no indivíduo, não no outro.

Diante de tantas faíscas, talvez seja mesmo inevitável esses dias testemunharem explosões e atitudes drásticas. No entanto, é sempre bom lembrar-se de que a Lua Cheia é a culminação de um período. Independentemente do que for que esteja se manifestando nesse momento, foi plantado lá no início da lunação. Para chegar a esse ponto, houve cultivo ou negligência de assuntos que agora ficam em evidência.

Também é interessante pensar que essa Lua Cheia, tão plena de energia de ruptura, ocorre dentro de um período em que muitos planetas estão em retrogradação. Ou seja, há várias oportunidades para uma análise criteriosa do que realmente importa. Nessas horas, quanto mais consciente for o processo de revisão, quanto maior for o tempo dedicado à avaliação e seleção dos valores que compõem a identidade, assim como aos compromissos assumidos que dão sentido e gosto à vida, maiores são as chances de chegar a essa encruzilhada com a certeza de qual caminho seguir.

No dia 22, o Sol acompanha o compasso de mudança da Lua e ingressa no Signo de Virgem. O momento é de muita reflexão, análise, seleção e identificação de tudo o que é útil, sensato, prático e eficiente. Depois de tantos holofotes e tanta ribalta, os próximos 30 dias trazem o foco para o cotidiano e para tudo o que é possível. Um charme mais discreto passa a iluminar os dias.

Aos poucos, a tensão se reduz e os aspectos mais difíceis perdem a intensidade. No dia 26 de agosto, a Lua também diminui seu brilho e começa o período de recolhimento da fase Minguante. Ela inicia esse movimento no Signo de Gêmeos e as emoções pedem um pouco mais de compreensão e leveza. Esse movimento é reforçado pelo diálogo fluente entre Vênus e Urano (26/08 e 27/08), sinalizando que buscar o novo, experimentar novas atividades e permitir-se encontros inusitados ajudam a clarear os ares. Vênus continua a movimentar os céus, costurando encontros, alertando-nos contra as idealizações românticas que só trazem sofrimento e lembrando-nos de que o amor que importa é aquele que ajuda a transformar a mente, a movimentar o corpo e a aquecer o coração.

Tudo isso antes de entrar no Signo de Libra, uma de suas casas favoritas, no dia 29 de agosto. A partir daí, os olhares são atraídos pela elegância, e a habilidade de dialogar com charme e equilíbrio arranca suspiros. Depois de tanto barulho e agitação, os últimos dias de agosto trazem mais tranquilidade e descanso para todos.

Posição Diária da Lua em agosto

DIA 01 DE AGOSTO — QUINTA-FEIRA
☽ *Minguante (balsâmica)* ☽ *em Câncer às 00:18*
LFC Fim às 00:18

Enquanto a Lua estiver em Câncer, sentimos mais vontade de nos aconchegar em ambientes conhecidos, com as pessoas mais próximas e um contato mais íntimo. Pode bater aquela vontade de comer uma comidinha caseira ou de buscar os sabores da infância que nos fazem sentir amparados. Também reforça nosso cuidado com o lar, já que a vontade de ficar em casa aumenta. Ainda, nesse período é comum nos sentirmos mais carentes e nos ressentirmos mais com as discussões.

• Lua sextil Mercúrio — 04:50 às 08:35 (exato 06:42)

Esse aspecto nos coloca em contato com as nossas emoções e com as dos outros, tornando mais fácil ter e expressar a empatia. Também torna esse um bom momento para atividades mentais, sendo ótimo para estudar, ler e escrever.

DIA 02 DE AGOSTO – SEXTA-FEIRA
☽ Minguante (balsâmica) ☽ em Câncer

• Lua trígono Saturno — 08:40 às 12:23 (exato 10:31)

Essa é uma ótima combinação para encerrar a semana atingindo a meta de produtividade. Aproveite essas horas para dar um gás e fechar aquela apresentação ou relatório que está pendente ou, até mesmo, para adiantar o planejamento da semana seguinte. Ainda, valores tradicionais e hábitos antigos podem solucionar novos problemas.

DIA 03 DE AGOSTO – SÁBADO
☽ Minguante (balsâmica) ☽ em Leão às 08:09
LFC início às 07:32 LFC Fim às 08:09

Enquanto a Lua estiver em Leão é tempo de aproveitar o entusiasmo que está no ar. É um período favorável para grandes eventos e badalação, bem como para ser visto e circular. Férias por esses dias prometem bons momentos de lazer e diversão. Também é um dia para demonstrar, com mais facilidade, nossos sentimentos pelas pessoas amadas de forma autêntica e espontânea. Estão em alta trabalhos criativos e autônomos nos quais possamos exercitar a liderança.

• Lua sextil Urano — 00:23 às 04:10 (02:16)

A madrugada de sábado favorece encontros do acaso, sejam eles ao vivo ou virtuais. Se você precisa pesquisar algum assunto, o momento favorece. São horas em que nos sentimos mais à vontade expressando o lado único da nossa personalidade.

• Lua trígono Netuno — 05:37 às 09:24 (07:32)

Já pelo amanhecer, se estivermos junto com a pessoa amada, podemos ter aquela sensação gostosa de estarmos com a nossa alma gêmea. Há uma aura de sonho, de fantasia, e de romance no ar. Trabalhos que explorem todo o nosso lado artístico e a nossa sensibilidade estão altamente favorecidos nesse momento.

• **Lua oposição Plutão** — 07:24 às 11:12 (09:18)

Já um pouco mais tarde, tome cuidado para não provocar drama nas relações. Sob esse aspecto, podem emergir sentimentos como insegurança, desconfiança e ciúme. O julgamento está enviesado pelas emoções irracionais.

DIA 04 DE AGOSTO – DOMINGO
Nova às 08:13 em 12°34' de Leão ● em Leão

• **Lua sextil Marte** — 00:51 às 04:55 (02:53)

A madrugada traz uma energia apaixonada e entusiasmada, que pode ser aproveitada pelos casais com a libido em alta. Os solteiros podem aproveitar para tomar iniciativa e conquistar alguém.

• **Lua conjunção Sol** — 06:07 às 10:18 (08:13)

Ao amanhecer, esse encontro traz clareza de percepção daquilo que é importante na nossa vida, do que necessitamos e desejamos, bem como daquilo que o outro necessita e deseja. São horas interessantes para equilibrar os anseios do casal e traçar metas conjuntas, por exemplo.

• **Lua sextil Júpiter** — 11:02 às 14:58 (13:00)

Outra configuração favorável, que garante um domingo de otimismo e boa disposição. Bom momento para investir em uma atividade ao ar livre, como fazer uma trilha ou conhecer um local diferente. Tudo o que expande nossos horizontes está favorecido.

DIA 05 DE AGOSTO – SEGUNDA-FEIRA
Nova ● em Virgem às 18:16
LFC Início às 12:17 LFC Fim às 18:16

Início do Mercúrio Retrógrado

Enquanto a Lua estiver em Virgem, não é qualquer coisa que é capaz de nos agradar. Ficamos mais críticos, práticos e realistas, sendo um ótimo período para organizar e criar um método ou rotina. Não é hora de inovar ou ser muito criativo. Os detalhes saltam mais aos olhos e podem fazer a diferença. Valorizamos mais a qualidade, o bom atendimento, a arrumação e a limpeza. É uma boa hora para adotar hábitos mais saudáveis e cuidar do corpo e da saúde.

• **Lua quadratura Urano** — 10:17 às 14:14 (exato 12:15)

Sob esse aspecto, pode ficar difícil encontrar a concentração e o foco. As atividades rotineiras podem irritar e causar tédio. Por isso, talvez seja interessante buscar tarefas novas ou mais estimulantes para essas horas. Porém, não é o momento para mudanças repentinas, pois a tendência é agir no impulso e errar na medida.

• **Lua conjunção Vênus — 18:12 às 22:36 (exato 20:24)**

Mais para o fim do dia é hora de relaxar e aproveitar as boas companhias. Ficamos mais sedutores e afetuosos, o que favorece encontros românticos. Também ficamos propensos a mimos relacionados a comida, bebida e compras.

DIA 06 DE AGOSTO — TERÇA-FEIRA
● *Nova* ● *em Virgem*

Mercúrio Retrógrado

• **Lua conjunção Mercúrio — 00:20 às 04:17 (exato 02:19)**

Esse é um bom momento para ter aquele bloquinho de anotações ao lado da cama, para o caso de acordar com alguma ideia ou precisar expressar, de alguma forma, o que está sentindo. No entanto, não é indicado tomar decisões importantes, já que as emoções podem atrapalhar o julgamento.

• **Lua quadratura Marte — 15:07 às 19:21 (17:14)**

Por essas horas, podemos ceder ao desejo subconsciente de agir impulsivamente e não medir bem os riscos. É preciso tomar cuidado extra para não causar danos a si ou aos outros. Também vale buscar atividades que lhe façam se desligar dos detalhes e das pequenas coisas que possam trazer irritação.

• **Lua quadratura Júpiter — 23:05 às 03:10 de 07/08 (exato 01:07 de 07/08)**

Mais um aspecto que pode nos desviar do caminho, devido a impulsos e reações emocionais muito amplificados. Será útil mantermos em mente nossos limites pessoais e materiais para não os ultrapassarmos.

DIA 07 DE AGOSTO — QUARTA-FEIRA
● *Nova* ● *em Virgem*

Mercúrio Retrógrado

• **Lua oposição Saturno — 04:43 às 08:44 (exato 06:43)**

Essa configuração cedo pela manhã pode nos deixar um pouco desanimados, dar uma sensação de tédio, de baixo astral. Por isso, é melhor não se forçar muito a interagir com os outros e buscar algo com que possa passar o tempo de forma mais leve, aceitando que a melancolia pode ser uma sensação passageira.

• **Lua trígono Urano — 22:24 às 02:28 de 08/08 (exato 00:26 de 08/08)**

À noite, o clima é outro e queremos um pouco mais de emoção. Aqui, atividades de entretenimento e diversão são benéficas e quebram a monotonia do aspecto anterior. A menor inovação, mesmo que seja em algo dentro de casa, é bem-vinda agora.

DIA 08 DE AGOSTO – QUINTA-FEIRA
● Nova ● em Libra às 06:31
LFC Início às 05:41 LFC Fim às 06:31

Mercúrio Retrógrado

Enquanto a Lua estiver em Libra, trabalhamos melhor em equipe e queremos estar com outras pessoas. Buscamos a harmonia e, por isso mesmo, a cordialidade pode ser um trunfo nas diversas situações da vida. Negócios em parcerias e sociedades estão favorecidos. Também é o momento para flerte, agradar o outro, usar o charme ao seu favor. O embelezamento e a apreciação da beleza, de uma forma geral, estão em alta.

• **Lua oposição Netuno** — 03:38 às 07:41 (exato 05:41)

De manhã cedo, proteja sua energia. Não se contamine com pessoas, ambientes nem situações pesados. Procure a leveza, ou então tente se distanciar das coisas que podem lhe perturbar agora. É possível que haja confusão e dificuldade de julgamento das questões.

• **Lua trígono Plutão** — 05:29 às 09:33 (07:31)

Um pouco depois, nossas emoções podem estar mais aguçadas e propiciar uma "leitura das entrelinhas", a possibilidade de ir além das aparências. Qualquer atividade desempenhada nessa influência pode ser mais gratificante do que o usual.

DIA 09 DE AGOSTO – SEXTA-FEIRA
● Nova ● em Libra LFC Início às 18:45

Mercúrio Retrógrado

• **Lua trígono Marte** — 07:29 às 11:48 (exato 09:39)

A sexta-feira começa com uma boa dose de energia e assertividade. Estamos com disposição para os desafios e as batalhas do dia, de forma honesta e direta. Ótimo para colocar o corpo em movimento e concentrar-se nas atividades esportivas que aliviam a tensão.

• **Lua trígono Júpiter** — 12:50 às 16:58 (exato 14:54)

Na parte da tarde, esse aspecto favorece a análise de questões que envolvem valores morais e éticos, e a facilidade de chegar a acordos favoráveis. As pessoas podem estar mais generosas, recíprocas e abertas a compartilhar.

• **Lua sextil Sol** — 16:31 às 20:57 (exato 18:45)

Mais para o final do dia, as coisas fluem sem maiores percalços e a tendência é a de terminarmos o dia nos sentindo bem, equilibrados e satisfeitos. Existe respeito mútuo em situações que envolvem outras pessoas.

DIA 10 DE AGOSTO – SÁBADO
🌑 *Nova* 🌑 *em Escorpião às 19:33 LFC Fim às 19:33*

Mercúrio Retrógrado

Enquanto a Lua estiver em Escorpião, devemos evitar situações extremas ou as "conversas difíceis", pois os humores estão alterados. As reações podem ser dramáticas e o julgamento pode ser duro. Por outro lado, situações que exijam uma ação radical devem ser resolvidas. A tendência é que as pessoas estejam mais introspectivas, o que favorece que haja um aprofundamento nas questões pessoais.

• **Lua quadratura Plutão** — 18:25 às 22:27 (20:26)

Cuidado para não implodir as coisas em um momento de tensão ou cabeça quente. Aqui a tendência é que a paciência esteja curta e que ações dramáticas e extremas tomem conta do cenário, porém de um modo destrutivo.

• **Lua sextil Mercúrio** — 22:45 às 02:37 de 11/08 (exato 00:41 de 11/08)

Já por essas horas, há mais imparcialidade para falar de emoções, se for o caso. Aqui conseguimos comunicar com maior clareza e fluência sobre o que realmente sentimos. Bom momento para ter trocas profundas com alguém.

DIA 11 DE AGOSTO – DOMINGO
🌑 *Nova* 🌑 *em Escorpião*

Mercúrio Retrógrado

• **Lua sextil Vênus**— 09:25 às 15:53 (exato 11:39)

O domingo começa com a possibilidade de tranquilidade e prazer. Pode ser ficar mais tempo na cama e só relaxar até realizar alguma atividade criativa ou artística que lhe satisfaça. O romance também é favorecido nesse encontro.

DIA 12 DE AGOSTO – SEGUNDA-FEIRA
☾ *Crescente às 12:19 em 20°24' de Escorpião* ☾ *em Escorpião*

Mercúrio Retrógrado

• **Lua trígono Saturno** — 05:30 às 09:26 (exato 07:28)

De manhã cedo acordamos na energia de planejar e estruturar a semana. As atividades cotidianas sob esse aspecto podem parecer menos pesadas e difíceis.

Há um bom discernimento dos nossos limites e um equilíbrio emocional que ajuda a lidar com eles.

• **Lua quadratura Sol — 10:10 às 14:26 (exato 12:18)**

Um pouco mais tarde, o clima muda e podemos acabar esgotando as energias em coisas que não necessariamente dependem de nós. É possível que não nos sintamos suportados pelos outros do modo como gostaríamos.

• **Lua quadratura Urano — 23:26 às 03:19 de 13/08 (exato 01:23 de 13/08)**

Também essa configuração dificulta nosso relaxamento na parte da noite. Podemos ser acometidos pela ansiedade e por situações imprevistas que atrapalham nossos planos. O comportamento das pessoas pode nos surpreender.

DIA 13 DE AGOSTO – TERÇA-FEIRA
☾ *Crescente* ☾ *em Sagitário às 07:00*
LFC Início às 06:02 LFC Fim às 07:00

Mercúrio Retrógrado

Enquanto a Lua estiver em Sagitário, tudo pode parecer possível e há maior entusiasmo de forma geral. Não aceitamos bem restrições e vamos em busca de espaço, seja ele físico, mental ou emocional. Tudo que amplia nossos horizontes, como viagens, cursos, palestras etc. estão favorecidos. Procure atividades ao ar livre, bem como se aventurar e quebrar um pouco a rotina. As pessoas ficam mais diretas e expansivas, o que é propício para quem deseja fazer novas amizades.

• **Lua trígono Netuno — 04:04 às 07:56 (exato 06:02)**

Cedo pela manhã, esse aspecto aumenta nossa imaginação, intuição e inspiração. Muito bom para atividades meditativas ou artísticas.

• **Lua sextil Plutão — 05:48 às 09:39 (07:44)**

Também pela manhã, essa configuração possibilita mergulhar ainda mais fundo nas motivações por trás de nossas ações e dos outros, podendo ainda trazer experiências enriquecedoras. Também existe, aqui, uma energia para resgatar ou recuperar situações.

• **Lua quadratura Mercúrio — 07:19 às 10:57 (exato 09:08)**

Um pouquinho mais tarde, é preciso ficar atento com as palavras. Uma simples palavra mal colocada pode gerar desentendimento e desconforto desnecessários. Há ainda uma batalha entre pensamentos e emoções, a qual é melhor manter para si.

DIA 14 DE AGOSTO – QUARTA-FEIRA

Mercúrio Retrógrado

• **Lua quadratura Vênus — 02:28 às 06:37 (exato 04:33)**

Despertar hoje pode ser mais difícil do que o normal. Podemos levantar indispostos, desmotivados, sem nos sentirmos descansados, o que pode causar mal-estar ao longo do dia. Por isso, se puder, estique um pouco o tempo gasto na cama.

• **Lua oposição Júpiter — 12:42 às 16:27 (exato 14:34)**

À tarde, fique atento para não atrair atenção indesejada. Aqui podemos ficar mais displicentes, além de apresentar um baixo nível de autocontrole. Por essas horas, parece que nada é suficiente ou nos satisfaz, o que pode nos levar a excessos e posterior arrependimento.

• **Lua oposição Marte — 12:43 às 16:37 (exato 14:40)**

Mais um sinal vermelho por essas horas. Os ânimos ficam facilmente irritáveis sob esse aspecto e, à menor faísca, surge uma briga. Se puder dar uma pausa para a prática de um exercício físico, esse é o melhor escape para tal energia.

• **Lua quadratura Saturno — 14:47 às 18:28 (exato 16:38)**

Essa combinação pode nos trazer obstáculos no trabalho ou a qualquer outra atividade que precisemos desempenhar pela parte da tarde. Podemos nos sentir mais desestimulados ou até mesmo mais limitados em todas nossas ações.

• **Lua trígono Sol — 23:58 às 03:24 de 15/08 (exato 01:56 de 15/08)**

Pela a noite, o nosso humor e a nossa energia melhoram com esse aspecto da Lua, o que favorece estabelecermos as nossas intenções para o dia seguinte com clareza e com discernimento. Estar com pessoas queridas para nós também pode ser uma ótima fonte de satisfação, pois sentimo-nos apreciados por elas.

DIA 15 DE AGOSTO – QUINTA-FEIRA

Mercúrio Retrógrado

Enquanto a Lua estiver em Capricórnio, o clima fica mais sóbrio. As pessoas se concentram mais nas próprias responsabilidades e no mundo material. Há uma baixa nas atividades sociais e no consumo, que fica mais restrito ao que é realmente necessário. Há menor abertura para se buscar o apoio dos outros ou sua simpatia. Pode ser um período bem produtivo, porém, precisamos nos atentar para prazos e critérios daquilo que vamos entregar. Um desleixo não passa despercebido sob essa Lua. O que traz satisfação é a sensação de dever cumprido.

• **Lua quadratura Netuno** — 12:02 às 15:37 **(exato 13:50)**

Atenção redobrada para não sermos iludidos ou mesmo nos enganarmos pelas aparências das pessoas ou situações. Não é hora de tomar uma decisão importante, concentre-se nas coisas rotineiras e conhecidas.

• **Lua trígono Mercúrio** — 12:10 às 15:33 **(exato 13:51)**

Esse aspecto pode amenizar um pouco o anterior, no sentido de que ajuda a tornar nossos pensamentos mais alinhados com nossas emoções. Enquanto um tira o discernimento, o outro dá. De toda forma, mais uma vez, o melhor é focar naquilo que sempre fazemos.

DIA 16 DE AGOSTO — SEXTA-FEIRA
☽ *Crescente* ☽ *em Capricórnio*

Mercúrio Retrógrado

• **Lua trígono Vênus** — 14:14 às 18:01 **(exato 16:08)**

Esse aspecto traz benefícios materiais. É possível tomarmos boas decisões de compra e investimento. O trabalho flui bem e pode trazer prazer e reconhecimento. Também é um bom momento para nos relacionarmos com os outros, seja profissional ou romanticamente.

• **Lua sextil Saturno** — 20:06 às 23:31 **(exato 21:48)**

A noite de sexta-feira pode não ser exatamente o momento de descontrair, mas garante maior eficiência e produtividade naquilo que nos dispusermos a fazer. As emoções são construtivas, e buscar conselho com pessoas mais maduras e vividas pode ser uma boa pedida.

DIA 17 DE AGOSTO — SÁBADO
☽ *Crescente* ☽ *em Aquário às 18:44*
LFC Início às 17:44 LFC Fim às 18:44

Mercúrio Retrógrado

Enquanto a Lua estiver em Aquário, entramos em um estado de espírito mais voltado ao coletivo e ao gregário. Fazer parte de algum grupo é o que nos traz gratificação, assim como as inovações e trabalhos criativos. Podemos nos liberar de alguma carga ou preocupação que vinha nos perturbando. Aliás, a vontade de se libertar em todos os sentidos pode estar presente. Há também maior desejo por artigos "de ponta" e por querer se atualizar nas últimas tendências. O que foge do "normal" e do preestabelecido é o que nos prende a atenção.

• **Lua trígono Urano** — 12:17 às 15:39 (exato 13:58)

Sob essa influência, há um clima de empolgação e as pessoas ficam mais abertas às mudanças e novidades. Ótimo momento para lançar ou conhecer aquele produto inovador. Também podemos aproveitar para quebrar maus hábitos ou cortar relações que são prejudiciais.

• **Lua sextil Netuno** — 16:02 às 19:23 (exato 17:44)

Ótimo momento para a contemplação, para a meditação ou para exercitar a compaixão. Trabalhos voluntários podem ser gratificantes durante essas horas do dia.

• **Lua conjunção Plutão** — 17:32 às 20:53 (exato 19:13)

Esse aspecto pede moderação no que diz respeito a seguir nossas emoções. Podemos ser tomados por elas e não conseguir sair do emaranhado. O julgamento racional está obscurecido e podemos até mesmo nos tornar obsessivos com algo.

DIA 18 DE AGOSTO – DOMINGO
☾ *Crescente* ☾ *em Aquário*

Mercúrio Retrógrado

• **Lua trígono Júpiter** — 21:42 às 01:00 de 19/08 (exato 23:21)

Nessa noite podemos experienciar a sensação de abundância, liberdade e espaço, seja de forma concreta ou abstrata. Podemos ter um momento de visão mais ampla e inspirada. Os relacionamentos se dão de forma genuína e aberta.

DIA 19 DE AGOSTO – SEGUNDA-FEIRA
○ *Cheia às 15:25 em 27°15' de Aquário* ○ *em Peixes às 19:51*
LFC Início às 15:25 LFC Fim às 19:51

Mercúrio Retrógrado

Enquanto a Lua estiver em Peixes, as pessoas ficam mais maleáveis, mas também mais influenciáveis. A sensibilidade está em alta e captamos mais aquilo que não é dito, as impressões e até mesmo o "mágico". São dias propícios para dissolvermos problemas, mágoas, e para nos desviarmos de obstáculos, encontrando um caminho mais fluido. Pode haver uma alienação e certa moleza que faça com que atrasemos nossas tarefas. Falta precisão e é melhor deixar atividades minuciosas para outros dias.

• **Lua trígono Marte** — 01:25 às 04:49 **(exato 03:07)**

A madrugada pode trazer uma energia apaixonante e de desejo sexual para os casais. É possível que haja certa inquietação por conta da energia trazida por esse aspecto, que favorece mais o fazer do que o relaxar.

• **Lua oposição Mercúrio** — 12:00 às 15:03 **(exato 13:31)**

Nessas horas podemos ficar mais confusos, atrapalhados, cometer erros bobos pela maior dificuldade de concentração e de compreensão dos fatos. Uma hora podemos pensar demais; na outra, sentir demais.

• **Lua quadratura Urano** — 13:42 às 16:56 **(exato 15:19)**

Esse aspecto reforça a necessidade de buscarmos balanço e equilíbrio, para não deixarmos que aquilo que nos tira do roteiro nos faça perder o foco e a atenção. Aquilo que foi decidido antes ou que estávamos esperando pode simplesmente não acontecer e precisamos ter um plano B.

• **Lua oposição Sol** — 13:42 às 17:09 **(exato 15:25)**

No mesmo horário, podemos nos sentir demasiadamente contrariados e nosso humor pode oscilar e impactar a qualidade do que estivermos fazendo. Pode ser um período mais complicado para encontrar o entendimento com os demais.

DIA 20 DE AGOSTO – TERÇA-FEIRA
○ *Cheia* ○ *em Peixes*

Mercúrio Retrógrado

• **Lua conjunção Saturno** — 22:08 às 01:20 de 21/08 **(exato 23:44)**

Essa noite podemos experimentar uma certa frieza e distanciamento no ar. Portanto, não é o momento mais indicado para nos relacionarmos com outras pessoas. Em vez de nos sentirmos rejeitados ou feridos, o melhor é focar em atividades que possamos desempenhar sozinhos.

• **Lua quadratura Júpiter** — 22:32 às 01:46 de 21/08 **(exato 00:09 de 21/08)**

Esse aspecto chama a atenção para que não aumentemos os problemas que possam existir. Nossa medida está descalibrada e podemos nos arrepender depois.

DIA 21 DE AGOSTO – QUARTA-FEIRA
○ Cheia ○ em Áries às 20:01 LFC Início às 18:55 LFC Fim às 20:01

Mercúrio Retrógrado

Enquanto a Lua estiver em Áries, tendemos a ter mais dinamismo, disposição e impulso. Por isso, podemos ser mais corajosos e também imprudentes. Sentimo-nos impelidos à competição e à liderança. Bom momento para iniciar atividades, ainda mais as que normalmente hesitaríamos. Ficamos impacientes para esperar as coisas acontecerem, e queremos resultados sem atrasos ou adiamentos.

• **Lua oposição Vênus** — 01:58 às 05:28 (exato 03:43)

Pode haver tensão nas relações, com dificuldade para expressar os sentimentos. Diferenças entre parceiros podem ficar evidentes e trazer algum incômodo.

• **Lua quadratura Marte** — 03:53 às 07:14 (exato 05:33)

Outra configuração que traz tensão, inquietação e até animosidade. Logo cedo, pode ser bom praticar um exercício físico, uma arte marcial ou outra atividade que permita liberar a energia e a agressividade. Cuidado com atitudes impulsivas.

• **Lua sextil Urano** — 13:55 às 17:08 (exato 15:31)

Esse é um excelente período para listarmos tudo aquilo que faríamos, caso não tivéssemos nossos medos e travas, e então descobrir quais oportunidades temos disponíveis que nos ajudarão a alcançar tais objetivos.

• **Lua conjunção Netuno** — 17:17 às 20:30 (exato 18:55)

No final no dia, a sensibilidade estará muito ativada, o que pode nos trazer um pouco de confusão e mistura com os sentimentos alheios. É bom manter os pés no chão, para diferenciar realidade e fantasia.

• **Lua sextil Plutão** — 18:44 às 21:57 (exato 20:21)

Ainda à noite, esse aspecto traz uma conexão com nossas emoções mais profundas. Podemos ficar impacientes com questões fúteis e superficiais. Problemas domésticos podem ser resolvidos sob essa influência.

DIA 22 DE AGOSTO – QUINTA-FEIRA
○ Cheia (disseminadora) ○ em Áries

Mercúrio Retrógrado
Entrada do Sol no Signo de Virgem às 11h55min01seg.

• **Lua sextil Júpiter** — 23:25 às 02:43 de 23/08 (exato 01:04 de 23/08)

Por algumas horas podemos experimentar contentamento e otimismo. É possível que sejamos tomados pela vontade de estar na rua, sendo um bom momento para confraternizar.

DIA 23 DE AGOSTO — SEXTA-FEIRA

○ *Cheia (disseminadora)* ○ *em Touro às 21:00*
LFC Início às 09:45 LFC Fim às 21:00

Mercúrio Retrógrado

Enquanto a Lua estiver em Touro, damos passos firmes em projetos e situações já iniciadas. Não é o momento de correr riscos, pois precisamos de segurança material e afetiva. Podemos ficar mais preguiçosos e sentir a necessidade de um nível maior de conforto. Aliás, esse pode ser praticamente o único motivo para gastos nesse período, assim como a compra de algo bem durável e essencial. É uma boa época para casamentos, já que favorece estabilidade e afeto entre os parceiros.

• **Lua sextil Marte** — 06:37 às 10:04 (exato 08:20)

Essa é uma boa manhã para criar tempo extra em sua agenda para concentrar esforços em objetivos que impactem fortemente suas metas a longo prazo. Podemos, ainda, agir confiando mais em nossos instintos.

• **Lua trígono Mercúrio** — 08:09 às 11:18 (exato 09:45)

Esse aspecto complementa o anterior, no sentido de que traz a oportunidade de integrar percepções sobre as circunstâncias atuais de sua vida. Assim, fica mais fácil ter clareza nas metas e objetivos a serem alcançados. A mente racional trabalha em harmonia com os sentimentos.

• **Lua quadratura Plutão** — 19:36 às 22:56 (exato 21:16)

Cuidado com as disputas de poder em qualquer esfera da vida. Nesse período, as pessoas podem se tornar implacáveis ao tentarem provar que estão certas.

• **Lua trígono Sol** — 21:35 às 01:09 de 24/08 (exato 23:22)

Muitos se sentirão mais confiantes e felizes consigo mesmos sob essa influência. Há maior autenticidade e espontaneidade para sermos quem somos, sem ter que manter aparências. Essa combinação traz ainda um sentimento de calma e tranquilidade.

DIA 24 DE AGOSTO — SÁBADO

○ *Cheia (disseminadora)* ○ *em Touro*

Mercúrio Retrógrado

Neste dia, a Lua não faz aspecto com outros planetas no céu, portanto devemos observar recomendações para a fase e o signo em que a Lua se encontra.

DIA 25 DE AGOSTO – DOMINGO
○ *Cheia (disseminadora)* ○ *em Touro LFC Início às 22:41*

Mercúrio Retrógrado

• **Lua sextil Saturno — 00:04 às 03:27 (exato 01:45)**

Esse aspecto traz segurança e mente clara para as pessoas. Podemos agir com maior responsabilidade e de forma prática.

• **Lua quadratura Mercúrio — 08:44 às 12:05 (exato 10:24)**

Pela manhã, podemos estar muito ocupados tentando equilibrar emoções e pensamentos. Podemos ficar agitados e nervosos, sendo melhor evitar atividades muito estressantes e que possam gerar discussões.

• **Lua trígono Vênus — 14:08 às 17:56 (exato 16:02)**

Por essas horas existe uma tendência de nos mimarmos mais, pois o prazer fica em destaque. Só é preciso tomar cuidado para não deixar as responsabilidades de lado nem adiar as tarefas por conta desse sentimento de "eu mereço". As pessoas ficam mais amigáveis nesse período.

• **Lua conjunção Urano — 17:30 às 20:59 (exato 19:15)**

Durante esse período, podemos agir por impulsos e nos surpreender com os acontecimentos. Não aceitamos fazer qualquer coisa de forma forçada, pois nosso humor ditará qual deve ser o foco.

• **Lua sextil Netuno — 20:55 às 17:26 (exato 22:41)**

A energia desse aspecto pode ser sutil e muito agradável, sendo que somente os mais sensíveis conseguem captá-la e fazer uso dela. A intuição é intensificada e a atmosfera é de sonho e inspiração.

• **Lua trígono Plutão — 22:32 às 02:01 de 26/08 (exato 00:16 de 26/08)**

Por essas horas, conseguimos libertar a mente de qualquer restrição. Trata-se de um período que nos dá a capacidade de entrar em contato com nosso poder interior e de testar nossos recursos e limites.

DIA 26 DE AGOSTO – SEGUNDA-FEIRA
☽ *Minguante às 06:26 em 03°38' de Gêmeos* ○ *em Gêmeos às 00:03*
LFC Fim às 00:03

Mercúrio Retrógrado

Enquanto a Lua estiver em Gêmeos, nos tornamos mais versáteis, curiosos e comunicativos. O diálogo e as ideias podem ser mais produtivos do que atividades práticas. As pessoas estão mais volúveis e nem tudo que disserem agora deve ser tomado como imutável. Lugares que ofereçam atividades variadas, bem como livrarias e exposições, atraem um público maior nesse período. Contudo, as pessoas circulam e socializam mais.

• **Lua quadratura Sol — 04:32 às 08:19 (exato 06:26)**

Esse aspecto é conhecido por trazer maior carga e tensão aos relacionamentos. Podemos estar agindo de forma mais irracional. Lembre-se de se dar um tempo para parar e refletir a respeito do que está sentindo e da forma como está (re)agindo.

DIA 27 DE AGOSTO – TERÇA-FEIRA
)) *Minguante*)) *em Gêmeos*

Mercúrio Retrógrado

• **Lua quadratura Saturno — 04:14 às 07:49 (exato 06:01)**

Sob essa influência, se temos algum problema grande que precisa ser tratado, precisamos concentrar nossos esforços nele. Podem ocorrer atrasos e aborrecimentos devido a circunstâncias externas. Além disso, podemos ter uma sensação de restrição, limitação, em especial no que se refere a relacionamentos.

• **Lua conjunção Júpiter — 07:00 às 10:39 (exato 08:49)**

Esse aspecto no céu nos traz maior contentamento e grandes esperanças quanto a um futuro feliz. É um bom momento para iniciarmos projetos ou atividades que tenham como foco a expansão e o bem-estar. No entanto, os mais entusiastas devem ter maior cuidado para não cair em exageros.

• **Lua sextil Mercúrio — 12:29 às 16:04 (exato 14:17)**

Por essas horas estaremos mais receptivos às novas ideias, à comunicação e aos novos aprendizados. As pessoas prestarão mais atenção no que os outros falam. É um bom período para encontrar as respostas que estamos buscando.

• **Lua conjunção Marte — 19:05 às 22:54 (exato 20:59)**

Nesse momento sentimo-nos impelidos a agir de algum modo, principalmente motivados por uma emoção, seja ela consciente ou não. Nesse período, reagimos de forma imediata e assertiva ao que nos provoca, muitas vezes de forma impensada.

DIA 28 DE AGOSTO – QUARTA-FEIRA
)) *Minguante*)) *em Câncer às 05:47 LFC Início às 04:14 LFC Fim às 05:47*

Fim do Mercúrio Retrógrado

Enquanto a Lua estiver em Câncer, nos tornamos mais protetores e emotivos. Reconhecemos que ter as pessoas que amamos por perto nos traz segurança e aconchego, aumentando a tendência a permanecermos em nosso lar ou em ambientes mais reservados. Podemos, inclusive, sentir saudade de pessoas que não vemos há muito tempo e recordar bons momentos. Justamente por estarmos mais emotivos, podemos nos ferir mais facilmente com coisas que em geral não causariam mágoas.

• **Lua quadratura Vênus — 00:49 às 04:51 (exato 02:50)**

Pela madrugada pode haver uma sensação de apatia, e, para atingir a harmonia requer um grande esforço. Nessas horas, podemos ter que lidar com pessoas que demandam muita atenção.

• **Lua quadratura Netuno — 02:23 às 06:03 (exato 04:14)**

Ainda na madrugada e logo cedo pela manhã, ficamos mais sensíveis do que o normal. É preciso ser claro nas ações e palavras, pois há a tendência de interpretar mal o que nos dizem ou no que fazem, e vice-versa.

• **Lua sextil Sol — 14:49 às 18:50 (exato 16:49)**

Nesse período, mantenha os olhos e ouvidos bem atentos, pois podem surgir oportunidades sutis para você. Nos afirmamos no mundo com menos resistência exterior e maior harmonia. Há mais consciência do que realmente desejamos.

DIA 29 DE AGOSTO – QUINTA-FEIRA
☽ Minguante (balsâmica) ☽ em Câncer

• **Lua trígono Saturno — 11:04 às 14:49 (exato 12:57)**

Sob essa influência temos maior clareza das prioridades e, com algum esforço, conseguimos realizar muito nessas horas. Ao planejar e organizar de forma eficaz, podemos colocar em dia e no devido lugar tudo que precisamos. Também lidamos bem com as figuras de autoridade, sendo paciente e trabalhando dentro das regras.

DIA 30 DE AGOSTO – SEXTA-FEIRA
☽ Minguante (balsâmica) ☽ em Leão às 14:09
LFC Início às 12:25 LFC Fim às 14:09

Enquanto a Lua estiver em Leão, temos um desejo maior de sermos vistos e homenageados de alguma forma. São dias de maior extroversão e alegria, indicados para festas e comemorações. Ambientes ensolarados e bem iluminados serão mais concorridos. Os happy hours serão bem-vindos, pois as pessoas querem se divertir e celebrar. Horas extras de trabalho e tarefas pouco gratificantes serão difíceis de tolerar. Devemos ficar atentos para não cometer extravagâncias motivados pela necessidade de nos agradar.

• **Lua sextil Urano** — 06:58 às 10:48 (exato 08:53)

Podemos nos sentir mais inquietos e sair do padrão, ou rotina, por um curto período pode ser gratificante. Ficamos mentalmente afiados, podendo chegar a respostas inesperadas. Pequenas mudanças ajudam a manter o interesse nas atividades.

• **Lua trígono Netuno** — 10:29 às 14:19 (exato 12:25)

Nessas horas fluímos facilmente e nos adaptamos às circunstâncias que se apresentam. As melhores percepções acontecem através daquilo que não é dito, mas sim sentido. Reservar um tempinho para cuidar de si mesmo ou dos outros pode nos reabastecer.

• **Lua oposição Plutão** — 12:18 às 16:08 (exato 14:13)

Aqueles problemas que temos evitado podem emergir com maior intensidade. Estamos envolvidos emocionalmente com as coisas e não queremos fazer quaisquer concessões, o que gera atritos. Também podemos reagir na defensiva, não estando abertos às discussões sobre o que acreditamos vigorosamente.

• **Lua sextil Vênus** — 15:02 às 19:18 (exato 17:10)

As pessoas de modo geral estarão mais agradáveis e buscando harmonia. Queremos gerar uma boa impressão. Se deseja embelezar o lar ou a si de alguma forma, esse é um bom momento. Podemos fazer boas compras nessas horas.

DIA 31 DE AGOSTO – SÁBADO
)) *Minguante (balsâmica)*)) *em Leão*

Neste dia, a Lua não faz aspecto com outros planetas no céu. Devemos observar recomendações para a fase e o signo em que a Lua se encontra.

Setembro 2024

Domingo	Segunda-feira	Terça-feira	Quarta-feira	Quinta-feira	Sexta-feira	Sábado
1	2　⁻11°04' ♍	3	4　♎	5	6	7　♏
Lua Minguante em Leão LFC Início às 21:26	Lua Nova em Virgem às 22:55 Lua Minguante em Virgem às 00:48 LFC Fim às 00:48	Lua Nova em Virgem	Lua Nova em Libra às 13:11 LFC 13:07 às 13:11	Lua Nova em Libra	Lua Nova em Libra	Lua Nova em Escorpião às 02:18 LFC 02:09 às 02:18
8	9　♐	10	11　☽19°00' ♐ ♑	12	13	14　♒
Lua Nova em Escorpião	Lua Nova em Sagitário às 14:25 LFC 14:12 às 14:25	Lua Nova em Sagitário	Lua Crescente em Sagitário às 03:05 Lua Crescente em Capricórnio às 23:37 LFC 21:21 às 23:37	Lua Crescente em Capricórnio	Lua Crescente em Capricórnio	Lua Crescente em Aquário às 04:53 LFC 04:35 às 04:53
15	16　♓	17　○25°40 ♏	18　♈	19	20　♉	21
Lua Crescente em Aquário	Lua Crescente em Peixes às 06:38 LFC 02:05 às 06:38	Lua Cheia em Peixes às 23:34 Eclipse Lunar às 23:34 em 25°40' de Peixes	Lua Cheia em Áries às 06:23 LFC 06:03 às 06:23	Lua Cheia em Áries	Lua Cheia em Touro às 06:02 LFC 05:39 às 06:02	Lua Cheia em Touro
22　♊	23	24　☾02°12 ♋	25	26　b	27	28
Lua Cheia em Gêmeos às 07:24 LFC 07:15 às 07:24 Entrada do Sol no Signo de Libra às 09h43min37seg	Lua Cheia em Gêmeos	Lua Minguante em Câncer às 15:49 Lua Cheia em Câncer às 11:49 LFC 09:00 às 11:49	Lua Minguante em Câncer	Lua Minguante em Leão às 19:47 LFC 19:13 às 19:47	Lua Minguante em Leão	Lua Minguante em Leão
29　♍	30					
Lua Minguante em Virgem às 06:41 LFC 00:36 às 06:41	Lua Minguante em Virgem					

Mandala Lua Nova de Setembro

Lua Nova
Dia: 02/09
Hora: 22:55
11°04' de Virgem

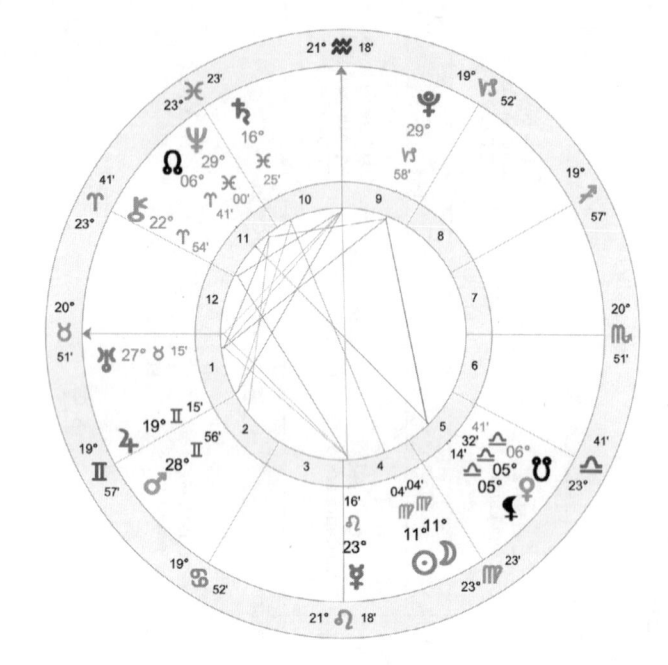

Mandala Lua Cheia de Setembro

Lua Cheia
Dia: 17/09
Hora: 23:34
25°40' de Peixes

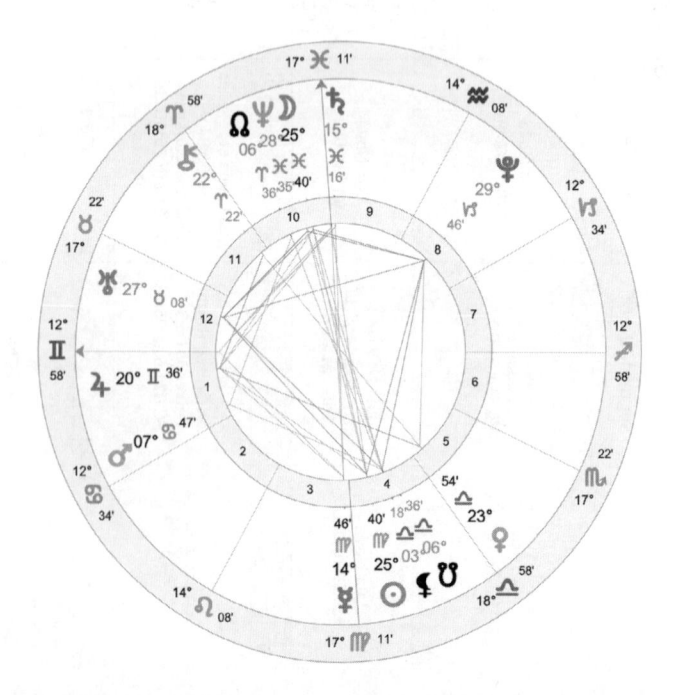

CÉU DO MÊS DE SETEMBRO

O começo de setembro se inclina em direção à reflexão. O diálogo contínuo entre Netuno e Plutão (28/07 a 03/08) sugere a prática do desapego como o caminho mais adequado ao momento. Enquanto isso, a Lua Minguante em Leão ajuda na tarefa, por vezes difícil, de despedir-se de tudo o que não está em sintonia com o coração.

Marte, ainda em Gêmeos, forma uma quadratura a Netuno em Peixes (01/09 a 03/09). Nessa fase de finalizações, é recomendável assegurar-se de que todos pontos e tarefas tediosas da lista tenham sido devidamente cumpridos e concluídos. Não é aconselhável deixar para outras pessoas a responsabilidade de dizer o que precisa ser dito, tampouco supor que tudo foi esclarecido a contento em apenas poucas conversas. A superficialidade, o desejo de evitar conflitos ou o de seguir o caminho mais fácil podem acarretar mais complicações e desgastes do que o necessário. Manter a esperança acesa, mesmo quando o quadro for desanimador, é importante para ultrapassar esse momento.

Logo no primeiro dia do mês, Urano inicia seu movimento retrógrado, prolongando a longa lista de planetas nessa configuração. Com a retrogradação de Urano, interrupções podem não significar términos, e os compromissos assumidos no início dos projetos podem sofrer muitas reviravoltas até chegarem às devidas conclusões. Esse movimento só termina ao final de janeiro de 2025, mostrando que esse é mesmo um semestre de mutações, mudanças, instabilidade e insegurança. Por isso mesmo, a flexibilidade, a lucidez e a responsabilidade são as melhores apostas para o segundo semestre de 2024.

A primeira quinzena de setembro concentra os aspectos mais desafiadores do mês, pedindo paciência, clareza, habilidade de adaptação às circunstâncias e a capacidade de considerar outras perspectivas tanto nos planejamentos quanto nas revisões dos objetivos.

No dia 02, a Lua se renova no criterioso Signo de Virgem, aconselhando prudência, sensatez, critério e atenção aos detalhes na hora de selecionar as intenções para essa lunação. Marte ainda se encontra quadrado a Netuno, reforçando a ideia de que atalhos levam apenas a becos sem saída. O caminho pode ser mais difícil e talvez não haja energia suficiente para cumprir os objetivos traçados. Entretanto, manter-se firme na certeza de que os erros do passado, quando assumidos e assimilados, trazem aprendizados importantes pode ser um excelente combustível para avançar nessa lunação.

No dia 04, logo no início da Lua Nova, Marte deixa o Signo de Gêmeos para entrar em Câncer (04/09 a 04/11). Essa não é uma posição confortável para o planeta. As ações diretas, os confrontos abertos e francos, deixam de ser as estratégias preferidas de ataque e de conquista. Nesse signo, é melhor aproximar-se da meta aos poucos, indiretamente. Algo bastante fundamental nesse período é encontrar uma forma construtiva de dar vazão às emoções. É muito fácil ofender a sensibilidade alheia, da mesma maneira que é muito fácil perceber ofensa e guardar rancor. É um terreno minado e as emoções devem ser consideradas como componentes críticos de qualquer planejamento que se preze.

O encontro mal-humorado entre Mercúrio e Urano (06 e 07/09) avisa que é bom abrir espaço para os imprevistos na agenda, pois tal atitude ajuda a reduzir a ansiedade típica desse encontro. Talvez surjam ideias criativas ou compreensões repentinas nesses dias. E, por ser mais difícil manter a concentração nesse momento, anotá-las e estudar suas viabilidades nos próximos dias podem ser alternativas mais acertadas.

Considerando que os dias 07 e 08 de setembro testemunham outro embate celeste, dessa vez entre o Sol e Saturno, é preferível reduzir a velocidade e a quantidade de estímulos. Quando o Sol se opõe a Saturno, os limites da vontade pessoal são testados e evidenciados. O peso das responsabilidades assumidas pode trazer uma sensação de isolamento para esses dias. O mais indicado a fazer é procurar um ponto de equilíbrio entre o que deseja fazer e o que precisa ser feito. Para funcionar melhor, essa gangorra precisa se manter em movimento com a colaboração e a compreensão de todos. O esforço para que apenas um lado prevaleça apenas trará mais desgaste e desperdício de energia.

No dia 09, Mercúrio se move novamente e entra no Signo de Virgem, uma de suas casas celestes. Essa é uma posição muito favorável, indicando que os assuntos intelectuais ganham maior estabilidade e praticidade. A habilidade de análise crítica está valorizada e a capacidade de organização e de atenção aos detalhes fica evidenciada. Entre os dias 09/09 e 26/09, projetos que envolvam ou exijam validação e verificação de informações estão favorecidos. Deslocamentos mais otimizados e estabelecimento de processos mais eficientes podem ser incentivados.

A Lua inicia seu movimento crescente no dia 11 de setembro, no alegre Signo de Sagitário. Quais planos e projetos iniciados no dia 02 deste mês podem se beneficiar de uma dose extra de otimismo? Qual meta parece ser a que oferece resultados mais estimulantes e que trazem o maior potencial de progresso? Talvez sejam os que mereçam a maior atenção e dedicação durante essa fase. Nesse dia e até o dia 13, porém, a quadratura entre o Sol e Júpiter alertam para o perigo de deixar-se levar por um excesso de autoconfiança. É hora de avançar, sim, mas tome cuidando para que a perna tenha o tamanho justo do passo.

Mercúrio forma um aspecto dinâmico a Marte (11/09 e 12/09), indicando dias bastante movimentados, com grande demanda mental, os quais exigem uma boa postura de negociação e assertividade. Esse posicionamento não costuma sinalizar um período turbulento, entretanto, considerando os aspectos anteriores, é interessante tomar cuidado para não prometer mais do que é possível cumprir.

Os dias 14 e 15 de setembro trazem o primeiro aspecto claramente agradável do mês. Nesses dias, Vênus forma um diálogo bonito com Júpiter. Esse é um final de semana propício para a descontração, o descanso, a alegria e a diversão. Viagens, encontros, saídas e todas as atividades que estejam voltadas à promoção do bem-estar são muito bem-vindas.

É uma excelente ideia usar esses dias para aliviar o estresse e aproveitar para desarmar quaisquer situações que possam aparentar estar em seu limite máximo, pois no dia 17, quando a Lua alcançar seu ápice, haverá um eclipse lunar parcial em Peixes. Como em todo eclipse, situações-limite são ativadas e tomam caminhos surpreendentes. Tratando-se de um eclipse lunar, o passado emerge com força, porém perde seu lugar para o futuro. O que não tem mais lugar é sacrificado de maneira irremediável. Sendo assim, é recomendável não chegar a esse dia com pendências acumuladas. Quanto menor for a pressão, menor será o potencial para estrago.

A ideia de limite é reforçada pela oposição entre Mercúrio e Saturno no dia 18. É muito importante não deixarmos que os impactos do eclipse lunar produzam pensamentos pessimistas. Não é recomendável colocar em ação nenhuma decisão que se forme mentalmente hoje, pois a percepção está tingida por ideias tristes mascaradas de realidade. Se puder, procure o apoio e o aconselhamento de pessoas que representem figuras paternas, que inspirem respeito por sua seriedade, experiência e sabedoria. O tempo é o melhor conselheiro e, apesar de clichê, não se esqueça de que um novo dia virá com novas informações, reflexões e perspectivas.

Dia 19 traz uma atmosfera bem diferente, mais leve, mais enérgica e mais criativa. O Sol forma um aspecto harmonioso com Urano (19/08 e 20/08), facilitando a expressão mais autêntica e inovadora da individualidade. São dias para explorar novas facetas da personalidade e novas possibilidades de viver o mundo. A oposição entre Sol e Netuno (20/08 e 21/08), no entanto, desenha a possibilidade de confusões nos relacionamentos. Nem sempre é possível ter clareza acerca do que se sente ou do que está causando uma emoção desconfortável. Nessas horas, o melhor a fazer é tentar contornar o conflito sem apelar para subterfúgios e manipulações. Da mesma maneira, é importante afastar-se de situações que possam acarretar desilusões, decepções e terminar em vitimização.

Manter-se honesto e claro em relação aos objetivos e intenções é uma forma de promover a cura e a regeneração de qualquer coisa que pareça ter se deteriorado nos últimos dias. Essa tendência é confirmada pelo aspecto benéfico do Sol com Plutão (21/08 e 22/08). O trígono entre Mercúrio e Júpiter no dia 21 fortalece o clima mais positivo do momento, facilitando a elaboração de planos futuros por meio da clareza mental, da habilidade de perceber um pouco mais conhecido, expandindo a curiosidade e o desejo de aumentar a bagagem de informações.

No dia 22 de setembro, o Sol ingressa no reino de Libra, trazendo mais clareza a todos os aspectos relacionais, dando ênfase ao que promove a colaboração, a cooperação e o equilíbrio de forças nas parcerias. Nesse mesmo dia, porém, Vênus e Plutão formam uma quadratura de (22 e 23/09) alertando que, por vezes, o amor pode não ser correspondido na mesma medida. Controlar o outro e apegar-se só aumentam a insegurança e os problemas gerados pelos sentimentos de posse e ciúme. Esse é um alerta importante, pois no dia 23, quando esse aspecto começa a se desfazer, Vênus deixa Libra para transitar por Escorpião, intensificando desejos e aprofundando afetos. As escolhas durante a passagem de Vênus por esse signo (23/09 a 18/10) são tingidas pela paixão.

A última semana do mês pede menos ação e um pouco mais de reflexão quanto ao que se passou desde o início da Lua Nova até o presente momento. No dia 24 de setembro, a Lua mingua em Gêmeos e as trocas podem ajudar a compreender melhor as principais lições dessa lunação. Nesse mesmo dia, Mercúrio se movimenta nos céus e faz um aspecto favorável a Urano e um tenso a Netuno. Nesse dia, atividades criativas têm mais chances de prosperar do que aquelas que exigem maior capacidade de concentração. Os pensamentos estarão mais acelerados, entretanto é possível que nem todos consigam compreender o que está sendo dito ou acompanhar o fluxo de ideias. Se for o caso, reduzir a velocidade e assegurar-se de que todos estão na mesma página podem ser recursos úteis para que todos possam colaborar e usufruir do aprendizado.

No dia 26, Mercúrio movimenta-se novamente, saindo do Signo de Virgem para entrar em Libra, reforçando o foco em questões relativas a parcerias e relacionamentos. Enquanto estiver nesse signo, as comunicações ganham em diplomacia e elegância. A indecisão característica desse signo pode se manifestar por meio da tendência de buscar ponderar todas as possibilidades e consequências de uma decisão. Nesse caso, é bom manter em mente que não há decisão perfeita e que, uma vez feita a ponderação, é preciso seguir adiante. Nesse mesmo dia, Mercúrio faz um excelente aspecto a Plutão, permitindo que assuntos mais difíceis sejam abordados sem hesitação e revelando dados que estavam escondidos sob a superfície.

O mês de setembro termina com dois aspectos interessantes. O Sol faz uma conjunção a Mercúrio (30/09), dando destaque à comunicação, às trocas, aos deslocamentos e às negociações. Marte, por sua vez, faz um belo aspecto a Saturno (29/09 e 30/09) trazendo foco e energia para todas as tarefas que exijam disciplina e paciência. Esses são ótimos aspectos para essa fase lunar, ajudando a finalizar, resolver e completar tudo o que for necessário para que não sobrem pendências para a lunação e o mês seguintes.

Posição Diária da Lua em setembro

DIA 01 DE SETEMBRO — DOMINGO
☽ Minguante (balsâmica) ☽ em Leão
LFC Início às 21:26

• **Lua sextil Júpiter — 01:11 às 05:09 (exato 03:09)**
Tempo de bem-estar físico e emocional. Aproveite o período para se restaurar e superar um possível cansaço ou pequenos obstáculos. Aja com grandeza de espírito. Há confiança nos vínculos mais íntimos. Favorável para quem está fazendo algum tratamento.

• **Lua conjunção Mercúrio — 07:32 às 11:39 (exato 09:36)**
Comece o dia corrigindo hábitos alimentares nocivos ao organismo ou que não estão de acordo com seu objetivo atual. Planejar os horários, os cardápios e as atividades vai revigorar o corpo físico e emocionalmente. Descanse e se entregue ao fluxo do dia!

• **Lua quadratura Urano — 17:22 às 21:20 (exato 19:21)**

Imprevisibilidade. Compromissos podem ser cancelados. Evitar conflitos e não cobrar posicionamentos de outras pessoas pode evitar rompimentos de relações. Também no trabalho, evite fazer pressão sobre outras pessoas que estão intolerantes. Não dirija em velocidade alta.

• **Lua sextil Marte — 19:19 às 23:30 (exato 21:26)**

Mantenha a serenidade e seja espontâneo, sincero. Bom para quem trabalha exercendo autonomia. Auspicioso para encontros físicos, pois há a possibilidade de se aproximar ou se reaproximar de relacionamentos existentes. Aproveite a oportunidade!

DIA 02 DE SETEMBRO – SEGUNDA-FEIRA
● *Nova às 22:55 em 11º04' de Virgem* ☽ *em Virgem às 00:48*
LFC Fim às 00:48

Enquanto a Lua estiver em Virgem, sentimo-nos mais retraídos, tímidos e exigentes. Ficamos menos tolerantes com a falta de eficiência, organização, limpeza e negligência. Programe uma limpeza geral na vida: nos armários, na alma, nos pensamentos, no corpo. Invista em hábitos saudáveis, em organizadores de objetos e em planilhas de controle. Evite marcar cirurgia na região gastrointestinal e nos pés.

• **Lua conjunção Sol — 20:44 às 01:06 de 03/09 (exato 22:55)**

Momentos de equilíbrio nos quais nossa consciência e emoção estão balanceados. Os conflitos interiores estão apaziguados. Aproveitemos para descansar. Essa harmonia estende-se às relações existentes, trazendo momentos de convergência e paz.

DIA 03 DE SETEMBRO – TERÇA-FEIRA
● *Nova* ● *em Virgem*

• **Lua oposição Saturno — 07:36 às 11:37 (exato 09:37)**

Manhã pouco produtiva. Parece-nos que os obstáculos são maiores do que nossa capacidade de transpô-los. Além disso, temos menor colaboração dos outros, portanto é preciso ter paciência! E, prepare-se, pois é possível que não consigamos realizar tudo o que foi planejado.

• **Lua quadratura Júpiter — 13:31 às 17:36 (exato 15:34)**

Uma sensação de desvalor nos faz uma visitinha, como se nosso trabalho não fosse relevante. Estamos mais exigentes, querendo mais proteção, apoio e cuidado. Além disso, nossa expectativa em relação ao outro é grande, pois achamos que esse apoio deve ser incondicional. Cuidado com excessos.

DIA 04 DE SETEMBRO — QUARTA-FEIRA
● *Nova* ● *em Libra às 13:11 LFC Início às 13:07 LFC Fim 13:11*

Enquanto a Lua estiver em Libra, é tempo de equilibrar as emoções, de ter uma visão mais imparcial e objetiva das situações. Tempo de beleza, olhar estético, elegância, refinamento. Favorável para as artes e os artistas. Sentimo-nos atraídos por lugares charmosos, com pessoas bonitas e bem-vestidas. Estamos predispostos a relacionamentos. Evite marcar cirurgia nos rins e na região da cabeça.

• **Lua trígono Urano — 05:34 às 09:38 (exato 07:36)**
Inicie caminhadas ou atividades ao ar livre; isso vai melhorar a circulação do corpo e refrescar os pensamentos. Aqui, os relacionamentos compostos de pessoas díspares encontram-se favoráveis. No trabalho, inove, tente apresentar um projeto mais moderno, inovador.

• **Lua oposição Netuno — 09:03 às 13:06 (exato 11:04)**
Tem uma reunião? Prepare muito bem sua pauta e tenha calma com possíveis atrasos. Está preparando um projeto, executando um estudo para algum negócio? Cuide das informações, dos dados; analise, cheque tudo — pois há risco de erros de avaliação e insucesso nas implementações.

• **Lua quadratura Marte — 10:51 às 15:08 (exato 12:59)**
O clima é de inquietação! Momento em que há pouca paciência para tarefas que precisam de muito tempo de dedicação. Onde há ajuntamento de pessoas, tais como shows, competições esportivas etc., há a possibilidade de haver conflitos e acidentes repentinos. Fique alerta!

• **Lua trígono Plutão — 11:04 às 15:07 (exato 13:07)**
Bom momento para realização de reparos em casa. Excelente para realização de check-ups. Maior capacidade de recuperação! No trabalho, líderes podem influenciar a equipe, conseguindo colaboração e afastando conflitos. Bom para lançar campanhas de saneamento em comunidades.

DIA 05 DE SETEMBRO — QUINTA-FEIRA
● *Nova* ● *em Libra*

• **Lua conjunção Vênus — 03:55 às 08:28 (exato 06:12)**
Para quem trabalha nesse período, a dica para ter produtividade é alternar o trabalho com alguma atividade social ou de lazer. A leveza presente aqui

suaviza as indisposições de natureza psicossomática. A fertilização encontra aqui um momento auspicioso.

DIA 06 DE SETEMBRO — SEXTA-FEIRA
● *Nova* ● *em Libra*

• **Lua trígono Júpiter** — 03:04 às 07:11 (exato 05:08)

Estamos bem emocionalmente! Bem-humorados, fazemos tudo melhor. Para quem fez uma cirurgia, o momento contribui para a recuperação. Também há um aumento de confiança em nossos afetos. Favorável para viagens longas e empresas ligadas a esse setor.

• **Lua sextil Mercúrio** — 17:54 às 22:26 (exato 20:10)

Aproveite a oportunidade que aparecer caso pretenda vender e trocar de carro. As reuniões vão fluir com facilidade, há facilidade de expressão. Nos relacionamentos, a facilidade de expressar as emoções de forma positiva contribui para o entendimento. Fale, demonstre!

DIA 07 DE SETEMBRO — SÁBADO
● *Nova* ● *em Escorpião às 02:18*
LFC Início às 02:09 LFC Fim 02:18

Enquanto a Lua estiver em Escorpião, faça exames de investigação, pois os diagnósticos costumam ser assertivos. É possível recuperar objetos perdidos e investigar qualquer assunto. Talvez tenha que radicalizar no controle de gastos para se recuperar financeiramente. Evite marcar cirurgia nos órgãos genitais, bexiga, uretra, próstata, intestino, reto, da garganta, tireoide e cordas vocais.

• **Lua quadratura Plutão** — 00:06 às 04:09 (exato 02:09)

Sopra o vento da hostilidade. Não devemos ir além dos limites pois podemos ter surpresas fortes e desagradáveis. Evite estar em locais e situações potencialmente perigosas, sobretudo nas metrópoles, onde a insegurança é maior. Tenha muito cuidado.

• **Lua trígono Marte** — 03:15 às 07:31 (exato 05:23)

Pequenas incisões cirúrgicas cicatrizam rapidamente. Os diagnósticos e os tratamentos que combatem a anemia são auspiciosos. Momento em que nos sentimos atraídos pela novidade. Melhor ficar em segurança e buscar coisas novas por meio das redes sociais ou publicações.

DIA 08 DE SETEMBRO — DOMINGO
● Nova ● em Escorpião

• Lua trígono Saturno — 08:37 às 12:36 (exato 10:37)

O sentimento é de produtividade. No trabalho, encare as responsabilidades e, assim, será mais notado e respeitado. Os relacionamentos mais antigos são os escolhidos, pois nos transmitem mais segurança e estabilidade emocional. Período benéfico para oficializar uniões.

• Lua sextil Sol — 09:17 às 13:39 (exato 11:28)

Manhã de boa vibração e disposição! A fertilidade está em alta. Não só no aspecto reprodutivo, mas em todos os processos de criação, de desenvolvimento. Esse período é particularmente benéfico, pois fertilizará os processos, trazendo bons resultados. Concentre-se, aproveite!

DIA 09 DE SETEMBRO — SEGUNDA-FEIRA
● Nova ● em Sagitário às 14:25 LFC Início às 14:12 LFC Fim 14:25

Enquanto a Lua estiver em Sagitário, estamos mais espontâneos e autoconfiantes. Temos entusiasmo, fé e expectativas altas em relação aos outros. Tempo de estar, de conhecer pessoas diferentes de nós em temperamento, em nível intelectual, social e cultural. Queremos expandir e conhecer locais exóticos. Evite marcar cirurgia no fígado, coxas, quadris, ciático, pernas, braços, mãos e vias respiratórias.

• Lua oposição Urano — 06:59 às 10:56 (exato 08:58)

A semana começa agitada! O inesperado de todo tipo altera o plano de trabalho, inclusive por causa da possibilidade de que alguns colaboradores faltem ou se atrasem. Desfavorável para negócios imobiliários — possível alterações de preços. É possível que partos sejam antecipados.

• Lua trígono Netuno — 10:09 às 14:04 (exato 12:06)

A inspiração nos visita. No trabalho, a empresa se beneficia, pois a convergência de pessoas em prol de um objetivo, uma meta, está presente. A sintonia entre as pessoas está no ar. Para os relacionamentos afetivos, um clima de romance, compreensão e encantamento se aproxima.

• Lua sextil Plutão — 12:13 às 16:08 (exato 14:12)

Se precisa começar um tratamento para o sistema genital ou reprodutor, esse é um momento particularmente auspicioso. Favorável também para terapias de reposição hormonal. Se alguns vínculos importantes estavam afastados, é bom para recuperá-los. Perdoe, peça perdão. Reconsidere.

• **Lua quadratura Mercúrio** — 13:35 às 18:02 (exato 15:49)

Nervosismo no trabalho e conversas paralelas prejudicam a produtividade. Momento desfavorável para comunicados e divulgar informações. É possível serem utilizadas palavras inadequadas ou haver falta de comunicação, prejudicando as relações. Cautela, reconsidere muito as palavras antes de falar.

DIA 10 DE SETEMBRO – TERÇA-FEIRA
🌑 *Nova* 🌑 *em Sagitário*

• **Lua sextil Vênus** — 17:40 às 21:54 (exato 19:47)

Bom momento para se cuidar. Que tal ir ao cabeleireiro ou fazer uma massagem modeladora após o trabalho? Para quem tem um negócio ligado à beleza ou estética, prepare um pacote promocional. Não deixe de aproveitar a oportunidade, porque a vaidade de todos está em alta!

• **Lua quadratura Saturno** — 19:08 às 22:55 (exato 21:01)

Nesse período o consumo de bens e serviços diminui. Há medo de gastar os recursos. Nosso lado crítico é ativado e nosso humor já não está tão bom. Evite marcar entrevistas de emprego. Pode haver atrasos e cancelamentos, dificultando o ritmo normal de nosso trabalho.

DIA 11 DE SETEMBRO – QUARTA-FEIRA
☾ *Crescente às 03:05 em 19°00' de Sagitário* ☾ *em Capricórnio às 23:37*
LFC Início às 21:21 LFC Fim 23:37

Enquanto a Lua estiver em Capricórnio, estamos todos mais sérios. Sentimo-nos mais retraídos e sem vontade de arriscar. Há mais foco, disciplina, empenho e responsabilidade, o que propicia renunciar a alguns prazeres imediatos com o objetivo de alcançar benefícios futuros, a médio e longo prazo. Produtividade. Evite cirurgia na coluna, articulações, joelho, pele, dentes, olhos, vesícula, útero, mamas, abdômen.

• **Lua quadratura Sol** — 01:02 às 05:08 (exato 03:05)

Realizar coisas nesse período é muito desgastante. Estão todos fechados, não receptivos e propensos à oposição. Evite conversas difíceis que demandem a convergência e a compreensão do outro. Não há maturidade nem disposição suficientes para o diálogo.

• **Lua oposição Júpiter** — 03:12 às 07:00 (exato 05:06)

Tenha muita cautela, pois há propensão a desvalorizar os afetos. A insatisfação está no ar e podemos tentar compensar isso comendo muitos alimentos pouco saudáveis, o que pode sobrecarregar o fígado e causar desconforto digestivo. Tendência a exageros na bebida e no cigarro.

• **Lua quadratura Netuno — 19:29 às 23:10 (exato 21:21)**

A melancolia nos visita. Há nas pessoas muita sensibilidade — uma incerteza, insegurança e até tristeza —, o que pode gerar mudanças de humor repentinos. Atenção ao se deslocar, pois a tendência é de distração. Cuidado com a perda de objetos e documentos.

DIA 12 DE SETEMBRO – QUINTA-FEIRA
☽ *Crescente* ☽ *em Capricórnio*

• **Lua oposição Marte — 06:01 às 09:50 (exato 07:56)**

Atenção aos deslocamentos. O clima é de intolerância e confronto, portanto não tente impor sua opinião aos outros. Essa atitude provoca rejeição e pode deflagrar um desentendimento. Troque a franqueza e a impulsividade por uma atitude mais diplomática e gentil.

• **Lua trígono Mercúrio — 06:30 às 10:40 (exato 08:35)**

Esse aspecto ajuda no diálogo, no bom entendimento entre as pessoas; permaneça na diplomacia. Pensando em corrigir hábitos alimentares? Comece aqui. Bom desempenho de trabalhos e atividades, pois o lado mental está bem favorecido e fértil.

DIA 13 DE SETEMBRO – SEXTA-FEIRA
☽ *Crescente* ☽ *em Capricórnio*

• **Lua sextil Saturno — 02:07 às 05:38 (exato 03:52)**

Buscamos solidez, estabilidade. Bom para pensar em um seguro ou plano de previdência. As atividades ligadas à área administrativa estão fluindo muito bem nesse período. Quer iniciar algo cujo resultado será a longo prazo? Dedique-se e aproveite o momento!

• **Lua quadratura Vênus — 06:34 às 10:26 (exato 08:30)**

Aqui, somos acometidos pela dificuldade em escolher. Medidas como aumentos de preço de produtos e serviços, cobranças e taxas extras não são favoráveis. Há uma intolerância ao desconforto, então adiamos as atividades e trabalhos que demandam maior esforço.

• **Lua trígono Sol — 12:07 às 15:53 (exato 14:00)**

Temos mais percepção das expectativas e receptividade do cliente, pois estão mais objetivos e seguros em seus desejos. O momento é de integração entre racional e emocional, não deixando espaço para incertezas e inseguranças. Os casais estão em harmonia.

• **Lua trígono Urano** — 22:20 às 01:46 de 14/09 (exato 00:03 de 14/09)

Noite leve! Que tal surpreender a pessoa amada? Propor algo incomum, criar um clima diferente do usual, tornará essa noite ainda melhor. Se busca a solução de algo, abra-se e pergunte a opinião de pessoas diferentes de você. Um *insight* pode acontecer.

DIA 14 DE SETEMBRO – SÁBADO
☾ *Crescente* ☾ *em Aquário às 04:53 LFC Início às 04:35 LFC Fim 04:53*

Enquanto a Lua estiver em Aquário, a empolgação e a eletricidade estão presentes. Queremos o novo, o incomum, o inconvencional. Lançar novos produtos ou serviços encontra receptividade na curiosidade do público. Somos visitados pela vontade de mudar, de nos renovar. Há intolerância às restrições da liberdade. Evite marcar cirurgia nas veias, vasos, artérias, capilares, coração, tornozelo e região lombar.

• **Lua sextil Netuno** — 00:56 às 04:22 (exato 02:39)

Sedução no ar! Compreender o outro e fazer concessões se sobressaem e fortalecem o relacionamento. A conexão da alma é mais importante do que a física. Aproveite o romantismo. Beba muita água nesse período, pois a eliminação de toxinas está facilitada.

• **Lua conjunção Plutão** — 02:51 às 06:17 (exato 04:35)

O sentimento verdadeiro, sincero, resultará em benefícios. Momento de aprofundar laços existentes. O erotismo nos visita e possibilita a renovação da intimidade nos relacionamentos. Relações afastadas têm grande chance de serem recuperadas.

DIA 15 DE SETEMBRO – DOMINGO
☾ *Crescente* ☾ *em Aquário*

• **Lua trígono Júpiter** — 13:25 às 16:43 (exato 15:04)

O bom humor está presente. Estamos confiantes e alegres. Bom para participar de *workshops* ou algum outro tipo de treinamento, curso ou forma de aprendizado. Se quer engravidar, aproveite esse período pois os astros estão favorecendo.

• **Lua trígono Vênus** — 14:21 às 17:56 (exato 16:08)

Sedução e romantismo no ar, aproximando as pessoas e proporcionando momentos mais afetuosos e charmosos entre os amantes. A concepção está favorável. Momento assertivo para investir em casa, comprando objetos que sejam decorativos e embelezem o lar.

DIA 16 DE SETEMBRO — SEGUNDA-FEIRA
☽ *Crescente* ☽ *em Peixes às 06:38*
LFC Início às 02:05 LFC Fim 06:38

Enquanto a Lua estiver em Peixes, um produto ou serviço lançado terá mais chance de se propagar. Estamos querendo mais encantamento, mais magia na vida! Atraímos nosso afeto com mais facilidade, criando um clima idílico, de fantasia. Se não nutre uma paixão por alguém, é tempo de se apaixonar por algo! Evite marcar cirurgias nos pés. O conselho é checar o sistema imunológico e a taxa de glóbulos brancos.

• **Lua quadratura Urano — 00:26 às 03:40 (exato 02:05)**
Momentos em que sentimos vontade de estar inacessíveis, inclusive na vida afetiva. Muita agitação no ar; imprevistos de diversas naturezas podem ocorrer. O sono tende a ser agitado. Para as grávidas, há a possibilidade de que o parto seja antecipado.

• **Lua trígono Marte — 16:23 às 19:42 (exato 18:03)**
Agilidade no trabalho, maior capacidade de decisão, sobretudo em ações que demandam mais iniciativa própria. Momento oportuno para marcar e conquistar espaço, disputar posições. Com os colegas de equipe é mais lucrativo ser transparente e objetivo, buscando motivar a todos.

DIA 17 DE SETEMBRO — TERÇA-FEIRA
○ *Cheia às 23:34 em 25°40' de Peixes* ○ *em Peixes*

Eclipse Lunar às 23:34 em 25°40' de Peixes
• **Lua oposição Mercúrio — 02:06 às 05:43 (exato 03:55)**
Se você trabalha nesse período, cuidado para não ser indiscreto e falar sobre sua vida pessoal, pois corre o risco de ser mal interpretado. Nos laços íntimos, cautela com o uso indevido de palavras, com a falta de diálogo ou com a omissão de sentimentos, pois podem ocasionar melindres.

• **Lua conjunção Saturno — 05:35 às 08:45 (exato 07:10)**
Aqui a disciplina e a produtividade nos visitam. Se precisamos de algum serviço, buscaremos profissionais eficientes, experientes e qualificados. Os clientes que conquistarmos nesse período podem se tornar fiéis ao nosso produto ou serviço. Devemos dar o nosso melhor.

• **Lua quadratura Júpiter** — 13:54 às 17:05 (exato 15:30)

Cuidado com o exagero nas expectativas dos resultados daquilo que empreender. Convém dimensionar nossa real possibilidade de sucesso ou então nos sentiremos irrelevantes, gerando desmotivação frente ao que deve ser feito. Ansiando expandir, podemos ter atitudes levianas.

• **Lua oposição Sol** — 21:52 às 01:15 de 18/09 (exato 23:34)

Momento de tensão para os relacionamentos que já se encontram em crise. O melhor a fazer é manter a calma e ir dormir cedo. No trabalho, procure colaborar com os outros e ser receptivo à participação de outros em suas realizações. Esse período pede reciprocidade.

DIA 18 DE SETEMBRO – QUARTA-FEIRA
○ *Cheia* ○ *em Áries às 06:23 LFC Início às 06:03 LFC Fim 06:23*

Enquanto a Lua estiver em Áries, a coragem para enfrentar situações e a intolerância com processos demorados nos leva a agir de forma imediata, munidos pela impaciência. Falamos com mais objetividade e sinceridade a fim de acelerar soluções. É preciso evitar agir segundo nossos próprios critérios, negligenciando a situação alheia. Evite marcar cirurgias na região da cabeça e nos rins.

• **Lua sextil Urano** — 00:18 às 03:27 (exato 01:52)

Se o relacionamento se encontra em um momento difícil, aqui é favorável tentar uma abordagem ou aproximação novas, expressando os sentimentos de forma honesta e fluida. Período ideal para alterar hábitos nocivos à saúde. Desapegue-se do que não serve mais!

• **Lua conjunção Netuno** — 02:35 às 05:44 (exato 04:10)

Sopram os ventos da compreensão, da tolerância e da solidariedade, trazendo com eles o romantismo e deixando um tom de magia no ar. Estamos muito sensíveis, com a percepção aguçada para o rumo das situações. Está presente a disposição de ajuda mútua.

• **Lua sextil Plutão** — 04:27 às 07:36 (exato 06:03)

Quer abandonar de vez algum hábito? Aproveite esses momentos. Como estamos com o foco amplificado, aproveite para direcionar as ações para trabalhos, estudos e atividades que demandam dedicação. A chance de uma aproximação maior com pessoas em posição de poder é favorável.

• **Lua quadratura Marte** — 17:48 às 21:05 (exato 19:26)

Evite praticar esporte de risco e, ao dirigir, não o faça em alta velocidade ou de forma arriscada. A hostilidade está no ar, desfavorecendo as atitudes explosivas e emocionais sob o risco de arrependimento posterior. Evite abusar da autoridade, contorne as situações de modo pacífico.

DIA 19 DE SETEMBRO — QUINTA-FEIRA
○ Cheia ○ em Áries

• Lua sextil Júpiter — 13:34 às 16:46 (exato 15:10)

Se precisa viajar, aproveite esse período promissor! Boa oportunidade também para aproveitar a receptividade e a boa vontade dos clientes para ampliar seu público por meio da aproximação, do contato, do relacionamento. Bom para diagnósticos, pois serão assertivos.

• Lua oposição Vênus — 22:28 às 01:58 de 20/09 (exato 00:13 de 20/09)

O trabalho pode ser influenciado negativamente por antipatias pessoais. As expectativas afetivas estão grandes devido ao aumento da carência. Os encontros que se dão aqui ficarão em um plano superficial em vez de proporcionarem satisfação emocional.

DIA 20 DE SETEMBRO — SEXTA-FEIRA
○ Cheia (disseminadora) ○ em Touro às 06:02
LFC Início às 05:39 LFC Fim 06:02

Enquanto a Lua estiver em Touro, há o aumento da vontade de estabilidade emocional, o que proporciona encontros e relações mais estáveis. A disponibilidade afetiva aumenta a ternura. Racionalizamos as finanças, pensando em poupanças e investimentos seguros e a longo prazo. Evite marcar cirurgia na garganta, tireoide, cordas vocais, órgãos genitais, próstata, uretra, bexiga, reto e intestino.

• Lua quadratura Plutão — 04:02 às 07:14 (exato 05:39)

Todos estamos mais exaltados, radicais. Evite conflitos, além de lugares e situações de menor segurança. Se tem um negócio, evite aumentar os preços, bem como decidir sobre negócios maiores ou de risco. Certifique-se de que os bens móveis estão bem guardados e com seguro.

• Lua sextil Marte — 19:36 às 22:59 (exato 21:17)

Se vem adiando algum assunto aproveite o momento, pois ele favorece sua autonomia e disposição para resolvê-lo. Momento de resolução, de desfazer impasses. A agilidade e a coragem auxiliam a fluência de empreendimentos desafiadores. Aproveite!

DIA 21 DE SETEMBRO – SÁBADO
◯ *Cheia (disseminadora)* ◯ *em Touro*

• Lua sextil Saturno — 04:49 às 08:05 (exato 06:27)

A disciplina nos visita, então aproveite para começar uma dieta de correção, praticar exercícios ou abandonar maus hábitos. Bom para início de tratamentos de longa duração, fisioterapias etc. Fazer planos em comum com seu amor vai fortalecer o vínculo existente.

• Lua trígono Mercúrio — 15:35 às 19:24 (exato 17:30)

Segue propício para corrigir hábitos alimentares nocivos. Os relacionamentos que necessitam de alguma conversa cujos temas são delicados ou demandam esclarecimentos, aqui têm um momento favorável ao bom entendimento. O acolhimento ao que dizemos está presente.

DIA 22 DE SETEMBRO – DOMINGO
◯ *Cheia (disseminadora)* ◯ *em Gêmeos às 07:24*
LFC Início às 07:15 LFC Fim 07:24

Entrada do sol no Signo de Libra às 09h43min37seg.
Equinócio de Outono H. Norte Equinócio de Primavera H. Sul.

Enquanto a Lua estiver em Gêmeos, a comunicação está em alta. Esclarecer fatos e falar dos sentimentos melhoram o relacionamento, o entendimento. Estamos mais maleáveis. Queremos trocar ideias e informações. A curiosidade aumenta. É tempo de aprender, escrever e falar. Uma atividade mental maior pode interferir no sono. Evite marcar cirurgia nas vias respiratórias, pernas, braços, mãos, dedos e fígado, coxa, bacia e ciático.

• Lua conjunção Urano — 00:48 às 04:09 (exato 02:28)

Se está em um relacionamento em crise, é um bom momento para investir em uma nova abordagem do tema crítico. Período favorável para relacionamentos em que as pessoas são muito diferentes.

• Lua sextil Netuno — 03:09 às 06:31 (exato 04:49)

Aumentam a sedução, o romance e o encantamento, o que faz com que as pessoas criem certa sintonia. Os relacionamentos mais próximos brilham com a elaboração de momentos idílicos. Aproveite para criar climas de magia e romantismo! Ocorrem aqui muitos encontros ao acaso. Fique atento às oportunidades.

• Lua trígono Plutão — 05:15 às 08:38 (exato 06:56)

Clima de erotismo. Todos os sentimentos verdadeiros trarão frutos, aprofundando os vínculos já existentes. Favorável para retornos, recuperação de relacionamentos. O sono aqui é reparador. Para quem fez uma cirurgia, a recuperação está agilizada.

• **Lua trígono Sol — 05:24 às 09:02 (exato 07:15)**

Momentos de encontros! Para os casais, sobretudo os que são bem diferentes entre si, há maior harmonia para entenderem suas diferenças, contribuindo para o equilíbrio dentro da relação. Os encontros estão em alta! Bom momento para casar-se oficialmente.

DIA 23 DE SETEMBRO — SEGUNDA-FEIRA
○ Cheia (disseminadora) ○ em Gêmeos

• **Lua quadratura Saturno — 07:13 às 10:42 (exato 08:58)**

A semana começa pesada. Estamos mais críticos e pessimistas. É melhor evitar o contato com as pessoas e adotar uma interação impessoal quando necessário. Podem ser necessários consertos e reparações em casa ou no trabalho. Objetos e ferramentas de trabalho podem apresentar falhas.

• **Lua conjunção Júpiter — 17:51 às 21:25 (exato 19:38)**

Eis que no fim do dia o bom humor aparece! Nossa disposição física também melhora. Se havia alguém cuja aproximação estava dificultada, devemos agir com generosidade, com grandeza de alma. Os partos estão beneficiados. Bom para concepção e fertilização.

DIA 24 DE SETEMBRO — TERÇA-FEIRA
☽ Minguante às 15:49 em 02°12' de Câncer ○ em Câncer às 11:49
LFC Início às 09:00 LFC Fim 11:49

Enquanto a Lua estiver em Câncer, sentimo-nos mais sensíveis, vulneráveis e emotivos. Tempo de alimentar e se nutrir dos laços existentes, rever antigos amigos, estar com quem amamos, em família. Certa nostalgia traz a saudade de tempos vividos. Evite abrir negócios e engravidar. Evite marcar cirurgia no abdômen, estômago, mamas, útero, ossos, articulações, vesícula, pele e olhos.

• **Lua quadratura Mercúrio — 03:08 às 07:18 (exato 05:13)**

Cuide para não ter indisposição digestiva. A agitação mental pode gerar estresse. Cuidado as palavras que podem interferir em seus relacionamentos. A dificuldade em expressar o que se sente pode levar a dizer o que não quer.

• **Lua quadratura Netuno — 07:11 às 10:46 (exato 09:00)**

Aqui a atenção deve ser redobrada. A desatenção paira e pode nos levar a esquecimentos e enganos. Com a falta de foco, podemos desistir das responsabilidades com facilidade. Se participar de uma reunião, otimize seu tempo por meio da construção de uma pauta objetiva e organizada.

• **Lua trígono Vênus — 13:30 às 17:29 (exato 15:29)**

A tarde é amena sob a influência desse aspecto. Lance mão da cortesia, da gentileza, para atingir suas metas no trabalho e ser produtivo. Esmere-se na apresentação estética pessoal e do trabalho que está realizando, pois isso influirá em uma impressão favorável.

• **Lua quadratura Sol — 13:52 às 17:47 (exato 15:49)**

Atenção, a tarde é acompanhada do descontentamento, de divisão entre as pessoas. Estamos mais emocionais e menos racionais, o que dificulta as tomadas de decisão. As reações podem parecer infantis, portanto use muita racionalidade e diplomacia para ter discernimento e clareza em tudo.

DIA 25 DE SETEMBRO – QUARTA-FEIRA
☽ Minguante ☽ em Câncer

• **Lua conjunção Marte — 07:43 às 11:35 (exato 09:39)**

No ar, muita disposição. Sentimo-nos ágeis e produtivos no trabalho. A execução flui. Devemos usar a proatividade. Para quem aspira um novo trabalho, é um bom momento para buscar ou mesmo aceitar um novo desafio no local onde está. Bom senso para as oportunidades.

• **Lua trígono Saturno — 13:00 às 16:42 (exato 14:51)**

Produtividade, disciplina e determinação em alta. Bom para reparos e obras em casa. As atividades no setor imobiliário estão destacadas. Utilize bem o tempo e os recursos para otimizar seus resultados. Favorável para oficializar sua união com alguém.

DIA 26 DE SETEMBRO – QUINTA-FEIRA
☽ Minguante ☽ em Leão às 19:47 LFC Início às 19:13 LFC Fim 19:47

Enquanto a Lua estiver em Leão, não queremos ter limitações. Com o calor no coração todos querem festas e alegria — querem celebrar a vida. A autoestima aumenta e adoramos nos sentir prestigiados, especiais. A necessidade de nos agradarmos com coisas lindas e, muitas vezes, caras também cresce. Evite marcar cirurgia no coração, região da lombar, veias, varizes, capilares e tornozelos.

• **Lua sextil Urano — 12:07 às 15:56 (exato 14:02)**

No trabalho, escutar alguém de uma área de atuação diferente da sua ou de uma outra faixa etária pode ajudar a ter ideias novas e soluções para o que vem buscando. As novidades podem surgir e gerar oportunidades que devemos saber aproveitar.

• **Lua trígono Netuno** — 14:43 às 18:32 (exato 16:37)

Momento oportuno para pensar e trabalhar com uma visão detalhista. O trabalho flui bem e há um clima de colaboração entre as pessoas. Se trabalha com imagem, artes, é um momento inspirador no qual a estética, e tudo o que envolve o visual, deve ser bem-cuidada, bela.

• **Lua oposição Plutão** — 17:17 às 21:07 (exato 19:13)

Evite fechar negócios de maior porte que o seu! Um passado mal resolvido pode surgir e projetar sentimentos não trabalhados em relações atuais, trazendo, por sua vez, o ciúme, a possessividade, o controle, a desconfiança, o medo do abandono e fantasmas que podem minar o relacionamento.

• **Lua sextil Mercúrio** — 20:02 às 00:32 de 27/09 (exato 22:17)

Grande dica: aproveite o clima de facilidade de comunicação para conversar e expressar suas emoções. O que for falado será melhor recebido aqui pelo outro lado, contribuindo para o entendimento. Abra o coração, verbalize com bom senso e então as palavras certas fluirão, aproveite!

DIA 27 DE SETEMBRO – SEXTA-FEIRA
Minguante (balsâmica) ☽ *em Leão*

• **Lua sextil Sol** — 02:44 às 06:56 (exato 04:50)

Período no qual ideias, projetos e situações que estavam adormecidos se projetam e podem revelar seu potencial de sucesso. Examine e aproveite as oportunidades de revelar aquilo que talvez havia reprimido por timidez ou insegurança.

• **Lua quadratura Vênus** — 03:38 às 07:56 (exato 05:47)

Aqui, normalmente, queremos comer mais doces; cuidado com excessos. A disposição física está baixa, fazendo com que o rendimento seja menor. Há também uma indecisão devido à dificuldade de escolha. Desfavorável para a concepção.

DIA 28 DE SETEMBRO – SÁBADO
Minguante (balsâmica) ☽ *em Leão*

• **Lua sextil Júpiter** — 11:05 às 15:03 (exato 13:04)

Se estiver se submetendo a exames investigativos, esse momento favorece a assertividade de diagnósticos e o sucesso de tratamentos. Boa recuperação para quem tem ferimentos ou se recupera de uma cirurgia. O otimismo e a boa disposição estão presentes.

• **Lua quadratura Urano** — 22:36 às 02:35 de 29/09 (exato 00:36 de 29/09)

Risco de haver cancelamento de contratos e patrocínios de forma repentina. Se você está passando por um momento tenso no relacionamento, é possível que haja sofrimento. O melhor a fazer é se desapegar, descomprimir e se posicionar de maneira diplomática.

DIA 29 DE SETEMBRO – DOMINGO
☽ Minguante (balsâmica) ☽ em Virgem às 06:41
LFC Início às 00:36 LFC Fim 06:41

Enquanto a Lua estiver em Virgem, os trabalhos mentais estão favorecidos. Estando mais realistas, é hora de reprogramarmos nossos projetos mais ambiciosos.

É tempo de organizar e tratar da vida financeira. Todos estão mais críticos e seletivos, aumentando o nível de exigência. Auspicioso para cuidar da alimentação e da saúde. Evite marcar cirurgia do aparelho gastrointestinal e dos pés.

• **Lua sextil Vênus** — 21:34 às 02:03 de 30/09 (exato 23:49)

Clima de sedução e charme atrai as pessoas. Há vontade de cuidar de si, de estar bonito. A afetividade traz docilidade às pessoas, concorre pelo equilíbrio e gera mais intimidade nas relações. Produza um clima romântico e desfrute desses momentos de harmonia.

DIA 30 DE SETEMBRO – SEGUNDA-FEIRA
☽ Minguante (balsâmica) ☽ em Virgem

• **Lua oposição Saturno** — 09:37 às 13:38 (exato 11:37)

A semana começa com atrasos. No trabalho, a colaboração entre as pessoas diminui, fazendo com que surja a necessidade de focar e realizar as atividades que dominamos. A criatividade e a inspiração estão em baixa, diminuindo a produtividade. Nesse período, evite entrevistas de emprego.

• **Lua sextil Marte** — 10:03 às 14:17 (exato 12:10)

Auspicioso para quem se antecipa, age como pioneiro. Aproveite para elogiar e motivar outra pessoa de forma sincera. Favorável para participar em concorrências e para disputar cargos. A disciplina e a vontade contribuem para o combate a hábitos nocivos.

• Lua quadratura Júpiter — 23:27 às 03:31 de 01/10 (exato 01:29 de 01/10)

A tendência é de excessos na alimentação e bebidas, o que pode levar à indisposição gástrica. Procure se alimentar de coisas leves. Há um clima de insatisfação, carência e indolência. Controle o desejo de compras excessivas às custas de ganhos incertos. Tendência ao desperdício.

Outubro 2024

Domingo	Segunda-feira	Terça-feira	Quarta-feira	Quinta-feira	Sexta-feira	Sábado
		1 ♎︎	2 ⌐10°03 ♎︎	3	4 ♏︎	5
		Lua Minguante em Libra às 19:19 LFC 18:40 às 19:19	Lua Nova em Libra às 15:49 Eclipse Solar às 15:49 em Libra	Lua Nova em Libra	Lua Nova em Escorpião às 08:22 LFC 07:41 às 08:22	Lua Nova em Escorpião
6 ♐︎	7	8	9 ♑︎	10 ,17°57 ♑︎	11 ♒︎	1 2
Lua Nova em Sagitário às 20:33 LFC 19:53 às 20:33	Lua Nova em Sagitário	Lua Nova em Sagitário	Lua Nova em Capricórnio às 06:38 LFC 02:54 às 06:38	Lua Crescente em Capricórnio às 15:54	Lua Crescente em Aquário às 13:30 LFC 12:54 às 13:30	Lua Crescente em Aquário
13 ♓︎	1 4	15 ♈︎	16	17 24°35 ♉︎ ♈︎	18	19 ♊︎
Lua Crescente em Peixes às 16:54 LFC 16:24 às 16:54	Lua Crescente em Peixes	Lua Crescente em Áries às 17:33 LFC 17:01 às 17:33	Lua Crescente em Áries	Lua Cheia em Áries às 08:26 Lua Cheia em Touro às 16:59 LFC 16:27 às 16:59	Lua Cheia em Touro	Lua Cheia em Gêmeos às 17:06 LFC 16:34 às 17:06
20	21 ♋︎	22	23	24 ☾01°24' ♌︎	25	26 ♍︎
Lua Cheia em Gêmeos	Lua Cheia em Câncer às 19:49 LFC 18:01 às 19:49	Lua Cheia em Câncer Entrada do Sol no Signo de Escorpião às 19h14min42seg	Lua Cheia em Câncer	Lua Minguante às 05:03 em Leão Lua Cheia em Leão às 02:23 LFC 01:48 às 02:23	Lua Minguante em Leão	Lua Minguante em Virgem às 12:47 LFC 05:04 às 12:47
27	28 ♊︎	29 ♎︎	30	31 ♏︎		
Lua Minguante em Virgem	Lua Minguante em Virgem	Lua Minguante em Libra às 01:29 LFC 00:55 às 01:29	Lua Minguante em Libra	Lua Minguante em Escorpião às 14:29 LFC 13:58 às 14:29		

Mandala Lua Nova de Outubro

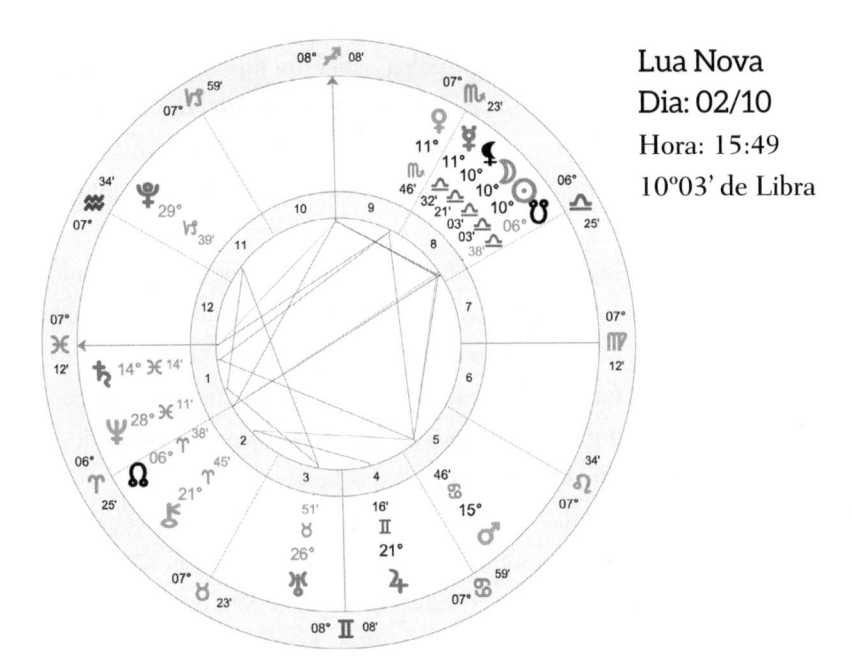

Lua Nova
Dia: 02/10
Hora: 15:49
10º03' de Libra

Mandala Lua Cheia de Outubro

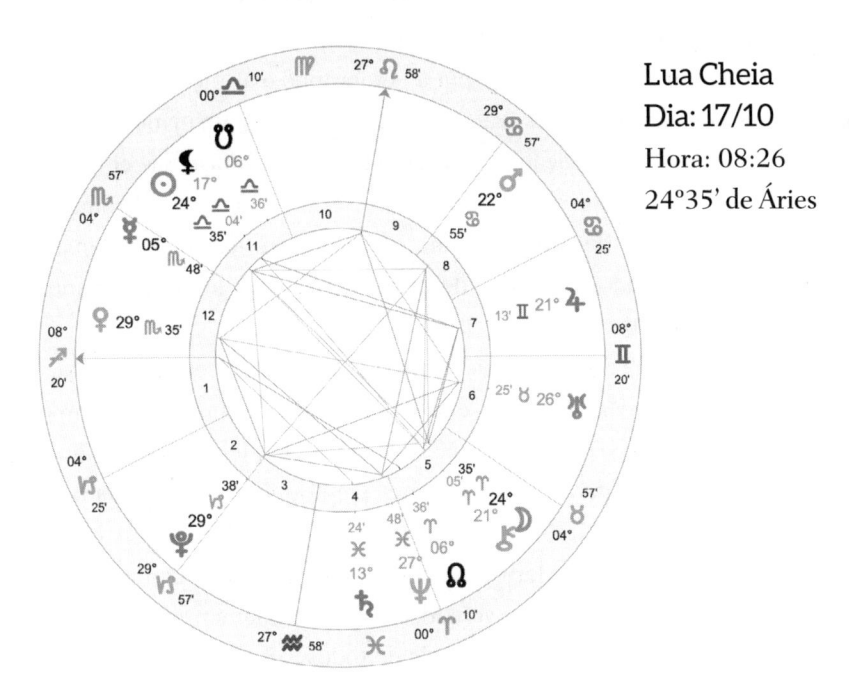

Lua Cheia
Dia: 17/10
Hora: 08:26
24º35' de Áries

CÉU DO MÊS DE OUTUBRO

Outubro começa com o céu colorido pelos aspectos dos últimos dias de setembro. Na estreia do mês, o Sol encontra-se em conjunto com Mercúrio, enquanto Marte permanece em um diálogo agradável com Saturno. Esses aspectos facilitam a conclusão de trabalhos e tarefas que exigem disciplina e clareza mental.

A Lua Virginiana, por sua vez, está na fase Balsâmica, percorrendo os últimos momentos da lunação e ajudando a suavizar o trabalho de fechamento de ciclo. Como a próxima lunação é marcada por um eclipse solar, ter tantos aspectos positivos iluminando o céu é um bom sinal. Dessa maneira, os assuntos com potencial de causar transtornos e problemas podem ser vistos e trabalhados a contento, evitando que transbordem durante o eclipse.

O dia 02 de outubro marca o início da lunação do mês e traz consigo o eclipse do Sol em Libra. Como em todo eclipse, é recomendável não deixar assuntos espinhosos se acumularem. Os dias que antecedem esse fenômeno devem conter uma boa dose de limpeza de gatilhos emocionais para que não venham a ganhar força mais tarde. Eclipses marcam momentos de virada, que, por vezes, são bruscos. Quando os eclipses são solares, como é o caso, o passado ganha força em detrimento do futuro. As crises que surgem nesses dias podem ocasionar a busca por refúgio naquilo que é conhecido e familiar. Esse comportamento instintivo pode pôr a perder todo o avanço conquistado a duras penas nos últimos meses. Vale a pena se preparar para evitar que isso aconteça. O clima dessa lunação é ao mesmo tempo de ênfase nas emoções e no pensamento. Para aproveitar bem essa fase, é recomendável tomar a iniciativa, cultivando a flexibilidade para que os sentimentos dos demais possam ser compreendidos, considerados, elaborados e integrados aos planos traçados para esse ciclo.

Entre os dias 04 e 09, Vênus forma alguns aspectos favoráveis no céu. Nos dias 04, 05 e 06, o planeta dos afetos e dos prazeres forma um trígono com o sisudo Saturno. Esse aspecto ajuda na compreensão de que relacionamentos humanos precisam considerar falhas e limites para que cresçam de maneira estruturada e duradoura. Já entre os dias 07 e 10 de outubro, Vênus forma outro trígono, dessa vez com Marte, seu companheiro celeste. Durante esse encontro, é mais fácil equilibrar as vontades nos relacionamentos e chegar a um consenso que contemple a necessidade de todos.

Para que os efeitos dos trânsitos de Vênus possam produzir seus melhores efeitos, é preciso evitar a tendência à racionalização excessiva das emoções. O aspecto tenso entre Mercúrio e Marte (05/10 a 07/10) indica que falar das emoções não é uma tarefa fácil e que, sob pressão, as pessoas podem se ficar na defensiva e sujeitas a se ofenderem com facilidade. Outra possibilidade desse trânsito é a ocorrência de acidentes nos trajetos ou na execução de tarefas manuais devido a emoções atribuladas que perturbam a concentração. Por mais desafiador que seja, é importante lembrar-se de que nem todo questionamento é um ataque pessoal e de que nem toda indecisão é sinal de falta de comprometimento. Às vezes, as pessoas só precisam esclarecer a situação um pouco mais para conseguir formar uma opinião mais decisiva.

Um bom sinal, no entanto, é o aspecto formado por Mercúrio e Júpiter entre os dias 08 e 10 de outubro. Esse aspecto, quando considerado em conjunto ao formado entre Vênus e Marte nos mesmos dias, dão esperança de que, qualquer que seja a discussão, as chances de que tenham um desfecho otimista são consideráveis.

A ciranda de planetas retrógrados ganha mais um jogador de peso. No dia 09 de outubro, Júpiter inicia sua retrogradação pelo Signo de Gêmeos, revisitando as conexões, os favorecimentos, os processos judiciais, os planejamentos de viagens e eventos de grande porte, e os desenhos de expansão e crescimento de negócios. Até o dia 12 deste mês, todos os planetas sociais e geracionais estarão em retrogradação, indicando que a sociedade como um todo está em um momento de revisão de propósitos, metas, estruturas, sonhos e ideais. Esse não é um bom momento para lançar novas iniciativas e projetos, sendo preferível usar essa fase para ajustar, redimensionar e refinar planos. Mais tarde no mês, Plutão iniciará seu movimento direto e, aos poucos, as revoluções necessárias acontecerão, desbloqueando os caminhos.

Dia 10, a Lua começa sua fase Crescente em Capricórnio e, com ela, surgem os primeiros sinais daquilo que tem ou não potencial de crescimento e resultado dentre os projetos iniciados na Lua Nova. No dia 12, junto com a retomada do movimento direto por Plutão, o Sol forma uma quadratura a Marte (12/10 a 15/10), reforçando a ideia de que esses serão dias turbulentos. As emoções estão à flor da pele e Marte em Câncer indica que o movimento direto não está favorecido. Por mais que haja a intenção de usar um método racional para solucionar os problemas, as emoções em ebulição dificultam a resolução de conflitos. No entanto, o trígono do Sol a Júpiter (13/10 a 15/10) pode trazer algum alívio à tensão, fazendo com que os conflitos indicados pelos outros aspectos adquiram um significado maior. Esse aspecto é um dos mais favoráveis e costuma trazer uma perspectiva ampliada do que está acontecendo, além de entusiasmo e otimismo.

Outros dois trânsitos merecem atenção por ajudarem a compor o desenho tenso do céu e por sinalizarem quais comportamentos devem ser evitados ou administrados. Nos dias 13 e 14, Mercúrio se desentende com Plutão, indicando a presença de uma preocupação intensa com determinado assunto ou situação. Durante esses dias, manter a mente aberta e não tentar impor um ponto de vista aos demais é crucial para que os conflitos não escalem. Também é interessante considerar que, no dia 13, Mercúrio assume uma atitude mais inquisitiva e reservada ao deixar o Signo de Libra para entrar em Escorpião. Essa configuração auxilia a descobrir e desvendar segredos e motivações que possam estar ocasionando os problemas desse período. A questão aqui é que, em Escorpião, Mercúrio tende a manter suas descobertas trancadas para serem utilizadas apenas no momento que lhe parecer mais oportuno.

O segundo trânsito que acende o sinal vermelho nesses dias é a oposição de Vênus a Urano (14/10 a 16/10). O desejo por situações estimulantes e extraordinárias pode fazer com que as relações mais estáveis pareçam cansativas e monótonas. Por outro lado, as relações instáveis podem sofrer novos abalos motivados por revelações inesperadas. Aliviar as tensões, abrindo espaço no dia a dia para aventuras inusitadas, pode ser uma forma positiva de contornar as manifestações mais difíceis desses trânsitos.

Um pouco antes do início da Lua Cheia, Vênus faz um excelente aspecto com Netuno (15/10 e 16/10), suavizando a atmosfera e criando um ambiente de sonho e fantasia. Essa é uma mudança bem-vinda depois dos dias tensos que antecederam. Há mais facilidade em compreender o que o outro necessita e, ao mesmo tempo, uma disponibilidade para agir de maneira altruísta, auxiliando na cura de possíveis desgastes dos últimos dias.

A Lua Cheia do dia 17 é uma Lua Ariana, plena de fogo, ímpeto e vontade de mostrar ao mundo os resultados das batalhas dessa lunação. Ao se opor ao Sol, a Lua reforça a dinâmica relacional do ano de 2024, desenhada pelos Nodos Lunares no eixo Áries e Libra. O Sol mostra a necessidade de considerar o outro em todas as etapas da construção da parceria, enquanto a Lua afirma, sem margem para dúvidas, que é essencial considerar a individualidade para que qualquer relacionamento possa vingar. É uma gangorra que precisa se manter em movimento contínuo para funcionar.

Essa é uma fase na qual é crítico buscar um caminho ativo para as emoções se expressarem. Marte e a Lua estão em casas trocadas, cada qual vestido com as roupas favoritas um do outro. Ou seja, nenhum dos dois está confortável. Enquanto Marte está desprovido de sua estratégia favorita, a do embate frontal, a Lua está acalorada, sem espaço para temperar e processar suas sensibilidades. É um desafio considerável, mas para o qual vale a pena se esforçar para conseguir superar, a julgar pelo convite feito por Vênus a Plutão entre os dias 17 e 18 de outubro.

Vênus se manteve bastante ativo nos últimos dias, fazendo vários contatos com outros planetas e movimentando o céu. No dia 18, ele faz mais um movimento em direção à mudança de signo; desse modo, deixa de lado a intensidade e os segredos escorpianos para chegar ao horizonte largo e amplo de Sagitário. As demonstrações afetivas agora acontecem à luz do dia, de maneira clara e jovial. Não há espaço para joguetes ou manipulações; relacionamentos devem trazer alegria, expansão e aventura. Caso contrário, podem ser considerados aborrecidos e perder seu poder atrativo.

A Lua começa a perder o brilho quando ocorre uma mudança significativa no céu. No dia 22 de outubro, o Sol ingressa em Escorpião e a diplomacia libriana é substituída pelo mistério desse signo enigmático. Em Escorpião, o Sol não teme os lugares mais escuros, sejam eles da alma, dos jogos de poder ou das atividades humanas. No relógio zodiacal, os próximos 30 dias são propícios a investigações e mergulhos mais profundos. O Sol ilumina e traz à luz aspectos que precisam ser trabalhados para que transformações importantes ocorram. A hora é perfeita para mergulhos mais profundos.

Logo no início desse trânsito, o Sol se indispõe com Plutão (21, 22 e 23/10). Esse é um aspecto difícil e, ao longo desses dias, é possível testemunhar embates poderosos. Esses confrontos podem ser tanto internos quanto externos, dependendo do grau de lucidez das pessoas envolvidas. Resistir às mudanças propostas por esses dias, além de inútil, só prolonga e intensifica o desgaste. A dica aqui é abrir mão e desapegar-se para que o novo possa se revelar. Mercúrio, que está em bom aspecto com Saturno, brinda esse dia com a capacidade de analisar a situação de forma estruturada e séria. Apesar da aparente tensão entre o Sol e Plutão, Mercúrio e Saturno auxiliam no diálogo com figuras de autoridade. Se for possível deixar a vaidade e o orgulho em segundo plano, entre os dias 21 e 23, será mais fácil estabelecer uma rota boa para sair dos impasses apresentados.

Próximo ao início da Lua Minguante, Marte faz um bom aspecto a Urano, mobilizando as energias disponíveis para inovar o cotidiano. O período entre os dias 23 e 26 de outubro são ótimos para mudar hábitos e romper com limites que tornam a vida monótona. No dia 24, a Lua mingua em Leão, iniciando o período de aprendizagem da lunação. O aspecto entre Marte e Urano pode ser bastante útil para ajudar a descartar aquilo que não acrescenta luz aos dias e a experimentar novas alternativas que trazem mais sabor à rotina. No dia 26, Marte mais uma vez faz um excelente aspecto, dessa vez com Netuno (26/10 a 30/10), trazendo para os últimos dias de outubro a capacidade de atuar em prol dos demais e avaliar o que realmente é necessário para se sentir em paz consigo.

É possível que essas reflexões tragam um pouco de tristeza e desalento nos dias 28 e 29 de outubro. A Lua mingua e refletir a respeito da dinâmica das relações pode ser um pouco pesado. No entanto, se as ilusões forem despidas e o pessimismo caraterístico do mau aspecto entre Vênus e Saturno (28/10 e 29/10) for mantido a uma distância segura, esse trânsito pode ser muito produtivo e trazer bons resultados a médio e longo prazo.

Por fim, o mês finaliza com dois aspectos envolvendo Mercúrio. No dia 30, esse planeta se opõe a Urano, aumentando, de modo considerável, a energia nervosa e os riscos de acidentes e gafes por falas proferidas sem pensar nas consequências. É importante buscar alguma técnica que possa ajudar a relaxar a mente até o dia 31. A partir desse dia, o aspecto começa a se desfazer e Mercúrio faz seu segundo movimento, dessa vez um que é harmonioso, com Netuno. Assim o mês termina com mais empatia, imaginação e uma comunicação muito mais sensível e gentil.

Posição Diária da Lua em outubro

DIA 01 DE OUTUBRO — TERÇA-FEIRA
☽ *Minguante (balsâmica)* ☽ *em Libra às 19:19*
LFC Início às 18:40 LFC Fim 19:19

Enquanto a Lua estiver em Libra, a amabilidade e a interação social dão o tom desse período. Há um desejo crescente de estar envolvido em relacionamentos. Alianças em todas as atividades se mostram propícias, com a colaboração e a parceria sendo instrumentos ao nosso alcance. As atividades relacionadas à estética e ao design têm grandes chances de sucesso. A área de Recursos Humanos e a prática da diplomacia estão em evidência. A renovação de visual e vestuário pode ser bem-sucedida e demonstrar bom gosto. É crucial prezar pela saúde dos enxágues, aumentando a ingestão de água e observando o consumo de alimentos mais balanceados no sal e com menos conservantes.

• **Lua trígono Urano** — 10:57 às 15:01 (exato 12:59)

A criatividade está ativada e tudo rende mais e de forma rápida. Pessoas fora do cotidiano podem ser úteis em parcerias, e inovações são bem recebidas. Se é para uma saída de almoço, um lugar novo e diferente vai ser revigorante e muito divertido.

• **Lua oposição Netuno** — 13:40 às 17:43 (exato 15:41)

Mergulhar em fantasias não altera a realidade, apenas pode gravá-la. Idealizações também não são nada úteis. Reconhecer que às vezes as coisas não ocorrem conforme o esperado é sinal de maturidade. A tarde de hoje não é propícia para mudanças na aparência, pois pode ser que surjam arrependimentos.

• **Lua trígono Plutão** — 16:36 às 20:40 (exato 18:40)

Momento muito importante para se soltar daqueles relacionamentos que não funcionam e fazê-lo de um modo muito objetivo e rápido. A concentração no que é importante está mais aguçada e as interações podem ficar mais profundas.

DIA 02 DE OUTUBRO – QUARTA-FEIRA
🌑 *Nova às 15:49 em 10º03' de Libra* 🌑 *em Libra*

Eclipse Solar às 15:49 em 10º03' de Libra

• **Lua conjunção Sol** — 13:35 às 18:02 (exato 15:49)

O nível de concentração e clareza faz a diferença e aumenta o foco no que é importante. A pilha está carregada e pronta para agir. Pendências pessoais se resolvem com facilidade.

• **Lua conjunção Mercúrio** — 16:57 às 21:44 (exato 19:21)

A mente fica mais focada e pode gerar um rendimento maior no trabalho. Conversas, acordos, divulgações e propagandas são bastante eficientes. Pequenas viagens e deslocamentos são favoráveis.

DIA 03 DE OUTUBRO – QUINTA-FEIRA
🌑 *Nova* 🌑 *em Libra*

• Lua quadratura Marte — 01:51 às 06:07 (exato 03:59)

Nessas horas pode ser que aconteça um acentuamento da inquietação e da ansiedade, pois podemos nos sentir confinados. As tarefas que requerem muitas horas de dedicação devem ser adiadas para um outro momento. Se existe alguma discórdia, é muito importante deixar para outro momento.

• Lua trígono Júpiter — 12:37 às 16:42 (exato 14:40)

Começar com uma boa alimentação e fazer um programa ao ar livre vão levantar o astral. Ser mais otimista ajuda a influenciar as pessoas em volta, melhora parcerias e aumenta a confiança em geral. O otimismo está em alta e aproveitar é tudo de bom.

DIA 04 DE OUTUBRO – SEXTA-FEIRA
🌑 *Nova* 🌑 *em Escorpião às 08:22*
LFC Início às 07:41 LFC Fim 08:22

Enquanto a Lua estiver em Escorpião, a profundidade e a intensidade são os recursos disponíveis para concluir estudos e trabalhos com eficácia. A sensualidade também se torna atributo marcante nessa fase, ideal para estreitar laços com aqueles que ama. Esse é um período propício tanto para o desenvolvimento de processos terapêuticos quanto para se especializar como terapeuta. As atividades motivadas, como investimentos financeiros em busca de rentabilidade, são propícias. Reciclar e restaurar itens, tanto em casa quanto no trabalho, proporciona excelentes resultados e pode ser uma atividade rentável.

• Lua quadratura Plutão — 05:38 às 09:41 (exato 07:41)

Iniciar o dia sentindo a pressão e a sensação de que tudo pode piorar é bem ruim. Se algo importante está em risco, é hora de avaliar se vale a pena lutar por isso ou se o melhor a fazer é deixar ir. Evitar confrontos pode ser muito importante.

DIA 05 DE OUTUBRO – SÁBADO
🌑 *Nova* 🌑 *em Escorpião*

• Lua trígono Saturno — 10:45 às 14:45 (exato 12:45)

Planejamento e execução de projetos estão afinados. Aproveitar a onda para dar andamento nos trabalhos acumulados e garantir o resto do final de semana despreocupado é muito bom. Fazer um curso pode ajudar muito.

• **Lua conjunção Vênus — 13:13 às 17:41 (exato 15:27)**

Ótima oportunidade de ter uma manhã agradável e estar com as pessoas que ama. A sintonia está no ar e a dica é encontrar lugares bonitos nos quais aproveitar ao máximo. Cuidar da beleza dá muito certo. As pessoas estão mais abertas e receptivas para aprofundar as relações.

• **Lua trígono Marte — 17:21 às 21:32 (exato 19:26)**

Um posicionamento mais otimista e mais corajoso de encarar os desafios aumenta a disposição e ajuda a dissipar o que está travando a vida. Atitude é a palavra-chave, e agir é uma necessidade. Se há oportunidades que precisam de um empurrão, agora é a hora.

DIA 06 DE OUTUBRO – DOMINGO
Nova ● em Sagitário às 20:33 LFC Início 19:53 LFC Fim 20:33

Enquanto a Lua estiver em Sagitário, a vivacidade e a alegria são predominantes. Manter o entusiasmo constante pode exigir muita energia, por isso é crucial não exagerar na alimentação nem na bebida; o melhor a fazer é procurar alimentos e exercícios que lhe abasteçam de energia e promovam a saúde. Profissões relacionadas a direito, justiça, filosofia e religião ganham força nesse período, assim como a de agente de viagens. Afinal, esse tipo de lazer está sempre em nossos pensamentos e, inclusive, a busca por ampliar conhecimentos. Iniciar um curso de especialização é muito importante para a carreira e o desenvolvimento pessoal.

• **Lua oposição Urano — 12:09 às 16:07 (exato 14:08)**

A impaciência junto com a falta de conhecimento de pessoas na área em foco provoca desentendimentos. Estar em grupo nas atividades dessa tarde pode não gerar o rendimento esperado, pois todos têm opiniões pessoais acerca do assunto. Uma atividade ao ar livre, um pequeno intervalo, ajuda muito.

• **Lua trígono Netuno — 14:47 às 18:44 (exato 16:46)**

Aproveite o encantamento da tarde para atividades que envolvam o sensorial e a imaginação. Ótimo para trabalhos artísticos e todas as mídias também. Filmar e fotografar é um ótimo modo de encerrar o domingo.

• **Lua sextil Plutão — 17:53 às 21:50 (exato 19:53)**

Início de noite com a paixão no ar, muito bom para sair com a pessoa amada ou encontrar pessoas interessantes. A conversa é impactante e muitas vezes mais apimentada. Melhor beber com moderação.

DIA 07 DE OUTUBRO – SEGUNDA-FEIRA
● *Nova* ● *em Sagitário*

• **Lua quadratura Saturno — 21:53 às 01:45 de 08/10 (exato 23:49)**
O momento requer uma postura mais reservada. Um jantar tranquilo, de poucas palavras, em um bistrô. O excesso de exigência pode estragar um encontro e, se o assunto é trabalho, é melhor estar preparado.

DIA 08 DE OUTUBRO – TERÇA-FEIRA
● *Nova* ● *em Sagitário*

• **Lua sextil Sol — 00:41 às 04:54 (exato 02:48)**
A madrugada promete ser muito legal. Fazer par com alguém é muito bom. Os encontros são animados e alegres. Para os que trabalham à noite, vai ser muito produtivo e gratificante.

• **Lua oposição Júpiter — 12:14 às 16:04 (exato 14:09)**
O ditado "menos é mais" deve ser levado a sério. Há tendência a exagerar e a aumentar o consumo de tudo. Aceitar mais trabalho ou responsabilidade em relação às pessoas pode gerar estresse; comer e beber demais é um risco para a saúde.

• **Lua sextil Mercúrio — 12:40 às 17:05 (exato 14:53)**
A comunicação precisa ser simples e afetiva para que as pessoas compreendam, deixando os ambientes mais seguros e aumentando a sensação de confiança. Os *posts* para as redes sociais podem ser elegantes e transmitir seriedade.

DIA 09 DE OUTUBRO – QUARTA-FEIRA
● *Nova* ● *em Capricórnio às 06:38*
LFC Início às 02:54 LFC Fim 06:38

Enquanto a Lua estiver em Capricórnio, todas as situações são tratadas com seriedade, já que o profissionalismo e a competência são bastante exigidos. Há uma condução mais pragmática dos acontecimentos, tornando tudo mais tangível. Profissão e carreira se destacam, sendo válido investir em capacitação por meio do aprimoramento de conhecimentos e técnicas. O clima é mais conservador. Ao investir em bens de consumo, é essencial considerar a durabilidade e o custo-benefício. No que se refere a investimentos financeiros, a orientação é para menos risco e mais garantias.

• **Lua quadratura Netuno — 01:00 às 04:46 (exato 02:54)**
Baixa produtividade e falta de foco. É mais fácil deixar tudo previamente organizado ou simplesmente adiar para não acabar sendo negligente. Se nada

der certo, o melhor a ser feito é tomar um chá relaxante e procurar recuperar as energias com um bom sono.

DIA 10 DE OUTUBRO – QUINTA-FEIRA

☾ Crescente às 15:54 em 17°57 de Capricórnio ☾ em Capricórnio

• **Lua sextil Saturno — 06:26 às 10:05 (exato 08:16)**

Agora, sim, as coisas vão andar de forma organizada e desenrolar as tarefas que estão paradas. Pessoas e serviços estão à disposição com todas as ferramentas necessárias. É momento de colaboração. A eficiência está a serviço, é melhor aproveitar.

• **Lua quadratura Sol — 13:56 às 17:52 (exato 15:54)**

As articulações interpessoais não estão claras, as parcerias parecem não cooperar. Trabalhos intelectuais podem não ser satisfatórios, e aguardar um momento mais oportuno para fazer uma revisão é uma ótima resolução.

• **Lua oposição Marte — 17:28 às 21:14 (exato 19:21)**

A pouca disposição física nos impede de realizar trabalhos que precisam de longa dedicação. Melhor dar uma caminhada leve. Forçar qualquer situação tem probabilidade de não acontecer dentro do esperado. As pessoas podem estar predispostas a confrontos.

• **Lua sextil Vênus — 20:58 às 00:56 de 11/10 (exato 22:57)**

Um momento de pausa e relaxamento. A companhia é agradável e inteligente. Sair para lugares fora do habitual com pessoas amigas que são criativas e divertidas faz as energias se recarregarem. A sedução está no ar.

DIA 11 DE OUTUBRO – SEXTA-FEIRA

☾ Crescente ☾ em Aquário às 13:30
LFC Início às 12:54 LFC Fim 13:30

Enquanto a Lua estiver em Aquário, a tecnologia está cada vez mais integrada ao nosso mundo, e esse momento é especialmente propício para se conectar ainda mais. Ser inovador e pouco convencional pode ser o diferencial que o mundo espera, já que o coletivo anseia por mais progresso conjunto. As relações tendem a ser mais informais e carregadas de interação intelectual. A flexibilidade de trabalho, com horários e locais adaptáveis, está em evidência — muitas pessoas podem estar em países diferentes e ainda assim trabalhar on-line aqui, no Brasil. A atuação na área de tecnologia, sobretudo serviços relacionados a avanços no metaverso, está em crescimento.

• **Lua quadratura Mercúrio — 04:32 às 08:36 (exato 06:34)**

Evite reuniões e trabalhos intelectuais muito intensos, pois pode não dar o resultado esperado. Antecipar pode ser a melhor estratégia. O excesso de atividades pode atrapalhar mais. Evitar exames de rotina nessa tarde é importante.

• **Lua trígono Urano — 05:44 às 09:17 (exato 07:31)**

Coisas diferentes darão um toque especial. Um pouco de irreverência torna tudo interessante e menos previsível. Trabalhos criativos agora têm sua vez.

• **Lua sextil Netuno — 08:07 às 11:40 (exato 09:53)**

O encantamento está no ar, e isso é bom para divulgar projetos artísticos. Ser romântico é um passo para conquistar. O glamour pode ser colocado na decoração do local para um encontro especial.

• **Lua conjunção Plutão — 11:06 às 14:39 (exato 12:54)**

As emoções estão à flor da pele e devem ser feitas reflexões antes de responder a desafios e provocações. Jogos de poder estarão escondidos sob um discurso que diz ser melhor para todos, mas que esconde as intenções reais.

DIA 12 DE OUTUBRO – SÁBADO
☾ *Crescente* ☾ *em Aquário*

• **Lua trígono Sol — 22:49 às 02:28 de 13/10 (exato 00:39 de 13/10)**

Sentimentos de alegria e otimismo vão ajudar a escolher pessoas para estar junto e aproveitar a noite. Lugares pequenos, como um bistrô, podem aproximar mais aqueles de quem gostamos. Há uma conexão forte atuando nesse momento.

DIA 13 DE OUTUBRO – DOMINGO
☾ *Crescente* ☾ *em Peixes às 16:54 LFC Início às 16:24 LFC Fim 16:54*

Enquanto a Lua estiver em Peixes, harmonia e sensibilidade permeiam como relaxantes interpessoais, promovendo uma sintonia mais delicada e sutil. A dedicação às atividades filosóficas e de crescimento espiritual ocorre com fluidez. Há uma demanda alta por atividades que exploram o inconsciente, como a interpretação de sonhos, e por trabalhos na área da saúde física e mental, os quais são muito importantes. Estudos em filosofia e religiões comparativas também ganham destaque. Na área médica, a abordagem em imunologia e na pesquisa de novos medicamentos se mostra muito produtiva.

• **Lua trígono Júpiter — 00:40 às 04:02 (exato 02:21)**

O programa da noite tem que compensar um dia pesado. A escolha tanto do lugar quanto das pessoas que se vai encontrar é muito importante, e deve ser feita com base em seus gostos. Opte por um lugar alegre e com boa comida. Ótima noite para fazer contatos e difundir negócios.

• **Lua quadratura Vênus** — 06:17 às 09:57 (exato 08:07)

Mudanças estéticas não são favoráveis, é melhor apostar no que funciona. E, como não dá para contar com o bom humor das pessoas, pois parece que todos estão com pouca disposição, adie compromissos importantes para o fim de tarde.

• **Lua quadratura Urano** — 09:30 às 12:50 (exato 11:10)

Mesmo sendo domingo, é interessante escolher muito bem onde e com quem sair. Os lugares podem estar cheios ou simplesmente barulhentos e confusos. Filas e demora nos pedidos sugerem que se deve procurar um lugar mais simples ou ficar em casa e ver um filme de ação.

• **Lua trígono Mercúrio** — 15:06 às 18:50 (exato 16:24)

Conectar-se com as pessoas por meio de um diálogo mais empático e intimista vai dar muito certo. Reuniões entre familiares ou amigos podem ser muito agradáveis. O entendimento entre as pessoas ajuda a aproximá-las ainda mais.

DIA 14 DE OUTUBRO — SEGUNDA-FEIRA
☽ *Crescente* ☽ *em Peixes*

• **Lua conjunção Saturno** — 13:31 às 16:45 (exato 15:08)

Tarde tensa e pouco amigável. Só cobrança e reclamação; as quais podem vir por meio de pensamentos e também de pessoas. Atividades mais relaxantes são recomendadas.

DIA 15 DE OUTUBRO — TERÇA-FEIRA
☽ *Crescente* ☽ *em Áries às 17:33 LFC Início às 17:01 LFC Fim 17:33*

Enquanto a Lua estiver em Áries, é um momento propício para atividades mais independentes e ao ar livre, dado que o excesso de energia requer práticas físicas. Exercícios como corrida, natação e *crossfit* (para aqueles já acostumados) são excelentes para revitalizar. A liderança, aliada ao sentimento de liberdade, confere segurança para iniciar novos projetos, proporcionando grande satisfação. O período incentiva as iniciativas autônomas e o trabalho criativo. No entanto, a competitividade e a impulsividade em excesso podem ser prejudiciais.

• **Lua quadratura Júpiter** — 02:01 às 05:13 (exato 03:37)

Quando nada anda e a má vontade é geral, o melhor mesmo é adiar e esperar um bom momento para continuar. Se é para divulgar ou começar uma atividade nova, aguardar algumas horas pode salvar todo o projeto.

- **Lua trígono Marte — 03:01 às 06:19 (exato 04:40)**

Ter atitude é uma opção para o dia. Agir de acordo com as emoções, sendo sincero consigo mesmo, ajuda muito. Praticar atividade física intensa é revigorante.

- **Lua sextil Urano — 10:23 às 13:34 (exato 11:58)**

Fazer um programa diferente e fora do comum renova a alma. Atividades que incluam criatividade, liberdade e gente nova trazem perspectivas diferentes. Quebrar rotinas e surpreender pessoas faz bem aos relacionamentos.

- **Lua trígono Vênus — 11:44 às 15:12 (exato 13:28)**

Não há dificuldades ao interagir, e a fluidez é bem natural, principalmente com as pessoas amadas. O momento pode ser mágico para encontros. Também é legal interagir através das redes sociais, por meio das quais as amizades ficam mais próximas. As fotos ficam ótimas.

- **Lua conjunção Netuno — 12:33 às 15:44 (exato 14:09)**

Bom mesmo é curtir um filme inspirador ou aproveitar essa sensação de leveza e conexão com o impalpável e atualizar as redes sociais, pois a conexão aproxima as pessoas mesmo que elas estejam em lugares distantes. Se o trabalho exige criatividade, agora é o momento de achar muitos caminhos.

- **Lua sextil Plutão — 15:24 às 18:35 (exato 17:01)**

A motivação e a confiança crescem junto com o poder pessoal e a confiança. Pode-se aumentar o calor nos relacionamentos, mantendo-os mais próximos. Quanto a questões de trabalho que precisam de investigação e conclusão, esse é um bom momento para terminar trabalhos intelectuais.

DIA 16 DE OUTUBRO – QUARTA-FEIRA
☽ Crescente ☽ em Áries

Nesse dia, a Lua não faz aspecto com outros planetas no céu. Devemos observar recomendações para a fase e o signo em que a Lua se encontra.

DIA 17 DE OUTUBRO – QUINTA-FEIRA
○ Cheia às 08:26 em 24º35' de Áries ○ em Touro às 16:59
LFC Início às 16:27 LFC Fim às 16:59

Enquanto a Lua estiver em Touro, a sensação de segurança e conforto é primordial, tanto em casa, com a família, quanto no trabalho. A tendência é para uma postura mais conservadora, buscando dar continuidade a tudo que foi proposto na fase anterior. Prestar atenção às questões mais pragmáticas, como as financeiras, torna-se importante e pode vir a ser uma prioridade. O apreço por comida, roupa e aparência está em alta, porém é importante tomar cuidado para não cair em excessos. A aquisição de bens duráveis pode ser uma opção legal, sempre levando em consideração a relação custo-benefício.

• **Lua sextil Júpiter** — 01:34 às 04:43 (exato 03:08)

O otimismo é uma ferramenta para tratar de assuntos pessoais e de negócios. Horizontes bem alargados mesmo quando se está na intimidade do lar. Interagir com os amigos que moram no estrangeiro talvez seja bem agradável, pois a internet pode acessar qualquer lugar no planeta.

• **Lua quadratura Marte** — 04:06 às 07:21 (exato 05:43)

Desafios para destravar as coisas, pois tudo parece emperrado. Uma caminhada ou atividade física leve ajuda a revigorar e dar disposição para começar o dia. Pegar leve na alimentação é muito importante.

• **Lua oposição Sol** — 06:44 às 10:07 (exato 08:26)

As horas parecem muito dispersas e tudo passa uma sensação antagônica; as pessoas estão sem clareza e incapazes de entender o outro. Posições pessoais podem passar dos limites e a falta de entendimento pode causar danos nos relacionamentos.

• **Lua quadratura Plutão** — 14:51 às 18:01 (exato 16:27)

Fazer o que está na agenda enquanto sente a pressão e a sensação de que tudo pode piorar é bem ruim. Se algo importante está em risco, é hora de avaliar se vale a pena lutar por isso ou se o melhor a fazer é deixar ir. Evitar confrontos é muito importante.

DIA 18 DE OUTUBRO – SEXTA-FEIRA
○ *Cheia* ○ *em Touro*

• **Lua oposição Mercúrio** — 02:28 às 06:00 (exato 04:14)

Palavras podem ser distorcidas ou simplesmente entendidas de forma equivocada. Como consertar o que foi dito pode ser difícil, a dica é falar menos e ouvir mais. As pessoas também não se expressam bem e é mais seguro evitar confrontos. Ao escrever nas redes sociais, é melhor deixar como rascunho, e então revisar mais tarde.

• **Lua sextil Saturno** — 12:36 às 15:48 (exato 14:12)

Produtividade em alta e o rendimento em dobro. O planejado é bem executado. Favorável para quem trabalha em home office e tem flexibilidade de horário. Bom momento para contatos comerciais e reuniões durante o almoço.

DIA 19 DE OUTUBRO – SÁBADO

○ *Cheia* ○ *em Gêmeos às 17:06*
LFC Início às 16:34 LFC Fim 17:06

Enquanto a Lua estiver em Gêmeos, é um período repleto de informações e diálogos relaxantes na internet e por meio de mensagens. Tudo se torna interessante e aguça a curiosidade. O momento é favorável para atividades que fornecem divulgação, como propaganda e marketing, livros, blogs, e-books, jornalismo, relações públicas... A habilidade de negociação e coordenação impulsiona muitas tarefas. Excelente momento para criar/participar de podcasts e *workshops*. É possível que aconteça certa instabilidade de humor, mas uma simples mudança de assunto pode melhorar a situação. Uma atualização nos estudos é muito importante nesse momento.

• **Lua sextil Marte** — 05:19 às 08:39 (exato 06:59)

Proatividade é o modo ativo agora, uma onda de energia ajuda a dar andamento no que pode estar estagnado. Boa energia para um encontro e para parcerias de trabalho. A disposição física também é boa para a prática de atividades físicas.

• **Lua conjunção Urano** — 09:33 às 12:47 (exato 11:10)

Muita atividade acontecendo ao mesmo tempo e, como não dá para fazer tudo, selecionar o que é importante e dispensar o resto fazem a diferença. Solução criativa e tecnologia podem resolver a agenda tumultuada.

• **Lua sextil Netuno**— 11:49 às 15:05 (exato 13:27)

O momento é de inspiração e a hora é de fazer algo diferente, como ouvir música clássica e entender as leis do universo. Enfim, são boas pedidas entrar em contato com aquilo que nos torna um com o todo e, acima de tudo, estar entre amigos, compartilhando.

• **Lua trígono Plutão** — 14:54 às 18:11 (exato 16:34)

A conexão com as pessoas poderá ser profunda e as conversas, regeneradoras e agregadoras. Momento para finalizar trabalhos que precisam de foco. Profundidade e foco combinam e dão excelentes resultados.

• **Lua oposição Vênus** — 19:42 às 23:17 (exato 21:29)

Agora tudo fica ao contrário do movimento anterior, sem sintonia e sem inspiração. É bom evitar algo novo e seguir com o que já é certo. Escolher bem as pessoas com quem sair vai ser importante. Também não é um momento favorável para mudar a aparência.

DIA 20 DE OUTUBRO – DOMINGO
○ *Cheia (disseminadora)* ○ *em Gêmeos*

• **Lua quadratura Saturno — 13:26 às 16:47 (exato 15:06)**
É melhor evitar situações difíceis e descansar, afinal de contas a predisposição a reclamações e críticas é alta. Conversas ficam difíceis, pois cada um tem restrições, e, portanto, entrar em uma discussão é perda de tempo e só dá dor de cabeça.

DIA 21 DE OUTUBRO – SEGUNDA-FEIRA
○ *Cheia (disseminadora)* ○ *em Câncer às 19:49 LFC Início às 18:01 LFC Fim 19:49*

Enquanto a Lua estiver em Câncer, a conexão com os vínculos íntimos e com o lar se intensifica. Rememorar amigos e renovar laços é bom para a alma. O principal nessa fase é restabelecer a conexão interna e sentir-se bem consigo. Tente adicionar novos itens decorativos na sala para torná-la aconchegante. Aprimorar habilidades culinárias pode ser gratificante e até mesmo rentável, pois o momento favorece atividades voltadas para a alimentação. Profissões que trabalham com o cuidado de crianças e o bem-estar das famílias são favorecidas aqui.

• **Lua conjunção Júpiter — 02:42 às 06:07 (exato 04:24)**
A animação e um monte de ideias borbulham, tornando difícil decidir o que fazer em seguida. Uma coisa é certa: o lugar e as pessoas envolvidas têm que ser inspiradores, pois poucas palavras e um olhar dizem tudo.

• **Lua quadratura Netuno — 14:06 às 17:34 (exato 15:50)**
Muitas vezes as coisas precisam de um posicionamento realista, logo pedir ajuda de um especialista pode ser a solução. Não devemos ficar tentados a mascarar uma situação difícil e mentir para nós mesmos dizendo que tudo vai ficar bem.

• **Lua trígono Sol — 16:06 às 19:52 (exato 18:01)**
A clareza e a oportunidade fazem dessa uma tarde especial para acordos e encontros. Grandes parcerias podem ser feitas. O otimismo preenche a noite. Tudo fica claro e, assim, o andamento das atividades é promissor.

DIA 22 DE OUTUBRO – TERÇA-FEIRA
○ *Cheia (disseminadora)* ○ *em Câncer*

Entrada do Sol no Signo de Escorpião às 19h14min42seg.
• **Lua trígono Saturno — 17:28 às 21:05 (exato 19:16)**
Hora certa para reuniões de trabalho e encontros sociais. A responsabilidade e a disciplina dão o tom da noite. A escolha de lugares deve incluir bons serviços e austeridade. A elegância é fundamental.

- **Lua trígono Mercúrio — 19:18 às 23:24 (exato 21:21)**

Comunicação com elegância é o que acontece nessa noite. As palavras e as interações fluem e o resultado é muito bom. Não dá para desperdiçar tempo na hora de escrever e produzir para as redes durante o *home office*.

DIA 23 DE OUTUBRO – QUARTA-FEIRA
○ *Cheia (disseminadora)* ○ *em Câncer*

- **Lua conjunção Marte — 16:24 às 20:15 (exato 18:19)**

Além da agitação, as pessoas estão mais agressivas, o que significa que é uma hora boa para praticar um exercício leve e andar por mais tempo. Descarregar o que não é muito útil em todas as áreas da vida se torna muito importante agora.

- **Lua sextil Urano — 17:24 às 21:08 (exato 19:16)**

Tudo parece uma orquestra em sintonia, e assim os relacionamentos ficam mais interativos e próximos. Sentir liberdade e conexão entre as pessoas é uma sensação muito boa. Fazer algo diferente da rotina vai ser muito promissor.

- **Lua trígono Netuno — 20:07 às 23:52 (exato 21:59)**

É possível manifestar sonhos e encontrar pessoas que façam *network* e ajudem a acontecer. Escrever e produzir conteúdo fica fácil em meio a tanta sensibilidade. A conexão é forte entre os entes queridos, e fazer amizades é bem fácil.

- **Lua oposição Plutão — 23:54 às 03:40 de 24/10 (exato 01:48 de 24/10)**

Não é hora de brincadeiras nem de aceitar desafios; é hora de levar a sério e prestar atenção nas provocações que podem estar chegando, tanto por parte de pessoas quanto de situações. Tudo ou nada pode representar grandes perdas e, muitas vezes, uma saída estratégica é remarcar para outro dia.

DIA 24 DE OUTUBRO – QUINTA-FEIRA
☽ *Minguante às 05:03 em 01°24' de Leão* ○ *em Leão às 02:23*
LFC Início às 01:48 LFC Fim 02:23

Enquanto a Lua estiver em Leão, dedicar-se ao que se gosta e aproveitar momentos de alegria é realmente maravilhoso. Durante essa fase, nota-se um aumento na popularidade de shows, cinema e teatro, assim como no comércio de produtos relacionados ao lazer, como equipamentos de filmagem e gravação. É comum que busquemos reconhecimento e fama, impulsionados pela nossa autoconfiança. Divertir-se e desfrutar da companhia de bons amigos é extremamente benéfico para a alma. No entanto, é vital evitar excessos e prestar atenção ao próprio comportamento. Cuidar da aparência e adotar um visual mais destacado pode trazer bons resultados. Trabalhos ligados a eventos, festas e atuação, como *personal stylist*, podem estar em ascensão nessa fase.

• **Lua quadratura Sol — 02:59 às 07:06 (exato 05:03)**

Algumas situações podem não dar certo e a insatisfação surge. O melhor a fazer é deixar para outra hora, pois quando se faz algo sem propósito o resultado não é positivo.

• **Lua trígono Vênus — 16:35 às 20:51 (exato 18:43)**

É muito bom sair e ir a um lugar confortável com pessoas agradáveis. Se está precisando de roupas e acessórios, essa oportunidade é única, pois agradar-se é mais importante do que seguir a moda ou padrões. Os encontros são muito especiais e intensos.

DIA 25 DE OUTUBRO – SEXTA-FEIRA
)) *Minguante*)) *em Leão*

• **Lua quadratura Mercúrio — 11:27 às 15:55 (exato 13:41)**

Filtrar as informações é de suma importância; ter mais detalhes e analisar de todos os ângulos farão a diferença na tomada de decisão. É importante ter cuidado com o que fala e escreve; melhor revisar antes de entregar ou publicar.

• **Lua sextil Júpiter — 16:44 às 20:39 — (exato 18:41)**

O otimismo pode começar nesse final de tarde e, então, arrumar um bom lanche vai dar aquela energia extra para o restante do dia. Dar uma caminhada e respirar fundo oxigena o corpo e as ideias. Traçar planos para as tarefas do dia seguinte ajuda a minimizar possíveis imprevistos.

DIA 26 DE OUTUBRO – SÁBADO
)) *Minguante*)) *em Virgem às 12:47 LFC Início às 05:04 LFC Fim 12:47*

Enquanto a Lua estiver em Virgem, a alimentação ideal seria mais natural e funcional. O inteligente seria cuidar da saúde por meio de rotinas simples que equilibram o trabalho e a vida doméstica. Sabe aquele monte de papelada acumulado na mesa? Esse é um momento excelente para organizá-la. Atualmente, há uma vasta diversidade de opções naturais para comer e beber, incluindo probióticos que podem ser facilmente incorporados à dieta. As áreas de atuação que estão em alta são as que exigem habilidades manuais, de engenharia e de informática.

• **Lua quadratura Urano — 03:04 às 07:02 (exato 05:04)**

Início de manhã difícil e cheio de imprevistos. Adiar o que for possível para o dia seguinte ou para mais tarde no mesmo dia é uma sugestão valiosa. Atividades ao ar livre e uma mudança na rotina podem aliviar a pressão.

• **Lua sextil Sol — 18:42 às 23:05 (exato 20:54)**

É hora do jantar e a companhia é agradável. O simples ato de aproveitar a boa comida e se sentir vivo é fonte de satisfação. Os encontros amorosos são muito aconchegantes.

DIA 27 DE OUTUBRO – DOMINGO
☽ Minguante (balsâmico) ☽ em Virgem

• **Lua quadratura Vênus — 10:24 às 14:54 (exato 12:39)**

As pessoas não colaboram, parece que o tempo não passa. Melhor não mexer na aparência, pois as opções podem não cair bem. Fazer uma arte final também pode não funcionar. Menos é mais.

• **Lua oposição Saturno — 12:54 às 16:56 (exato 14:55)**

Descansar agora é uma boa solução para tirar o peso da cabeça que não para de trabalhar com pensamentos acerca de como as coisas deveriam ser. Distrair-se um pouco com um filme envolvente ajuda no caso de não conseguir dormir. Tudo pode ser resolvido quando amanhecer.

DIA 28 DE OUTUBRO – SEGUNDA-FEIRA
☽ Minguante (balsâmico) ☽ em Virgem

• **Lua quadratura Júpiter — 10:24 às 08:38 (exato 06:36)**

Quando nada anda e a má vontade é geral, o melhor é adiar e esperar um bom momento para seguir. Se é para falar com alguém de outro país, fazer um *workshop* ou uma atividade nova, aguardar umas horas pode salvar todo o projeto.

• **Lua sextil Mercúrio — 07:56 às 12:34 (exato 10:15)**

A comunicação precisa ser simples e afetiva para que as pessoas a compreendam, deixando os ambientes mais familiares e aumentando a sensação de confiança. Os *posts* para as redes sociais podem ser amigáveis e bem claros. A alimentação natural é fundamental.

• **Lua trígono Urano — 15:21 às 19:24 (exato 17:23)**

A criatividade está ativada e tudo rende mais e de forma mais rápida. Pessoas fora do cotidiano podem ser úteis em parcerias. Se é para uma saída, um lugar novo e diferente vai ser revigorante e muito divertido.

• **Lua oposição Netuno** — 18:29 às 22:33 (exato 20:31)

Ficar fantasiando não vai mudar a realidade, só faz com que as coisas piorem. Idealizar também não ajuda. Aceitar que às vezes as coisas não saem como o esperado é um sinal de maturidade. Essa noite não é favorável mudar os possíveis locais de encontro.

• **Lua sextil Marte** — 18:48 às 23:01 (exato 20:54)

Ainda dá tempo para finalizar as atividades que se arrastaram ao longo do dia. Também é possível ter uma noite agradável em lugares amplos ou simplesmente fazer uma atividade física que seja leve e meditativa.

• **Lua trígono Plutão** — 22:51 às 02:56 de 29/10 (exato 00:55 de 29/10)

Agora é hora de desapegar-se de qualquer coisa, pessoa ou situação, que de alguma forma está travando seu crescimento. Quando é possível desprender-se de algo que já acabou, essa é a melhor coisa que pode acontecer, pois abre espaço para o novo.

DIA 29 DE OUTUBRO – TERÇA-FEIRA
☽ Minguante (balsâmico) ☽ em Libra às 01:29
LFC Início às 00:55 LFC Fim 01:29

Enquanto a Lua estiver em Libra, a cordialidade e a sociabilidade são as marcas desse período. Há um desejo crescente de engajamento em relacionamentos. Parcerias em todas as atividades são bem-vindas, enquanto a cooperação e as alianças emergem como ferramentas úteis. Atividades relacionadas à beleza e decoração podem trazer resultados atraentes. O trabalho na área de Recursos Humanos e o uso de diplomacia são muito valorizados. Mudanças de visual e vestimenta são acertadas e de bom gosto. Todo tipo de interação social, mesmo que on-line, vai ser fundamental aqui, pois os contatos e o *networking* são capazes de levar para outro nível o que está sendo feito.

Nesse dia, a Lua não faz aspecto com outros planetas no céu. Devemos observar recomendações para a fase e o signo em que a Lua se encontra.

DIA 30 DE OUTUBRO – QUARTA-FEIRA
☽ Minguante (balsâmico) ☽ em Libra

• **Lua sextil Vênus** — 06:22 às 10:54 (exato 08:38)

Os momentos agradáveis precisam ser aproveitados ao máximo; faça bom uso do café da manhã. Já encontros românticos em lugares bonitos e aconchegantes podem mudar o rumo das relações para melhor. Também as amizades e as relações de trabalho podem se beneficiar dessa aproximação.

• **Lua trígono Júpiter — 17:20 às 21:23 (exato 19:22)**

Agora as coisas começam a clarear e a fazer sentido, abrindo saídas para a situação que está se apresentando. A respiração é mais livre e o ânimo pode tomar conta do momento, trazendo otimismo e liberdade de ação. Comemorar é tudo de bom.

DIA 31 DE OUTUBRO – QUINTA-FEIRA
☽ Minguante (balsâmico) ☽ em Escorpião às 14:29
LFC Início às 13:58 LFC Fim 14:29

Enquanto a Lua estiver em Escorpião, intensidade e profundidade são as qualidades acessíveis para concluir estudos e trabalho. A sensualidade emerge como outro atributo do período, tornando-o excelente para estreitar laços com as pessoas amadas. É um momento propício para processos terapêuticos. Esse período é favorável para atividades motivadas, em especial para a aplicação financeira que tem como intuito a busca de rendimentos. A prática de reciclagem e recuperação de objetos, tanto em casa quanto no trabalho, trazem resultados notáveis.

• **Lua quadratura Marte — 09:51 às 14:01 (exato 11:56)**

Ainda é um período no qual há dificuldades em continuar seguindo em uma direção e no qual uma força contrária que serve de empecilho faz-se presente. O cansaço pode ser um desafio para pôr fim ao que está sendo feito. As pessoas não se entendem muito bem e a competição é alta.

• **Lua quadratura Plutão — 11:55 às 15:58 (exato 13:58)**

Almoçar sentindo a pressão e a sensação de que tudo pode piorar é bem ruim. Se algo importante está em risco, é hora de avaliar se vale a pena lutar por isso ou se o melhor é abrir mão. Aplicações financeiras são desaconselháveis.

Novembro 2024

Domingo	Segunda-feira	Terça-feira	Quarta-feira	Quinta-feira	Sexta-feira	Sábado
					1 ● 09°35 ♏ Lua Nova em Escorpião às 09:47	2 ♌ Lua Nova em Escorpião
3 ♐ Lua Nova em Sagitário às 02:19 LFC 01:52 às 02:19	4 Lua Nova em Sagitário	5 ♑ Lua Nova em Capricórnio às 12:17 LFC 07:24 às 12:17	6 Lua Nova em Capricórnio	7 ♒ Lua Nova em Aquário às 19:57 LFC 19:38 às 19:57	8 Lua Nova em Aquário	9 ,17°19' ♒ Lua Crescente em Aquário às 02:55 LFC Início às 21:24
10 ♓ Lua Crescente em Peixes às 00:59 LFC Fim 00:59	11 Lua Crescente em Peixes	12 ♈ Lua Crescente em Áries às 03:25 LFC 03:14 às 03:25	13 Lua Crescente em Áries	14 ♉ Lua Crescente em Touro às 03:58 LFC 03:51 às 03:58	15 24°00' ♉ Lua Cheia em Touro às 18:28	16 ♊ Lua Cheia em Gêmeos às 04:08 LFC 04:03 às 04:08
17 Lua Cheia em Gêmeos	18 ♋ Lua Cheia em Câncer às 05:49 LFC 01:09 às 05:49	19 Lua Cheia em Câncer	20 ♌ Lua Cheia em Leão às 10:50 LFC 08:21 às 10:50	21 Lua Cheia em Leão Entrada do Sol no Signo de Sagitário às 16h56min27seg	22 ƒ01°24' ♍ Lua Minguante em Virgem às 22:27 Lua Cheia em Virgem às 20:00 LFC 10:15 às 20:00	23 Lua Minguante em Virgem
24 Lua Minguante em Virgem	25 ♎ Lua Minguante em Libra às 08:19 LFC 02:36 às 08:19 Início Mercúrio Retrógrado	26 Lua Minguante em Libra Mercúrio Retrógrado	27 ♏ Lua Minguante em Escorpião às 21:20 LFC 06:15 às 21:20 Mercúrio Retrógrado	28 Lua Minguante em Escorpião Mercúrio Retrógrado	29 Lua Minguante em Escorpião Mercúrio Retrógrado	30 ♐ Lua Minguante em Sagitário às 08:52 LFC 03:20 às 08:52 Mercúrio Retrógrado

Mandala Lua Nova de Novembro

Lua Nova
Dia: 01/11
Hora: 09:47
09°35' de Escorpião

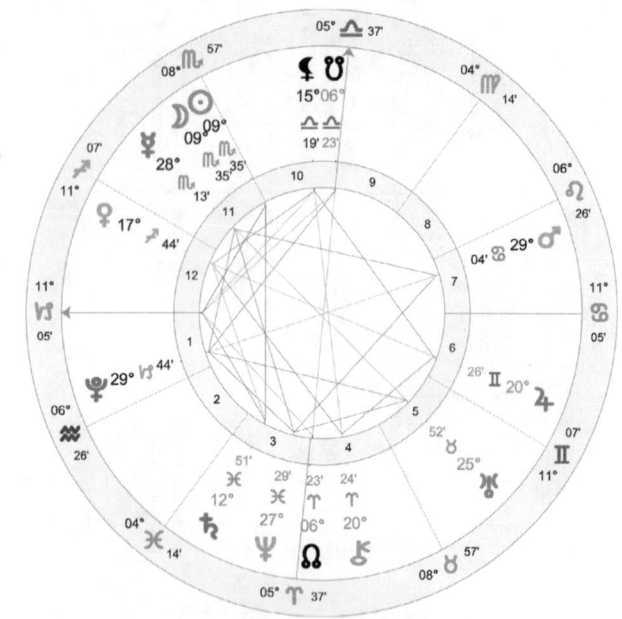

Mandala Lua Cheia de Novembro

Lua Cheia
Dia: 15/11
Hora: 18:28
24°00' de Touro

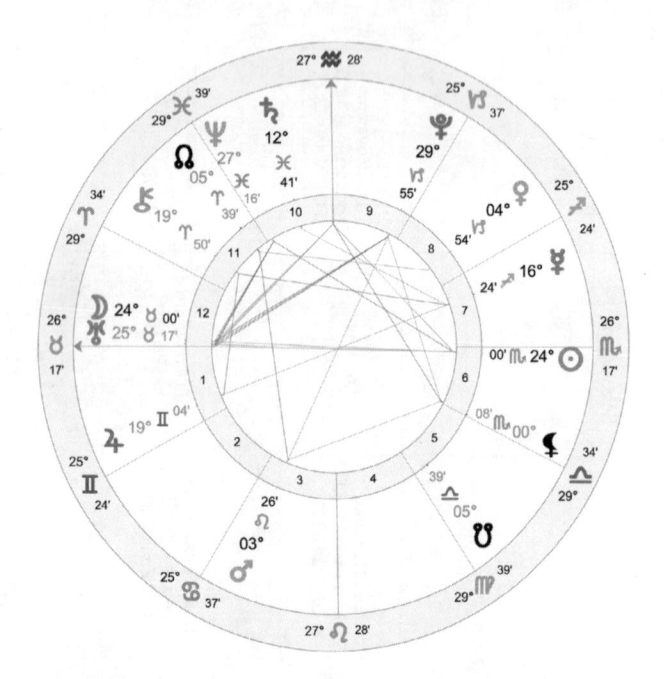

CÉU DO MÊS DE NOVEMBRO

A Lua Nova em Escorpião inaugura o mês de novembro enfatizando o elemento água e avisando que essa é uma lunação propícia às iniciativas que envolvem as emoções. Em um semestre fortemente marcado por movimentos de retrogradação, não seria possível se aproximar do final do ano sem que houvesse um momento dedicado a compreender e assimilar todas as transformações internas que as revisões e descobertas dos últimos meses trouxeram. E, se havia alguma dúvida, a Lua Nova no signo dos mergulhos profundos e silenciosos deixa evidente que esse é o mês certo para essa tarefa.

O céu dessa lunação traz em seu desenho dois aspectos bastante positivos que já estavam em funcionamento no final de outubro. Os trígonos de Marte a Netuno e de Mercúrio a Netuno indicam que a imaginação é o melhor alimento para as intenções dessa lunação. De que matéria são construídos os sonhos? O que realmente é necessário para que a alma se sinta em paz? Como direcionar os esforços e o combustível emocional para melhorar o mundo e aliviar o sofrimento coletivo e pessoal? Ao mesmo tempo, novos aspectos se formam e indicam que o alinhamento entre pensamento, fala, sentimento, ação e coragem fará toda a diferença nesse ciclo que se inicia.

No dia 02, Mercúrio deixa Escorpião e começa sua jornada por Sagitário. Nesse Signo, Mercúrio não tem tempo para análises detalhadas, pois as ideias são grandes e os horizontes do pensamento se expandem e se enchem de ideais. A comunicação é franca, direta, mas, por vezes, precipitada. Por não dar tempo de averiguar as miudezas das informações ou dos conceitos, durante esse período é bom tomar cuidado para que as ideias não virem dogmas e as percepções não sejam, na realidade, preconceitos.

Com isso em mente, outro aspecto ganha ainda mais peso e pede muita cautela. No dia 1º, permanecendo em vigor até o dia 07 de novembro, Marte se opõe a Plutão. Esse é um trânsito perigoso por avisar que os avanços em direção ao que se quer e o que se deseja serão recebidos com hostilidade e resistência poderosa. No afã de forçar o caminho, é possível que escrúpulos e ética sejam negligenciados ou ignorados. A competição pode se tornar cruel e desleal.

Esse aspecto se dá enquanto Marte finaliza sua passagem por Câncer e inicia seu movimento por Leão (04/11). Esses graus limítrofes são sempre um pouco tumultuados, pois o planeta está trocando de roupa e aprendendo a usar suas novas vestes. E Marte, justamente nessa hora, se indispõe com Plutão, tornando a luta um pouco mais desigual. Marte em Leão tem sua energia elevada ao máximo, impulsionando a busca por posições de liderança e destaque e inclinando-se à rigidez e ao orgulho. Portanto, todo cuidado é pouco. É fundamental encontrar formas de afirmar a própria vontade sem entrar em jogos de poder e sem criar antagonismos por todos os lados. Após o dia 07, essa energia perde a intensidade e avançar fica mais fácil.

Entre os dias 03 e 04, Vênus adiciona mais um elemento conflitante ao período. Ou seja, além de haver um clima de tensão e disputa de controle, também há uma tendência a exagerar na busca por compensações prazerosas. Se o clima está tenso, é possível que se busque alívio nas indulgências e no abandono das responsabilidades. Mais uma vez, a moderação é o melhor caminho.

Os dias 04 e 05 trazem uma ajuda nessa direção, na forma de um trígono entre o Sol e Saturno. Sob esse aspecto, é possível perceber o impacto das ações individuais no coletivo e encontrar maneiras de corrigir o rumo, assumindo uma posição mais moderada e responsável.

No dia 09 de novembro, a Lua cresce em luzes no Signo de Aquário. Um certo distanciamento emocional é necessário para perceber quais dos caminhos percorridos até aqui fazem mais sentido e quais iniciativas têm mais chances de prosperar. Entre os dias 09 e 10 de novembro, Vênus se desentende com Netuno e fala de desilusões e da necessidade de ajustar as lentes para melhor compreender a realidade. Não é justo esperar que o outro atenda às imagens idealizadas ou que seja capaz de corresponder às expectativas infladas. Logo após esse despertar um tanto quanto rude, Vênus deixa o Signo de Sagitário, considerado expansivo, para iniciar o seu caminho pelo prático e sensato Capricórnio. Enquanto estiver nesse signo, o tempo é o melhor conselheiro para as questões afetivas. Lealdade e constância são muito mais valorizadas que manifestações exageradas de romantismo.

Entre os dias 12 e 13 de novembro, é importante ser cauteloso com o que diz e com o que promete. O aspecto desagradável entre Mercúrio e Saturno assinalam a possibilidade de as intenções não serem bem compreendidas ou de a informação não ser bem recebida. Sob esse trânsito é muito fácil confundir pessimismo e excesso de crítica com pragmatismo. Se for possível, é recomendável esperar esses dias passarem antes de apresentar novas ideias ou dar a opinião sobre o planejamento de outras pessoas. É fácil sentir-se e ser percebido como antipático enquanto esse trânsito durar.

No dia 15 de novembro, a Lua atinge seu pico de luz no Signo de Touro. Essa é uma posição bastante feliz para a Lua e sinaliza a possibilidade de os resultados mais visíveis dessa lunação terem o potencial de trazer mais segurança e conforto emocional. A Lua, no entanto, está bem próxima de fazer uma conjunção com Urano. Sendo assim, é possível que os resultados tragam algum elemento de surpresa e que as reações a eles possam ser um tanto quanto inesperadas. Cuidado para que a impaciência e as variações bruscas de humor não atrapalhem a coroação dos esforços realizados até aqui.

Nesse dia, é a vez de Saturno desfazer seu movimento reverso e iniciar o movimento direto, seguindo o caminho iniciado por Plutão há um mês. Revisões feitas, é hora de avançar com a concretização dos objetivos compromissados no primeiro semestre, antes de Saturno começar sua retrogradação.

Os primeiros dias da Lua Cheia são marcados por dois aspectos desarmônicos. Nos dias 16 e 17, o Sol se opõe a Urano, desassossegando e trazendo surpresas que sacodem a percepção rotineira dos eventos diários. Essas surpresas podem vir na forma de encontros inesperados ou como atitudes bruscas imprevisíveis por parte dos parceiros. Trazer os motivos das perturbações à luz da consciência é uma boa atitude para lidar com o momento. Já entre os dias 16 e 17, Mercúrio se opõe a Júpiter. Apesar do otimismo que esse aspecto indica, é importante ficar esperto para que o exagero não traga consequências desagradáveis mais adiante. Ler nas entrelinhas, atentar-se aos detalhes do que está sendo dito e prometido, é essencial para que não haja surpresas desagradáveis mais adiante.

Os próximos dias parecem prometer mais facilidade e bons momentos. Entre os dias 18 e 19, o Sol faz um aspecto bonito com Netuno, sinalizando a possibilidade de compartilhar com generosidade os benefícios obtidos na Lua Cheia. No dia 19, Plutão entra definitivamente no Signo de Aquário, marcando o começo de um novo tempo, com novos desafios, potências e tesouros para a sociedade. Já no dia 21, o Sol ingressa em Sagitário, iluminando todos os caminhos a percorrer com seu otimismo e sua sede de aventuras. E, como primeira providência, o Sol já convida Plutão para um diálogo dinâmico a respeito de todas as mudanças que podem ser realizadas por meio da colaboração desses dois astros.

Ainda sob essa influência positiva, Vênus também faz um convite simpático, dessa vez para Saturno (22/11 e 23/11), tornando as obrigações e os compromissos mais agradáveis. E é nesse clima mais favorável que a Lua começa sua fase Minguante, no Signo de Leão. Caso haja algum assunto a ser resolvido, finalizado e definido, é preferível que seja feito antes do dia 25, aproveitando os aspectos fluentes do período. A partir do dia 25 de novembro e até o dia 15 de dezembro, Mercúrio faz sua última retrogradação do ano. Portanto, o que não for concluído até o dia 24 poderá se beneficiar de mais uma revisão antes de receber o ponto-final.

O último movimento do mês de novembro é mais um aspecto positivo do Sol. Entre os dias 26 e 27 de novembro, ele forma um aspecto bastante favorável a Marte, facilitando todas as expressões daquilo que torna cada pessoa única. Ser o que se é traz alegria e vitalidade. Esses dias são bastante favoráveis para descobrir o que realmente traz motivação e o que tem o poder de fazer o coração bater mais forte e ritmado com a vida.

Posição Diária da Lua em novembro

DIA 01 DE NOVEMBRO – SEXTA-FEIRA
Nova às 09:47 em 09º35 de Escorpião ● *em Escorpião*

• **Lua conjunção Sol — 07:35 às 11:58 (exato 09:47)**
Hoje iniciaremos o dia estando mais animados, com a sensação de que estamos no caminho certo. Essa harmonia emocional nos motivará a atingir os objetivos traçados. Manhã produtiva e com maiores chances de sucesso em qualquer assunto que exigir maior grau de concentração.

• **Lua trígono Saturno — 14:19 às 18:19 (exato 16:19)**
Seriedade e comprometimento serão a receita para aproveitar essa energia que favorece a conclusão de tarefas difíceis. Priorize aquilo que precisa colocar em dia. Excelente para iniciar dietas ou uma rotina de exercícios físicos.

DIA 02 DE NOVEMBRO – SÁBADO
● *Nova* ● *em Escorpião*

• **Lua oposição Urano — 16:07 às 20:03 (exato 18:05)**
A ânsia para livrar-se de qualquer situação pode vir a trazer uma sensação de aprisionamento, a qual poderá resultar em reações emocionais intempestivas, rompendo laços importantes. Sabendo disso, contenha-se e pense antes de agir.

• **Lua trígono Netuno — 19:21 às 23:17 (exato 21:19)**
Um excelente programa para esse sábado à noite é assistir a um bom filme na companhia de alguém que acalme seu coração. Tentar ver o lado bom da

vida lhe impedirá de se deixar levar pela ansiedade. Entenda que tudo tem seu momento.

• **Lua trígono Marte** — 23:37 às 03:40 de 03/11 (exato 01:39 de 03/11)

Ao suportar pressões emocionais, você sentirá mais força e coragem. Opte por compartilhar essa noite com alguém em quem você confia sua intimidade, pois será com essa pessoa que brotará um clima de sedução.

• **Lua sextil Plutão** — 23:52 às 03:48 de 03/11 (exato 01:52 de 03/11)

Momento propício para recuperar situações que pareciam perdidas. As pessoas estarão mais abertas a acessar antigas feridas e restabelecer vínculos desfeitos. Aproveite a noite para vasculhar os porões da sua alma e finalmente se livrar das ervas daninhas que lhe impede de andar para frente.

DIA 03 DE NOVEMBRO – DOMINGO
🌑 *Nova* 🌑 *em Sagitário às 02:19 LFC Início às 01:52 LFC Fim 02:19*

Enquanto a Lua estiver em Sagitário, encha-se de entusiasmo e ouse passos mais largos. Há um desejo latente de expandir-se por meio do conhecimento. É um período favorável para viagens ou contatos com o exterior. Alargar as fronteiras atrairá mais chances de crescimento e expansão. Apenas tome cuidado para não se deixar levar por idealizações.

• **Lua conjunção Mercúrio** — 01:23 às 05:49 (exato 03:36)

Vai ficar mais difícil acalmar a mente nessa madrugada. A tendência é um estado de alerta, podendo dificultar o descanso necessário para iniciarmos uma nova semana. Momento favorável para o diálogo diante de maior receptividade a qualquer tipo de comunicação.

DIA 04 DE NOVEMBRO – SEGUNDA-FEIRA
🌑 *Nova* 🌑 *em Sagitário*

• **Lua quadratura Saturno** — 01:22 às 05:14 (exato 03:18)

Iniciaremos a semana mais pressionados pelos compromissos a serem cumpridos. Tudo pode parecer exaustivo aos seus olhos, acarretando uma necessidade maior de controlar o mau humor. Não se deixe abater pelos obstáculos. Mantenha a positividade em alta.

• **Lua oposição Júpiter** — 15:37 às 19:26 (exato 17:32)

Fique atento para não exagerar nas reações emocionais diante de resultados frustrantes. Procure analisar se suas expectativas foram mal dimensionadas. Além disso, mantenha o otimismo e siga na execução dos objetivos traçados.

• **Lua conjunção Vênus** — 18:43 às 22:57 (exato 20:50)

O clima estará mais ameno ao final do dia. Aproveite para fazer algo prazeroso. Encontre pessoas agradáveis ou desfrute de uma noite de carinho. Estaremos mais receptivos ao amor, ao companheirismo e a qualquer situação que proporcione algum prazer.

DIA 05 DE NOVEMBRO – TERÇA-FEIRA
Nova ● *em Capricórnio às 12:17 LFC Início às 07:24 LFC Fim 12:17*

Enquanto a Lua estiver em Capricórnio, tendemos a ver as situações como elas realmente se apresentam. O pragmatismo será a melhor forma de encontrar soluções definitivas. Período favorável para priorizar o lado profissional. A disciplina será o melhor caminho para alcançar melhores resultados.

• **Lua quadratura Netuno** — 05:29 às 09:17 (exato 07:24)

Busque a clareza de suas emoções para tomar qualquer decisão. Hoje o sexto sentido não estará tão bem sintonizado para atuar como o guia das ações. Duvide das impressões e, se puder, transfira decisões importantes para outro momento.

DIA 06 DE NOVEMBRO – QUARTA-FEIRA
Nova ● *em Capricórnio*

• **Lua sextil Saturno** — 10:24 às 14:07 (exato 12:16)

O dia estará bem positivo para realizar de modo concreto o que foi pensado. As emoções estarão equilibradas para lidar com qualquer tipo de contratempo. Organize-se e mantenha-se produtivo.

• **Lua sextil Sol** — 14:10 às 18:11 (exato 16:11)

Aproveite, pois há maior chance de êxito nas decisões. Isso porque as emoções estarão alinhadas, amplificando a percepção até mesmo do que não é mostrado. Trabalhe seu lado ambicioso e não desista no primeiro tropeço. Persevere, pois o momento é de plantio.

DIA 07 DE NOVEMBRO – QUINTA-FEIRA
Nova ● *em Aquário às 19:57 LFC Início às 19:38 LFC Fim 19:57*

Enquanto a Lua estiver em Aquário, nos tornamos mais sociáveis e consequentemente mais abertos ao que acontece com o grupo no qual estamos inseridos. Também tenderemos a nos sentir mais atraídos ao que não nos é usual. Portanto, prefira situações novas. Inove.

• **Lua trígono Urano** — 10:11 às 13:49 (exato 12:00)

Fique atento aos *insights*. Uma ideia inovadora proporcionará um sentimento de originalidade. Bom período para realizar mudanças e explorar novas possibilidades. Procure fazer algo diferente, pois isso trará abertura para o progresso.

• **Lua sextil Netuno** — 13:22 às 17:01 (exato 15:12)

A intuição alinhada à criatividade poderá resultar em ações surpreendentemente positivas. Excelente momento para ampliar contatos e expandir o alcance de uma ideia e de um produto. A facilidade de cooperação entre as pessoas facilitará a convergência de opiniões.

• **Lua conjunção Plutão** — 17:48 às 21:26 (exato 19:38)

Estar aberto a novos formatos facilitará qualquer processo de recuperação. Estarão facilitados assuntos que exijam algum tipo de mudança radical. Lembre-se: nem sempre uma perda é considerada um prejuízo. Descarte o que se tornou desnecessário.

• **Lua oposição Marte** — 20:23 às 00:08 de 08/11 (exato 22:15)

Tenha em mente que o outro estará bem munido diante de qualquer tipo de provocação. Sabendo disso, evite reações impulsivas, em especial diante de situações que venham a ferir seu orgulho. Releve, porque não é o melhor momento para impor sua vontade. A agressividade poderá destruir vínculos importantes.

DIA 08 DE NOVEMBRO – SEXTA-FEIRA
● *Nova* ● *em Aquário*

• **Lua sextil Mercúrio** — 07:52 às 11:50 (exato 09:51)

Estaremos mais ligados; como se a informação fluísse com mais facilidade. Isso amplificará a capacidade de absorver conhecimento, estabelecer contatos e até estar atento a mais de uma coisa ao mesmo tempo. Essa fluidez na comunicação facilitará a divulgação de produtos, a comercialização e uma maior flexibilidade para acordos tidos como difíceis de serem firmados.

DIA 09 DE NOVEMBRO – SÁBADO
☾ *Crescente às 02:55 em 17°19' de Aquário* ☾ *em Aquário LFC Início às 21:24*

• **Lua quadratura Sol** — 01:01 às 04:49 (exato 02:55)

Pode ser que o excesso de preocupação tenha lhe impedido de um descanso revigorante, principalmente pela falta de clareza das emoções diante de uma situação que ainda não tenha solução. Evite cobrar-se sem necessidade. Espere um outro momento para tomar decisões difíceis.

• **Lua trígono Júpiter — 05:27 às 08:56 (exato 07:11)**

Mantenha-se flexível diante de qualquer situação que teste sua capacidade de comunicação. Ampliar os contatos tenderá à abertura para conhecer pessoas interessantes. Circule em novos lugares.

• **Lua quadratura Urano — 15:33 às 19:01 (exato 17:17)**

Abra espaço para o inesperado e evite se irritar com aquilo que não tem como ser previsto. Atrasos ou cancelamentos de compromissos devem ser considerados. Jogo de cintura será fundamental para manter o equilíbrio emocional. Evite reações desproporcionais.

• **Lua sextil Vênus — 19:29 às 23:16 (exato 21:24)**

Uma noite banhada por energias que trarão harmonia, facilitando a integração das diferenças. Exercite seu lado explorador e vá curtir algo diferente. Estar em um grupo eclético pode ser uma surpresa muito agradável.

DIA 10 DE NOVEMBRO – DOMINGO
☾ *Crescente* ☾ *em Peixes às 00:59 LFC Fim 00:59*

Enquanto a Lua estiver em Peixes, estaremos mais sensíveis e empáticos ao que acontece ao nosso redor. A solidariedade flui com facilidade, despertando a compaixão diante do que o outro sente ou está vivenciando. Isso facilitará o entendimento de que há situações que fogem do nosso controle. Invista em uma visão mais ampla dos acontecimentos, praticando o amor universal para despertar o que há de melhor em você.

• **Lua quadratura Mercúrio — 17:28 às 21:10 (exato 19:19)**

Releve para não sair despejando verdades que podem magoar profundamente. As palavras podem ferir de forma irremediável. Assim, policie-se para não se arrepender. Não é o melhor momento para discutir qualquer tipo de relação.

• **Lua conjunção Saturno — 20:58 às 00:20 de 11/11 (exato 22:39)**

Procure ser mais maleável consigo mesmo, não desanime diante de contratempos. A primeira coisa ser feita é manter a positividade em alta. Tente não trazer para si responsabilidades que podem ser delegadas a outras pessoas.

DIA 11 DE NOVEMBRO – SEGUNDA-FEIRA
☾ *Crescente* ☾ *em Peixes*

• **Lua quadratura Júpiter — 08:27 às 11:46 (exato 10:07)**

Não exagere nos dramas e trace objetivos a serem cumpridos ao longo do dia. Isso evitará dispersões e facilitará controlar atitudes impulsivas e compensatórias.

• **Lua trígono Sol — 08:29 às 12:04 (exato 10:16)**

Ative sua força de regeneração. Reconhecer os medos, as falhas, e encarar emoções conflitantes são as melhores formas para virar a página e seguir adiante. Ative a sensibilidade e deixe a criatividade fluir.

• **Lua sextil Urano — 18:16 às 21:34 (exato 19:55)**

Usar novos formatos para realizar antigas tarefas poderá abrir novos horizontes, trazendo resultados transformadores. Fique atento a *insights*. Nesse período, estaremos mais alertas e rápidos quanto a reações diante de acontecimentos.

• **Lua conjunção Netuno — 21:21 às 00:39 de 12/11 (exato 23:00)**

Noite excelente para relaxar e, por um momento, esquecer-se dos afazeres práticos da vida. Descanse assistindo a um filme que lhe remeta ao lado nostálgico da vida. Nem tudo precisa ser preto no branco. Inspire-se.

DIA 12 DE NOVEMBRO — TERÇA-FEIRA
☾ *Crescente* ☾ *em Áries às 03:25 LFC Início às 03:14 LFC Fim 03:25*

Enquanto a Lua estiver em Áries, ficamos mais alertas e dinâmicos em nossas reações diante dos acontecimentos. Excelente momento para dar andamento a projetos que vinham se arrastando. Ative o guerreiro que há em você e não desista.

• **Lua sextil Plutão — 01:34 às 04:51 (exato 03:14)**

Nessa madrugada vibrará uma energia de intensidade e renovação. Entregar-se à paixão é uma forma de morrer e renascer. Usufrua desse momento para ressurgir revigorado.

• **Lua quadratura Vênus — 02:42 às 06:16 (exato 04:29)**

Nem tudo acontece como desejamos. Mas nem por isso não precisamos valorizar o esforço alheio. Não deixe que a insatisfação resulte em reações desproporcionais colocando a perder o que conquistou com tanto esforço.

• **Lua trígono Marte — 05:56 às 09:16 (exato 07:36)**

Comece o dia alimentando o entusiasmo de estar vivo. Arrume-se para se sentir bem consigo mesmo, pois isso trará uma sensação de potência e afastará medos e inseguranças. Se puder, opte por se exercitar pela manhã, porque assim terá mais disposição para enfrentar os desafios.

• **Lua trígono Mercúrio — 23:33 às 03:04 de 13/11 (exato 01:18 de 13/11)**

Um encontro com amigos será um bálsamo para terminar esse dia que é um desafio. A comunicação vai fluir, favorecendo novos contatos. Tente espairecer e se divertir. A madrugada estará animada.

DIA 13 DE NOVEMBRO – QUARTA-FEIRA
☾ *Crescente* ☾ *em Áries*

• Lua sextil Júpiter — 09:14 às 12:26 (exato 10:50)
Manhã produtiva, encha-se de otimismo e encare as tarefas do dia com positividade. Tudo fluirá melhor. Oportunidades se abrirão para aqueles que ousarem enxergar além. Por isso, ouse!

DIA 14 DE NOVEMBRO – QUINTA-FEIRA
☾ *Crescente* ☾ *em Touro às 03:58 LFC Início às 03:51 LFC Fim 03:58*

Enquanto a Lua estiver em Touro, tenderemos a priorizar ações com resultados concretos. Somos estimulados a persistir e, por consequência, a não desistir dos objetivos. O Signo de Touro tem a paciência como aliada. Principalmente para atingir a segurança necessária que lhe proporcione uma qualidade de vida confortável e satisfatória. Excelente momento para cuidar da saúde do corpo. Invista em hábitos saudáveis, em especial naqueles que ajudam a regrar a alimentação.

• Lua quadratura Plutão — 02:13 às 05:25 (exato 03:51)
Não deixe que as preocupações dominem sua mente e atrapalhem seu descanso. Trate os problemas de forma prática, concentrando-se no que tem solução. Vá por partes. Isso fará brotar um sentimento de eficiência, amenizando a sensação de perda que poderá lhe dominar.

• Lua quadratura Marte — 07:18 às 10:34 (exato 08:56)
Exercitar-se logo cedo favorecerá o início de um dia mais relaxado. Além disso, lhe ajudará a evitar que uma contrariedade seja tratada como algo pessoal, mesmo que a situação o deixe muito irritado. Os egos estarão aflorados. Sendo assim, a melhor saída é praticar a humildade por meio da negociação das diferenças.

• Lua trígono Vênus — 07:28 às 10:56 (exato 09:12)
A melhor saída para essa manhã tão intensa será investir na eficiência, concentrando-se na estabilidade das emoções. E, para isso, releve contratempos e provocações. A prudência será seu aliado para atingir qualquer tipo de solução.

• Lua sextil Saturno — 22:41 às 01:54 de 15/11 (exato 00:17 de 15/11)
Tenderemos a terminar o dia com a sensação de dever cumprido. Os sacrifícios serão produtivos; nossas emoções estarão equilibradas diante de situações desafiantes. Um bom momento para encontrar uma solução prática dentro de uma situação que até então lhe parecia nebulosa.

DIA 15 DE NOVEMBRO — SEXTA-FEIRA
○ Cheia às 18:28 em 24°00' de Touro ○ em Touro

• **Lua oposição Sol** — 16:44 às 20:11 (exato 18:28)

Evite tomar decisões definitivas, já que as emoções tenderão a não estar alinhadas com seus objetivos. Busque respostas claras e objetivas. Esclarecer qualquer dúvida será o melhor caminho.

• **Lua conjunção Urano** — 18:55 às 22:08 (exato 20:31)

Tudo que trouxer uma sensação de obrigação tenderá a causar irritação. Assim, busque fazer algo novo e diferente. Não é o melhor dia para tratar de assuntos importantes. Estaremos menos tolerantes e mais impacientes.

• **Lua sextil Netuno** — 22:06 às 01:19 de 16/11 (exato 23:43)

Excelente energia para se conectar com a natureza. Desse modo, se puder viajar, opte por um lugar calmo no qual possa se esquecer das preocupações e estar em contato com a beleza da vida. Acalmar a mente poderá levá-lo a ter ideias surpreendentes.

DIA 16 DE NOVEMBRO — SÁBADO
○ Cheia ○ em Gêmeos às 04:08 LFC Início às 04:03 LFC Fim 04:08

Enquanto a Lua estiver em Gêmeos, ficamos mais comunicativos e mais antenados na troca de conhecimento. É uma fase na qual as interações fluem, assim como acordos e comercializações que por algum motivo estavam emperrados. Invista em divulgação. Circule e interaja.

• **Lua trígono Plutão** — 02:25 às 05:39 (exato 04:03)

Antigas lembranças poderão ressurgir em sonhos. Emoções que estavam adormecidas também poderão vir à tona, podendo finalmente ser encaradas sem dramas ou qualquer resistência. Deixe-se levar por essa energia regenerativa, acordando mais leve e revigorado.

• **Lua sextil Marte** — 08:20 às 11:38 (exato 09:59)

Iniciamos o dia mais animados e cheios de energia. Aproveite a parte da manhã para realizar ações que exijam maior assertividade. Para quem trabalha, a tendência é que a rotina seja encarada com mais animação. Já para quem pode aproveitar uma manhã de sábado de lazer, uma boa opção é se exercitar ao ar livre.

• **Lua quadratura Saturno** — 23:13 às 02:30 de 17/11 (exato 00:51 de 17/11)

Saiba que não será encontrado solo fértil para concordâncias. Não é o melhor momento para discutir a relação ou para fazer encontros familiares, pois normalmente esses já carregam tensões acumuladas. Dê preferência para um programa intimista no qual você tenha certeza de que não vá se chatear.

DIA 17 DE NOVEMBRO – DOMINGO
○ *Cheia* ○ *em Gêmeos*

• **Lua oposição Mercúrio** — 07:54 às 11:27 (exato 09:41)

Tenha muito cuidado ao se expressar. Não é o melhor momento para expor de modo literal o que pensa ou para ser verdadeiro. A comunicação tenderá a ter menor fluidez. Assim como qualquer tipo de deslocamento. Por isso, se tiver um compromisso importante, procure se precaver e saia mais cedo, pois são grandes as chances de encontrar obstáculos ao longo do caminho.

• **Lua conjunção Júpiter** — 09:27 às 12:46 (exato 11:06)

Tenha em mente que tudo tenderá a ser sentido de forma exagerada. Contenha excessos e procure o equilíbrio das emoções para não desencadear atitudes compensatórias. Temos que ter uma visão otimista dos fatos. No entanto, tal visão não pode deixar de ser realista.

• **Lua quadratura Netuno** — 23:27 às 02:50 de 18/11 (exato 01:09 de 18/11)

Poderemos ser envolvidos por uma nostalgia, terminado esse fim de semana exauridos diante de situações desgastantes. Procure poupar-se deixando decisões difíceis para outro momento. Descanse.

DIA 18 DE NOVEMBRO – SEGUNDA-FEIRA
○ *Cheia (disseminadora)* ○ *em Câncer às 05:49*
LFC Início às 01:09 LFC Fim 05:49

Enquanto a Lua estiver em Câncer, tenderemos a dar prioridade a assuntos familiares ou àqueles que estejam envolvidos com o segmento doméstico. Tenderemos a ficar mais sensibilizados ao tomar qualquer decisão. Olhar para experiências passadas pode ser a melhor maneira de se guiar diante de uma indecisão.

• **Lua oposição Vênus** — 18:41 às 22:29 (exato 20:35)

É claro que a vida é feita de momentos mais áridos, exigindo uma postura mais fria e realista do quadro que se apresenta. Não é possível agradar a todas as partes envolvidas. Trate as diferenças com inteligência para não acarretar desavenças difíceis de serem desfeitas mais tarde.

DIA 19 DE NOVEMBRO – TERÇA-FEIRA
○ Cheia (disseminadora) ○ em Câncer

• **Lua trígono Saturno — 02:02 às 05:32 (exato 03:47)**
Dia muito produtivo e fértil para obter os melhores resultados diante de desafios. Isso porque estaremos alinhados emocionalmente com mais facilidade aos sacrifícios necessários para realizar algo bem-feito. Aproveite essa energia e esforce-se para colocar em ordem a área da vida que anda meio bagunçada.

DIA 20 DE NOVEMBRO – QUARTA-FEIRA
○ Cheia (disseminadora) ○ em Leão às 10:50
LFC Início às 08:21 LFC Fim 10:50

Enquanto a Lua estiver em Leão, as pessoas ficam mais animadas e festivas. Vibre no entusiasmo e coloque essa energia em sua vida. As oportunidades fluirão se estiver aberto a uma vida social mais integrada. Anime-se diante das conquistas e deixe de se abater diante dos obstáculos. Vislumbre oportunidades mesmo em meio à adversidade.

• **Lua sextil Urano — 00:07 às 03:44 (exato 01:55)**
Madrugada produtiva já que é o momento em que se abre um canal criativo. Não será fazendo tudo do mesmo jeito que você conseguirá atrair resultados melhores. Não desconsidere seus sonhos, já que eles poderão trazer mensagens interessantes sobre velhos problemas.

• **Lua trígono Netuno — 03:56 às 07:34 (exato 05:45)**
Acredite no seu potencial e amplie a visão de uma determinada situação. Detalhar muito uma situação pode apequenar ofertas de soluções. Inspire-se com aquilo que aquece seu coração.

• **Lua trígono Sol — 06:21 às 10:18 (exato 08:21)**
Ótima vibração que favorece o entendimento diante de posições contrárias. Estaremos mais abertos a encontrar um denominador comum se as diferenças forem respeitadas. Sendo assim, não desconsidere o outro. Mas lembre-se: primeiro exalte suas qualidades para então abordar as diferenças.

• **Lua oposição Plutão — 09:01 às 12:42 (exato 10:52)**
De que adianta disputar a razão? Tem momentos que guerrear só trará mais prejuízo. A conciliação será o melhor caminho para evitar confrontos que só trarão dispersão de energia. Tente poupar-se e selecione as batalhas nas quais realmente vale a pena entrar.

• **Lua conjunção Marte** — 17:22 às 21:08 (exato 19:15)

A prática de exercício físico nessa noite será um excelente calmante para obter um sono calmo e revigorante. Os ânimos estarão exaltados, então respeite o espaço do outro para que tenha o seu respeitado. Não caia em provocações.

DIA 21 DE NOVEMBRO – QUINTA-FEIRA
○ *Cheia (disseminadora)* ○ *em Leão*

Entrada do Sol no Signo de Sagitário às 16h56min27seg.

• **Lua sextil Júpiter** — 19:26 às 23:14 (exato 21:20)

Vibrar na positividade e no otimismo é um excelente antídoto para afastar pensamentos derrotistas. Valorize as conquistas desse ciclo lunar que chega a seu ápice. Tire o melhor do que pode realizar.

DIA 22 DE NOVEMBRO – SEXTA-FEIRA
☽ *Minguante às 22:27 em 01°14' de Virgem* ○ *em Virgem às 20:00*
LFC Início às 10:15 LFC Fim 20:00

Enquanto a Lua estiver em Virgem, faça uma análise minuciosa das áreas em desordem da sua vida. É o momento ideal para selecionar o que precisa ser descartado ou ajustado à realidade. Tenderemos a estar mais atentos aos erros, o que torna mais fácil corrigir rotas e aprimorar a forma como realizamos algo. Não perca a oportunidade de dar uma faxina na casa, na vida e na alma.

• **Lua trígono Mercúrio** — 01:34 às 05:37 (exato 03:36)

Alimente em si o entusiasmo para que não se deixe abater por pensamentos derrotistas. O momento favorece expandir o conhecimento. Estaremos mais dispostos e ágeis mentalmente. Aproveite essa madrugada para colocar os estudos em dia.

• **Lua quadratura Urano** — 08:18 às 12:11 (exato 10:15)

Prepare-se para um dia agitado no qual será bom ter flexibilidade com os contratempos. Um estado de alerta constante pode levar a reações emocionais destemperadas quando as coisas não acontecerem como o esperado. Tenha em mente um plano B para tudo que programar.

• **Lua quadratura Sol** — 20:18 às 00:36 de 23/11 (exato 22:27)

Não é o melhor momento para abordar assuntos polêmicos. Evite se desgastar tentando resolver assuntos complicados. Introduzir um programa relaxante no fim do dia será o antídoto para o mau humor.

DIA 23 DE NOVEMBRO – SÁBADO
☽ *Minguante* ☽ *em Virgem*

• Lua oposição Saturno — 19:23 às 23:24 (exato 21:23)

Tenha em mente que o outro não estará aberto nem maleável para lhe dar a atenção merecida. As pessoas tenderão a estar mais fechadas e menos acessíveis no dia de hoje. Portanto, não é o melhor dia para agendar uma festividade. Evite contar com o outro hoje.

• Lua trígono Vênus — 23:07 às 03:35 de 24/11 (exato 01:21 de 24/11)

Ser prestativo será a melhor forma de agradar o outro. Tenha boa vontade, sendo menos crítico e mais acolhedor mesmo diante da discordância. Esse comportamento será a melhor forma de apaziguar os ânimos e tirar melhor proveito de uma situação.

DIA 24 DE NOVEMBRO – DOMINGO
☽ *Minguante* ☽ *em Virgem*

• Lua quadratura Júpiter — 06:03 às 10:03 (exato 08:03)

Nessa manhã de domingo, a sugestão é colocar a casa em ordem realizando uma boa faxina, descartando o que não serve mais e consertando o que está estragado. Isso trará a sensação de ordenamento, aquietando as emoções, o que tenderá a uma maior satisfação.

• Lua quadratura Mercúrio — 15:06 às 19:13 (exato 17:09)

Expor o que sente é importante para esclarecer mal-entendidos. No entanto, tenha muito cuidado ao se expressar. Hoje a comunicação tende a não fluir muito como o esperado. Escutar mais pode ser a melhor saída para o dia de hoje.

• Lua trígono Urano — 19:56 às 23:59 (exato 21:58)

Depois de um dia de energias tão densas, fazer algo diferente pode ser um bálsamo relaxante. Experimentar algo novo pode reascender a chama da paixão.

DIA 25 DE NOVEMBRO – SEGUNDA-FEIRA
☽ *Minguante (balsâmica)* ☽ *em Libra às 08:19*
LFC Início às 02:36 LFC Fim 08:19

Início do Mercúrio Retrógrado

Enquanto a Lua estiver em Libra, a reciprocidade tende a trazer resultados positivos. É um bom período para equilibrar a vida investindo em um comportamento mais imparcial e levando em consideração o outro lado da moeda. Tenderemos a estar mais ligados a estéticas das situações. Investir em uma boa apresentação pode fazer a diferença.

• **Lua oposição Netuno — 00:32 às 04:36 (exato 02:36)**

Fique atento para não ser invadido por uma melancolia. Esforce-se para controlar as emoções concentrando-se no que é prioridade. Cheque tudo antes de sair de casa, pois estaremos sujeitos a enganos e esquecimentos.

• **Lua trígono Plutão — 06:30 às 10:35 (exato 08:32)**

Cirurgias e exames investigativos tenderão a ter sucesso. Excelente momento para inovar ou renovar o visual. O clima é favorável para recuperar relações que se encontram estremecidas.

• **Lua sextil Sol — 14:18 às 18:45 (exato 16:31)**

O equilíbrio das emoções tenderá a levá-lo a alcançar as metas anteriormente traçadas. Tenha em mente aonde quer chegar e o que deseja concretizar, e então faça bom uso de seu poder de persuasão. Momento muito propício para acordos.

• **Lua sextil Marte — 17:14 às 21:22 (exato 19:18)**

Afirme sua individualidade com delicadeza e respeito ao outro. Dessa forma será mais fácil administrar as diferenças, encontrando um denominador comum que traga resultados favoráveis para ambas as partes. Use seu magnetismo pessoal e desfrute da conquista.

DIA 26 DE NOVEMBRO – TERÇA-FEIRA
)) *Minguante (balsâmica)*)) *em Libra*

Mercúrio Retrógrado

• **Lua trígono Júpiter — 18:26 às 22:27 (exato 20:26)**

A flexibilidade nos motivará a uma maior adaptabilidade, favorecendo que tiremos o melhor de uma situação mesmo que tenhamos que refazer ou rever o trajeto para chegar aonde desejamos. É o momento de se encher de otimismo e seguir adiante.

• **Lua quadratura Vênus — 18:50 às 23:21 (exato 21:06)**

Não é o melhor momento para exigir uma contrapartida de seus esforços. Evite cobranças. Há maior probabilidade de que suas críticas não sejam bem recebidas. Vai ser mais difícil restabelecer a harmonia. Sendo assim, é melhor ficar na sua.

DIA 27 DE NOVEMBRO – QUARTA-FEIRA
☽ *Minguante (balsâmica)* ☽ *em Escorpião às 21:20*
LFC Início às 06:15 LFC Fim 21:20

Mercúrio Retrógrado

Enquanto a Lua estiver em Escorpião, tendemos a sentir tudo com mais intensidade. Nossa percepção fica mais apurada, em especial quando estamos diante de uma ameaça.

Use a intuição para guiar suas ações e se desviar de ciladas. Excelente momento para mergulhar fundo em questões que precisam ser transformadas. Ative seu poder de regeneração.

• Lua sextil Mercúrio — 04:14 às 08:13 (exato 06:15)

Novos interesses poderão surgir para quem conseguir manter a mente alinhada com as emoções. Momento favorável para pesquisas e se aprofundar em um assunto a fim de que novas soluções deem novos ares a antigas preocupações. Cheque as informações.

• Lua quadratura Plutão — 19:38 às 23:41 (exato 21:39)

A tendência é de terminarmos essa quarta-feira exaustos. Cuidado para não chegar ao extremo de uma situação. Racionalize as suas emoções e opte por abordar temas sensíveis em outro momento, já que, possivelmente, não se encontrará muita fluidez para um entendimento que conjugue divergências das partes.

DIA 28 DE NOVEMBRO – QUINTA-FEIRA
☽ *Minguante (balsâmica)* ☽ *em Escorpião*

Mercúrio Retrógrado

• Lua quadratura Marte — 06:47 às 10:50 (exato 08:48)

O dia se iniciará nervoso. Por isso, evite confrontos, pois as reações emocionais tenderão a gerar conflitos. É melhor não provocar o seu adversário. Canalize toda essa energia para se exercitar logo pela manhã. Isso lhe acalmará.

• Lua trígono Saturno — 21:06 às 01:06 de 29/11 (exato 23:06)

O entendimento de que tudo na vida exige algum sacrifício para ser conquistado manterá seu humor em alta, assumindo a responsabilidade dos seus feitos sem cair nas armadilhas da vaidade. É uma noite produtiva para colocar o trabalho atrasado em dia.

DIA 29 DE NOVEMBRO – SEXTA-FEIRA
)) *Minguante (balsâmica)*)) *em Escorpião*

Mercúrio Retrógrado

• **Lua sextil Vênus — 13:39 às 18:01 (exato 15:50)**

Que tal marcar um almoço ou um happy hour com amigos com os quais possa se divertir e esquecer um pouco o mar de responsabilidades que a vida vem lhe apresentando? Procure fazer algo prazeroso para aliviar a pressão emocional de estar no controle.

• **Lua oposição Urano — 20:34 às 00:29 de 30/11 (exato 22:32)**

Seja maleável ao administrar a resolução de problemas. O clima não estará muito propício para entendimento. Você encontrará o desafio de não esticar demais a corda a ponto de colocar tudo a perder. A vontade é de chutar o balde. No entanto, é melhor medir bem a consequência de suas atitudes.

DIA 30 DE NOVEMBRO – SÁBADO
)) *Minguante (balsâmica)*)) *em Sagitário às 08:52*
LFC Início às 03:20 LFC Fim 08:52

Mercúrio Retrógrado

Enquanto a Lua estiver em Sagitário, tenderemos a ampliar o olhar para a vida. O desejo por desbravar novos territórios pode encorajá-lo a sair da zona de conforto. Ter um objetivo será o guia para não meter os pés pelas mãos. Não exagere nas expectativas.

• **Lua trígono Netuno — 01:21 às 05:15 (exato 03:20)**

Sonhos precisam ser possíveis. Portanto, busque conhecer os caminhos que o levará a uma concretização objetiva de seus desejos, pois isso fará com que sua veia criativa seja despertada, possibilitando *insights* produtivos.

• **Lua sextil Plutão — 07:20 às 11:14 (exato 09:17)**

Tenderemos a nos sentir revitalizados nessa manhã. Dia interessante para retomar projetos ou tarefas deixados de lado. Pode ser que uma nova chance surja quando menos se espera.

• **Lua trígono Marte — 18:26 às 22:19 (exato 20:23)**

Final de dia animado, principalmente se está precisando conquistar a pessoa amada. Não vai faltar fôlego para investir em desbravar novos desejos. Acredite no seu potencial.

Dezembro 2024

Domingo	Segunda-feira	Terça-feira	Quarta-feira	Quinta-feira	Sexta-feira	Sábado
1 — 09°32' ♐ — Lua Nova em Sagitário às 03:21. Mercúrio Retrógrado	2 ♑ — Lua Nova em Capricórnio às 18:08 LFC 12:48 às 18:08. Mercúrio Retrógrado	3 — Lua Nova em Capricórnio. Mercúrio Retrógrado	4 — Lua Nova em Capricórnio LFC Início às 20:35. Mercúrio Retrógrado	5 ≈ — Lua Nova em Aquário às 01:20 LFC Fim 01:20. Mercúrio Retrógrado	6 — Lua Nova em Aquário LFC Início às 21:02. Mercúrio Retrógrado	7 ♓ — Lua Nova em Peixes às 06:48 LFC Fim às 06:48. Mercúrio Retrógrado
8 — 17°02' ♓ — Lua Crescente em Peixes às 12:26. Mercúrio Retrógrado	9 ♈ — Lua Crescente em Áries às 10:37 LFC 05:45 às 10:37. Mercúrio Retrógrado	10 — Lua Crescente em Áries LFC Início às 19:14. Mercúrio Retrógrado	11 ♉ — Lua Crescente em Touro às 12:54 LFC Fim às 12:54. Mercúrio Retrógrado	12 — Lua Crescente em Touro. Mercúrio Retrógrado	13 ♊ — Lua Crescente em Gêmeos às 14:21 LFC 09:40 às 14:21. Mercúrio Retrógrado	14 — Lua Crescente em Gêmeos. Mercúrio Retrógrado
15 — 23°52' ♓ ♋ — Lua Cheia em Gêmeos às 06:01. Lua Cheia em Câncer às 16:21 LFC 11:32 às 16:21. Fim Mercúrio Retrógrado	16 — Lua Cheia em Câncer	17 — Lua Cheia em Leão às 20:38 LFC 15:34 às 20:38	18 — Lua Cheia em Leão	19 — Lua Cheia em Leão	20 ♍ — Lua Cheia em Virgem às 04:36 LFC 02:20 às 04:36	21 — Lua Cheia em Virgem. Entrada do Sol no Signo de Capricórnio às 06h20min32seg
22 — 01°34' ♎ — Lua Minguante em Libra às 19:18. Lua Cheia em Libra às 16:07 LFC 10:28 às 16:07	23 — Lua Minguante em Libra	24 — Lua Minguante em Libra LFC Início às 07:45	25 ♏ — Lua Minguante em Escorpião às 05:06 LFC Fim às 05:06	26 — Lua Minguante em Escorpião	27 — Lua Minguante em Sagitário às 16:46 LFC 11:25 às 16:46	28 ♐ — Lua Minguante em Sagitário
29 — Lua Minguante em Sagitário. LFC Início às 20:35	30 — 09°43' ♑ — Lua Nova em Capricórnio às 19:26 e às 01:37 LFC Fim às 01:37	31 — Lua Nova em Capricórnio				

Mandala Lua Nova de Dezembro

Lua Nova
Dia: 01/12
Hora: 03:21
09°32' de Sagitário

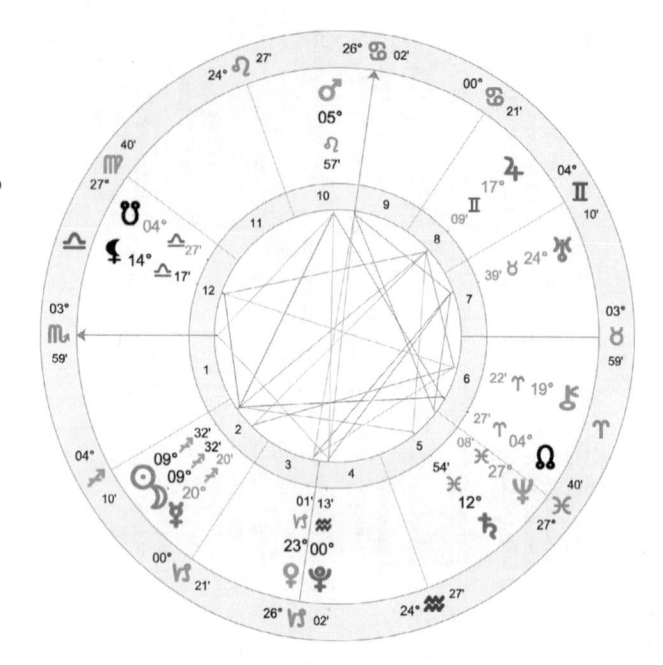

Mandala Lua Cheia de Dezembro

Lua Cheia
Dia: 15/12
Hora: 06:01
23°52' de Gêmeos

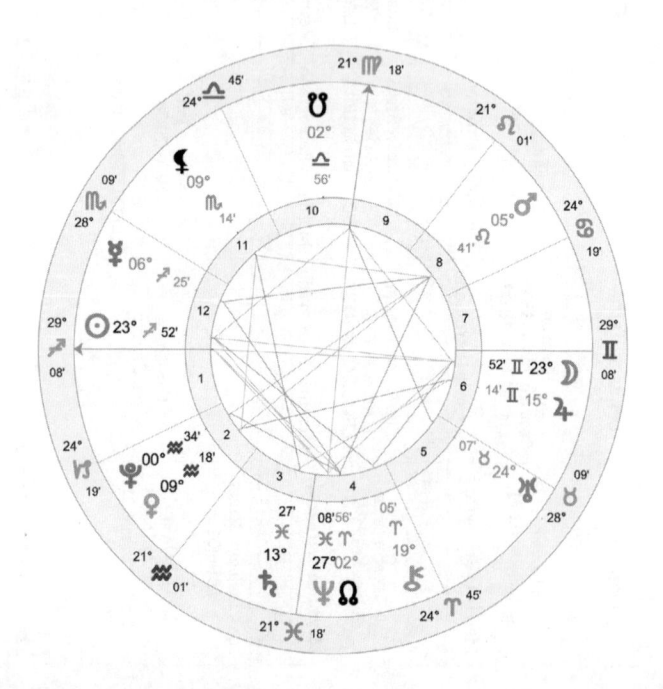

Mandala Lua Nova de Dezembro

Lua Nova
Dia: 30/12
Hora: 19:26
09°43' de Capricórnio

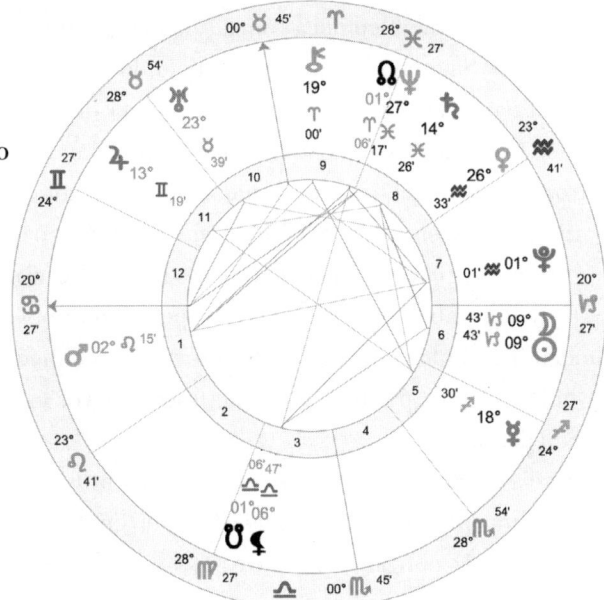

CÉU DO MÊS DE DEZEMBRO

O mês de dezembro começa com a Lua inaugurando seu ciclo no Signo esperançoso de Sagitário. Ao marcar o início do último mês do ano, a atmosfera dessa Lua Nova é alegre, otimista e repleta de futuros e aventuras. A vida parece plena de possibilidades e planos para o ano que está por vir. Mercúrio retrogrado em Sagitário sugere que planos mais antigos, abandonados por não parecerem viáveis à época, podem ser exatamente o que o novo ciclo precisa.

Esse clima é reforçado pelo contato feliz entre Vênus e Urano nos dias 01 e 02 de dezembro. A disposição de experimentar novos prazeres, viver novas emoções e conhecer pessoas fora do círculo conhecido é forte. O domingo favorece a busca por diversões que tragam novos estímulos e possibilidades para o cotidiano.

O dia 04 de dezembro põe um freio no entusiasmo dos dias anteriores. A quadratura entre o Sol sagitariano e Saturno em Peixes (04/12 e 05/12) sinaliza que ajustes são obrigatórios e que é preciso comportar não só a vontade pessoal, mas também as responsabilidades assumidas perante o grupo. Essa demanda é reforçada pela oposição entre Mercúrio e Júpiter (04/12 e 05/12), ambos retrógrados. As palavras e as promessas são cobradas e é preciso que estejam comprometidas com os princípios mais elevados. Para lidar com o peso desses dias, o sextil entre Vênus e Netuno (04/12 a 06/12) sugere que o alívio pode estar na busca por inspiração naquilo que for belo e que ajude a pausar a realidade.

Os dias seguintes são bastante movimentados. No dia 06, o Sol forma uma conjunção com Mercúrio, enfatizando assuntos ligados a comunicações, posições assumidas, contratos firmados e negociações em andamento. Nesse mesmo dia, além do aspecto formado com Júpiter, mencionado anteriormente, Mercúrio estabelece outro aspecto difícil, dessa vez com Saturno (06 e 07/12). Esse momento exige muita concentração e disciplina, podendo trazer também um senso crítico exagerado. No dia 07, o Sol se opõe a Júpiter, fazendo com que haja inclinação a excessos e exageros. E, ressaltando a intensidade desses dias, entre 07 e 08 Vênus forma uma conjunção com Plutão em Aquário. Manipulações emocionais podem ocorrer, assim como desejos intensos. Tudo parece ser válido na tentativa de criar saídas para a pressão sentida. Apesar de serem trânsitos rápidos, seus efeitos podem trazer muita confusão, portanto é importante manter a mente lúcida e o comportamento correto para evitar arrependimentos posteriores.

Três movimentos planetários importantes ocorrem entre os dias 06 e 07 de dezembro. O primeiro é o início da retrogradação de Marte no dia 06. Entre os dias 06 de dezembro e 23 de fevereiro de 2024, Marte refaz seu caminho pelo signo de Leão, retornando a Câncer. E, quando Marte refaz seus passos, as ações e os esforços ficam comprometidos. É possível que aconteçam frustrações e que exista a dificuldade em tomar a iniciativa e/ou acertar na modulação do uso da força. O importante é não permitir que problemas e erros permaneçam sem correção, pois a solução deles pode se estender por muito mais tempo do que o previsto.

O segundo movimento planetário é a entrada de Vênus no Signo de Aquário no dia 07. Durante a temporada aquariana, as abordagens afetivas e as escolhas adquirem uma qualidade mais mental, e as amizades passam a ter uma posição de muita relevância nas relações. Nesse mesmo dia e logo antes de a Lua iniciar sua fase Crescente (08/12), Netuno retoma seu movimento direto, utilizando a intuição para perceber o que está escondido volta a ser um instrumento confiável.

Entre os dias 12 e 13 de dezembro, Vênus antagoniza Marte, aumentando a energia de atração e desejo entre as pessoas. Uma alternativa, menos prazerosa, é o crescimento das desavenças e conflitos. Nos dias 13 e 14, Mercúrio forma um sextil com Vênus, promovendo a verbalização dos afetos e as conversas sobre os sentimentos. Na sequência, entre os dias 14 e 16, Mercúrio faz um ótimo aspecto com Marte, facilitando todas as tarefas que exijam um trabalho mental mais intenso. Posicionar-se, deixando claro o que pensa, acontece de maneira natural e com maiores chances de sucesso.

No dia 15, a Lua chega à fase Cheia no Signo de Gêmeos e já não é mais suficiente alcançar o objetivo traçado, agora é preciso compartilhar os resultados, sejam eles positivos ou não. O aprendizado e o entusiasmo de ter alcançado essa etapa são mais que suficientes para mobilizar as pessoas. Esse é um dia que promete bastante movimento e euforia. A troca de ideias auxilia na identificação do que pode ser mudado, adaptado e melhorado. Esse cenário é ainda beneficiado pelo fim do movimento retrógrado de Mercúrio nesse dia. Agora é possível avançar nas comunicações de maneira franca e com os olhos fixos no futuro.

Toda a agitação do primeiro dia da Lua Cheia parece cobrar seu preço nos dias 18 e 19. Pode ser que o acúmulo de tarefas dessa época do ano também esteja contribuindo para a sensação de cansaço presente nesses dias, os quais não são favoráveis a trabalhos extenuantes ou que demandem muita concentração. É preferível seguir um ritmo mais relaxado e retomar as atividades mais pesadas mais adiante.

O clima melhora significativamente com o excelente aspecto entre Vênus e Júpiter (19/12 e 20/12). O bem-estar retorna e as celebrações são muito bem-vindas. Excessos, indulgências e até uma certa preguiça fazem parte desses dias sem que isso cause consequências mais graves. Afinal, relaxar e se divertir também são atividades importantes que ajudam a restabelecer o equilíbrio nas relações.

E esse é um respiro importante, já que no dia 20 de dezembro Júpiter e Saturno formam um aspecto tenso que permanecerá vigente até o final do mês. A quadratura entre esses dois planetas sinaliza a necessidade de fazer reduções, cortes e contrações para poder avançar mais adiante. Durante esse período ficará mais claro o que não contribui para o crescimento estruturado, quais são os exageros que precisam ser contidos, assim como quais são as responsabilidades que precisam ser revistas para que possam ser cumpridas de maneira mais honrada e ética. Talvez seja difícil entender o que deve ser incentivado e o que deve ser finalizado nesse momento em que tudo parece estar se reestruturando. Por isso, reduzir a velocidade e aumentar o tempo de reflexão e ponderação podem ser boas formas de prosseguir nessa fase.

No dia 21 de dezembro, o Sol entra em Capricórnio e traz seriedade e resiliência para os dias. É mais fácil concentrar-se no que realmente importa e encontrar energia para continuar no caminho escolhido. Como a Lua mingua no dia seguinte à entrada do Sol em Capricórnio, esses movimentos indicam que é favorável usar os próximos dias para concluir os trabalhos e finalizar as pendências, para que o ano que está por vir comece sem débitos e preocupações.

Os dias após o Natal trazem a possibilidade de conflitos e a necessidade de realizar ajustes entre realidade e expectativas. Entre os dias 26 e 27 de dezembro, Mercúrio se desentende com Júpiter e Saturno. A vontade de se divertir e celebrar precisa ser equilibrada com as responsabilidades que demandam atenção e resolução. Ignorar os detalhes, ser impreciso nas orientações e comunicações ou ser displicente na execução das tarefas podem acarretar confusões e consequências mais sérias. Esses são problemas que podem ser evitados com disciplina, dedicação e capricho. Da mesma maneira, é importante ficar atento para não cair no polo oposto, focando somente nas dificuldades, nos erros e nas imperfeições. Evite grandes ações nesses dias, concentre-se em terminar com cuidado e, de preferência, de forma individual o que precisa. Negociações e trabalhos em equipe tendem a apresentar entraves e mal-entendidos nesse período.

Esse clima mais instável e contrariado é confirmado pela quadratura entre Vênus e Urano (27/12 e 28/12). Há um desejo intenso de se divertir e quebrar a rotina com atividades estimulantes e inusitadas. O comportamento impulsivo pode provocar desencontros e aborrecimentos nas relações. Tentativas de controle e de manter tudo dentro do previsível e esperado também podem ocasionar atritos e rupturas. Quanto mais flexível for o relacionamento e mais aberto a novas experiências, maiores são as chances de esse trânsito passar sem grandes complicações.

Dezembro traz um presente para todos, um bônus celeste. No dia 30, uma segunda Lua Nova entrega uma nova chance de renovar as intenções e os sonhos para 2025. Porém, o ritmo dessa lunação, é mais lento, mais discreto e mais responsável. Marte, Júpiter e Urano permanecem retrógrados e acrescentam elementos de surpresa e instabilidade ao período. Além disso, a oposição entre Marte e Plutão estará vigente durante os festejos de final de ano e ao longo dos primeiros dias do novo ano, alertando para o perigo de impor a vontade a todo custo ou de se expor a riscos desnecessários.

Essa é uma lunação capricorniana e pede ações mais deliberadas e emoções mais contidas. Saturno é o senhor do tempo e o maestro dessa lunação, avisando que a disciplina é a chave para estruturar e concretizar os sonhos. O tempo trabalha a favor, fortalecendo amizades, aprofundando relacionamentos, lapidando a vontade e os desejos, e mostrando o valor da fala sincera e das ações generosas e altruístas. Discretamente, o ano chega ao seu final e a Lua Nova alimenta o potencial dos caminhos bem construídos e a promessa de recompensa pelo trabalho bem-feito.

Posição Diária da Lua em dezembro

DIA 01 DE DEZEMBRO — DOMINGO
🌑 *Nova às 03:21 em 09°32' de Sagitário* 🌑 *em Sagitário*

Mercúrio Retrógrado
• **Lua conjunção Sol — 01:15 às 05:26 (exato 03:21)**
Corresponde à entrada da Lua na fase Nova! As coisas se apresentam em forma de potencial, mas as chances e os desdobramentos ainda não estão

claros. Podemos apostar naquilo que queremos que realmente aconteça, projetar desejos e avaliar possibilidades, mas ainda não sabemos o que vamos colher de verdade.

• **Lua quadratura Saturno** — 07:53 às 11:43 (**exato 09:48**)

As coisas nos parecerão mais pesadas, mais árduas e penosas. A visão está mais crítica a respeito de tudo o que nos cerca. O melhor é não nos preocuparmos com as intempéries que possam surgir e tomarmos uma atitude leve e despojada em relação a esses fatos. Vai passar!

• **Lua oposição Júpiter** — 15:51 às 19:37 (**exato 17:44**)

Preguiça e indisposição para tarefas que demandam esforço. É domingo! Aproveite para relaxar, dar boas risadas, se sintonizar com coisas que nos engrandeçam. Mas muito cuidado com abusos na alimentação e na bebida! Tudo com moderação!

• **Lua conjunção Mercúrio** — 20:43 às 00:13 de 02/12 (**exato 22:28**)

A Internet está a todo o vapor! Muita movimentação também nos shoppings, podendo haver grande aumento de vendas nesse final de noite. Horário propício para conversa, diálogos, convites e recados. Seja pessoalmente ou por mensagem.

DIA 02 DE DEZEMBRO – SEGUNDA-FEIRA
🌑 *Nova* 🌑 *em Capricórnio às 18:08*
LFC início às 12:48 LFC Fim às 18:08

Mercúrio Retrógrado

Enquanto a Lua estiver em Capricórnio, a disposição geral será para um estado de humor mais sóbrio, introspectivo e crítico. Haverá uma tendência a enxergar falhas tanto nos outros como nas situações. Aqui, a irresponsabilidade passa a ser muito malvista. Portanto, se existe o desejo de conquistar o apreço de alguém, é necessário demonstrar muita seriedade e passar confiança.

• **Lua quadratura Netuno** — 10:54 às 14:39 (**exato 12:48**)

Devemos nos resguardar de situações que exponham nossas fragilidades. É provável sentirmos um vazio, uma melancolia, muitas vezes sem causa aparente. Ficamos mais suscetíveis, distraídos e desconcentrados. É mais provável avaliarmos mal as pessoas e suas intenções. Portanto, o melhor a fazer é evitarmos julgamentos nessas horas.

DIA 03 DE DEZEMBRO – TERÇA-FEIRA
● *Nova* ● *em Capricórnio*

Mercúrio Retrógrado

• **Lua sextil Saturno** — 16:25 às 20:07 (exato 18:16)

Período em que estamos aptos a lidar melhor com nossas responsabilidades. Favorece consertos em casa ou no local de trabalho. Também é um momento ideal para fazermos listas de produtos para a casa, planilhas e orçamentos. Compras de supermercado são favorecidas. Compraremos o essencial. Sem supérfluos.

DIA 04 DE DEZEMBRO – QUARTA-FEIRA
● *Nova* ● *em Capricórnio LFC Início às 20:35*

Mercúrio Retrógrado

• **Lua trígono Urano** — 13:35 às 17:13 (exato 15:24)

Com o aumento da criatividade proposto por esse aspecto, é possível encontrarmos novas alternativas e novos rumos. Nos relacionamentos em geral, podemos usar a espontaneidade e sermos bem naturais, sem máscaras. No trabalho, apresente propostas nunca testadas.

• **Lua sextil Netuno** — 18:20 às 21:57 (exato 20:09)

Um bom filme em companhia bem agradável é a melhor proposta para essa noite. Coisas que mexam positivamente com nosso estado de ânimo nos farão um bem enorme. Pode ser por meio da arte, de uma leitura, ou mesmo de sonhar acordado.

• **Lua conjunção Vênus** —18:34 às 22:33 (exato 20:35)

Horas ideais para a demonstração de compromisso a quem amamos de verdade. Bom momento para pedidos em relação a uma união sólida (lembrando que a Lua está em Capricórnio), seja um casamento, noivado ou firmar um namoro. Em qualquer situação, ser gentil, diplomático e afetuoso será de grande valia para conseguir o que deseja.

DIA 05 DE DEZEMBRO – QUINTA-FEIRA
● *Nova* ● *em Aquário às 01:20 LFC Fim 01:20*

Mercúrio Retrógrado

Enquanto a Lua estiver em Aquário, estamos mais soltos, nos sentindo mais livres, e suportamos menos situações que nos oprimem. Nada de controle ou exigências. Aquário respira liberdade. Essa também é uma Lua muito sociável e agregadora. Torna-se fácil reunir pessoas em grupos maiores e fazer com que se sintam entrosadas. As atividades que dependem de tecnologia e aparelhos eletrônicos serão bem-sucedidas.

• **Lua conjunção Plutão — 00:07 às 03:44 (exato 01:55)**

Cuidado com o que estiver mal resolvido no plano emocional. O ideal será dormir um sono profundo. Sob essa configuração, os ânimos se alteram e dão margem a desentendimentos e explosões emocionais.

• **Lua oposição Marte — 10:39 às 14:15 (exato 12:27)**

Esse período também traz um clima tenso e belicoso. É preciso evitar confrontos e discussões. Muito cuidado no trânsito. Risco de brigas, batidas e violência. Importante alternarmos as atividades e não ficarmos parados por muito tempo. Precisamos estar em movimento para descarregar o excesso de energia que esse aspecto traz e que se manifesta em dor de cabeça ou mau humor.

DIA 06 DE DEZEMBRO — SEXTA-FEIRA
🌑 *Nova* 🌑 *em Aquário LFC Início às 21:02*

Mercúrio Retrógrado

• **Lua sextil Mercúrio — 01:18 às 04:32 (exato 02:55)**

Madrugada de muita movimentação na internet. Para quem tem hábitos noturnos, é um bom horário para ler, estudar ou fazer qualquer trabalho mental. Também podemos ter boas ideias, originais e criativas.

• **Lua sextil Sol — 01:42 às 05:33 (exato 03:38)**

Essa madrugada ainda nos apresenta mais um aspecto positivo. Favorece as conversas entre casais, trazendo clareza e entendimento para questões que precisam ser mais bem definidas. Um bom momento para fertilização! Atenção casais que querem engravidar!

• **Lua quadratura Urano — 19:15 às 22:46 (exato 21:02)**

À noite, o clima se torna nervoso e agitado. Estamos mais intolerantes a qualquer tipo de pressão. O sono chega mais tarde. Aquilo que tínhamos como certo pode não acontecer. Melhor ter alternativas para essa noite.

DIA 07 DE DEZEMBRO — SÁBADO
🌑 *Nova* 🌑 *em Peixes às 06:48 LFC Fim às 06:48*

Mercúrio Retrógrado

Enquanto a Lua estiver em Peixes, estamos mais sonhadores e solidários. Aumenta a imaginação e a crença no sobrenatural. Nesses dias, as coisas começam de um jeito e, inexplicavelmente, terminam de outro. No relacionamento, há um clima idílico e mágico. Para ficar bem na fita, crie uma atmosfera de glamour, abuse de velas aromáticas, música ambiente, dança e muita fantasia! Em alta, atividades na água, trabalhos com fotografia e todo o tipo de imagem.

Nesse dia, a Lua não faz aspecto com outros planetas no céu. Devemos observar recomendações para a fase e o signo em que a Lua se encontra.

DIA 08 DE DEZEMBRO – DOMINGO
☾ *Crescente às 12:26 em 17º02' de Peixes* ☾ *Peixes*

Mercúrio Retrógrado
• Lua quadratura Mercúrio — 01:22 às 04:32 (exato 02:57)
Nada de conversas importantes nessas horas. As palavras tendem a ser inadequadas ou temos dificuldade de expressar realmente o que estamos sentindo. Ficamos mais confusos a respeito de nossos sentimentos. Se a conversa for por mensagem, piorou. Fica mais fácil ainda haver mal-entendidos.

• Lua conjunção Saturno — 03:59 às 07:27 (exato 05:43)
A cabeça pode ser assolada por preocupações, desafios ou responsabilidades. Parece que nada vai andar e que nossos esforços não serão suficientes. Precisamos saber que tudo na vida tem jeito. E que tudo é questão de tempo. Aos que estiverem trabalhando nessas horas, enfrentem o que tiver que fazer e obterão bons resultados.

• Lua quadratura Júpiter — 09:12 às 12:37 (exato 10:55)
Não é um bom horário para ir ao supermercado, ainda mais se estiver com fome. A tendência será comprar além do necessário e gastar além do que deveria. Sob essa configuração estamos ávidos por muito, queremos nos saciar com fartura. Então, preste bem atenção no que vai comer e beber, principalmente quem estiver de dieta. Hoje, domingo, é dia de Nossa Senhora da Conceição, as missas tenderão a lotar! Ainda mais com a Lua em Peixes aumentando nossa fé e devoção.

• Lua quadratura Sol — 10:34 às 14:17 (exato 12:26)
Aqui entra a fase Crescente da Lua! Vamos fazer nossos pedidos com fé, mas é igualmente importante ter planos para colocar em prática tudo o que queremos que aconteça. Se tivermos um convite para qualquer evento ou encontro, será muito proveitoso comparecer, pois alguma oportunidade poderá surgir. É nessa fase que devemos correr atrás do que foi planejado na Lua Nova para que, de fato, aconteça.

• **Lua sextil Urano** — 23:17 às 02:42 de 09/12 (exato 00:59 de 09/12)

Clima de leveza e desapego. É mais fácil largar vícios e manias. O estado emocional nos garante aceitar melhor qualquer mudança que precisa ser feita. Quem tem atividades nessas horas pode aproveitar para reprogramar a rotina, seja na casa ou no trabalho.

DIA 09 DE DEZEMBRO — SEGUNDA-FEIRA

◖ *Crescente* ◖ *Áries às 10:37*
LFC Início às 05:45 LFC Fim às 10:37

Mercúrio Retrógrado

Enquanto a Lua estiver em Áries, o humor das pessoas se volta para o que é dinâmico e o que não demanda espera nem exige muita paciência. Estamos mais impetuosos e querendo respostas objetivas. Eventos de curta duração terão a preferência. Também serão beneficiados os serviços de entrega rápida e tudo o que agilize a vida das pessoas. Esse é um signo vigoroso e confere disposição para enfrentarmos desafios e assumirmos riscos.

• **Lua conjunção Netuno** — 04:02 às 07:26 (exato 05:45)

Quem tiver que acordar cedo terá que lutar contra um sono extra e mais cansaço. Também, por estarmos mais distraídos e com pouco foco, é aconselhável rever tudo o que precisamos levar ao sair de casa.

• **Lua sextil Plutão** — 09:39 às 13:03 (exato 11:21)

Agora o astral muda! Estamos aptos a resolver as coisas com desembaraço, pois temos disposição para ir fundo nas questões.

Favorece consultas, exames, terapia e tudo o que necessita uma investigação mais aprofundada.

• **Lua sextil Vênus** — 13:41 às 17:23 (exato 15:32)

Essa tarde e essa noite estão excelentes para o amor. Será ótimo estarmos com pessoas que nos fazem bem, que amamos e que nos amam de volta. O amor está no ar! Para quem quer conquistar alguém, pode partir para uma abordagem romântica, porém franca e direta, pois lembre-se: a Lua está em Áries!

• **Lua trígono Marte** — 19:17 às 22:39 (exato 20:58)

Continuando o clima favorável a conquistas, é hora de ter coragem e tomar decisão. Aja em prol do que almeja, pois a resposta virá rápido e a contento. Encontros físicos para o amor também terão muita satisfação.

DIA 10 DE DEZEMBRO — TERÇA-FEIRA
☾ *Crescente* ☾ *Áries LFC Início às 19:14*

Mercúrio Retrógrado

• **Lua trígono Mercúrio — 00:44 às 03:53 (exato 02:18)**

Temos uma terça-feira bem favorável, a começar por essa madrugada, que beneficia trabalhos mentais e a comunicação. Podemos falar de nossos sentimentos e anseios. Os notívagos podem buscar por informações que venham a ajudar de alguma forma.

• **Lua sextil Júpiter — 11:44 às 15:03 (exato 13:23)**

Excelente horário para praticarmos a generosidade, seja no âmbito familiar ou profissional. Há uma sensação de "tudo vai dar certo!" e podemos usá-la para incentivar pessoas próximas que estejam necessitando de uma força.

• **Lua trígono Sol — 17:25 às 21:00 (exato 19:14)**

Mais um aspecto abençoado que facilita que vejamos as situações, as perspectivas e a vida com uma clareza muito maior. Temos a sensação de que tudo se encaixa e segue o fluxo certo. Isso traz uma grande satisfação interna. Ao precisarmos de apoio ou ajuda, devemos procurar pessoa do sexo oposto. Fazer as coisas em parceria também dará mais certo.

DIA 11 DE DEZEMBRO — QUARTA-FEIRA
☾ *Crescente* ☾ *Touro às 12:54*
LFC Fim às 12:54

Mercúrio Retrógrado

Enquanto a Lua estiver em Touro, o clima será manso, sem a aceleração anterior. Agora não temos mais pressa. Queremos, sim, conforto, estabilidade e mordomia. Estamos mais constantes e determinados. Nesses dias, os trabalhos que tiverem a ver com habilidades manuais e senso estético ou artístico serão feitos com mais qualidade. Touro possui uma característica conservadora, portanto não é aconselhável reunir pessoas de diferentes estilos e gostos. Melhor optar por reunir pequenos grupos que já se conheçam.

• **Lua quadratura Plutão — 12:03 às 15:22 (exato 13:42)**

É provável haver algum tipo de rivalidade ou provocação, seja no trabalho ou no ambiente doméstico. Mágoas antigas surgem para tirar nosso sossego e abrir novamente a ferida. Porém, podemos cicatrizá-la de vez, encarando essas questões e entendendo suas origens. É importante não aceitarmos provocações e nos mantermos afastados de conflitos.

• **Lua quadratura Vênus — 20:13 às 23:48 (exato 22:00)**

Essa energia traz um sentimento de insatisfação emocional que nos faz cobrar amor e atenção. E, se falta algo assim, é comum buscarmos satisfação na comida, em doces ou em bebidas. Essa compensação não é positiva. Devemos procurar alguma coisa de que gostamos de fazer e que nos traga um alívio para esse aumento de carência.

• **Lua quadratura Marte — 21:10 às 00:28 de 12/12 (exato 22:49)**

Esse aspecto, aliado ao anterior, assinala um clima de cobranças nas relações. Ao sentirmos carência emocional, temos a tendência a fazer cobranças e exigências do outro. Não vai dar certo e só vai acirrar mais ainda um afastamento. Nessas horas, o melhor é agir com tolerância e saber que "isso também passa."

DIA 12 DE DEZEMBRO – QUINTA-FEIRA
☾ *Crescente* ☾ *Touro*

Mercúrio Retrógrado

• **Lua sextil Saturno — 09:15 às 12:34 (exato 10:55)**

Com o Natal se aproximando, essas são boas horas para combinarmos com as pessoas íntimas e os familiares a respeito dos festejos de fim de ano. Fazer as listas, combinar presentes de amigo oculto, quem leva o quê para a ceia… Tudo o que for combinado aqui ficará valendo. Visitas a pessoas mais velhas, como avós ou parentes em idade avançada, trarão bons resultados para todos, com boas trocas de experiências.

DIA 13 DE DEZEMBRO – SEXTA-FEIRA
☾ *Crescente* ☾ *Gêmeos às 14:21 LFC Início às 09:40 LFC Fim às 14:21*

Mercúrio Retrógrado

Enquanto a Lua estiver em Gêmeos, ela traz muita disposição para sair de casa e encontrar as pessoas, conversar e trocar informações. Lojas, mercados, livrarias e todo comércio que apresentar novidades estarão sob maior procura. Grande movimentação nos shoppings. Sair por aí meio que sem destino, sem uma programação, trará boas surpresas. Período favorável a propagandas, produção de ideias, convites e reuniões de todo tipo.

• **Lua conjunção Urano — 03:10 às 06:27 (exato 04:48)**

As pessoas que possuem atividades nessas horas poderão enfrentar imprevistos ou sentir uma inquietação frente a algo que sai do programado. Nada é como se espera. Inclusive, uma situação poderá se inverter de última hora.

• **Lua sextil Netuno** — 08:00 às 11:17 (exato 09:40)

A manhã nos concede um astral de leveza e boa vontade. Torna-se mais fácil sensibilizarmos as pessoas para conseguir ajuda para caridade e trabalhos filantrópicos. Com o aumento da sensibilidade, também estão favoráveis trabalhos artísticos em geral.

• **Lua trígono Plutão** — 13:35 às 16:53 (exato 15:14)

Um bom momento para recuperar relações importantes e se concentrar em quem realmente importa. Podemos limpar mágoas, perdoar e sermos perdoados. Fazer contato com pessoas em situação de poder, como chefes e autoridades, também está favorável.

• **Lua sextil Marte** — 22:19 às 01:36 de 14/12 (exato 23:58)

Essa energia traz muita disposição e entusiasmo para a noite de sexta-feira. Também é um ótimo momento para tomadas de decisão. O clima está favorável a aventuras e podemos aceitar propostas ou convites feitos de última hora, pois trarão bons resultados.

• **Lua oposição Mercúrio** — 23:42 às 02:56 de 14/12 (exato 01:19 de 14/12)

A noite favorece a atitudes, mas não a conversas mais profundas sobre sentimentos. Há propensão a interpretações erradas a respeito do que se diz. Também não é hora de fazer comunicados importantes nem de combinar compromissos.

DIA 14 DE DEZEMBRO – SÁBADO
☽ *Crescente* ☽ *Gêmeos*

Mercúrio Retrógrado

• **Lua trígono Vênus** — 01:51 às 05:27 (exato 03:39)

Nessa madrugada o amor está no ar! O romantismo, a sedução e o charme garantirão a conquista. Os que estiverem em suas horas de descanso contam com um clima suave que predispõe ao desaparecimento de problemas de ordem psicossomática.

• **Lua quadratura Saturno** — 10:53 às 14:14 (exato 12:33)

Alguma frustração pode nos levar a um excesso de pessimismo. A tendência aqui será a de enxergar o que não está dando certo. Enxergar "a meia garrafa vazia", ou seja, a falta é que chamará mais a atenção.

• **Lua conjunção Júpiter** — 14:03 às 17:21 (exato 15:42)

Porém, nesse período o astral muda e podemos enxergar "a meia garrafa cheia". Ou seja, estamos em condições de dar a volta por cima e encarar de uma forma positiva o que não vinha dando certo. Há um clima geral de entusiasmo, generosidade e alegria. Excelente para uma confraternização de fim de ano.

DIA 15 DE DEZEMBRO – DOMINGO
○ Cheia às 06:01 em 23°52' de Gêmeos ○ em Câncer às 16:21
LFC Início às 11:32 LFC Fim 16:21

Fim do Mercúrio Retrógrado

Enquanto a Lua estiver em Câncer, esses dias serão muito apropriados para nos dedicarmos à família, a pessoas íntimas e ao lar. Excelente para a decoração de Natal. Comprar itens para casa ou para enfeitar o local de trabalho. Reuniões íntimas, em casa, com quem nos faz bem, serão um prêmio. Atividades direcionadas ao público infantil, a gestantes e bebês, estão em alta. Devemos evitar brigas e ofensas nesses dias, afinal estamos muito sensíveis e essas atitudes provocarão ressentimentos e sequelas.

• **Lua oposição Sol — 04:12 às 07:50 (exato 06:01)**

Trata-se da entrada da Lua em sua fase Cheia! Aqui as emoções ficam à flor da pele. Tudo atinge seu grau máximo. As reações tendem a ser mais extremadas e os ânimos se alteram. Essa também é uma energia de complementaridade. Devemos fazer tudo em dupla, buscando a interação entre masculino e feminino. Mas são dias particularmente tensos para relacionamentos em crise.

• **Lua quadratura Netuno — 09:50 às 13:12 (exato 11:32)**

Muita preguiça e falta de ânimo nessa manhã. O melhor será não nos comprometermos com atividades desgastantes. Todos estão mais sensíveis e qualquer desatenção parecerá mais grave, repercutindo de modo negativo no nosso estado de humor. Também não é aconselhável tomar decisões, pois estamos um pouco perdidos em relação ao que, de fato, queremos.

DIA 16 DE DEZEMBRO – SEGUNDA-FEIRA
○ Cheia ○ em Câncer

• **Lua trígono Saturno — 13:49 às 17:18 (exato 15:33)**

Uma tarde de muita produtividade, seja no trabalho ou nos afazeres do dia a dia. Com as emoções sob controle, é mais fácil nos direcionarmos de forma assertiva aos nossos objetivos. Podemos usar a determinação para resolver impasses. O momento favorece contratação de profissionais para serviços da casa.

DIA 17 DE DEZEMBRO — TERÇA-FEIRA
○ *Cheia* ○ *em Leão às 20:38 LFC Início às 15:34 LFC Fim às 20:38*

Enquanto a Lua estiver em Leão, é um tempo de extroversão, de brilho, de luzes, câmera e ação! Excelentes dias para festas, comemorações, homenagens e celebrações de todo o tipo. O comércio de itens caros, como joias e lojas de grife, são favorecidos nesses dias. As pessoas se encontram e demonstram seus sentimentos de alegria e prazer de forma vivaz! Tudo é festa, e nós queremos estar no centro das atenções. Sermos admirados e valorizados nesses dias nos abastecerá emocionalmente, trazendo muita satisfação. Então vamos mostrar o nosso melhor lado e caprichar nos elogios a quem se ama.

• **Lua sextil Urano — 08:15 às 11:47 (exato 10:01)**
Estamos mais aptos a enfrentar situações novas que se façam presentes. É um bom período para tentarmos algo diferente, como uma proposta, um convite, um tipo de negócio… Ou ir a um lugar a que nunca fomos. O contato com pessoas diferentes, seja por faixa etária ou ideologia, poderá nos trazer possibilidades de termos novas ideias.

• **Lua trígono Netuno — 13:45 às 17:20 (exato 15:34)**
Essa tarde convida a uma programação ligada a tudo o que envolva água, como praia e cachoeira. O setor imobiliário voltado a regiões praianas está em alta. A sensibilidade é grande aliada a tudo o que fizermos. Estamos predispostos a ajudar e prestar ajuda. No trabalho, fica fácil chegar a um denominador comum que facilite a situação. Pode haver maior incidência de encontros ao acaso.

• **Lua oposição Plutão — 20:01 às 23:38 (exato 21:49)**
Essa noite traz uma energia que altera nosso estado emocional e memórias antigas voltam de forma mais contundente. Não jogar essa energia nas pessoas que nos cercam será o melhor a fazer, pois nada adiantará, apenas vai acirrar ainda mais o que não está bem resolvido. Nesse momento, será melhor nos resguardarmos de tudo o que nos provoca um estado de ânimo perturbador.

DIA 18 DE DEZEMBRO — QUARTA-FEIRA
○ *Cheia (disseminadora)* ○ *em Leão*

• **Lua conjunção Marte — 04:24 às 08:00 (exato 06:12)**
Essa quarta-feira acorda com tudo! A começar, essa dinâmica de conjunção que nos dá força física, coragem e vontade de partir para a luta. Os exercícios físicos e as caminhadas trarão grandes benefícios ao corpo. Se tiver uma decisão importante a ser tomada, essa é a hora!

• **Lua trígono Mercúrio — 07:21 às 11:07 (exato 09:14)**

Momento excelente para trabalhos mentais, como pesquisas e estudos em geral. Quem estiver de férias, aproveite bem a manhã com passeios ao ar livre, encontros, muita conversa e diversão. Estamos mais espontâneos e deixando fluir os sentimentos, o que facilita o entendimento em qualquer tipo de relação.

• **Lua oposição Vênus — 19:08 às 23:12 (exato 21:10)**

Estamos predispostos a sentir uma insatisfação com o que nos rodeia, fazendo com que se tenha uma atitude infantil de exigências descabidas ao outro. Por que não ter a atitude de fazer pela pessoa o que gostaríamos que ela fizesse por nós?! Assim tudo ficará bem melhor no relacionamento.

• **Lua sextil Júpiter — 21:49 às 01:30 de 19/12 (exato 23:40)**

Essa configuração ajuda bastante a anterior. Trata-se de uma energia de bem-estar emocional, que compensa um eventual estado de carência. Nesse dia, ficamos mais otimistas e confiantes. Bom momento para se aventurar em um romance ou namoro.

DIA 19 DE DEZEMBRO – QUINTA-FEIRA
○ Cheia (disseminadora) ○ em Leão

• **Lua quadratura Urano — 15:10 às 18:58 (exato 17:04)**

Essa tarde está fadada a interrupções e desmarcações do que contávamos como certo; isso pode causar ansiedade ou excesso de agitação. É melhor deixar espaços entre as atividades, e não se sobrecarregar de tarefas ou compromissos. As coisas tendem a não sair como o esperado. Um bom jogo de cintura e atitudes mais flexíveis são recomendados.

DIA 20 DE DEZEMBRO – SEXTA-FEIRA
○ Cheia (disseminadora) ○ em Virgem às 04:36
LFC Início às 02:20 LFC Fim às 04:36

Enquanto a Lua estiver em Virgem, que é criterioso, ela nos inclina a sermos mais minuciosos e exigentes em relação ao que nos cerca. A condução de pequenos consertos, a mudança de detalhes na arrumação da casa ou do ambiente de trabalho e a execução de uma boa faxina são atividades recomendadas para esse período. No relacionamento, será melhor controlar a vontade de criticar ou fazer exigências. Em vez disso, podemos oferecer ajudas efetivas e práticas ao ser amado. Valerá mais do que palavras de amor.

• **Lua trígono Sol** — 00:13 às 04:25 (exato 02:20)

Um bem-estar vindo da simples certeza de estarmos exatamente onde temos de estar invade e ilumina nossa alma. As emoções estão alinhadas com a razão, o que nos permite acertar em cheio nossos desejos e necessidades emocionais, podendo, assim, satisfazer esses dois lados do nosso ser. Essa madrugada convida ao encontro de casais e facilita a concepção, a fertilização e os partos.

• **Lua quadratura Mercúrio** — 18:41 às 22:50 (exato 20:45)

Podemos ter, nessas horas, maior dificuldade para expressar sentimentos. Pode acontecer de não acharmos as palavras adequadas para as situações que nos cercam. Certa agitação mental ocasiona equívocos em relação ao que sentimos. Como se trata de uma sexta-feira à noite, o melhor é optar por uma programação leve e descontraída, sem ter que dar profundas explicações nem tratar de assuntos mais contundentes. "Jogar conversa fora" será mais divertido.

DIA 21 DE DEZEMBRO – SÁBADO
○ Cheia (disseminadora) ○ em Virgem

Entrada do Sol no Signo de Capricórnio às 06h20min32seg.
Solstício de Inverno H. Norte — Solstício de Verão H. Sul.

• **Lua oposição Saturno** — 05:38 às 09:38 (exato 07:38)

Esse início de manhã traz um clima de preocupação com o que deixamos de concluir no dia de ontem. Ou nos leva a achar que as coisas estão mais difíceis do que na verdade estão. O melhor será "arregaçar as mangas" e enfrentar o que vier pela frente. Com a entrada do Sol em Capricórnio, certamente teremos mais seriedade e disciplina para concluir o que tiver que ser feito.

• **Lua quadratura Júpiter** — 06:57 às 10:54 (exato 08:54)

Cuidado ao ir às compras nessa manhã. A tendência será a de encher o carrinho do supermercado com supérfluos que depois poderão estragar. Vá com uma lista programada e resista à tentação. Isso vale para outros abusos também, como beber ou comer ultrapassando a própria necessidade.

DIA 22 DE DEZEMBRO – DOMINGO
☽ Minguante às 19:18 em 01°34' de Libra ○ em Libra às 16:07
LFC Início às 10:28 LFC Fim às 16:07

Enquanto a Lua estiver em Libra, as pessoas se tornam mais sociáveis e buscam parcerias em tudo o que fazem. Aliás, esse período é ideal para fazer tudo na companhia de alguém do nosso agrado. Aqui, também obteremos mais sucesso no que nos propusermos a fazer se compartilharmos as ações, o trabalho e os sentimentos. Excelentes dias para convites e confraternizações. Gentileza, educação e diplomacia deverão permear todos os tipos de relação, seja a dois ou em grupos.

• Lua trígono Urano — 01:48 às 05:49 (exato 03:49)

Ideias originais podem "pintar" de repente e valerá a pena anotá-las. *Insights* são comuns nessas horas e nos trazem uma boa dica. Então, os notívagos e os que possuem trabalhos nesse período, fiquem espertos em relação a essa energia de criatividade e inovação.

• Lua oposição Netuno — 08:25 às 12:28 (exato 10:28)

Muita preguiça na manhã de hoje, ainda bem que é domingo! Podemos nos sentir mais cansados e sem disposição. Os que puderem descansar um pouco mais se sentirão revitalizados depois.

• Lua trígono Plutão — 15:41 às 19:45 (exato 17:43)

Essa é a energia que nos revitaliza e "joga" nosso ânimo para cima. Trata-se de uma oportunidade de recuperação em todos os níveis, como de saúde, de relacionamento ou de uma situação perdida.

• Lua quadratura Sol — 17:04 às 21:31 (exato 19:17)

Esse aspecto se relaciona à entrada da Lua na fase Minguante. É tempo de recolher forças e fazer uma avaliação a respeito do que não foi realizado nesse ciclo que passou. Nessas horas devemos evitar atividades desgastantes ou cansativas.

• Lua sextil Marte — 22:59 às 02:58 de 23/12 (exato 00:59 de 23/12)

Podemos aproveitar para repensar no que queremos para o próximo ciclo e começar a ver que ações devemos tomar para conseguir nossos intentos. Uma aproximação repentina entre pessoas que queiram se conquistar é passível de acontecer e trará bons resultados.

DIA 23 DE DEZEMBRO – SEGUNDA-FEIRA
)) *Minguante*)) *em Libra*

• Lua sextil Mercúrio — 11:09 às 15:34 (exato 13:21)

Comércio bastante ativo nesse dia que antecede os festejos de Natal. Essa é uma boa hora para comprar o que falta na lista, seja na de alimentos ou presentes. Também favorece o envio de mensagens, telefonemas, avisos e recados. No ambiente de trabalho, há um clima de animação e conversas interessantes.

• Lua trígono Júpiter — 18:50 às 22:52 (exato 20:51)

Segue o clima de descontração e alegria. Podemos apostar em qualidades como generosidade e otimismo. Praticar um bem ao próximo nessa época em que tantos pedem ajuda fará com que sintamos o verdadeiro espírito de Natal!

DIA 24 DE DEZEMBRO — TERÇA-FEIRA
☽ Minguante ☽ em Libra LFC Início às 07:45

• Lua trígono Vênus — 05:28 às 09:58 (exato 07:45)

Esse será um dia abençoado por essa energia linda de amor e colaboração. Momento ideal para a troca de presentes e mensagens afetuosas. Caprichar no café da manhã, com muito bom gosto, vai valer muitos pontos positivos no relacionamento. Se ainda resta algo a ser comprado, vamos acertar direitinho no gosto e na preferência da outra pessoa ou em relação ao que nós mesmos queremos.

DIA 25 DE DEZEMBRO — QUARTA-FEIRA
☽ Minguante (balsâmica) ☽ em Escorpião às 05:06
LFC Fim às 05:06

Enquanto a Lua estiver em Escorpião, a natureza intensa e apaixonada desse signo desperta nas pessoas fortes desejos e emoções que emergem das profundezas do ser. Há uma tendência a sermos radicais, por isso devemos evitar julgamentos. Aproveitando a Lua Minguante, podemos eliminar algo que esteja atrapalhando nosso caminho, como uma situação que não nos interessa mais, um vício ou mesmo uma questão de saúde. Se for o caso, elimine e comece outra coisa melhor.

• Lua quadratura Plutão — 04:49 às 08:52 (exato 06:51)

Fortes emoções oriundas de recordações de coisas mal resolvidas podem perturbar nosso estado emocional nessas horas. Devemos fazer uma análise e um mergulho interno como forma de nos ajudar a modificar esse estado de coisa.

• Lua quadratura Marte — 10:45 às 14:42 (exato 12:44)

No almoço desse dia de Natal tão especial, vamos procurar não debater assuntos polêmicos. Essa energia gera impaciência e discórdias. Tome todo cuidado para não ferir os entes queridos, pois sob o signo de Escorpião, é mais difícil esquecer e perdoar. Evitar ficar parado, alternando atividades e se mantendo em movimento dentro do possível, ajudará a aliviar a tendência a reações extremas.

• Lua sextil Sol — 11:47 às 16:11 (exato 13:59)

Em compensação, somos brindados por essa energia muito positiva que nos ajuda a superar qualquer desgaste advindo da energia anterior. Podemos pedir e oferecer colaboração. A tendência é tudo correr bem, conforme esperamos, devido ao aumento de clareza a respeito de nossos propósitos. Os casais se beneficiam particularmente dessa energia que concede muito entendimento e cumplicidade.

DIA 26 DE DEZEMBRO – QUINTA-FEIRA
☽ Minguante (balsâmica) ☽ em Escorpião

• Lua trígono Saturno — 07:30 às 11:30 (exato 09:30)

O que estiver programado para essa manhã será efetivado de forma satisfatória. No trabalho ou nos afazeres domésticos, contamos com muita produtividade. Há possibilidade de mantermos nossas emoções sob controle. Esse aspecto confere certa frieza necessária para tomarmos uma atitude importante nesse momento.

• Lua quadratura Vênus — 23:58 às 04:17 de 27/12 (exato 02:07 de 27/12)

À noite estamos entregues a uma vontade que não sabemos exatamente o que é. Trata-se de um lado carente gritando por mimos e cuidados. Sejamos nós mesmos a fonte dessas necessidades, nos proporcionando conforto e buscando o que nos dá alegria. Pode ser um banho relaxante, vestir roupas bem confortáveis, comer algo gostoso e, depois disso, nos entregamos a uma cama bem confortável e cheirosa, para um sono compensador.

DIA 27 DE DEZEMBRO – SEXTA-FEIRA
☽ Minguante (balsâmica) ☽ em Sagitário às 16:46
LFC Início às 11:25 LFC Fim às 16:46

Enquanto a Lua estiver em Sagitário, as coisas parecem mais amenas, mais leves, e há um sentimento de alívio. Ótimo para as viagens de fim de ano. A vontade de sair, expandir os horizontes, toma conta de todos. Enfrentamos os desafios com maior confiança. Um espírito aventureiro nos faz querer ir além em tudo o que fizermos. Setor de turismo e excursões estará muito ativo. A disposição geral é de entusiasmo e otimismo.

• Lua oposição Urano — 02:36 às 06:31 (exato 04:33)

Podemos experimentar uma madrugada e início de manhã com aumento de inquietação e ansiedade. Quadros clínicos podem ser alterados. Aumento de insônia para quem tem predisposição.

• **Lua trígono Netuno** — 09:26 às 13:20 (exato 11:25)

Momento de inspiração elevada e aumento da sensibilidade. O que permite favorecimento em relação a trabalhos ligados a artes em geral. Encontros ao acaso são mais possíveis de acontecer. "Coincidências mágicas" também. Devemos ficar ligados aos acontecimentos que nos chegam sem explicação lógica. Trabalhos filantrópicos estão em alta!

• **Lua sextil Plutão** — 16:38 às 20:32 (exato 18:35)

Bom horário para arrumações na casa ou no local de trabalho. Será gratificante fazermos uma limpeza nos armários no sentido de eliminar o que não é mais usado e está ali só entulhando. Vamos abrir espaço para receber coisas novas na vida. Reciclar, doar, ajudar com donativos nos abastecerá emocionalmente nesse momento.

• **Lua trígono Marte** — 20:56 às 00:43 de 28/12 (exato 22:49)

Noite bastante animada nessa sexta-feira para os que costumam curtir programas como dançar ou mesmo se exercitar. Um convite de última hora poderá "pintar" e deverá ser aceito. Terá bons desdobramentos.

DIA 28 DE DEZEMBRO – SÁBADO
☽ Minguante (balsâmica) ☽ em Sagitário

• **Lua oposição Júpiter** — 16:56 às 20:42 (exato 18:49)

Com altas expectativas, estamos propensos a esperar mais do que será possível realizar. Essa atitude pode levar a um estado de frustração. Melhor ajustar as possibilidades com a realidade. Cuidado também com a tendência a passarmos dos limites, seja nos aventurando em esforços físicos ou exagerando no consumo de comidas e bebidas.

• **Lua quadratura Saturno** — 18:19 às 22:08 (exato 20:14)

Aqui tudo anda mais devagar, em um compasso mais lento. Devemos fazer as coisas dentro do que for possível e não exigir nada além. Nem de nós mesmos nem do próximo. É preciso driblar a tendência a criticar tudo ao nosso redor.

• **Lua conjunção Mercúrio** — 21:55 às 02:05 de 29/12 (exato 00:00 de 29/12)

Muito burburinho e agito nas redes sociais. Sites de notícias e de relacionamento estão bastante ativos. Essas são horas ideais para fazermos contato com pessoas distantes e que queremos felicitar pela passagem de ano. Conseguimos, inclusive, contato com pessoas difíceis de encontrar normalmente.

DIA 29 DE DEZEMBRO – DOMINGO

☽ *Minguante (balsâmica)* ☽ *em Sagitário LFC Início às 20:35*

• Lua sextil Vênus — 15:00 às 19:04 (exato 17:02)

Excelente tarde para reunião com pessoas queridas, divertidas e que nos fazem bem. O clima sugere bom entendimento entre todos. Presentes e retribuições terão um efeito especial. No caso de querermos aliviar uma tensão ou conflito com alguém, esse é o momento. Palavras de ternura e carinho farão milagres.

• Lua quadratura Netuno — 18:42 às 22:25 (exato 20:35)

Vamos reservar esse final de domingo para atividades relaxantes e tranquilas. Nada de notícias trágicas! Desligue os canais que trazem informações que nos angustiem. Aqui a alma precisa de acolhimento. A sensibilidade se aguça e as coisas nos atingem em maior profundidade. Atividades como ler algo inspirador, ouvir uma linda música, dançar ou assistir a um belo show estarão beneficiadas. Os que vão viajar nessas horas precisam redobrar a atenção em relação a trajetos, horários e documentação.

DIA 30 DE DEZEMBRO – SEGUNDA-FEIRA

● *Nova às 19:26 em 09°43' de Capricórnio* ● *em Capricórnio às 01:37*
LFC Fim às 01:37

Enquanto a Lua estiver em Capricórnio, as pessoas se tornam mais práticas e objetivas. Só aceitarão convites se forem realmente de seu interesse. Todos estão mais seletivos e exigentes quanto a horários e ao que estiver combinado. As falhas e a falta de responsabilidade ecoarão de forma mais negativa do que nunca. Em situações sociais, devemos deixar as pessoas bem à vontade, evitando críticas ou comentários que não sejam edificantes.

• Lua conjunção Sol — 17:28 às 21:24 (exato 19:26)

Esse é o aspecto da Lua entrando na fase Nova! Excelente para promessas e expectativas para o ano que está por vir. Horário favorável para fazer uma lista de tudo o que queremos alcançar nos próximos ciclos. Haverá grande possibilidade de realização. Vamos, então, colocar nossas intenções e lançar as sementes!

DIA 31 DE DEZEMBRO – TERÇA-FEIRA

● *Nova* ● *em Capricórnio*

• Lua sextil Saturno — 02:13 às 05:51 (exato 04:02)

Para quem trabalha nesse último dia do ano, há uma disposição muito produtiva e bom aproveitamento do tempo. Sugere competência e empenho.

Os notívagos se valem de um momento em que as emoções dão espaço ao raciocínio lógico, facilitando julgamentos e conclusões mais acertados.

• **Lua sextil Urano — 18:43 às 22:16 (exato 20:30)**

Esse aspecto sugere fazermos algo diferente do que se costuma fazer na passagem de ano. Que tal vestir algo que difere do nosso estilo, ou ir a um lugar a que nunca foi, ou estar com pessoas diferentes das de sempre?! Quanto mais inovação e criatividade, mais satisfação emocional teremos nesse final de ano. Esse aspecto nos faz sentir o quanto é importante a liberdade de escolher nossos caminhos.

Feliz Ano-Novo!

Paz e fraternidade a todos os seres do universo!

Que o ano que se inicia venha nos trazendo muita prosperidade em todos os sentidos!

SERVIÇOS PROFISSIONAIS DA AUTORA

Mapa Natal: Interpretação da carta natal, fornecendo um diagnóstico preciso quanto à sua personalidade.

Trânsito e Progressão: Técnica astrológica de previsão com duração para um ano. Deverá ser renovado anualmente.

Revolução Solar: Técnica astrológica de previsão a partir do dia de aniversário em cada ano. Recomenda-se fazer um mês antes do aniversário.

Sinastria: Estudo de compatibilidade entre duas ou mais pessoas, para que o grau de afinidade seja avaliado. Indicado para relacionamentos afetivos ou parcerias comerciais.

Terapêutica Astrológica: Uma série de sessões em que, por intermédio do próprio mapa astral, são levantadas questões importantes da personalidade do indivíduo e da forma de melhor superá-las.

Astrologia Eletiva: Indicada para a escolha de datas para abertura de negócios, novos empreendimentos, cirurgias etc.

Astrologia Vocacional: Indicada para adolescentes em fase de escolha de profissão e para adultos em busca de alternativas. Excelente estudo para adequação entre personalidade, trabalho e profissão.

Astrologia Infantil: Indicada para pais, educadores ou profissionais da área de saúde que queiram conhecer melhor aqueles que estão sob sua responsabilidade.

Astrologia Empresarial: Para empresas ou profissionais liberais que queiram delinear períodos de avanços, estratégias, planejamentos e precauções para seus negócios, formação de equipe e contratação de pessoal.

Astrocartografia e Relocação: Nessa técnica, avaliamos os lugares (cidades e países) mais indicados para uma pessoa viver, fazer negócios ou promover uma melhoria na vida pessoal.

Calendário e Guia Astrológico: Previsões diárias com interpretações dos principais movimentos planetários para que você programe seu ano inteiro.

Cursos: Básico, intermediário, avançado e especialização. Para aqueles que têm interesse no tema e para os que queiram desenvolver uma profissão na área astrológica.

Consultas: Presenciais e on-line (*Zoom*).

Contatos da Autora

Site: www.marciamattos.com
Youtube: Marcia Mattos Astrologia
Instagram: @marciamattosastrologia
Facebook: Marcia Mattos Astrologia
e-mail: marciamattos1952@gmail.com
WhatsApp cursos: (21) 96973-0706
WhatsApp consultas: (21) 96973-0700

Primeira edição (outubro/2023)
Papel de miolo Lux cream 60g
Tipografia Aleo, Restora, Gibson e Fairfield LT Std
Gráfica LIS